한 권으로 뽀개기!

자료조직개론 문헌분류 편

한 권으로 뽀개기!
자료조직개론 문헌분류 편

© 정미옥, 2025

1판 1쇄 인쇄__2025년 2월 20일
1판 1쇄 발행__2025년 2월 28일

엮은이__정미옥
펴낸이__홍정표
펴낸곳__글로벌콘텐츠
　　　　등록__제25100-2008-000024호

공급처__(주)글로벌콘텐츠출판그룹
　　　　대표_홍정표　이사_김미미　편집_백찬미 강민욱 홍명지 남혜인 권군오　기획·마케팅_이종훈 홍민지
　　　　주소__서울특별시 강동구 풍성로 87-6
　　　　전화__02) 488-3280　팩스__02) 488-3281
　　　　홈페이지__http://www.gcbook.co.kr
　　　　이메일__edit@gcbook.co.kr

값 35,000원
ISBN 979-11-5852-508-8 13020

한 권으로 뽀개기

사서직 시험대비 객관식 문제풀이

자료조직 개론

문헌분류 편

정미옥 엮음

글로벌콘텐츠

목차

제1장_ 분류법의 이해

제5장_ 듀이십진분류법(DDC) 제23판의 이해

제6장_ 현대 주요 분류법의 이해

제7장_ 청구기호의 이해

부록

제1장
분류법의 이해

① 분류의 기초 이론

문헌(자료)분류법은 분류일반의 원리를 자료의 주제접근기법에 도입한 것이다.

분류표가 주제의 논리적인 체계표인 이상 분류의 이론은 논리학상의 이론을 기초로 하여 성립되어있는 것은 당연하다. 여기에 분류일반을 이해하기 위해 필요한 기본적 사항을 열거하여 본다.

분류의 정의

『세계철학대사전』에 의하면 분류란 개념의 외연을 철저히 구분함으로써 완전한 체계를 조직하는 것, 즉 최고의 유개념으로부터 최종의 종개념에 이르기까지의 구분을 되풀이하는 것이라고 정의한다.

논리학적으로는 개념의 외연을 세밀하게 분석하여 체계적·종합적으로 이를 정의하는 것이라고 여긴다. 즉 분류는 어떤 대상이나 개념을 올바르게 정의하기 위한 하나의 방편이 된다.

이를 종합하여 분류를 정의한다면 어떤 대상이나 개념의 외연을 그 본질적인 특성과 유사성 또는 그 관계를 체계적으로 분석하고 정리하여 배열하거나 조직화하는 과정 및 그 결과라고 할 수 있다.

개념·명사의 내포와 외연

여기에 여러 가지 책상이 있다. 학습용, 회의용, 식사용에서 오락용까지 잡다한 용도가 있으며 더구나 여러 가지 재료, 색채, 크기가 뒤범벅되어 있다. 그러나 사람들은 이것들에 대해서 그 것은 책상이라고 하는 공통의 인식을 갖는다. 책상이라 하는 말에 의해 서로가 이해할 수 있다. 반대로 사람들은 책상이란 말에 의해 일일이 구체물로서의 책상을 늘어놓지 않아도 혹은 책상의 기능을 설명하지 않아도 공통의 인식을 갖는다. 이와 같은 상황을 전제할 때 다음과 같은 논리학상의 정의가 성립된다.

구체물로서 책상의 모형, 색채, 재료, 용도 등과 같이 사물의 특성을 속성이라 한다. 그러나 속성에는 예를 들어 색채나 재료처럼 끝이 없는 특성과 형태나 용도처럼 책상만이 가지는 특성이 있는데 전자를 우유적(偶有的) 속성, 후자를 본질적 속성이라 한다. 그리고 있는 사물의 본질적 속성의 총화에 따라 형성된 추상적이고 포괄적인 관념을 그 사물의 개념이라 하고, 개념을 기호로서 말에 따라 표현한 것을 명사(名辭, term)라 한다.

개념(명사)의 내포란 그 관념에 포함한 본질적 속성의 총체, 즉 개념이 적용되는 범위에 속하는 여러 사물이 공통적으로 지니는 필연적 성질의 전체를 의미한다. 외연이란 그 개념에 포함한 모든 구체물의 범위로 일정한 개념이 적용될 수 있는 사물 전체의 대상을 의미한다. 내포와 외연은 반비례의 관계로, 내포에 포함한 속성의 수가 증가함에 따라서 적용범위가 좁고 적용물은 감소한다. 반대로 속성의 수가 줄어드는 만큼 그 해당하는 사물은 증대한다는 관계를 말한다.

류개념과 종개념

척추동물이 가지는 본질적 속성과 무척추동물이 가지는 본질적 속성의 공통점은 동물이란 개념이 존재하며, 같은 모양으로 동물과 식물에 공유하는 본질적 속성에 기인하는 생물이란 개념이 성립하고 있다.

이런 경우 생물은 동물·식물에 대해서 동물은 척추·무척추동물에 대해서 류개념이라 한다. 그리고 역으로 동물·식물은 생물에 대해서 척추 무척추동물은 동물에 대해서 종개념이라 한다. 즉, 어떤 개념의 외연이 다른 개념의 외연보다 커서 다른 개념을 포섭하는 개념을 유개념, 다른 개념에 포섭되는 개념을 종개념이라 한다.

류와 종의 관계는 상대적인 것으로 상·하위 개념의 동의어이다. 또한 척추동물과 무척추동물간에 존재하는 구별이 되는, 즉 척추의 유무를 종차(種差)라 한다. 따라서 다음과 같은 식이 성립된다.

종개념의 내포 = 류개념의 내포 + 종차

(척추동물)　　　(동물)　　　(유척추)

분류와 구분

통상적으로 분류와 구분(division)은 같은 의미로 혼용되지만 엄밀하게는 더욱 특수한 것에서 다음의 추상적으로 나아가는 과정, 즉 종합적·귀납적인 방법을 분류라 하고, 그 반대로 일반적인 것에서 특수한 것으로 나아가는 과정, 즉 분석적·연역적인 방법을 구분이라고 한다. 따라서 분류란 상승에 의한 종합적인 방법으로 최저의 종개념에서부터 최고의 유개념에 도달하는 것을 의미하고, 구분이란 하강에 의한 분석적인 방법으로 특정한 유개념을 분석하여 최저의 종개념에 도달하는 것이라고 할 수 있다.

따라서 분류란 〈어떤 사물 또는 그 개념에 관해서, 일정의 원리(관점)에 기초하여 구분하고 하나의 논리적 체계로 완성시키는 것〉이다.

이 경우 분류의 대상인 사물 혹은 개념을 피구분체(류개념), 일정의 원리를 구분원리(또는 구분의 관점), 구분에 따라 이루어지는 집합체를 분류항목(종개념)이라 하고 이것들을 총칭하여 구분의 3요소라 한다.

서가분류와 서지분류

분류는 다수의 사물을 공통의 성질을 가진 사물(=류)로 나누는 것이다. 도서가 갖는 공통의 성질에는 형태, 장정, 출판년 등 다수가 있으나 도서관 이용자의 요구에 적합한 분류법은 각 도서가 지닌 정보내용(지식)에 착안해서 그 지식의 범위(주제)에 맞는 분류를 하는데 이것을 주제 분류라 한다. 주제 분류는 도서자체에 대하여 하는 방법과 각 도서의 서지적기록에 대하여 행하는 방법이 있다.

가. 서가분류(shelf classification)

도서 그 자체를 서가상에 주제 분류하여 배열하는 것으로 반드시 분류기호와 도서기호를 필요로 하며 배가분류라고도 한다.

서가분류는 1) 동일주제의 도서가 서가상에 집결되어 그 주제에 관한 장서의 전모를 일람하기 쉽게 한다. 만약 희망하는 특정도서를 찾아낼 수 없어도 같은 주제의 다른 도서로서 구하는 정보를 입수하는 것이 가능하다. 2) 전 장서의 주제별 구성을 파악할 수 있어서 주제별 이용 동향의 분석이나 집서계획을 용이하게 한다. 그 대신에 1) 각 주제마다 새로운 도서를 배가할 여지를 남겨둘 필요가 있으며 장서수에 상응하는 서가수보다 여분의 서가를 준비하지 않으면 안되고 2) 이 주제의 도서가 새롭게 증대되어 전후 주제의 도서의 배가위치를 상대적으로 이동할 필요가 생기기 때문에 상대배가(relative location)라고도 한다.

상대배가는 고정배가에 반대되는 호칭이다. 도서의 판형에 의한 크기별로 서가를 할당하여 동일판형의 도서를 수입순으로 배가하는 방식이며 한번 배가된 도서가 그 서가의 그 위치에 영구히 고정된다고 하여, 고정배가라 한다. 고정배가는 경제적이고 유지관리에 편리하지만 주제분류 기능을 결하였기 때문에 육안으로 자료내용을 확인할 수 없는 비도서자료 경우에는 배가분류는 의미가 없다.

나. 서지분류(bibliographic classification)

서가분류의 제약을 보완해 주기 위해 고안된 것으로, 자료 그것만이 아니고 자료의 서지적 기록을 주제 분류하는 것을 서지분류라 한다. 서지분류에서는 자료의 물리적 형태에 구속되는 것이 아니고 도서나 잡지 중의 개별 논문기사에 대해서도 독립의 서지적 기록을 작성할 수 있어 1책의 도서만이 분류의 대상은 아니다. 서가분류에서는 자료의 배가위치를 상대적으로 결정하지 않으면 안 되므로 2이상의 주제를 취급하는 도서(예. 종교와 과학)나 1사상(事象)을 2이상의 면에서 서술하는 도서(예. 인삼: 재배법과 약효)에서는 제2이하의 주제나 면은 무시하지만 서지분류에서는 자료의 배가와는 무관계하므로 분류의 부출이나 분출로서 보완할 수 있다.

분류의 원칙

올바른 구분원리에 근거한 분류를 하기 위해서는 반드시 한 개의 구분 원리(구분 기준)에 의해 구분해야 하며 다음과 같은 분류의 원칙을 지키는 것이 필요하다.

가. 합목적성

분류에는 그 목적 성질 용도에 적합한 원리가 적용되어야 한다. 예를 들면 학문의 분류라는 경우는, 그 전 분야에 대해서 구조와 영역을 고찰하고 전 체계를 이론적, 과학적 원리에 따라 구성하지 않으면 안 된다. 이에 대해 백화점에 있어서 상품의 분류 등의 경우는 용도별, 대상별,

가격별 등 판매목적에 관계되는 원리를 우선하여 분류한다. 이 경우 전자를 자연분류(과학분류), 후자를 인위분류(실용분류)라 한다.

도서의 분류는 학문의 분류에 기초를 두면서 이용이라는 관점에서의 실용성을 겸비하고 있지 않으면 안 된다.

나. 일관성·망라성

분류의 각 단계는 한 가지의 구분원리에 근거하지 않으면 안 된다. 그리고 분류항목의 총화가 류와 그 범위가 일치하지 않으면 안 된다. 이것에 의해서 한 가지의 류개념 아래에 그 외연의 전체 즉 피구분체의 전부가 어디 엔가의 분류항목에 소속된다.

다. 상호배제성

이것은, 첫째 단계의 분류항목은 그 범위가 중복되지 않는 범위에서 서로 배타적이 되지 않으면 안 된다는 의미로서 바꾸어 말하면 부분집합 간의 종차가 명확하지 않으면 안 된다는 것이다.

라. 점진성

구분의 각 단계는 순서를 확실히 밟아 점진적으로 되지 않으면 안 된다. 예를 들면 서울특별시 종로구 명륜동 53이라는 주소에 대해서 서울특별시 명륜동과 같은 비약을 하지 않아야 한다는 것과 같은 의미이다.

② 문헌분류법

분류라는 수법을 도서자료의 주제조직법에 적용한 것이 문헌분류법이다. 이 경우 피구분체로서의 도서자료는 인간의 지식활동의 소산이므로 그 분류체계는 학문 지식의 분류체계와 밀접한 관계성을 가지고 있다. 그러나 도서는 어디까지나 여러 가지 표현형식을 수반한 도서라는 형태로서 이루어지는 것이므로 그 분류는 학문 지식과 같은 추상성, 논리성이 철저한 것과는 다른 기능이 요구된다.

이처럼 문헌분류법은 한편으로는 학문의 분류와 그 기호를 공유하지만 또 다른 한편으로는 분류로서의 실용성을 준비하지 않으면 안 된다는 이중의 성질을 가지고 있다.

학문분류와 문헌분류의 비교

• 학문분류: 학문 자체의 분류나 사물 및 개념 상호 간의 관계를 발견하기 위한 것으로, 개념이나 사상을 대상으로 하는 추상적인 성격의 분류
• 문헌분류: 데이터나 정보, 자료, 문헌의 체계적인 배열과 배치를 통해 이를 효과적으로 이용할 수 있도록 하기 위한 것으로, 주제와 그 표현 형식을 기준으로 하는 구체적이고 실용적인 성격의 분류

구 분	학문분류	문헌분류
정 의	학문 자체의 구분과 배열	정보자료의 체계적 배열과 배치
목 적	학문 자체의 분류나 사물 및 개념 상호 간의 관계 발견	정보 및 문헌의 효과적 이용을 위한 배치(이용의 효율성 제고)
분류대상	사물 및 학문 연구과정에서 얻어진 개념 및 사상	정보, 정보자료, 문헌
분류기준	학문의 논리적 특성과 성질	자료 및 문헌의 주제 및 표현형식
분류지	학문의 대상, 방법, 목적	자료, 문헌 자체
성 격	추상적 성격(사상 및 개념의 배열)	구체적, 실용적 성격

문헌분류의 효과(도서관의 입장)

1) 소장 자료의 구성내용, 주제별 분포 정도나 밀집 정도, 강·약점 등을 파악 할 수 있다.
2) 자료선택과 장서구성에 필요한 통계데이터를 제공함으로써 계획적인 장서개발을 수행할 수 있다.
3) 소장 자료의 대출 및 이용 상황을 학문영역별, 주제별, 유형별, 이용자 집단별로 신속하게 파악할 수 있다.
4) 신착자료의 배가 및 반납자료의 재배열을 용이하게 할 수 있다.

5) 자료의 대출 및 반납업무를 효율적으로 수행할 수 있다.

6) 주제별 서지 작성 및 주제별 자료 전시를 가능케 한다.

7) 장서점검 및 제적, 제거에 편리하다.

8) 도서관 상호 협력 및 분류 작업의 효율화를 도모할 수 있다.

문헌분류의 효과(이용자의 입장)

1) 장서구성이나 수서 경향, 주제별 장서량, 강·약점 등 전체적인 특징을 파악하기가 용이하다.

2) 특정 주제 내의 소장 정도를 일목요연하게 파악할 수 있다.

3) 서가상의 분류기호를 활용한 체계적인 브라우징을 통해 유사한 자료들의 접근이 용이하다.

4) 학문 영역이나 주제, 관심 분야별로 지식의 체계화가 가능하다.

5) 서가 접근이나 탐색 시, 시간과 노력을 절약할 수 있다.

③ 분류표

분류표의 조건

문헌분류법이 일반적으로 구비해야 하는 제 조건은 다음과 같다.

1) 체계의 포괄·수용성

모든 기존의 주제를 계통적으로 포괄할 수 있는 포괄성을 가지고 있을 것. 또한 새로 생성되는 신 주제에 대해서도 체계표의 어디에 흡수할 수 있는 수용성을 갖추어 둘 것.

2) 구분·명사의 명확성

구분에 관한 일반적인 원칙이 지켜지고 있을 것. 그리고 각 분류항목의 의의가 명확하고 그 개념규정도 정확하고 따라서 그 외연도 명쾌할 것.

3) 유연한 적용능력

정밀한 표로 되어 있다고 해도 적용할 때에는 구분의 각 단계가 신축 가능한 구조를 준비하고 있을 것.

4) 형식에 대응할 구조를 가질 것

도서분류의 실용적인 기능으로서 총합주제, 무주제 등을 위한 총류나 문학 예술작품 등을 위한 형식류, 참고도서 등을 위한 공통세목 등 도서의 외적·내적 형식에 대응할 구조를 가지고 있을 것.

5) 기호의 대위성(代位性)

분류의 체계나 구조를 그대로 충실히 대입시킬 기호법을 준비하는 것이 중요하지만 동시에 기호를 갖춘 기능이 분류효과를 촉진하도록 상승작용이 이상적이다.

기호법에는 자연수를 십진적으로 적용하는 십진법과 각종의 기호를 여러 방법의 조합에 따라 적용하는 비십진법이 있다. 일반적으로 기호법의 바람직한 조건으로는 단순성, 간결성, 유연성과 조기성 등이 있다.

분류표의 종류

가. 기호법에 의한 종별

1) 십진분류표

모든 지식을 9개의 주류영역과 기타(0)로 10구분하였고. 각각의 주류영역은 다시 10개의 하위그룹으로, 각각의 하위그룹은 다시 10개의 하위그룹으로 계층을 구분한다.

장점은 기호구성이 단순하고, 개념 파악이 용이하며, 신 주제 삽입과 기억이 용이하고, 국제적으로 통용성이 있으며, 사용이 편리하다는 것이다.

단점으로는 기호 배분상의 문제와 구분이 기계적이고 인위적이며, 주제 배열이 비논리적이고, 분류기호의 길이가 길어지는 것이다.

대표적인 사례로는 우리나라 KDC나 DDC, UDC, NDC 등을 들 수 있다.

십진분류표의 기본 구조

주류	강목	요목	분목	이(厘)목	모(毛)목	사(絲)목	홀(忽)목
000	300	340	345.0	345.6	345.67	345.678	345.6789
100	310	341	345.1	345.61	345.671	345.6781	345.67891
200	320	342	345.2	345.62	345.672	345.6782	345.67892
300	330	343	345.3	345.63	345.673	345.6783	345.67893
400	340	344	345.4	345.64	345.674	345.6784	345.67894
500	350	345	345.5	345.65	345.675	345.6785	345.67895
600	360	346	345.6	345.66	345.676	345.6786	345.67896
700	370	347	345.7	345.67	345.677	345.6787	345.67897
800	380	348	345.8	345.68	345.678	345.6788	345.67898
900	390	349	345.9	345.69	345.679	345.6789	345.67899

세 목

2) 비십진분류표

십진법을 적용하지 않고 기호를 전개하는 분류표로서, 문자만을 사용하는 것(순수기호)과 문자에 숫자, 부호 등을 결합하여 사용하는 것(혼합기호) 등이 있다.

기호가 혼잡하여 기재하기 어렵고 배열이 복잡하지만 전개의 폭이 크기 때문에 대규모도서관이나 전문도서관에 적합한 분류표이다.

대표적인 사례로는 LCC, CC, EC, SC, BC 등을 들 수 있다.

비십진분류표의 기본구조

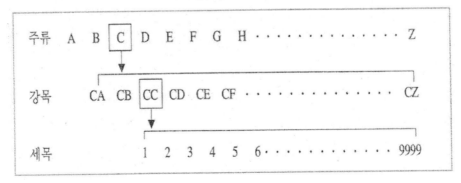

나. 분류표의 구성방식에 의한 종별

1) 열거형분류표

계층구조의 형태로 상위개념에서 주요한 차위(次位)의 하위개념을 열거하여 열거된 여러 가지의 개념에서 제2차의 주요한 하위개념을 열거하고 그 같은 조작을 반복하여 구성되는 분류표로 단순 명쾌하나 복합주제에 대한 배려가 불충분하여 정밀한 분류에는 적합치 않다.

대표적인 사례로는 미의회의 LCC를 비롯하여 DDC, KDC, NDC 등이 해당된다.

2) 준열거형분류표

그 기본적 논리적 체계가 열거형 구조이지만, 실제적으로는 분석합성형을 보다 많이 적용하고 있다. 분류표 본표에는 많은 주제어가 논리적 순서에 따라 자세히 열거되어 있으나, 동시에 여러 보조표와 결합을 위한 부호(:) 등이 마련되어 열거형보다 분석하고 다시 합성시키게 되는 분류기호가 주어진다.

대표적인 예로는 UDC(국제십진분류법)를 들 수 있다.

3) 분석합성형분류표

S. R. Ranganathan이 공통의 성질을 가진 사물이 갖고 있는 성질(facet)을 분석하여 그 파셋의 계열화와 조합을 통하여 신분류표를 합성한 것이 최초이다. 분류표는 각 류의 파셋과 그 조합된 질서를 나타냄으로써 복합주제를 일일이 제시할 필요가 없다. 복합주제를 적합하게 위치시킬 수 있기 때문에 서지분류에 적절하나 기호가 복잡하기 때문에 서가분류에는 적합치 않다.

〈파셋의 종류〉

파셋	S.R. Ranganathan	ANSI/NISO Generic facets	LCSH/OCLC FAST	Bliss (BC2)	Anderson
Topical	Personality	Entities Things Parts	Topical	Things Entities Kinds	Things Entities Kinds
	Matter	Attributes Contstituent materials	Topical	Materials Properties Parts	Materials Properties Parts

	Energy	Actions Activities Operations Process Events	Topical	Process Operations Patient Product Means	Process Operations Patient Product Means
Non-topical	Space	Places	Geographic	Space	Space
	Time	Times	Chronology Form Genre	Time Format Medium Audience Approach	Time Format Medium Audience Approach

대표적인 사례로는 1933년 랑가나단(Ranganathan)이 창안한 콜론분류표(CC)를 들 수 있다.

다. 주제범위의 한정에 의한 종별

1) 일반분류표

분류표가 대상으로 하는 주제의 범위를 한정하지 않은 분류표.

2) 전문분류표

특정의 범위에 중점을 둔 또는 한정한 분류표로 1) 다른 분야는 어딘가의 일반분류표의 공용을 전제로 하는 것 2) 특정 주제 분야에 중점을 두었거나 전 주제 분야를 대상으로 하여 작성된 것 3) 특별한 형태의 자료(clipping, 지도, 악보, 음반)를 위한 것 등이 있다. 각 전문분야에 어떠한 전문분류표가 있는지를 알기 위해서는 "Guide to the SLA Loan Collection of Classification and Subject Heading Lists"와 Aslib의 전문분류표 집서를 참고하여 얻을 수 있다.

라. 도서관 간의 공통사용에 의한 종별

1) 일관분류표

한 도서관이 독자적으로 사용하는 것으로 동관의 사정에 맞추어서 자유롭게 작성 개정할 수 있지만 독선에 빠지기 쉽다.

2) 공통분류표

복수의 도서관에서의 공용을 전제로 한 것으로 각 도서관의 개별적 장서구성이나 크기 등에 좌우되지 않고 사용관의 대세에 따라서 작성 개정된다.

3) 표준분류표

적은 범위의 공용이 아니고 전국적 또는 세계규모의 공통사용을 예상하여 작성 개정되고 있다. 사용관의 대소나 특성을 고려하여 다음과 같은 점이 요구된다.

내적조건으로는 1) 도서관의 규모 등의 차이에 따라 신축하여 적용이 가능할 것 2) 관종이나 대상 자료의 성질 등에 따라 구분관점의 선택이 가능해야 하며 외적조건으로는 1) 공식적으로 간행되어 누구든지, 언제라도 입수하기가 가능할 것 2) 변화나 진보에 대응하여 항상 개정 유지되어 있어야 한다.

특수주제용 분류표

- Moy's Classification Scheme for Law Books
- Social Services Libraries' Classification Scheme
- Historical Collections Classification Scheme for Small Museums
- National Library of Medicine Classification
- The British Catalogue of Music Classification
- 한국 전통음악 자료분류법
- 한국 교회문헌 분류법 등

특수자료용 분류표

- FIAF Classification Scheme for Literature on Film and Television
- Map Classification
- International Patent Classification
- UN Documents Classification System
- 정부공문서분류법
- 행정자료분류표
- 전국언론사 기사자료 표준분류표
- 한국특허분류표

1. 다음은 분류의 동의어 및 관련어 중 '개념'을 세분했을 때 '외연'과 반비례에 있는 용어에 대한 설명이다. 옳은 것은?

① 대상의 본질 또는 의미에 대한 인식적 단위
② 어떤 개념이 적용될 수 있는 대상의 범위
③ 유개념 또는 종개념을 구성하는 각각의 단위
④ 어떤 개념을 구성하는 대상의 공통적 성질의 합집합

> **해설** ④ 내포로서, 그것은 어떤 개념을 구성하는 대상의 공통적 성질의 합집합이다. ①은 개념에 대한 설명, ②는 외연에 대한 설명, ③은 종류에 대한 설명이다.

2. 다음은 논리적 정의에서 사용하는 일반적인 규칙에 대한 설명이다. 옳지 않은 것은?

① 정의는 정의될 개념과 동의어를 사용하면 안 된다.
② 정의는 애매한 말을 써서는 안 된다.
③ 정의는 본질적인 징표를 들어야 한다.
④ 정의는 적절한 마음을 통해 표현해야 한다.

> **해설** ④ 적절한 마음을 통해 비유적으로 표현하는 것은 문학적 수사로는 인정될 수 있지만, 논리적 정의로는 적합하지 않다.

3. 다음에서 제시한 개념에 관한 내용으로 옳은 것은?

> 도서관이 입수하는 정보자료의 배가위치를 결정하는 동시에 접근이용의 편의성을 제공하기 위하여 주제나 형식의 유사성 또는 특정 원칙이나 목적에 따라 체계적으로 조직하는 행위나 과정

① 이용자의 질의응답에 대처하고 각종 참고정보서비스를 제공하는 데 어려움이 있다.
② 기술목록이나 장비작업, 도서기호의 부여 등과 같은 단순 반복적 업무이다.

③ 랑가나단의 도서관학 5법칙 중 '독자의 시간을 절약하라'와 직접적인 관계가 있다.

④ 주제별 서지의 작성에는 용이하나 자료전시엔 어려움이 있다.

4. 다음에서 정의(definition)에 밀접한 개념으로만 짝지어진 것은?

ⓐ 최근류 ⓑ 분류지 ⓒ 종차 ⓓ 피분류체

① ⓐ - ⓒ

② ⓐ - ⓑ

③ ⓑ - ⓓ

④ ⓑ - ⓒ

해설 ① '정의 = 종차 + 최근류'라는 식에서 알 수 있듯이, 정의는 '한 유개념 속에 포섭되는 종개념과 종개념을 구별지우는 그 종개념 특유의 징표인 종차'와 해당개념에 가장 가까운 유개념을 제시함으로써 가능해진다.

5. 다음의 구분에 대한 설명으로 가장 거리가 먼 것은?

① 필요한 경우에는 둘 이상의 기준 또는 원칙을 적용할 수 있다.

② 일반적인 것에서 특수한 것으로 나아가는 과정, 즉 분석적·연역적인 방법을 구분이라고 한다.

③ 구분이란 하강에 의한 분석적인 방법으로 특정한 유개념을 분석하여 최저의 종개념에 도달하는 것이라고 할 수 있다.

④ 구분지의 총화는 피구분체의 외연 전체와 부합한다.

해설 ① 구분의 기준 또는 원칙은 반드시 하나이어야 하며, 둘 이상의 기준을 적용하면 구분에 혼란을 가져오게 된다.

6. 다음의 (   )속에 들어갈 개념으로 적합하게 짝지어진 것은?

내포가 서로 달라 개념상으로 공통성이 전혀 없어 서로 포섭될 수 없는 개념을, 서로 주류가 다르므로 이를 (ⓐ)이라 하고, 부(父)–자(子), 아들–딸처럼, 내포상으로는 일부 공통성이 존재하면서 서로 의존성의 관계로 개념의 뜻이 분명해지는 개념을 (ⓑ)이라 한다. 예를 들면 법률, 원예, 도서관등은 상호 (ⓐ)이며, 미술과 예술, 하느님과 예수 등은 (ⓑ)이라 하겠다.

① ⓐ 유개념, ⓑ 종개념

② ⓐ 모순개념, ⓑ 반대개념

③ ⓐ 이류개념, ⓑ 상관개념

④ ⓐ 동일개념, ⓑ 동연개념

정답 1. ④   2. ④   3. ③   4. ①   5. ①   6. ③

7. 다음은 A. M. Sayers가 주장한 분류기호의 조건을 설명한 것이다. 옳지 않은 것은?

① 분류기호는 가능한 간결해야 한다.

② 분류기호는 읽고 쓰기 쉽도록 단순해야 한다.

③ 분류기호는 류(類) 이상의 상위계열과 대등관계를 분류표 조직상에 나타낼 수 있어야 한다.

④ 분류기호는 분류상의 주제순서를 정확하게 나타낼 수 있어야 한다.

해설 ③ 분류기호는 가능한 동일한 주류상의 동위계열과 종속관계를 모두 표시할 수 있어야 한다. 상기 이외에도 1) 분류기호는 기억하기 쉽고, 새로운 주제를 대비할 수 있도록 보조적 특수기호를 갖추어야 한다. 2) 분류기호는 관점과 형상관계(phase relationship)의 여러 변화를 표시할 수 있어야 한다 등을 들었다.

8. 도서관의 입장에서 본 문헌분류의 목적 및 효과로 옳지 않은 것은?

① 학문영역별, 관심분야별, 주제별 지식의 체계화에 도움이 된다.

② 자료선택에 필요한 데이터를 제공할 수 있어 장서개발에 도움이 된다.

③ 분류기호를 이용하여 대출 및 반납 업무를 효과적으로 수행할 수 있다.

④ 주제별 서지작성이나 자료전시에 도움이 된다.

해설 ① 학문영역별, 관심분야별, 주제별 지식의 체계화에 도움이 되는 것은 이용자 입장에서 얻는 효과이다.

9. 다음의 설명에서 옳지 않은 것은?

① 문헌분류란 정보자료를 체계적으로 배열 또는 배치하는 것이다.

② 학문분류는 구체적, 실용적 성격을 갖는다.

③ 학문분류의 목적은 학문 자체의 분류나 사물 및 개념 상호간의 관계를 발견하는 것이다.

④ 문헌분류는 자료의 주제는 물론 표현형식을 분류기준으로 한다.

해설 ② 학문분류는 추상적 성격을 갖고 있다. 참고로 학문분류와 문헌분류를 비교하면 다음과 같다.

구 분	학문분류	문헌분류
정 의	학문 자체의 구분과 배열	정보자료의 체계적 배열과 배치
목 적	학문 자체의 분류나 사물 및 개념 상호간의 관계 발견	정보 및 문헌의 효과적 이용을 위한 배치 (이용의 효율성 제고)
분류 대상	사물 및 학문 연구과정에서 얻어진 개념 및 사상	정보, 정보자료, 문헌

분류 기준	학문의 논리적 특성과 성질	자료 및 문헌의 주제 및 표현형식
분류지	학문의 대상, 방법, 목적	자료, 문헌 자체
성 격	추상적 성격 (사상 및 개념의 배열)	구체적, 실용적 성격

10. 다음은 표시방식에 따른 자료분류표의 스펙트럼이다. 빈칸에 들어갈 말로 올바르게 짝지어 진 것은?

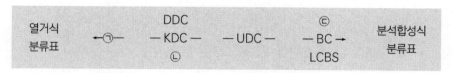

① ㉠ CC - ㉡ LCC - ㉢ NDC   ② ㉠ LCC - ㉡ CC- ㉢ NDC

③ ㉠ LCC - ㉡ NDC - ㉢ CC   ④ ㉠ NDC - ㉡ LCC - ㉢ CC

11. 분류의 기본 원칙에 대한 설명 중 옳지 않은 것은?

① 모든 분류행위는 다양한 원칙이 적용될 수 있기 때문에 합목적성을 견지해야 한다.

② 모든 자료는 저자의 의도나 목적을 최우선으로 최대한 반영해 분류해야 한다.

③ 대상자료의 주제, 서지적 표현형식, 저자의 관점, 물리적 체제나 형태 등의 순으로 우선순위를 부여해야 한다.

④ 분류의 각 단계에는 단일의 분류원리가 적용되고 하나의 유개념에는 외연이 망라되어야 한다.

해설 ② 모든 자료를 분류할 때는 저자의 의도나 목적을 최대한 반영하되, 궁극적으로는 이용자에게 유용한 방향으로 분류해야 한다.

12. 문헌분류의 일반적 원리라고 할 수 있는 것은?

① 이용자의 요구에 따라 적당한 자리에 분류한다.

② 이용자의 요구 계층에 따라서 분류한다.

③ 학문의 분류체계에 따라서 분류한다.

④ 영구히 이용할 자리에 분류한다.

정답 7. ③   8. ①   9. ②   10. ③   11. ②   12. ④

13. 문헌분류법의 정의에 관한 설명으로 옳지 않은 것은?

① 분류는 임의의 분류가 아니라 분류표에 의한 분류이어야 한다.

② 자료의 이용효과를 높이기 위한 것이므로 학문적 이론과 분류에 근거할 필요가 없다.

③ 분류란 체계적으로 편성된 분류표에 의거하여 한 도서의 내용, 주제 또는 형식에 일치하거나 유사한 번호를 찾아서 배정하는 것이므로 완성된 체계적인 표에 의거해야 한다.

④ 문헌분류표란 문헌분류의 기본적인 도구이다.

해설 ② 문헌분류표는 분류의 목적을 실현시키는 것이기 때문에 분류의 이론과 학문분류에 근거를 두어야 한다.

14. 다음은 어떤 단어의 정의를 설명한 것으로, 그것은 무엇인가?

> ㉠ ALA 용어집에 의하면 하나의 주제가 독특한 특징에 따라 나누어 질 때 산출되는 구분지의 총체
> ㉡ KLA에서는 분류법에서 주제가 단순한 특징에 의해 구분될 때 파생되는 하류 분류세트 또는 한 주제에 관한 여러 가지 양상 중의 하나로 다면적 분류표에서 주제를 합성하여 표현한 것

① 패싯(facet)　　　　　　② 주석(annotation)

③ 주기(note)　　　　　　④ 판(edition)

15. 다음 중 분류표가 가져야 할 일반적인 구비조건으로 옳지 않은 것은?

① 계층적 순서에 따라 주제의 항목을 기호화할 수 있어야 한다.

② 기호시스템은 간결성, 추상성을 가져야 한다.

③ 과거자료를 수용할 수 있는 소급성을 지녀야 한다.

④ 모든 주제를 분류할 수 있는 망라성을 지녀야 한다.

해설 ② 분류표가 가져야 할 일반적인 구비조건은 다음과 같다. 분류기호는 도서관에서 자료를 서가상에 배열하기 위한 필수적 조건으로, 문헌분류표상에 표시된 계층적 순서에 따라 주제의 항목, 즉 유, 강, 목, 세목 등의 분류명사를 기호화한 것이다. 분류기호는 청구기호(call number)의 중요한 구성요소의 하나로써 분류표에 세분된 각 주제의 분류명사를 나타내는 기호이며, 분류표에 있어서의 위치 즉 체계적인 분류의 계층을 표시한다. 그리고 도서의 등(spine), 각종 카드에 기록됨으로써 서가의 배열 및 대출과 검색의 수단이 되며, 이용자가 분류기호를 알면 자료의 주제를 쉽게 알 수 있고, 또한 개가식 서가에서는 자료를 매우 신속하게 이용할 수 있도록 하는 역할을 담당하고 있다. 그러므로 분류기호로서 갖추어야 할 조건들은 단순성, 간결성, 신축성, 계층성, 조기성, 통용성이라 할 수 있다.

16. 다음에서 개념의 내포와 외연에 대한 설명으로 옳은 것은?

① 내포는 개념의 깊이라고 할 수 있고, 외연은 개념의 넓이라고 할 수 있다.

② 외연은 어떤 개념이 갖는 징표의 전체를 가리킨다.

③ 개념의 내포를 전개시켜, 그 외연을 전개시키는 것을 정의라 한다.

④ 내포는 개념이 나타내는 대상의 전체를 가리킨다.

17. 다음 중 서지분류에 대한 설명으로 옳지 않은 것은?

① 도서목록, 문헌목록 등을 배열하기 위한 것이다.

② 각종목록의 배열을 위한 분류이며, 목록분류라고도 한다.

③ 서가상의 배열을 용이하게 하기 위한 분류이다.

④ 책을 배열하기 위한 분류이다.

해설 ④ 서지분류는 서지를 위한 지상(紙上)분류이기 때문에 청구기호가 필요한 것은 아니다. 서지분류는 목록상 분류이기 때문에 1주제, 2주제, 3주제를 표목(heading)하여 기록할 수 있으며, 이는 자료의 검색효과를 얻을 수 있다. 서지분류란 도서목록, 장서목록과 같이 책자형목록 등에 수록되는 자료의 기입을 배열하기 위하여 작성된 분류표이다. 동양은 7분법, 사분법, 4분개수법 서양은 게스너의 21분법, 노데의 12분법 등이 있다. 반면에 서가분류란 자료를 서가에 배열하기 위한 분류표이며, 도서관 도서에 하나의 분류기호만이 부여된다.

18. 현행 세계 최대의 분류표는?

① DDC   ② DDC

③ LCC   ④ UDC

해설 ③ 세계 최대의 분류표는 미국의회도서관 분류표인 LCC이다.

19. 다음 중 서가분류(shelf classification)에 대한 설명으로 가장 거리가 먼 것은?

① 자료를 서가상에 체계적으로 배열하기 위한 분류이다.

② 분류부출 등을 통하여 복수주제를 다면적으로 표현할 수 있다.

③ 특히 자료의 배가와 검색을 위해 사용되는 경우가 많다.

④ 청구기호순으로 배열된다.

정답 13. 2   14. 1   15. 2   16. 1   17. 4   18. 3   19. 2

해설 ② 서지분류(bibliographic classification)에서는 분류부출 등을 통해 복수주제의 다면적 표현이 가능한 반면, 서가분류(shelf classification)에서는 일반적으로 복수주제의 다면적 표현이 거의 불가능하다.

20. 다음 중 지식의 적용범위에 따른 분류에 해당하는 것은?

① 특수분류표 – 일반분류표   ② 십진분류표 – 비십진분류표

③ 일관분류표 – 표준분류표   ④ 준열거식분류표 – 분석합성식 분류표

해설 ① 문헌분류표의 종류는 다음과 같이 나눌 수 있다.

1) 기호법에 의한 유형

가) 십진분류법: 순수 아라비아숫자를 사용하여 주제의 내용을 10구분씩 점진적으로 세분한 것을 말한다. 즉, 모든 지식을 9개(1~9)의 대주제(主類; main class)로 구분하고, 기타는 0에 배정한 다음에 각각의 주류영역은 다시 10개의 중주제(綱; division)로, 각각의 중주제는 다시 10개의 소주제(目; section)로 계층 구분한 것을 말한다. 따라서 10개의 주류, 100개의 강목, 1,000개의 요목 등으로 구분된다. 대표적인 사례로는 우리나라 KDC나 DDC, UDC, NDC 등을 들 수 있다.

나) 비십진분류표: 숫자가 아닌 문자만을 사용하는 경우나 문자와 숫자 등을 병합하여 기호를 사용하여 분류하는 방법을 말한다. 대표적인 사례로는 LCC, CC, EC, SC, BC, 국제백진분류법 등을 들 수 있다.

2) 구조원리에 의한 구분

가) 열거식 분류표: 모든 지식을 각각의 주제나 형식에 따라 최고의 유개념에서 최저의 종개념까지 체계적으로 세분시켜 나열하는 분류표이다. 대표적인 사례로는 미의회의 LCC를 비롯하여 DDC, KDC, NDC 등이 해당된다.

나) 준열거식 분류표: 그 기본적 논리적 체계가 열거식 구조이지만, 실제적으로는 분석합성식을 보다 많이 적용하고 있다. 다시 말하면 분류표 본표에는 많은 주제어가 논리적 순서에 따라 자세히 열거되어 있으나, 동시에 여러 보조표와 결합을 위한 부호(;) 등이 마련되어 열거식보다 분석하고 다시 합성시키게 되는 분류기호가 주어진다. 대표적인 예로는 UDC(국제십진분류법)를 들 수 있다.

다) 분석합성식 분류표: 2개 이상의 주제가 복합된 자료의 경우 이를 준열거식에서 사용하는 부호나 보조표로 연결 합성시키나, 열거식 분류표로서는 모두 분류기호로 표현할 수 없음에 이를 보완하고자 창안된 분류표이다. 이에 분석합성식분류표에서는 각 주제별의 명사를 5개의 패싯으로 나누어 분석한다. 분석된 패싯이 다시 일정한 공식에 의하여 서로 합성시켜 주제의 다면적 관점을 모두 하나의 분류기호로 표현하게 되니 별칭 다면적 분류라고 칭한다. 대표적인 사례로는 1933년 랑가나단(Ranganathan)이 창안한 콜론분류표(CC)를 들 수 있다.

3) 지식의 적용범위에 의한 구분

가) 일반분류표: 지식의 전 주제분야를 망라적으로 체계화한 분류표를 말한다. LCC, DDC, UDC, KDC, NDC, CC 등이 이에 속한다.

나) 특수분류표: 특히 농학, 의학, 특허 등의 주제별 자료나 지도, 음반, 신문기사 등의 특별한 유형의 자료를 분류하는 데 유용한 분류표이다.

다) 표준분류표: 국내 모든 도서관에서 공통적으로 사용되도록 육성할 목적으로 간행되는 분류표이다. 즉, 일반분류표가 각종 도서관에서 널리 채택되어 사용되면 자연적으로 표준 분류표가 된다. 우리나라의 KDC, 미국의 DDC, 일본 NDC 등이 표준분류표이다.

21. 학문의 분류와 대비되는 문헌분류의 특성에 대한 다음의 설명 중 가장 거리가 먼 것은?

① 기록된 자료의 체계적 배열을 주된 목적으로 한다.

② 문헌분류에서는 학문분류 가운데 대상에 의한 분류와 목적에 의한 분류를 주로 채용하고 있다.

③ 분류의 기준은 학문의 논리적 성질과 특성만을 기준으로 삼는다.

④ 자료이용의 효율성에 목적을 둔다.

해설 ③ 문헌분류의 경우는 자료의 주제뿐만 아니라 형식도 고려해야 한다.

22. 다음 괄호 안에 들어갈 가장 적절한 용어로 바르게 짝지어진 것은?

> 사람은 피부색에 따라 황인종과 흑인종, 백인종으로 구분된다. 이때 사람은 (㉠), 피부색은 (㉡), 황인종과 흑인종, 백인종은 (㉢)에 해당한다.

① ㉠ 구분원리 – ㉡ 피부분체 – ㉢유개념

② ㉠ 구분원리 – ㉡ 피구분체 – ㉢구분지

③ ㉠ 피구분체 – ㉡ 구분원리 – ㉢구분지

④ ㉠피구분체 - ㉡구분원리 - ㉢유개념

23. 문헌분류의 설명과 관계가 적은 것은?

① 서가상 배열을 목적으로 하는 분류이다.

② 이용의 효율을 목적으로 하는 분류이다.

③ 구체적이고 실용성을 목적으로 하는 분류이다.

④ 대상방법, 목적에 따라서 하는 분류이다.

해설 ④는 문헌분류의 설명이 아니라 학문분류의 설명 중 하나이다.

정답 20. 1   21. 3   22. 3   23. 4

24. 서가분류와 대비되는 서지분류에 대한 설명으로 가장 적합하지 않은 것은?

① 복수주제의 다면적 표현이 가능하다.

② 자료의 목록정보를 책자형 서지에 체계적으로 배열하기 위한 분류이다.

③ 한 문헌에 한 개 이상의 분류번호를 가질 수 있다.

④ 주로 상관식 배가법을 사용한다.

해설 ② 서지분류는 고정식 배가법을 사용한다.

25. 다음 중 분석합성식분류법(analytico-synthetic classification)에 대한 설명으로 가장 거리가 먼 것은?

① 패싯식분류법(faceted classification)이라고도 한다.

② Ranganathan이 고안한 CC(Colon Classi- fication)가 대표적인 유형이다.

③ 분류표의 부피가 열거식분류법에 비해 월등히 줄어든다.

④ 기본주제와 복합주제 등의 주제와 이들의 포괄적인 관계가 분류표에 표시된다.

26. 다음 중 서지분류(bibliographic classification)에 대한 설명으로 가장 거리가 먼 것은?

① 서지분류는 서지의 작성을 기본목적으로 하며, 검색은 부차적인 것이다.

② 근대적인 문헌분류의 역사를 놓고 볼 때, 서지분류의 연원은 서가 분류의 연원에 비해 훨씬 더 짧다고 할 수 있다.

③ 서지분류의 배열기준은 자료의 크기나 장정, 입수순, 연대, 서지분류번호 등 다양한 방법을 사용하게 된다.

④ 서지분류는 일반적으로 고정식배가법(fixed location)을 택하게 된다.

해설 ② 문헌분류의 역사에서 볼 때, 서가분류가 시작된 것은 근대도서관에서 개가제(開架制)가 도입된 이후로 보는 것이 일반적이다. 이에 비해 서지분류는 문헌분류의 초기부터 사용되었다고 할 수 있다.

27. 다음 설명에 해당하는 분류법에 대한 특징으로 옳지 않은 것은?

> 멜빌 듀이에 의해 발행된 분류법으로 해리스 분류법에 기초하였다. 초판은 철학, 시학, 사학 순
> 으로 배치한 역베이컨식으로 구성되었으며, 발간 이후 주기적으로 개정되어 현재는 각 국에서
> 지배적인 분류도구로 자리매김하고 있다.

① 본표 및 보조표에 타 분류표에서 찾을 수 없는 요약이 존재한다.

② 구조와 기호를 이용한 열거식 계층 구조를 취하고 있는 분류법이다.

③ 관점분류를 지향하여 동일주제 분야의 복수 자료를 각 각의 관점에서 분류할 수 있다.

④ 학문이 아닌 주제 분류에 기반하여 하향적 계층구조를 유지하고 있다.

해설 ④ Melvil Dewey에 의해 발행된 Dewey Decimal Classification: DDC이다. 듀이십진분류법은 주제가
아닌 학문 분류에 기반하여 하향적 계층 구조를 유지하고 있는 분류법이다.

28. 다음에서 표의 구조원리를 기준으로 구분한 분류표는?

① 서가분류표, 서지분류표, 혼합식분류표

② 분석합성식분류표, 서지분류표, 십진분류표

③ 열거식분류표, 준열거식분류표, 분석합성식분류표

④ 열거식분류표, 준열거식분류표, 십진분류표

29. 다음 중 구분의 3요소에 해당하지 않는 것은?

① 피구분체

② 구분지

③ 구분원리

④ 종개념

해설 ④ 구분의 3요소는 피구분체와 구분지, 구분원리이다.

정답 24. 2   25. 4   26. 2   27. 4   28. 3   29. 4

30. 다음은 이용자 측면에서의 문헌분류의 기대효과를 설명한 것이다. 이 중 가장 관계가 먼 것은?

① 이용자가 원하는 도서의 소장 여부를 파악하기가 곤란하다.

② 목적한 주제와 관련된 주제를 그 전·후에서 구할 수 있다.

③ 이용자가 목적한 분야의 학문이나 지식을 체계화하는 데 좋은 참고도구가 될 수 있다.

④ 관심 있는 주제분야의 분류기호를 기억함으로서 이용자 스스로의 시간과 노력을 절감할 수 있다.

해설 ① 이용자가 원하는 도서관에 소장된 장서 중, 어떤 부분 또는 어느 주제의 자료가 많은가 또는 그 소장 여부의 진위를 쉽게 파악할 수 있다. 예를 들면 개가제 서가를 돌아보면서 자기가 찾고자 하는 자료가 없을 경우 유사한 책으로 청구할 수 있으며, 원하는 주제분야의 저자명이나 서명을 모르더라도 특정한 자료의 검색을 가능하게 할 수 있다.

31. 다음 중 문헌분류에 대한 설명으로 가장 거리가 먼 것은?

① 구체적, 실용적인 분류이다.

② 서가상 배열을 목적으로 한다.

③ 학문의 대상, 방법, 목적 등에 따라 여러 가지로 분류할 수 있다.

④ 이용의 효율성을 목적으로 한다.

32. 다음에서 분류기호의 요건과 그 설명의 연결이 잘못 짝지어진 것은?

① 단순성 – 기호는 시각적으로나 발음상으로 가능한 한 짧고 간결해야 한다.

② 신축성 – 새로운 주제의 삽입이 용이해야 한다.

③ 통용성 – 기호는 가능하면 국제적으로 널리 사용되는 것이 좋다.

④ 계층성 – 분류체계의 계층을 잘 나타낼 수 있어야 한다.

해설 ① 시각적으로나 발음상으로 가능한 한 짧고 간결한 것은 간결성이며, 단순성은 기호가 형태가 단순하다는 것이다.

33. 다음 중 구분의 3요소 가운데 가장 중요한 역할을 하게 되는 것은?

① 구분원리   ② 유개념

③ 종개념   ④ 구분지

해설 ① 구분의 3요소(구분지, 피구분체, 구분원리) 중 구분원리는 동일한 개념이라도 그 적용방법에 따라 구분지가 달라질 수 있다. 따라서 구분원리는 구분의 3요소에서 가장 중요하다고 할 수 있다.

34. 다음 ( )안의 ㉠, ㉡에 들어갈 적합한 용어가 가장 올바르게 짝지어진 것은?

> 분류란 어떤 대상 또는 (㉠)을(를) 어떤 성격이나 특징을 기준으로 점차로 분석하여 최적의 (㉡)(으)로 조직화하는 것이다

① 종개념 – 유개념
② 유개념 – 종개념
③ 종개념 – 종개념
④ 유개념 – 유개념

35. 다음은 사람을 특정의 구분원리에 따라 구분한 것이다. 구분원리와 구분지의 연결이 옳지 않은 것은?

① 피부색 – 황인종, 백인종, 흑인종
② 사회계층별 – 상류층, 중류층, 하류층
③ 민족별 – 한국인, 중국인, 일본인, 미국인
④ 혈액형별 – A형, B형, AB형, O형

해설 ③ 한국인, 중국인, 일본인, 미국인 등의 구분은 민족보다는 국가별로 구분한 것이다.

36. 다음 괄호 안에 들어갈 가장 적합한 용어는?

> 포피리우스의 나무(Tree of Porphyrios)는 ( )의 전형적인 유형이다.

① 2분법
② 3분법
③ 4분법
④ 다분법

해설 ① 그리스의 논리학자 Porphyrios가 모든 자연 또는 어떤 대상을 계속적으로 둘씩 세분해 나가는 포피리우스의 나무는 2분법의 전형적인 예이다. 2분법은 유개념을 상호배타적인 모순개념으로 구분하여 두 개의 구분지로 나누는 것으로서, 예를 들어, 포피리우스의 나무 이외에 유와 무, 생과 사, 음과 양, 0과 1(이진수) 등을 들 수 있다.

정답 30. 1　31. 3　32. 1　33. 1　34. 2　35. 3　36. 1

37. 각 자료분류표의 특징이 바르게 서술된 것은?

① 십진분류표는 비십진분류표보다 전개력이 뛰어나다.

② 십진분류표는 숫자를 기호로 변환하였기 때문에 편하고 기억하기 쉽다.

③ 열거식분류표는 신주제를 수용하기가 쉽다.

④ 계층구조형 분류표는 각각의 구분원리가 독립적으로 적용되는 구조이다.

해설 ② 십진분류표는 비십진분류표보다 전개력이 약한 것이 가장 큰 약점이다. 열거식분류표는 신주제를 수용하기가 쉽지 않아 정기적인 개정과 업그레이드가 필요하다. 분석합성식 분류표는 본표에 최소한의 분류항목을 표시하고 나머지는 합성하도록 구성한 분류표이다. 각각의 구분원리가 독립적으로 적용되며 이러한 특징이 강한 것은 다차원 구조형 분류표라 한다. 계층구조형 분류표는 구분원리의 순서에 입각하여 순차적, 단계적 구조로 전개한 것을 말한다.

38. 다음의 표준분류표의 장점 설명 중 옳지 않은 것은?

① 분류표를 보호하고 육성하는 기관이 설립되어 분류표를 연구 개정작업을 계속하여 최신성이 있다.

② 중요한 서지분류가 제시되어 있으므로 분류작업이 용이하다.

③ 도서관 상호협력이 용이하다.

④ 표준분류표는 일반적으로 널리 사용되기 때문에 개정 시 사용하는 도서관의 협조를 받아야 하므로 개정이 불가능하다.

39. 다음 중 문헌자료분류와 거리가 가장 먼 것은?

① 분류규정　　　　　　　　　② 서지분류

③ 인위적분류　　　　　　　　④ 자연적분류

해설 ④ 문헌분류는 도서관에 수집되는 모든 도서나 비도서자료의 내용을 주제나 형식의 원칙에 따라 체계적으로 분석하여 서고관리의 편성과 배가위치를 지정해 주는 역할이라 하겠다. 동시에 분류의 역할은 이용자의 시간을 절감하고 정보접근력을 높여 주기 위한 절차라고도 할 수 있다.

40. 다음 중 분석합성식 분류법으로만 짝지어진 것은?

① CC, NDC　　　　　　　　② CC, DDC, KDC

③ CC, BC　　　　　　　　　④ BC, CC, DDC

41. 다음 중 개념에 대한 설명으로 옳지 않은 것은?

① 개념을 말로써 나타낸 것을 명사(term)라고 한다.

② 모순개념은 3자의 개입을 허용하지 않는다.

③ 종개념은 포섭되는 개념을 말한다.

④ 양친과 부모는 동연개념이다.

해설 ④ 양친과 부모는 동일개념이다.

42. 다음 중 혼합기호법을 채택하고 있는 분류표에 해당하지 않는 것은?

① UDC　　　　　　　　　　② KDC

③ EC　　　　　　　　　　　④ LCC

해설 ② KDC(한국십진분류법)는 아라비아숫자만을 기호로 사용하는, 순수기호법을 채택하는 분류표이다.

43. 다음 중 문헌분류와 대비해 볼 때, 학문분류에 대한 설명으로 옳은 것은?

① 반드시 기호화되어야 한다.

② 주제와 형식이 분류기준이 된다.

③ 구체적 성격을 갖는다.

④ 학문 자체의 논리적 성격을 분석하고 규명하고자 한다.

해설 ④ 학문분류의 기본목적은 학문 자체의 논리적 성격을 분석하고 규명하고자 하는 것으로, 문헌분류의 구체적이고 실용적인 목적과는 차이가 있다.

44. 도서관에서는 자료를 주제에 따른 체계적인 순서로 배열함으로써 더 많은 이용자에게 도움을 주고자 한다. 랑가나단의 도서관학의 5법칙 가운데서 이러한 문헌분류에 가장 적합한 법칙들로 바르게 짝지어진 것은?

① 제1법칙 – 제2법칙　　　　　② 제1법칙 – 제3법칙

③ 제3법칙 – 제4법칙　　　　　④ 제4법칙 – 제5법칙

해설 ③ 도서관학의 제1법칙(Books are for use)은 책은 보존보다는 이용을 위한 것임을 의미하며, 제2법칙(Books are for all)은 책은 특정인을 위한 것이 아니라 모든 사람을 위한 것임을 의미한다. 제3법칙(Every books

정답	37. 2	38. 4	39. 4	40. 3	41. 4	42. 2	43. 4	44. 3

its reader)은 모든 책은 그에 적합한 이용자에게 제공되어야 함을 의미하고, 제4법칙(Save the time of the reader)은 효율적인 서비스를 통해 이용자의 시간을 줄여 줄 것을 주장한다. 제5법칙(A library is a growing organization)은 도서관은 자료나 직원, 이용자 등의 모든 측면에서 성장과 변화를 거듭하게 됨을 의미한다. 따라서 모든 법칙이 문헌분류에 관련된다고 할 수 있겠으나, 주제에 의한 분류는 그 가운데서 특히 제3법칙과 제4법칙이 가장 적합하다고 할 수 있다.

45. 자료분류의 유형과 그 사례가 바르게 짝지어진 것은?

① 하강적 분류 – 한국과 미국의 소설을 고대문학과 현대문학으로 분류하고, 다시 한국문학과 미국문학으로 대별

② 상승적 분류 – 문학작품을 시, 소설, 수필 등으로 구분한 다음에 소설의 경우, 다시 애정소설, 과학소설 등으로 분류

③ 인위적 분류 – 자료를 장정에 따라 고서와 현대서로 구분

④ 인위적 분류 – 동물을 척추의 유무에 따라 척추동물과 무척추동물로 구분

해설 ③ 도서관에서 수행되는 자료분류는 대상자료 자체의 성질, 적용하는 시점, 인위성 여부, 목적과 용도에 따라 하강적 분류와 상승적 분류, 연역적 분류와 귀납적 분류, 자연적 분류와 인위적 분류, 서지분류와 서가분류로 세분할 수 있다. 하강적 분류는 어떤 자료군을 성질이 상이한 몇 개의 영역으로 구분한 다음, 다시 각 영역에 속하는 자료 중에서 이질적인 몇 개로 세분하는 것이고 상승적 분류는 동일한 성질을 지니는 자료를 몇 개의 그룹으로 군집하고, 각 그룹이 지니는 상위의 동질성에 따라 다시 대별하는 것을 말한다. 연역적 분류는 일반적인 것에서 특수한 것으로 세분, 귀납적 분류는 특수한 것에서 일반적인 것으로 종합하는 것이다. 자연적 분류는 자연현상을 객관적 속성 혹은 연관성에 따라 분류하듯이 피분류체의 성질을 분류기준으로 삼는 것이고, 인위적 분류는 피분류체인 자료를 자의적 또는 임의적 기준에 따라 분류하는 것이다. ①은 상승적 분류, ②는 하강적 분류의 예시이며, ④는 자연적 분류의 예시이다.

46. 다음은 문헌분류를 지식의 적용범위에 따라 구분한 것이다. 옳은 것은?

① 십진식분류표 – 비십진식분류표

② 열거식분류표 – 패싯식분류표

③ 일관분류표 - 표준분류표

④ 일반분류표 – 특수분류표

해설 ④ 분류표는 그 적용범위에 따라 전 주제를 대상으로 하는 일반분류표(general classification) 또는 종합분류표와 특정주제나 특정자료만을 대상으로 하는 특수분류표(special classification) 또는 전문분류표로 나눌 수 있다.

47. 다음 중 문헌분류의 설명으로 관계가 적은 것은?

① 문헌분류는 서가상 배열을 목적으로 하는 분류이다.

② 문헌분류는 이용의 효율을 목적으로 하는 분류이다.

③ 문헌분류는 분류체계에 따른다.

④ 문헌분류는 학문의 대상 방법 목적 등에 여러 가지로 분류할 수 있다.

48. 다음 중 자료분류표의 특징과 성격을 바르게 짝지은 것은?

① CC − 십진식 − 열거식 − 다차원구조 − 일반분류표

② DDC − 십진식 − 열거식 − 다차원구조 − 일반분류표

③ LCC − 비십진식 − 분석합성식 − 계층구조 − 일반분류표

④ KDC − 십진식 − 열거식 − 계층구조 − 일반분류표

49. 다음은 분류기호를 설명한 것으로 옳은 것은?

① CC, DDC, NDC, KDC는 십진분류표로 아라비아숫자를 분류기호로 한다.

② 문헌분류표에 있어서 주제배열은 항목을 유, 강, 목 등의 분류명사를 기호화한 것이다.

③ 분류기호란 아라비아숫자를 사용하여 표기한 기호를 말한다.

④ KDC, DDC, NDC는 혼합기호를 사용한다.

해설 ② 분류기호는 도서관에서 자료를 서가상에 배열하기 위한 필수적 조건으로, 문헌분류표상에 표시된 계층적 순서에 따라 주제의 항목(유, 강, 목, 세목 등)의 분류명사를 기호화한 것이다. 분류기호의 종류에는 숫자(아라비아숫자 또는 로마숫자), 문자(알파벳, 한글 등), 부호(+ / ( ) : =) 등이 있다. 이들 가운데 숫자 또는 문자 등 한 가지만으로 구성되는 기호를 순수기호(pure notation)라고 하며, 두 가지 이상으로 구성되는 기호를 혼합기호(mixed notation)라고 한다. KDC, DDC, NDC 등은 아라비아숫자만을 쓰는 순수기호이고, EC, SC, LCC, CC 등은 문자 내지 문자와 숫자, 그리고 임의의 기호를 혼합하여 쓰는 기호체계를 사용한다.

정답 45. 3   46. 4   47. 4   48. 4   49. 2

50. 다음은 어떤 분류표를 설명한 것으로 옳은 것은?

> 인류전체의 지식을 각각 주제 또는 형식에 따라서 최고의 유개념에서 최저의 종개념까지 체계적으로 세분하여 분류기호 순서대로 일일이 열거한 분류표이다. 대표적인 것으로 LC가 있다.

① 준열거식분류표　　　　　　　② 열거식분류표

③ 분석합성식분류표　　　　　　④ 비십진분류표

51. 다음 중 개념이 가리키는 대상 전체를 의미하는 용어로 옳은 것은?

① 외연(外延)　　　　　　　　　② 내포(內包)

③ 유개념(類槪念)　　　　　　　④ 종개념(種槪念)

해설 ① 개념의 외연(extension)은 그 개념이 적용될 수 있는 전체범위 또는 그 개념의 속성을 가지고 있는 개체의 전부를 말하며, 개념의 넓이라고도 할 수 있다.

52. 이 개념의 구비요건을 바르게 적용한 결과로 옳은 것은?

> 상위의 유개념(일반적인 것)을 하위의 종개념(특수한 것)으로 세분하는 것

① 문학: 시, 수필　　　　　　　② 사람: 백인종, 흑인종, 아동, 성인, 노인

③ 사람: 유식자, 무식자　　　　④ 사람: 여자, 남자

해설 ④ 설명하는 개념은 '구분'이다. 구비요건으로는 기준이 명확해야 하고 하나로 통일되어야 하며, 포괄적이고 상호배타적이어야 한다. ①은 소설, 희곡, 서간 등이 배제되므로 포괄적이지 않아 정당한 구분으로 간주할 수 없다. ②는 피부색과 연령이라는 기준을 동시에 적용했으므로 구분 기준이 통일되지 않았다. ③은 기준이 명확하지 않다.

53. 다음 중 서지분류를 설명한 것으로 적절한 것은?

① 전국 도서관에 기 배포된 2차 자료인 서지를 종합목록 형식으로 만든 뒤 이용을 원활히 하기 위하여 서지를 분류해 놓은 것이다.

② 카드목록이나 책자형 목록 즉 자료목록이나 도서목록 등을 편성·편집하기 위하여 필요한 기입을 배열하기 위한 분류이다.

③ 자료의 주제나 형식에 따라서 서가에 배열하기 전의 상태를 서지분류라 한다.

④ 서지분류란 배가분류라고도 하며 서가분류는 목록분류로 불리기도 한다.

54. 문헌분류표의 구조상 원리에 다른 설명으로 옳지 않은 것은?

① CC – 분석합성식 분류

② LCC – 비열거식 분류

③ KDC – 열거식 분류

④ UDC – 준열거식 분류

55. 각 분야의 주제를 총망라하여 포괄적으로 조직한 분류표로써 일반도서관에서 널리 사용하는 분류표는?

① 일반분류표

② 표준분류표

③ 특수분류표

④ 열거식분류표

해설 ① 일반분류표는 모든 주제를 취급하는 공공도서관, 대학도서관, 대규모 도서관에 적당하다. 특수분류표는 전문도서관, 특수도서관을 위하여 작성된 분류표이다.

56. 다음의 십진분류표에 대한 설명으로 가장 거리가 먼 것은?

① 십진분류표는 구분이 9개로 한정되어 있어 9분법을 의미하기도 한다.

② 십진법은 유, 강, 목 등으로 주제나 형식의 유사성 정도에 따라 10개의 주류, 100개의 강목, 1,000개의 요목으로 나눈다.

③ 유, 강, 목으로 볼 때 소규모 도서관에서는 유, 강까지의 숫자를 사용할 수도 있다.

④ 십진분류법에서는 세 숫자 단위로 소수점을 찍으며 유, 강, 목으로 나눈다.

57. 다음에서 십진식분류법의 장점으로 옳지 않은 것은?

① 국제적 통용성이 있다.

② 조기성이 풍부하다.

③ 배열순서상의 개념이 명확하다.

④ 기본기호의 증가로 주제의 논리적 배열이 가능하다.

해설 ④ 십진분류법은 기본기호가 10개로 제한되어 있어서 주제의 논리적 배열이 어려운 경우가 있다.

정답	50. 2	51. 1	52. 4	53. 2	54. 2	55. 1	56. 4	57. 4

58. 분류의 개념과 의의에 대한 설명으로 옳은 것은?

① 개념은 어떤 대상을 어떤 성격이나 특징을 기준으로 점차로 분석하여 최저의 종개념으로 조직화하는 것을 말한다.

② 단어 간의 질이 아주 상반되고 서로 배척하여 그 중간에 제3자의 개입이 불가능한 두 개념을 "반대개념"이라 한다.

③ 포섭관계에 있는 두 개념 가운데 다른 개념을 포섭하는 개념을 유개념이라 한다.

④ 포섭의 상하관계에 다라 유개념은 "하위개념"이라고도 한다.

해설 ③ 포섭의 상하관계에 따라 유개념은 상위개념이라고도 한다. ① 개념은 어떤 대상 혹은 존재를 가리키는 의미 형식이다. ② 분류는 어떤 대상을 어떤 성격이나 특징을 기준으로 점차로 분석하여 최저의 종개념으로 조직화하는 것을 말한다.

59. '기억하기 쉽도록 가능한 한 동일기호에 동일의미를 부여한다'는 정의는 분류기호의 어떤 성질에 해당하는가?

① 조기성   ② 통용성

③ 단순성   ④ 간결성

60. 다음은 분류의 사전적 정의와 학자들의 견해이다. 옳지 않은 것은?

① 찬(L. M. Chan) 등: 지식의 체계적 배열을 위한 개념적 시스템이다.

② 국어대사전: 종류에 따라 가르는 것, 즉 유별하는 것이다.

③ 헌터(E. J. Hunter): 본질적으로 단순히 어떤 공통의 성질이나 특성에 따라 유사한 사물을 함께 모으는 것이다.

④ 모리 기요시: 유(동류 및 공토의 성질을 갖는 사물의 그룹)로 나누는 것으로서, 유사한 것은 모으고 유사하지 않는 것은 나누는 행위이다.

해설 ① 찬(L. M. Chan) 등은 "지식의 체계적 배열을 위한 논리적 시스템이다"라고 정의하였다. ② 국어대사전은 종류에 따라 가르는 것, 즉 유별하는 것이다. ③ 헌터(E. J. Hunter)는 본질적으로 단순히 어떤 공통의 성질이나 특성에 따라 유사한 사물을 함께 모으는 것이다. ④ 모리 기요시는 유(동류 및 공토의 성질을 갖는 사물의 그룹)로 나누는 것으로서, 유사한 것은 모으고 유사하지 않는 것은 나누는 행위이다.

61. 다음의 열거식 분류표에 대한 설명으로 바르게 짝지어진 것은?

> ㉠ 모든 지식을 각각의 주제, 형식에 따라 최고 유개념에서 최저 종개념까지 체계적으로 세분한 것이다.
> ㉡ LCC, CC, EC, SC, BC 등이 포함된다.
> ㉢ 구분지가 9개로 한정되어 있어 형식적이며, 지식전체가 기계적으로 구분된다.
> ㉣ 특정 자료를 구성요소인 패싯으로 분석하여, 미리 설정된 조합공식에 따라 합성하도록 구성한 분류표이다.
> ㉤ LCC, DDC, KDC, NDC 등이 포함된다.

① ㉠, ㉣, ㉤ 　　　　　　　② ㉠, ㉤

③ ㉡, ㉢, ㉣ 　　　　　　　④ ㉡, ㉣, ㉤

62. 구분의 대상이 되는 개념은 무엇인가?

① 피구분체 　　　　　　　② 구분지

③ 구분원리 　　　　　　　④ 목록

63. 다음 중 열거식 분류표로 가장 대표적인 것은?

① DDC 　　　　　　　　　② KDC

③ LC 　　　　　　　　　　④ UDC

64. 다음은 문헌분류에 대한 설명이다. 옳지 않은 것은?

① 자료의 주제와 형식이 문헌분류의 기준으로 사용된다.

② 지식 또는 학문의 분류와 동일한 목적을 갖는 것이다.

③ 일반적으로 해당위치에 자료를 배정하는 것까지를 포함하는 의미로 사용된다.

④ 인위적이며 임의적인 분류라고 할 수 있다.

해설 ② 학문분류는 사물이나 개념 사이의 관계를 발견하기 위한 것이지만, 문헌분류는 이용자의 요구에 대비하여 자료를 체계적 순서로 배치하기 위한 것이다.

정답 58. 3　　59. 1　　60. 1　　61. 2　　62. 1　　63. 3　　64. 2

65. 다음에서 분류의 개념에 속하지 않는 것은?

① 분할   ② 유개념

③ 최근종   ④ 종차

해설 ① 분할은 어떤 목적에 따라 대상을 임의로 나누는 것으로, 분할되기 이전의 개념이 그대로 존속하기 때문에 분류와는 다르다.

66. 문헌분류 및 분류표의 기본요건에 대한 설명으로 옳은 것은?

① 분류표의 전반적인 체계는 학계에서 객관성과 보편성을 인정받는 학문분류에 기초해야 하며, 학문분류체계의 변화에 순응하는 유연성을 가지면 좋겠지만 현실적으로 유연성을 갖기가 어렵다.

② 영구적인 기관에 의해 유지되고 관리되어야 한다.

③ 분류표상의 용어는 모호한 용어도 사용 가능하다.

④ 분류표의 각 항목의 전개에 적용되는 원리는 논리적이어야 하며 수평적 구조를 갖도록 하는 것이 바람직하다.

해설 ② 분류표는 영구적인 기관에 의해 유지되고 관리되어야 한다. ① 분류표의 전반적인 체계는 학계에서 객관성과 보편성을 인정받는 학문분류에 기초해야 하며, 학문분류체계의 변화에 순응하는 유연성과 최신 성을 갖추어야 한다. ② 분류표의 각 항목의 전개에 적용되는 원리는 논리적이어야 하며 계층적 구조를 갖도록 하는 것이 바람직하다. ③ 분류표상의 용어는 명백한 용어를 사용해야 한다. ④ 표에 대한 설명과 사용법이 가능한 한 상세하여 이용의 편의를 도모할 수 있어야 한다.

67. 다음에서 각 분류법의 속성이 잘못 연결된 것은?

① DDC - 계층구조형 분류표 - 종합분류표

② KDC - 계층구조형 분류표 - 종합분류표

③ LCC - 계층구조형 분류표 - 종합분류표

④ CC - 다차원구조형 분류표 - 특수분류표

해설 ④ CC(콜론분류법)는 다차원구조형의 종합분류표이다.

68. 다음 중 십진분류표에 대한 설명으로 가장 거리가 먼 것은?

① 주제의 배열이 논리적이다.

② 기호가 숫자이므로 이해하고 기억하기 쉽다.

③ 상관색인이 있기 때문에 사용할 때 편리하다.

④ 신축적이다.

69. 다음 중 십진분류법인 것은?

① 콜론분류법

② 미국의회도서관분류법

③ 게스너(Gesner)의 분류법

④ 조선총독부 도서관분류법

70. 분류기호는 기억하기 쉽도록 가능한 한 동일기호가 같은 의미를 갖도록 하는 것이 바람직하다. 다음 중 기호의 이와 같은 성질을 일컫는 용어는?

① 조기성(mnemonics)

② 단순성(simplicity)

③ 간결성(brevity)

④ 다의성(ambiguity)

해설 ① 조기성은 동일개념에 대한 동일기호를 부여함으로서 기억이 용이하도록 하는 것을 의미한다.

71. 다음은 문헌분류표를 기호법에 따라 구분한 것이다. 옳은 것은?

① 십진식분류표 – 비십진식분류표

② 열거식분류표 – 패싯식분류표

③ 열거식분류표 – 분석합성식분류표

④ 일반분류표 – 표준분류표

해설 ① 분류표는 기호법이나 그 전개방법에 따라 십진식분류표(decimal classification)와 비십진식분류표(non -decimal classification)로 나눌 수 있다.

72. 다음은 문헌분류를 그 구조원리나 작성과정에 따라 구분한 것이다. 옳은 것은?

① 십진식분류표 – 비십진식분류표

② 열거식분류표 – 패싯식분류표

③ 열거식분류표 – 분석합성식분류표

④ 일반분류표 – 특수분류표

정답	65. 1	66. 2	67. 4	68. 1	69. 4	70. 1	71. 1	72. 3

해설 ③ 분류표는 구조원리나 작성범위에 따라, 모든 주제를 분류표에 열거하는 열거식분류표(enumerative classification)와 패싯분석과 분석된 개념의 합성을 통해 분류가 이루어지는 분석합성식(analytico-synthetic classification) 또는 패싯분류표로 나눌 수 있다.

73. 문헌분류에 대한 설명으로 옳은 것은?

① 기술된 지식정보를 규칙으로 변환하는 과정이지만, 도서관과 이용자가 커뮤니케이션하는 언어인 동시에 배가위치를 결정한다.

② 문헌분류의 본질은 주제와 기타 패싯을 나타내는 기호시스템의 논리적 조합이다.

③ 문헌분류의 피분류체는 도서관자료로 국한되며, 체계적인 분류를 전제로 브라우징 및 검색의 편의성을 극대화하는 데 목적이 있다.

④ 문헌분류는 순차적으로 진행되는 업무과정(수집 -정리 - 보존 - 봉사)의 한 부분이다.

해설 ④ 문헌분류는 순차적으로 진행되는 업무과정(수집 - 정리 - 봉사 - 보존)의 한 부분이다.

74. 문헌분류에서 도서의 주제파악방법으로 가장 거리가 먼 것은?

① 자료의 서문, 발문 등을 참조한다.

② 자료의 색인을 참조한다.

③ 자료의 주제를 파악하기 어려운 경우 전문가에게 의뢰한다.

④ 자료의 서명 및 목차를 참조한다.

75. 다음 중 개념이 가리키는 대상 전체를 의미하는 용어로 옳은 것은?

① 외연   ② 내포

③ 상위개념   ④ 하위개념

해설 ① 외연이란 일정한 개념이 적용될 수 있는 사물 전체의 대상을 의미한다. 즉, 개념에 포함한 모든 구체물의 범위이다. ② 내포란 개념이 적용되는 범위에 속하는 여러 사물이 공통적으로 지니는 필연적 성질의 전체를 의미한다. 따라서 내포는 개념을 구성하고 있는 본질적인 속성 즉, 개념의 의미를 뜻한다. ③, ④ 유와 종의 개념은 서로 바꾸어 포섭하거나 포섭됨에 따라 상위개념(superordinate concept)과 하위개념(subordinate concept)으로 나누어지면서 위치가 서로 변할 수 있다. 또한 유개념이 포섭하고 또 포섭하여 더 이상 포섭할 것이 없는 경우, 이를 최고의 유개

념으로서, 최상류(最上類)라 말하고, 반대로 하위로 세분되어 내려가면서 개념을 쪼개고 또 쪼개어 더 이상 나누어질 수 없는 종개념을 최하종(最下種)이라 말한다. 일면, 가장 가까운 하위의 종개념을 최근종(最近種)이라 하고, 가장 가까운 상위의 유개념을 최근류(最近類)라 말한다. 또한 서로 동일한 유개념 아래에 있는 종개념끼리의 종개념을 동위개념 또는 동급개념(coordinate concept)이라 칭한다.

76. 다음의 ( )속에 들어갈 개념으로 적합하게 짝지어진 것은?

> 포섭관계에 있는 두 개념 가운데 다른 개념을 포섭하는 개념을 (㉠)이라 하고, 다른 개념에 포섭되는 개념을 (㉡)이라 한다. 예를 들면 생물과 동물이라는 개념 중 '생물'은 (㉠) 이 되고, '동물'은 (㉡)이 된다.

① ㉠ 류(類)개념, ㉡ 종(種)개념
② ㉠ 모순(矛盾)개념, ㉡ 반대(反對)개념
③ ㉠ 이류(異類)개념, ㉡ 상관(相關)개념
④ ㉠ 교착(交着)개념, ㉡ 선언(選言)개념

77. 다음 중 개념에 대한 설명으로 가장 거리가 먼 것은?

① 개념을 말로써 나타낸 것을 명사(term)라고 한다.
② 개념이 가리키는 대상의 전체를 내포라 한다.
③ 구분과 분류는 개념을 명확하게 하기 위해 필요하다.
④ 개념은 일반적으로 관념이라고도 칭할 수 있다.

해설 ② 개념이 가리키는 대상의 전체는 외연이다. 즉, 일정한 개념이 적용될 수 있는 사물 전체의 대상을 의미한다. 내포란 개념이 적용되는 범위에 속하는 여러 사물이 공통적으로 지니는 필연적 성질의 전체를 의미한다. 따라서 내포는 개념을 구성하고 있는 본질적인 속성 즉, 개념의 의미를 뜻한다.

78. 다음 중 상관색인(relative index)이 최초로 적용된 분류표는?

① CC   ② DDC
③ UDC   ④ SC

정답 73. 4   74. 1   75. 1   76. 1   77. 2   78. 2

79. 다음 중 서가분류를 설명한 것 중 적절한 것은?

① 자료의 주제나 형식에 따라 서가에 배열하기 위한 것이다.

② 자료의 주제나 형식에 관계없이 서가에 배열하기 위한 것이다.

③ 서가를 000(총류)부터 900(역사)까지 나열하는 것을 서가분류라고 한다.

④ 열람용 목록을 작성할 때 카드목록을 배열하기 위한 것이다.

해설 ① 서가분류(shelf classification)는 정보자료를 서가에 체계적으로 배열하기 위한 분류로서 반드시 분류기호와 도서기호를 필요로 한다. 배가분류로도 지칭되는 서가분류에서는 동일한 내용 또는 동일한 형식의 자료가 동일한 서가에 집중 배치되고, 유사한 주제의 자료가 인접되어 배치되므로 서가에 접근하는 이용자들의 자료검색이나 브라우징의 기능이 편리하게 되며, 주제별의 구성내용을 쉽게 파악할 수 있도록 한 것이다.

80. 다음 분류표 중 분석합성식 분류표는?

① EC

② DDC

③ LC

④ CC

81. 다음 중 십진분류표에 관한 설명을 고르시오.

① 단순하고 신축적이며, 조기성이 풍부하고 실용적이지만 분류체계가 기호법에 예속되는 한계가 있고, 전개력이 약하다.

② 기호법이 복잡하고, 배가에 많은 시간이 소요되며, 조기성이 부족하다.

③ 주제나 형식에 따라 유개념에서 종개념까지 체계적으로 세분·계층화한 분류표이다.

④ 자료의 구성요소를 패싯으로 분석한 다음, 미리 설정된 조합공식에 따라 다시 합성하는 분류표이다.

해설 ①이 정답이다. ②번은 비십진분류표에 관한 설명, ③번은 열거식 분류표, ④번은 분석합성식 분류표에 관한 설명이다.

82. 다음 중 십진분류법으로 짝지어진 것은?

① DDC – UDC – LCC – KDC

② DDC – UDC – NDC – KDC

③ LC – DDC – UDC – NDC

④ CC – LC – SC – AC

83. 다음의 문헌분류의 설명 중 옳지 않은 것은?

① 이용의 효율을 목적으로 하는 분류이다.

② 학문 자체를 대상으로 하는 분류이다.

③ 구체적이고 실용적 목적으로 하는 분류이다.

④ 대상·방법·목적에 따라서 하는 분류이다.

해설 ④ 대상·방법·목적에 따라서 하는 분류는 문헌분류가 아니라 학문분류이다.

84. 다음에서 서가분류표와 서지분류표의 차이점은 무엇인가?

① 도서관에서 서가 수에 따라 분류한 것이 서가분류이며, 발간되는 서지의 종류에 따라 분류한 것이 서지분류이다.

② 자료를 서가에 배열하기 위하여 작성된 분류표를 서가분류라 하고 서지분류란 도서목록, 장서목록과 책자형 목록 등에 수록되는 자료의 기입을 배열하기 위하여 작성된 분류표이다.

③ 서가분류표는 장서점검을 위하여 마련된 분류표이고, 서지분류는 각 분야의 주제를 포괄적으로 조직한 분류표이다.

④ 서지분류표는 그 도서관에서 서지를 발간할 경우에만 사용하는 분류표이다.

85. 다음 중 문헌분류의 방법으로 옳지 않은 것은?

① 서가분류　　　　　　　　② 임의분류

③ 서지분류　　　　　　　　④ 자연적 분류

해설 ④ 문헌분류는 인위적인 임의분류에 가깝다.

86. 여러 도서관에서 공통적으로 사용할 것을 목적으로 개발된 분류표를 가리키는 용어로 가장 적합한 것은?

① 십진식분류표(decimal classification)

② 일반분류표(general classification)

③ 표준분류표(standard classification)

④ 분석합성식분류표(analytico-synthetic classification)

정답　79. 1　　80. 4　　81. 1　　82. 2　　83. 4　　84. 2　　85. 4　　86. 3

87. 다음 중 개념의 내포(Intension)에 대한 정의는?

① 포괄적으로 일반화 시키는 과정

② 개념의 의미로 본질적 속성의 총화

③ 개념에 의해 대표되는 사물

④ 개념이 적용될 수 있는 대상의 전체범위

해설 ② 내포란 개념이 적용되는 범위에 속하는 여러 사물이 공통적으로 지니는 필연적 성질의 전체를 의미한다. 따라서 내포는 개념을 구성하고 있는 본질적인 속성 즉, 개념의 의미를 뜻한다.

88. 다음 보기에서 폭소노미(folksonomy)에 대한 설명으로 옳은 것을 모두 고른 것은?

ㄱ 자유롭게 선택된 키워드의 집합인 태그를 이용하여 이루어지는 협업적 분류이다.
ㄴ 택소노미(taxonomy)에 비해 계층적, 체계적 구조를 갖고 있다.
ㄷ 정보자료의 생산자 또는 소비자가 직법 분류하는 방식으로, 집단지성을 이용한 분류방식이다.
ㄹ 시소러스 등과 같은 통제어휘집을 사용하여 작성된다.
ㅁ 정보를 범주화하는 데 유용하며, 계층적 브라우징을 지원한다.

① ㄱ, ㄷ   ② ㄱ, ㄷ, ㅁ
③ ㄴ, ㄷ, ㄹ   ④ ㄴ, ㄹ, ㅁ

89. 분류표를 그 구조원리에 의해 구분한 것은?

① 일반분류표와 특수분류표   ② 열거형분류표와 분석합성식분류표
③ 서지분류표와 서가분류표   ④ 표준분류표와 체계분류표

90. 다음 중 십진식에 의한 전개에 대한 내용으로 가장 거리가 먼 것은?

① 주류와 강에서 최소자리수인 세 자리로 맞추기 위해 필요한 만큼의 '0'을 추가한다.

② 십진식 전개는 합리성을 내포하고 있다.

③ 주제의 배열에 있어 비논리적인 부분이 조성될 수 있다.

④ 십진식에 의하면 무한대로 전개할 수 있다.

해설 ② 십진식 전개는 인위적으로 10개씩 세분하기 때문에 불합리한 경우가 많다.

91. 다음 중 십진식 분류법이 아닌 것은?

① LCC
② DDC
③ NDC
④ KDC

92. 다음 중 분류기호의 필수적 조건과 거리가 먼 것은?

① 단순성(simplicity)
② 조기성(mnemonics)
③ 간결성(brevity)
④ 임의성(arbitrariness)

해설 ④ 분류기호는 가능한 한 짧아야 하며, 형태가 간결해야 하고, 새로운 주제의 삽입에 있어 유연성을 가져야 하며, 분류체계의 계층을 나타낼 수 있어야 하고 기억하기가 용이해야 한다.

93. 다음 중 열거색인의 장점이 아닌 것은?

① 하나의 주제는 반드시 하나의 장소에만 분류한다.
② 색인의 양적 부피를 줄일 수 있다.
③ 단순하여 복잡하지 않다.
④ 명사화된 알파벳기호 때문에 주제가 모인다.

해설 ④ 열거색인(specific index)이란 분류표상의 명사를 발음순(가나다순, 알파벳순)으로 배열하여 각 분류명사에 해당하는 분류기호를 쉽게 찾을 수 있도록 작성된 색인이다. 그러나 1) 찾고자 하는 해당주제가 가나다순 또는 알파벳순에 따라서 분산되면서 이용자의 검색시간을 절약할 수 없으며, 2) 분류자의 관점 또는 주관에 따라서 유사주제를 다르게 분류할 수 있는 단점을 지니고 있다.

94. 다음 중 분류표와 그 종류가 바르게 짝지어진 것은?

① 분석합성식 – CC, UDC
② 열거식 – LCC, DDC
③ 준분석합성식 – UDC, LCC
④ 준열거식 – CC, LCC

95. 이용자 입장에서 얻을 수 있는 문헌분류의 기대효과로 옳은 것은?

① 주제별 서지의 작성이나 자료전시가 용이하다.
② 자료의 출납업무를 효율적으로 수행하는 데 도움이 된다.

정답 87. 2   88. 1   89. 2   90. 2   91. 1   92. 4   93. 4   94. 2   95. 4

③ 계획적인 장서개발에 도움이 된다.

④ 서가에서 해당주제, 유사주제, 관련주제를 브라우징할 수 있다.

해설 ④는 이용자 입장에서 얻을 수 있는 문헌분류의 기대효과이고 나머지 보기는 도서관 입장에서 얻을 수 있는 문헌분류의 기대효과 내지 유용성이다. 참고로 도서관 입장에서 자료분류의 기대효과 내지 유용성을 정리하면 다음과 같다. 1) 소장자료의 유형별, 주제별, 언어별 구성과 편향성, 분포비율과 밀집정도, 강약점 등을 쉽게 파악할 수 있다. 2) 자료선택과 장서구성에 필요한 통계데이터를 제공하며, 이를 이용하여 장서개발을 계획적으로 수행할 수 있다. 3) 자료의 학문별, 주제별, 유형별, 이용계층별 대출 및 이용현황을 신속하게 파악할 수 있다. 4) 분류기호는 자료의 배가 위치를 나타내며, 신착자료의 배가 및 반납자료의 재배열을 용이하게 한다. 5) 분류기호는 자료의 출납업무를 효율적으로 수행하는 데 도움이 된다. 6) 분류기호별 대출데이터를 추출하면 자료의 이용 및 비이용 경향을 쉽게 파악할 수 있다. 7) 자료분류는 동일한 주제와 유사한 주제의 인접배치를 보장하므로 이용자의 질의응답에 대처하고 각종 참고정보서비스를 제공하는 데 유용하다. 8) 주제별 서지의 작성이나 자료전시가 용이하다. 9) 청구기호순으로 배열된 서가목록이나 DB는 장서점검을 효과적으로 수행하는 데 도움이 된다. 한편, 이용자 측면에서 얻을 수 있는 효과와 편익은 다음과 같다. 1) 분류기호순으로 배가된 서가에서 도서관의 장서가 어떻게 구성되어 있는지 간파할 수 있다. 2) 자신이 관심을 갖고 있는 특정주제 분야에 어떤 자료가 소장되어 있는지를 일목요연하게 알 수 있다. 3) 이용자의 학문영역별, 주제별, 관심분야별 지식을 체계화하는 데 도움이 된다. 4) 이용자는 자신이 전공하거나 관심이 있는 주제분야의 분류기호를 기억하면 서가접근 동선이 짧아지므로 시간비용을 절약할 수 있다. 5) 이용자는 서가에서 해당주제, 유사주제, 관련주제를 브라우징하거나 신속하게 검색할 수 있다. 6) 서가 브라우징을 통하여 필요한 자료 외에 인접한 자료를 추가적으로 발견하는 부수적 효과도 기대할 수 있다.

96. 다음 중 구분의 대상이 되는 개념의 전체인 것은?

① 구분지(區分肢)   ② 피구분체(被區分體)

③ 구분(區分)의 원리(原理)   ④ 종개념(種槪念)

97. 서지분류에 대한 설명으로 적합하지 않는 것은?

① 각종 목록의 배열을 위한 분류이기 때문에 목록이라고도 한다.

② 책을 배열하기 위한 것이다.

③ 카드목록이나 책자형목록, 자료목록, 도서목록 등을 편집 기입 배열하기 위한 목록이다.

④ 자료목록이나 문헌목록 등을 배열하기 위한 것이다.

해설 ② 서지분류(bibliographic classification)는 서가분류의 제약을 보완해 주기 위해 고안된 것이다. 서지분류는 서가의 자료 배열이 아닌, 인쇄물상의 분류이기 때문에 반드시 청구기호가 필요한 것은 아니다. 즉, 서지류(색인지, 초록지, 장서목록 등)를 출판하는 데 사용되는 분류를 말한다.

98. 다음 중 개념의 내포에 대한 정의로 옳은 것은?

① 개념에 의해 대표되는 사물

② 개념이 적용될 수 있는 대상의 일부

③ 개념을 구성하는 본질적 속성의 총화

④ 개념을 일반화시키는 과정

99. 다음 중 개념이 지닌 의미, 개념의 내용, 개념을 구성하는 본질적 속성의 총화(總和)를 가리키는 용어는?

① 외연

② 내포

③ 유개념

④ 상위개념

해설 ② 내포(intension)란 개념이 적용되는 범위에 속하는 여러 사물이 공통적으로 지니는 필연적 성질의 전체를 의미한다. 따라서 내포는 개념을 구성하고 있는 본질적인 속성, 즉 개념의 의미를 뜻한다. 반면 ① 외연 (extension)이란 일정한 개념이 적용될 수 있는 사물 전체의 대상을 의미한다. 예를 들면 사람이란 개념의 내포는 생명력을 가지고 있으며 언어가 있고, 두 발로 걸어 다니며, 사색을 하며, 도구를 사용하는 동물이라는 것이다. 외연은 사람에 해당되는 전체의 대상, 즉 황인종, 흑인종, 백인종을 포함하는 것으로, 이는 사람의 피부색을 분류의 기준원리로 삼은 것이며, 반면에 사람의 연령을 분류원리로 기준 한다면, 유아, 청년, 장년, 노년 등의 사람 전체를 가리킨다.

100. 문헌분류표에서 분류기호의 특징을 설명한 것으로 적합한 것은?

① 조기성, 계층성, 복합성, 간결성

② 종속성, 단순성, 간결성, 조기성

③ 신축성, 객관성, 주관성, 협동성

④ 계층성, 조기성, 간결성, 단순성

101. 다음에서 십진분류법이 아닌 것은?

① UDC

② DDC

③ LCC

④ NDC

해설 ③ 십진분류표란 아라비아숫자를 사용하는 분류표를 말한다. LCC는 문자를 사용하기 때문에 비십진분류표로 볼 수 있고, 분류를 할 경우 나열을 하게 되므로 열거식 분류표라고도 한다.

정답 96. ②   97. ②   98. ③   99. ②   100. ④   101. ③

102. 다음 중 서지분류를 바르게 설명한 것은?

① 문헌을 서가상에 배열하기 위한 것이다.

② 둘 이상의 주제가 상호 관련된 경우, 제2주제 이하는 무시된다.

③ 목록상의 분류이기 때문에 복수의 주제를 표현할 수 있어 검색도구로써 유용하다.

④ 문헌이라는 물리적 제약으로 인하여 제1주제에 의하여 한 장소에 배열된다.

103. 다음 중 열거식분류표와 가장 거리가 먼 것은?

① UDC   ② DDC

③ LCC   ④ NDC

해설 ① UDC(국제십진분류표)는 기본표 이외에 각종의 보조기호표 및 합성의 방식을 도입하고 있는 준열거식분류법이다.

104. 다음 중 대표적인 조합식 분류표라고 할 수 있는 것은?

① DDC   ② UDC

③ SC   ④ CC

105. 다음 중 십진분류법의 장점이 아닌 것은?

① 기호구성이 단순하고 신축적이다.

② 조기성이 실용적이면서도 풍부하다.

③ 구분지가 9개이기 때문에 아주 과학적이다.

④ 분류기호만으로도 개념의 상하관계를 파악할 수 있다.

해설 ③ 구분지가 9개로 한정되어 있기 때문에 형식적이며, 지식전체가 기계적으로 구분되고 있다. 상기 이외의 장점으로는 상관색인이 있으므로 사용하기가 편리하고 또한 동일 분류표를 사용하는 도서관 간의 상호협력이 용이하다는 것을 제시할 수 있다.

106. 다음은 문헌분류표의 구성상의 기본요건을 설명한 내용이다. 옳지 않은 것은?

① 분류표는 모든 자료와 주제를 분류할 수 있는 망라성, 학문의 세분화에 따르는 신축성, 그리고 특별항목의 세분전개를 위한 보완성을 갖추는 동시에 구체적이고 정교해야 한다.

② 분류표는 논리적으로는 그 객관성과 보편성을 학문분류에 기초해야 하지만, 분류하고자하는 그 대상이나 목적, 방법 면에서는 문헌분류가 전적으로 학문분류에 따르기는 어렵다.

③ 분류체계의 계층구조 내지 하위단계에 열거되는 분류명사는 용어상으로나 의미상으로 명확하게 구분되어야 한다.

④ 분류표는 필요할 때에 일시적인 기관에 의해 개선, 유지되고 관리되어야 한다.

해설 ④ 분류표는 영구적인 기관에 의해 항상 개선, 유지되고 관리되어야 한다.

107. 다음 중 개념이 지닌 의미, 개념의 내용, 개념을 구성하는 본질적 속성의 총화(總和)를 가리키는 용어로 옳은 것은?

① 외연
② 내포
③ 상위개념
④ 종개념

108. 문헌분류표에 대한 설명 중 옳은 것은?

① 1993년 랑가나단이 창안한 분류는 열거식 분류표로 볼 수 있다.

② 대규모 도서관이나 주제지향적인 전문도서관에서는 비십진분류표를 많이 채택한다.

③ 분석합성식 분류표는 본표가 간단하기 때문에 실용성이 높은 것이 장점이다.

④ DDC는 계층구조형 분류표에, LCC는 다차원구조형 분류표에 속한다.

해설 ② 비십진분류표는 십진분류표보다 전개력이 뛰어나 상세하게 분류할 수 있기 때문에 대규모 도서관이나 전문도서관에서 많이 채택한다. ① 랑가나단이 창안한 CC는 패싯분류표로 분석합성식 분류표의 대표적인 예이다. ③ 분석합성식 분류표는 본표가 간단하지만 다양한 패싯기호와 조합방식을 채택함으로써 기호가 길어질 뿐만 아니라 복잡하고, 열거순서의 문제가 분류자에게 많은 부담을 주고 실용성을 약화시킨다. ④ 계층구조형 분류표에는 DDC, LCC, KDC, NDC 등이 있으며, 다차원구조형 분류표에는 CC, BC를 들 수 있다.

정답 102. 3   103. 1   104. 4   105. 3   106. 4   107. 2   108. 2

109. 다음 ( )안의 ㉠, ㉡에 들어갈 적합한 용어가 가장 올바르게 짝지어진 것은?

> 분류란 어떤 대상 또는 (㉠)을(를) 어떤 성격이나 특징을 기준으로 점차로 분석하여 최적의 (㉡)(으)로 조직화하는 것이다

① 종개념 – 유개념
② 유개념 – 종개념
③ 종개념 – 종개념
④ 유개념 – 유개념

110. 다음의 ( ) 속에 들어갈 개념으로 적합하게 짝지어진 것은?

> 부모-양친, 네모-사각형과 같이 개념의 내포와 외연이 완전히 일치하는 개념을 (㉠)이라 하고, 서울-한국의 수도와 같이 개념의 내포는 다르나 외연이 같은 개념을 (㉡)이라 한다.

① ㉠ 동일개념, ㉡ 동연개념
② ㉠ 모순개념, ㉡ 반대개념
③ ㉠ 이류개념, ㉡ 상관개념
④ ㉠ 교착개념, ㉡ 선언개념

111. 다음 중 개념에 대한 설명으로 가장 거리가 먼 것은?

① 개념을 말로써 나타낸 것을 명사(term)라고 한다.
② 모순개념은 3자의 개입을 허용하지 않는다.
③ 종개념은 포섭되는 개념을 말한다.
④ 양친과 부모는 동연개념이다.

해설 ④ 양친과 부모는 동일개념이다.

112. 다음 중 자료분류표의 특징과 성격을 바르게 짝지은 것은?

① CC – 십진식 – 열거식 – 다차원구조 – 일반분류표
② DDC – 십진식 – 열거식 – 다차원구조 – 일반분류표
③ LCC – 비십진식 – 분석합성식 – 계층구조 – 일반분류표
④ KDC – 십진식 – 열거식 – 계층구조 – 일반분류표

113. 다음의 설명에 해당하는 분류표는?

> 이 분류표는 분류표에 필요한 모든 조건을 구비하고, 특정도서관에만 한정되는 것이 아니라 모든 도서관에서 사용할 수 있는 공통성이 있다.

① 주제분류표　　　　　　　　　② 표준분류표

③ 서지분류표　　　　　　　　　④ 서가분류표

114. 다음은 문헌분류표의 구성상의 기본요건을 설명한 내용이다. 옳지 않은 것은?

① 분류표는 모든 자료와 주제를 분류할 수 있는 망라성, 학문의 세분화에 따르는 신축성, 그리고 특별항목의 세분전개를 위한 보완성을 갖추는 동시에 구체적이고 정교해야 한다.

② 분류표는 논리적으로는 그 객관성과 보편성을 학문분류에 기초해야 하지만, 분류하고자하는 그 대상이나 목적, 방법 면에서는 문헌분류가 전적으로 학문분류에 따르기는 어렵다.

③ 분류체계의 계층구조 내지 하위단계에 열거되는 분류명사는 용어상으로나 의미상으로 명확하게 구분되어야 한다.

④ 분류표는 필요할 때에 일시적인 기관에 의해 개선, 유지되고 관리되어야 한다.

[해설] ④ 분류표는 영구적인 기관에 의해 항상 개선, 유지되고 관리되어야 한다.

115. 분류표를 십진법, 칠분법, 사분법, 이분법 등으로 나눌 때 구분이 되는 기준은 무엇인가?

① 피구분체　　　　　　　　　　② 구분지

③ 종개념　　　　　　　　　　　④ 분류표

116. 문헌분류표의 종류 중 기호법(記號法)을 구분원리로 적용한 분류표는?

① 십진분류표와 비십진분류표　　② 열거식분류표와 준열거식분류표

③ 십진분류표와 분석합성식분류표　④ 일반분류표와 특수분류표

[정답] 109. 2　　110. 1　　111. 4　　112. 4　　113. 2　　114. 4　　115. 2　　116. 1

117. 다음 괄호 안에 들어갈 가장 적합한 용어는 어느 것인가?

구분대상이 되는 유개념(類概念)을 어떤 원칙에 따라 나누게 되면, 하위개념인 종개념(種概念), 즉 (㉠)이(가) 나타나게 된다.

① 구분대상   ② 구분체

③ 구분지   ④ 구분대상

해설 ③ 구분지는 구분 결과로 생기는 각 부분, 즉 종개념을 말한다.

118. 전문도서관 특수분류표와 가장 거리가 먼 것은?

① 특수분류표는 전문도서관, 특수도서관을 위하여 작성된 분류표이다.

② 특수분류표는 특정한 주제, 전문주제, 특수자료 등을 작성하는 분류표이다.

③ 전문도서관은 자관만을 위한 분류표를 작성하여 사용할 수 있다.

④ 전문도서관, 특수도서관에서는 특수분류표를 사용해야 한다.

해설 ④ 특수분류표는 자료가 1) 특정주제 분야에 한정된 경우와 2) 특수형태의 자료가 한정된 경우 3) 특정문서자료에 한정된 경우에 사용한다. 사례를 찾아보면 1)의 경우는 미국국립의학도서관분류표(US/NLMC: National Library of Medicine Classification), 『한국교회문헌분류법』(김창의), 2)의 경우는 영국인 E. J. Coats가 편찬한 『음악자료분류표』, 일본보도연구회가 편찬한 『신문절췌분류표』, 『절취자료분류표』(동아일보사), 3)의 경우는 특허공보류, 상품 카탈로그 등으로 유명한 유럽 회의각료위원회가 편찬한 『국제특허분류표』, 『일본질병분류표』(일본 후생성), 우리나라 『한국특허분류표』 등이 있다.

119. 다음 중 가장 대표적인 패싯분류표로 일컬어지는 분류표는?

① LCC   ② DDC

③ SC   ④ CC

해설 ④ 패싯분류표(faceted classification)는 분석합성식분류표라고도 불리며, 그 기능적인 면과 구조적인 면에서 붙여진 명칭이다.

120. 다음의 설명을 모두 포함하는 분류표로 옳은 것은?

> ⊙ CC(Colon Classification)가 대표적인 유형이다.
> ⓒ 일반적으로 분류기호의 길이가 길어진다.
> ⓒ 분류담당자가 분류작업을 수행하기 위해 더 많은 사고를 해야 한다.
> ⓔ 비교적 분류표의 편찬이 용이하다.

① 십진분류표   ② 표준분류표

③ 특수분류표   ④ 분석합성식 분류표

121. 다음 중 분류 관련 용어에 대한 설명이 바르게 연결된 것은?

> ① 상위의 유개념을 하위의 종개념으로 세분하는 분석적, 연역적, 하강적 분류
> ② 어떤 개념을 구성하는 대상의 공통적 성질의 합집합, 총체적 특징(일반적 의미의 속성)
> ③ 개념이 적용될 수 있는 대상의 범위
> ④ 유개념 또는 종개념을 구성하는 각각의 단위

① 구분   ② 외연

③ 내포   ④ 개념

해설 ①이 정답이다. ②는 내포에 대한 설명이다. ③은 외연에 대한 설명이다. ④는 종류에 대한 설명이다.

122. 지식의 적용범위에 의해 구분된 분류표는?

① 분석합성식분류표와 서지분류표   ② 열거식분류표와 십진분류표

③ 일반분류표와 특수분류표   ④ 십진분류표와 비십진분류표

123. 다음의 설명에서 분류의 의미가 아닌 것은?

① 일반적으로 분류(classification)란 유별화의 절차를 의미하고 있다.

② 분류는 유사한 것과 유사하지 않은 것을 기준으로 서로 나누어 분리시키는 일이다.

③ 논리학에서는 분류를 어떤 사물 또는 지식을 일정 원칙에 따라 정리하여 하나의 조직을 이루는 것으로 정의하고 있다.

④ 분류란 개념의 내포를 정확하게 구분함으로서 완전한 체계를 조직하는 것이다.

정답 117. 3   118. 4   119. 4   120. 4   121. 1   122. 3   123. 4

④ 분류란 개념의 외연을 정확하게 구분함으로서 완전한 체계를 조직하는 것이다.

124. 다음 중 구분의 일반적인 규칙과 거리가 먼 것은?

① 필요에 따라서는 둘 이상의 구분의 기준 또는 원칙을 적용해야 한다.

② 모든 구분지는 그 외연에 있어 상호배타적이어야 한다.

③ 구분은 점진적으로 최상의 유(類)에서 점차 최하의 종(種)으로 이어져야 한다.

④ 구분지는 서로 외연에 있어서 중첩되어서는 안 된다.

125. 십진분류법에서 강이 뜻하는 것이 아닌 것은?

① Division   ② 100강목

③ 요목(要目)   ④ 강목(綱目)

③ 십진분류법이란 KDC, DDC, NDC처럼 지식을 10개의 주류로 구분하고 다시 세분하여 100가지 강목으로 구분한다. 이 100강목을 강 또는 강목, Division이라 하고 더 세분한 것은 요목, 또는 목, Section이라 하며 요목 이하의 구분을 세목, Subsection이라 한다.

126. 다음 중 십진분류법의 일반적인 특성이 아닌 것은?

① 기호의 상하개념이 확실하다.

② 기호가 단순하고 이해하기 쉬우며 국제적이다.

③ 조기성과 신축성이 풍부하다.

④ 기호의 전개능력이 매우 크다.

127. 다음에서 분류의 요소가 아닌 것은?

① 피분류체   ② 분류기준

③ 분류원리   ④ 분류지

② 분류의 세 가지 요소는 피분류체(유개념), 분류원리, 분류지(종개념)로 구성된다.

128. 다음 중 구조원리에 의해 구분된 분류표는?

① 서지분류표와 서가분류표

② 십진분류표와 비십진분류표

③ 일반분류표와 표준분류표

④ 열거형 분류표와 분석합성식 분류표

129. 도서관에서 사용 중인 분류의 방법 중 실제와 거리가 있는 것은?

① 임의분류

② 서지분류

③ 서가분류

④ 자연적 분류

해설 ④ 자연적 분류가 아니다. 도서관에서 행해지는 자료의 분류는 임의의 분류로 인위적 분류라 할 수 있다.

130. 다음에 제시 된 설명에 부합하는 용어를 고르시오.

> 어떤 개념의 외연이 다른 개념의 외연보다 크고, 전자가 후자를 포함하는 종속관계에 있을 때의
> 전자를 말한다.

① 구분

② 종개념

③ 유개념

④ 종차

131. 다음에 제시 된 자료분류의 기대효과 중측면이 다른 하나를 고르시오.

① 주제별 서지의 작성이나 자료전시가 용이하다.

② 장서개발을 계획적으로 수행할 수 있다.

③ 필요한 자료 외에 인접한 자료를 추가적으로 발견하는 부수적 효과도 기대할 수 있다.

④ 자료의 출납업무를 효율적으로 수행하는 데 도움이 된다.

해설 ③은 이용자 입장에서, 그 외 나머지는 도서관 입장에서 기대할 수 있는 효과이다.

132. 다음 중 분류표의 도서기호부문까지 함께 규정하고 있는 분류는?

① LCC

② NDC

③ UDC

④ DDC

정답 124. 1   125. 3   126. 4   127. 2   128. 4   129. 4   130. 3   131. 3   132. 1

133. 다음 중 패싯식분류표(faceted classification)에 열거되지 않는 것은?

① 기본주제(main topic) ② 복합주제(complex topic)

③ 패싯지기호(facet indicator) ④ 공통구분표(schedule of special isolate)

해설 ② 패싯분류표는 모든 주제를 분류표에 하나하나 열거하는 대신에, 지식의 각 분류를 어떤 특정을 기초로 하여 기본주제로 구분하고, 분류표에도 이들 기본주제와 이를 합성하기 위한 공통구분표, 특수구분표만을 포함하게 된다. 따라서 복합주제나 합성주제는 패싯식분류표에는 열거되지 않는다. 패싯지시기호는 각 패싯을 결합시키기 위해 사용되는 기호이다.

134. 다음 중 학문의 분류와 대비되는 문헌분류의 특성과 가장 거리가 먼 것은?

① 구체적이고 실용적이다.

② 기록된 자료의 체계적 배열을 목적으로 한다.

③ 분류의 기준은 학문의 논리적 성질과 특성만을 기준으로 삼는다.

④ 서가분류의 경우 한 곳에서만 분류한다.

해설 ③ 문헌분류에서는 자료의 주제뿐만 아니라 형식도 고려해야 하므로, 학문의 분류에서 논리적 관계나 내용에 따라 분류가 이루어지는 것과는 차이가 있다.

135. 서지분류와 서가분류의 비교 중 옳은 것은?

	서지(목록)분류	서가(배가)분류
① 목적	자료의 배가 및 검색지원	서지작성과 출판
② 분류의 속성	간략분류	상세분류
③ 배열 기준	크기, 연대, 주제명, 분류기호 등	반드시 청구기호순
④ 배열 방식	상관식 또는 이동식	고정식

해설 ③번이다. ①, ②, ④ 모두 서지분류와 서가분류에 대한 설명이 반대로 바뀌어있다.

136. 다음 중 서지분류를 목적으로 창안한 분류법은?

① UDC ② DDC

③ CC ④ SC

137. 다음 중 지식의 적용범위에 의한 종류가 아닌 것은?

① 일반분류표

② 표준분류표

③ 분석합성식 분류표

④ 특수분류표

해설 ③ 분석합성식 분류표는 표 조직과 구조원리에 의한 종류에 해당된다.

138. 다음 중 내포와 외연의 개념 및 상관관계에 대한 설명으로 옳지 않은 것은?

① 생물의 내포는 생명이 있다는 것이며, 외포로는 모든 동·식물이 해당된다.

② 동물의 내포로는 생명이 있고 움직인다는 것이 해당된다.

③ 개념의 내포와 외연은 서로 반대의 방향으로 증감한다.

④ 외연이란 개념이 적용될 수 있는 부분적 범위를 말한다.

139. 다음은 분류표 일부를 발췌한 것이다. 이에 대한 설명으로 옳지 않은 것은?

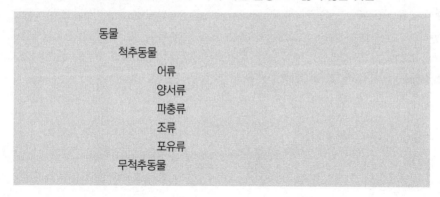

동물
　척추동물
　　어류
　　양서류
　　파충류
　　조류
　　포유류
　무척추동물

① 동물은 포유류의 유개념(類槪念)이다

② 동물은 척추동물의 상위개념이다.

③ 무척추동물은 동물의 종개념이다.

④ 어류는 조류의 동연개념이다.

해설 ④ 어류와 조류는 동위개념이다. 동연개념이란 '안양-경기도의 도시'와 같이 개념의 내포는 다르나 외연이 같은 개념을 일컫는 것이다.

정답 133. 2　　134. 3　　135. 3　　136. 1　　137. 3　　138. 4　　139. 4

140. 다음에서 분석합성식분류법(analytico-synthetic classification)의 설명으로 가장 거리가 먼 것은?

① 패싯식분류표(faceted classification)라고도 한다.

② 분류담당자가 작업을 수행하기 위하여 더 많은 사고를 해야 한다.

③ Ranganathan의 분류이론에 많은 영향을 받고 있다.

④ 분류기호의 길이가 짧아진다.

해설 ④ 분석합성식분류표의 단점 가운데 하나는 합성에 의하여 때로는 열거된 유에 부여되는 분류기호보다 더 길고 복잡한 기호를 만들어낼 수 있다는 것이다.

141. 다음에서 분류의 개념과 직접적인 관계가 없는 것은?

① 유개념(genus)   ② 분할

③ 최근류(proximate genus)   ④ 종차(specific difference)

해설 ② 분할은 대상을 어떤 목적에 따라 임의로 나누는 것으로, 분할된 결과는 분할 이전의 개념이 그대로 존속하게 된다는 점에서 분류와는 구별된다. ①, ② 분류의 어의는 "유개념(類槪念)을 어떤 특징을 기준으로 삼아 점차 분석하여 종개념(種槪念)으로 조직화하는 것"이다. ③, ④ 우리가 어떤 사물을 정의할 때에도 분류를 이용하여, 정의되는 개념의 최근류(最近類)와 종차(種差)를 사용하게 된다.

142. 다음 중 성격이 다른 하나는?

① 칠분법   ② 4분법

③ 피나커스목록   ④ DDC

해설 ④ DDC는 서가분류이고, 그 이외는 서지분류이다.

143. 자료분류표에 대한 설명으로 올바른 것을 고르시오.

① 십진분류표는 조기성이 풍부하고 실용적이며, 기호구성이 단순하고 신축적이다.

② 특수분류표는 특정주제 분야에 한정된 경우와 특수형태의 자료가 한정된 경우, 특정문서자료에 한정된 경우에 사용되는 분류표이다.

③ 특정 자료의 구성요소를 패싯으로 분석한 다음, 미리 설정된 조합공식에 따라 다시 합성하는

분류표는 분석합성식 분류표이다.

④ 열거식 분류표는 분석합성식 분류표가 복합주제, 합성주제를 기호화하지 못하는 한계를 극복하려는 노력의 결과로 생성됐다.

해설 ④ 분성합성식 분류표에 대한 설명으로, 이 분류표는 열거식 분류표의 한계를 극복하고자 생성되었다.

144. 다음 중 개념이 지닌 의미, 개념의 내용, 개념을 구성하는 본질적 속성의 총화(總和)를 가리키는 용어로 옳은 것은?

① 외연   ② 내포

③ 상위개념   ④ 종개념

145. 다음의 설명에서 옳지 않은 것은?

① 서지(목록)분류란 소장자료의 목록정보를 책자형 서지에 체계적으로 배열하기 위한 분류이다.

② DDC, LCC, UDC, KDC 등 현대의 대다수 분류법은 서지분류이다.

③ 서지(목록)분류는 복수주제의 다면적 표현이 가능이 가능하다.

④ 서가(배가)분류는 서가상에 청구기호 순으로 배가하기 위한 것으로, 배열기준은 입수, 연대, 주제명 등을 이용한다.

해설 ② DDC, LCC, UDC, KDC 등 현대의 대다수 분류법은 서가분류이며, 서지분류에 해당하는 사례로는 피나케스 목록, 노데 12분법, BC 등이 있다.

146. 다음 중 문헌분류에 대한 설명과 거리가 먼 것은?

① 서가상의 자료의 배열 및 목록이나 서지에 있어서의 배열 두 가지 형식을 취한다.

② 지식 또는 학문의 분류와 동일한 목적을 갖는 것이다.

③ 인위적이며 임의적인 분류라고 할 수 있다.

④ 일반적으로 해당위치에 자료를 배정하는 것까지를 포함하는 의미로 사용된다.

정답 140. 4   141. 2   142. 4   143. 4   144. 2   145. 2   146. 2

147. '기억하기 쉽도록 가능한 한 동일기호에 동일의미를 부여한다'는 정의는 분류기호의 어떤 성질에 해당하는가?

① 조기성　　　　　　　　　② 통용성

③ 단순성　　　　　　　　　④ 간결성

148. 분석합성식 분류법을 설명한 것으로 옳은 것은?

① 최고의 유개념에서 최하의 종개념으로 계통적으로 전개된 분류법이다.

② 주제를 하나의 구분원리에 따라 연속적으로 구분하였다.

③ 한 주제를 다면적 특성으로 분석하고, 이를 일정한 공식에 따라 합성하여 주제를 표현한다.

④ 복합주제의 표현이 불가능하다.

149. 베이컨(F. Bacon)이 학문을 분류할 때 기준으로 삼은 것을 고르시오.

① 학문의 대상과 목적　　　　② 학문의 역사와 진화순서

③ 자료의 주제와 형식　　　　④ 인간의 정신능력

해설 ④ 베이컨은 아리스토텔레스가 지식을 3개 영역(실용적 또는 윤리적, 생산적 또는 창조적, 이론적)으로 구분한 기준을 바탕으로 인간의 정신능력을 기준으로 기억, 상상, 오성으로 분류하였다.

150. NLMC 분류표의 속성이 아닌 것은?

① 칠분형 분류표　　　　　　② 열거식 분류표

③ 계층구조형 분류표　　　　④ 특수분류표

해설 ① NLMC(미국립의학도서관분류법)는 비십진분류표, 열거식 분류표, 계층구조형 분류표, 특수분류표의 속성을 가지고 있다

151. 다음 중 십진분류법의 단점이 아닌 것은?

① 총류를 제외하면, 실제상 분류지가 9개로 한정되어 있기 때문에 형식적이며, 지식전체가 기계적으로 구분되고 있다.

② 분류의 체계가 기호법에 제한되는 단점이 있다.

③ 분류의 기호가 비교적 짧다.

④ 동일계위의 숫자가 이미 사용된 곳에는 신주제의 삽입이 곤란하다.

해설 ③ 분류의 기호가 비교적 짧은 것이 아니라, 길어지는 사례가 많게 된다. 상기 이외의 단점으로는 비십진분류표와 비교해 볼 때, 전개능력의 기능이 다소 떨어진다는 것이다.

152. 다음 중 특수분류표가 아닌 것은?

① IPC

② NLMC

③ 미국의회도서관분류표

④ 한국표준무역분류표

153. 다음 중 랑가나단이 제시한 도서관학 5법칙 중 문헌분류에 가장 적합하게 짝지어진 것은?

① 제1법칙, 제2법칙   ② 제1법칙, 제4법칙

③ 제2법칙, 제3법칙   ④ 제3법칙, 제4법칙

해설 ④ 랑가나단(Ranganadan)의 도서관학 5법칙은 제1법칙: 책은 이용을 위한 것이다(Books are for use). 제2법칙: 책은 모든 사람을 위한 것이다(Books are for all). 제3법칙: 모든 책을 그들의 이용자에게(Every books its reader). 제4법칙: 이용자의 시간을 절약하라(Save the time of the reader). 제5법칙: 도서관은 성장하는 조직체이다(A library is a growing organization). 도서관의 모든 책은 그에 적합한 이용자에게 신속하게 제공해야 할 의무가 있기 때문에 제3법칙과 제4법칙이 문헌분류의 필요성과 효과 측면으로 볼 때 가장 적합하다 하겠다.

154. 분류와 관련된 용어와 그에 대한 설명으로 옳은 것을 고르시오.

① 槪念: 유개념 또는 종개념을 구성하는 각각의 단위

② 外延: 종과 종을 구별하는 특징

③ 種類: 대상의 본질 또는 의미에 대한 인식적 단위

④ 內包: 어떤 개념을 구성하는 대상의 총체적 특징

정답   147. 1   148. 3   149. 4   150. 1   151. 3   152. 3   153. 4   154. 4

해설 ④ 內包(내포)란 어떤 개념을 구성하는 대상의 총체적 특징이다. ① 槪念(개념)은 대상의 본질 또는 의미에 대한 인식적 단위이다. ② 外延(외연)은 어떤 개념이 적용될 수 있는 대상의 범위이다. ③ 種類(종류)는 유개념 또는 종개념을 구성하는 각각의 단위이다.

155. 다음 중 문헌분류에 대한 설명으로 적합한 것은?

① 자료의 구성체계를 알기 위한 것이다.

② 학문의 연구과정에서 얻어진 개념을 분류한다.

③ 문헌의 서명, 저자를 알기 위한 것이다.

④ 자료의 주제와 형식을 한 곳에 모으는 것이다.

156. 다음 중 서지분류(bibliographic classification)에 해당하지 않는 것은?

① 칠략(七略)   ② 피나케스(Pinakes)

③ 청구기호순   ④ 사부분류법

해설 ③ 청구기호순 배열은 서지분류보다는 서가분류에 택하는 배열방법이다. 칠략, 피나케스, 사부분류법은 대표적인 서지분류법의 유형이다.

157. 다음에서 CIP(출판 시 도서목록서비스) 부여 제외 자료인 것을 고르시오.

① 단행본 형태의 도서   ② 대학출판물

③ 점자출판물   ④ 책자형태의 악보

해설 ③ 점자출판물이다. 참고로 CIP 부여 대상자료와 제외자료를 표로 제시하면 다음과 같다.

CIP 부여 대상자료	CIP 부여 제외자료
– 단행본 형태(다권본 포함)의 도서 – 정부간행물 – 대학출판물 – 번역출판물 – 책자형태의 악보 및 지도 – 대상 자료의 신·개정판 – 기타 CIP 부여가 필요하다고 인정하는 자료	– 우리나라 이외 지역에서 출판된 출판물 – 동제도 시행 이전에 출판된 출판물 – 판권지에 국내 출판사의 출판사항이 없는 도서 – 비도서자료(동일한 표제로 규칙적으로 계속 간행되는 자료) – 비도서자료(녹음자료, 시청각자료, 지도자료, 컴퓨터 파일, 팸플릿, 마이크로 형태 자료 등) – 초·중·고등학교 교과서 및 학습서, 소모성 교육 교재 – 석·박사학위논문

　　　　　　　　　　　　　　　　－ 일시적이고 수명이 짧은 출판물(전화번호부, 연표,
　　　　　　　　　　　　　　　　　제품목록 등)
　　　　　　　　　　　　　　　　－ 종교교육자료
　　　　　　　　　　　　　　　　－ 점자출판물
　　　　　　　　　　　　　　　　－ 낱장 지도와 악보
　　　　　　　　　　　　　　　　－ 복합매체자료

158. 다음 중 문헌분류표가 갖추어야 할 기본적 조건으로 옳지 않은 것은?

① 학문분류에 완전히 순응해야 한다.

② 대상 분야의 주제를 포괄해야 한다.

③ 분류기호를 구비해야 한다.

④ 구분이 논리적이어야 한다.

해설 ① 문헌분류는 기본적으로 학문분류에 바탕을 두어야 한다. 그러나 완전한 순응은 실제적으로 불가능하며, 따라서 가능한 한 학문분류에 근접하는 것이 바람직하다고 할 수 있다.

159. 다음은 도서관 관리자 측면에서의 문헌분류의 기대효과를 설명한 것이다. 이 중 가장 관계가 먼 것은?

① 불균형된 주제분야의 자료 선정과 각종의 통계를 지침으로 하여, 미래 장서의 개발계획을 수립함에 편리하다.

② 분류기호와 별치기호에 의하여 자료가 별치됨으로써 이용 빈도를 측정하기가 불편하다.

③ 소장된 장서의 전체적인 구성분포와 주제 분야별의 균형을 분석함에 용이하다.

④ 자료마다 개개의 서가위치를 지정해 줌으로써 장서점검시 분실 및 대출상태를 신속하게 파악할 수 있다.

해설 ② 분류기호와 별치기호에 의하여 자료의 매체별 관리 및 이용 빈도를 측정함에 편리하다.

정답 155. 4　　156. 3　　157. 3　　158. 1　　159. 2

160. 다음의 (   )속에 들어갈 개념으로 적합하게 짝지어진 것은?

> 동급 또는 동위개념끼리 그 외연(대상의 범위)의 대상일부가 서로 중복되는 경우를 (㉠)이라 하며, 그 외연상으로도 전혀 중복되지 않는 개념을 (㉡)이라 한다. 남-녀, 동물-식물과 같이 동일한 유개 념에 속하는 동위개념으로서 그 외연이 서로 중첩되어 있지 않은 개념을 (㉡)이라 하고, 운동선수-학생, 교수-학자와 같이 그 외연의 일부가 서로 교차되어 있는 개념을 (㉠)이라 한다.

① ㉠ 동일개념, ㉡ 동연개념   ② ㉠ 모순개념, ㉡ 반대개념

③ ㉠ 이류개념, ㉡ 상관개념   ④ ㉠ 교착개념, ㉡ 선언개념

161. 다음 중 분류표에 대한 설명으로 옳지 않은 것은?

① 새로운 주제의 첨가가 가능하도록 신축성이 있어야 한다.

② 분류번호체계 내에서 계층성을 가져야 한다.

③ 여러 개념을 복합적으로 나타내야 한다.

④ 동일한 기호는 동일한 의미를 갖는 조기성이 있어야 한다.

해설 ③ 하나의 개념을 복합적으로 나타내야 한다.

162. 다음 괄호 안에 들어갈 가장 적합한 용어로 올바르게 짝지어진 것은?

> (㉠)은 '잔-위', '유-무'처럼, 그 질이 서로 상반되어 중간에 제3자의 개입이 허용되지 않는 두 개념을 말하고, (㉡)은 '고-저', '대-소'처럼 중간에 제3자의 개입을 허용하는 것을 말한다.

① ㉠ 반대개념 – ㉡ 모순개념   ② ㉠ 모순개념 – ㉡ 반대개념

③ ㉠ 반대개념 – ㉡ 이류개념   ④ ㉠ 이류개념 – ㉡ 반대개념

163. 다음에 해당하는 분류법을 만든 사람을 고르시오.

> 모든 지식을 주제의 진화순서에 따라 배치한 전개 분류법을 제안하였으며 어떤 분류표보다 도서 관 현장에서 선택의 폭이 넓고 이론성이 뛰어난 분류법이라 할 수 있다. 그러나 개발 도중에 개발 자가 사망하여 미완성 분류표로 남아있다.

① W. T. Harris ② H. E. Bliss

③ T. H. Home ④ C. A. Cutter

해설 ④ 카터의 전개분류법(EC)에 대한 설명이다.

164. 다음 중 분류기호의 조건으로 거리가 먼 것은?

① brevity ② abstract

③ flexibility ④ mnemonic

해설 ② 초록이 아니다. 분류기호는 간결성(brevity), 단순성(simplicity), 유사성(flexibility), 조기성(mnemonic), 계층성(hierarchy)을 조건으로 구성된다.

165. 다음 중 특수 분류표에 속하는 것은?

① DDC ② LC

③ IPC ④ UDC

166. 지식의 전 분야를 특정한 구분원리에 따라 몇 개의 구성요소로 분석한 다음, 각 요소들을 다시 일정한 공식에 따라 합성하여 특정주제로 나타내는 분류법을 가리키는 용어는?

① 십진식분류법 ② 열거식분류법

③ 특수분류법 ④ 패싯식분류법

해설 ④ 패싯식분류법(faceted classification)은 패싯분석을 통해 분석된 개념들을 합성하여 복합개념을 표현하는 분류법으로, 분석합성식분류법이라고도 한다.

167. 구분을 위한 구비요건으로 올바른 것을 고르시오.

① 모두 옳다. ② 구분기준은 하나로 통일되어야 한다.

③ 구분은 포괄적이어야 한다. ④ 구분은 상호배타적이어야 한다.

정답 160. 4 161. 3 162. 2 163. 4 164. 2 165. 3 166. 4 167. 1

168. 다음 괄호 안에 들어갈 가장 적합한 용어로 올바르게 짝지어진 것은?

> 분류란 어떤 대상 또는 (㉠)을(를) 어떤 성격이나 특징을 기준으로 점차로 분석하여 최적의 (
> ㉡)로(으로) 조직화하는 것이다.

① ㉠ 유개념 – ㉡ 종개념   ② ㉠ 종개념 – ㉡ 유개념

③ ㉠ 종개념 - ㉡ 최근류   ④ ㉠ 최근류 – ㉡ 유개념

해설 ① 유개념(genus)은 일반적으로 상위개념으로 일컬어지며, 구분(분류)의 대상이 되는 피구분(분류)체를 말한다. 종개념(species)은 일반적으로 하위개념으로 일컬어지며, 구분(분류)결과로 생겨나는 구분(분류)지이다. 최근류는 여러 유개념 가운데 가장 가까운 유개념을 의미하는 것이다.

169. 세계의 4대 분류표라고 할 수 있는 것은?

① UDC, DDC, LC, KDC   ② DDC, EC, LC, SC

③ UDC, DDC, LC, BC   ④ DDC, EC, LC, BC

170. 다음 중 문헌분류표의 요건으로 옳지 않은 것은?

① 학문의 변화와 분화, 발전과 생성에 순응할 수 있도록 유연성과 체계성을 갖추어야 한다.

② 본표 및 보조표의 각종 분류명사를 추출하여 체계화한 상관색인이 있어야 한다.

③ 모든 주제를 수용할 수 있는 망라성, 신주제의 삽입이 용이한 수정성, 과거자료를 분류할 수 있는 소급성을 갖추어야 한다.

④ 항목의 전개나 세분화에 적용되는 원리는 체계적이고 논리적이어야 한다.

해설 ③ 문헌분류표는 모든 주제를 수용할 수 있는 망라성, 과거 자료도 분류할 수 있는 소급성, 신주제의 삽입이 용이한 신축성, 특별한 항목을 세분전개하기 위한 수정성(修正性)을 구비하는 동시에 구체적이고 정교해야 한다.

171. 다음 중 자료분류에 대한 설명으로 옳은 것은?

① 학문의 연구과정에서 얻어진 개념을 분류한다.

② 분류 그 자체를 목적으로 한다.

③ 실용적이며 구체적이다.

④ 도서관에서 자료 보존을 위해 필요하다.

172. 다음 중 구분의 3요소에 해당하지 않는 것은?

① 피구분체   ② 구분지

③ 구분원리   ④ 종개념

해설 ④ 구분의 3요소는 피구분체와 구분지, 구분원리이다.

173. 문헌분류표의 구조상 원리에 따른 설명으로 옳지 않은 것은?

① CC – 분석합성식 분류   ② LCC – 비열거식 분류

③ KDC – 열거식 분류   ④ UDC – 준열거식 분류

174. 문헌분류의 기대효과로 알맞은 것은?

① 자료를 일직선상에 배열하기에 유사주제의 근접성을 강화한다.

② 장서가 어떻게 구성되어 있는지 간파할 수 있다.

③ 모든 자료는 한 곳에 위치하므로 주제에 관계없이 배열이 가능하다.

④ 분류기호가 세밀하게 나눠지므로 이용자의 혼란을 방지 할 수 있다.

해설 ② 장서가 어떻게 구성되어 있는지 간파할 수 있다. ① 자료를 일직선상에 배열하기에 유사주제의 근접성을 약화된다. ③ 모든 자료는 한곳에 위치하므로 복수주제나 다면주제라도 주된 주제에 분류할 수밖에 없는 문제를 야기한다. ④ 이용자의 정보검색 편의성을 위한 분류가 분류 자체에 집착한 분류로 이용불편을 야기한다.

175. 다음 중 동일한 유개념을 가진 동위의 종개념이면서 내포상의 질이 아주 상반되는 서로 배척하여 중간에 제3자의 개입을 허용하지 않는 두 개념을 가리키는 용어는?

① 반대개념   ② 모순개념

③ 이류(異類)개념   ④ 교착(交錯)개념

해설 ② 모순개념(contra directory concept)은 '진(眞)–위(爲)', '생–사', '유–무'처럼, 그 질이 서로 상반되어 중간에 제3자의 개입이 허용되지 않는 두 개념을 말한다. ① 반대개념(contrary concept)은 '고–저', '상–하', '대–소'처럼 분량이나 정도의 차이를 나타내는 두 개념으로 중간에 제3자의 개입을 허용하는 것을 말한다. ③ 이류개념(heterogeneous concept)은 '전쟁과 사랑'처럼 내포가 전혀 달라 한 유개념 속에 포괄할 수 없는 두 개념을 말한다. ④ 교착개념(cross concept)은 그 외연의 일부가 서로 중첩되는 개념을 말한다.

정답 168. 1   169. 2   170. 3   171. 3   172. 4   173. 2   174. 2   175. 2

176. 분석합성식 분류법을 설명한 것으로 올바른 것은?

① 최고의 유개념에서 최하의 종개념으로 계통적으로 전개된 분류법이다.

② 주제를 하나의 구분원리에 따라 연속적으로 구분하였다.

③ 한 주제를 다면적 특성으로 분석하고, 이를 일정한 공식에 따라 합성하여 주제를 표현한다.

④ 복합주제의 표현이 불가능하다.

177. 다음에서 설명하는 분류표 방식이 적용된 분류법으로 올바른 것을 고르시오.

( )는 어떤 특성을 근거로 지식 또는 주제의 전 분야를 기본주제로 세분하여 본표에 최소한의 분류항목만 표시하되 나머지는 합성하도록 구성한 분류표를 말한다.

① DDC   ② CC

③ NDC   ④ UDC

해설 ② 빈칸에 들어갈 말은 '분석합성식 분류표'이다. CC는 랑가나단이 창안한 분류법으로써 분석합성식 분류표가 적용된 가장 전형적인 예이다. ①, ③, ④는 모두 열거식 분류표 방식이 적용된 분류법이다.

178. 다음 중 열거형 분류에 대한 설명으로 옳지 않은 것은?

① 새로운 주제를 취급하는 문헌을 분류할 경우 본표상의 번호들 간의 조합을 허용하지 않으므로 복수의 주제를 한 덩어리로 하여 분류기호를 배정할 수 없다.

② 미국의회도서관분류표(LCC)가 대표적 분류표이다.

③ 일반적으로 분석합성적 요소를 가미하여 분류에 효용성을 가하고 있다.

④ 보조표를 구비하여 합성시키는 원리를 적용하고 있다.

해설 ③은 분석합성식 분류에 대한 설명이다.

179. 비십진분류법 중 알파벳을 사용하는 분류표가 있다. 이 분류표의 제2위의 강목은 몇 개의 강목으로 구성되어 있는가?

① 26강목   ② 676강목

③ 100강목   ④ 10강목

② 676강목(알파벳 26자×26자). 제3위는 17,576강목(알파벳 26자×26자×26자)

180. 다음 중 문헌분류표의 구성상의 조건으로 잘못된 것은?

① 문헌분류표에는 색인이 필요 없다.

② 문헌분류표에 따라 분류할 경우 학문은 자세히 세분되어야 하고, 그 자료의 지식은 명백하게 주제표에 나타날 수 있어야 좋은 주제표이다.

③ 문헌분류표에는 간결하고 단순한 기호가 필요하다.

④ 문헌분류표는 주제가 다수인 자료와 주제보다 형식이 우선되는 자료, 특정주제에 포함되지 않는 자료를 취급한 주제영역이 필요하다.

181. 랑가나단의 '도서관학 5법칙'과 문헌분류의 상관관계로 옳은 것을 고르시오.

① 책은 이용하기 위하여 존재한다: 직접적 관계

② 모든 독자는 도서관의 책에 접근할 수 있어야 한다: 직접적 관계

③ 모든 책은 그것을 필요로 하는 독자에게 제공하라: 직접적 관계

④ 독자의 시간을 절약하라: 직접적 관계

해설 ④의 독자의 시간을 절연하나는 분류의 목적과도 일맥상통하기 때문에 직접적 관계가 있다. ①과 ②, ③은 간접적 관계이다.

182. 십진분류법의 장점으로 평가할 수 없는 것은?

① 분류표의 조직이 간단하다.

② 조기성이 풍부하다.

③ 십진식으로 주제를 무한히 전개할 수 있다.

④ 새로운 주제의 삽입이 용이하다.

183. 자료분류의 유형에 대한 설명으로 틀린 것을 고르시오.

① 연역적 분류: 특수한 것에서 일반적인 것으로 종합하는, 대상 자료를 관찰하면서 어느 성질에 주목할 것지를 판단하여 분류하는 방식

정답	176. 3	177. 2	178. 3	179. 2	180. 1	181. 4	182. 4	183. 1

② 자연적 분류: 자연현상을 객관적 속성 또는 연관성에 따라 분류하듯이 피분류체의 성질을 분류기준으로 삼는 것

③ 인위적 분류: 피분류체인 자료를 자의적 또는 임의적 기준에 따라 분류하는 것

④ 서가분류: 도서관이 수집한 정보자료를 서가에 체계적으로 배열하기 위한 자료분류

해설 ①번의 설명은 귀납적 분류를 설명하고 있다. 연역적 분류는 일반적인 것에서 특수한 것으로 세분하는, 주목하는 성질의 판단기준을 미리 결정한 상태에서 분류하는 방식이다.

184. 다음에서 2분법, 3분법, 4분법, 다분법 등의 구분과 가장 관계가 깊은 것은?

① 구분지   ② 피구분체

③ 구분원리   ④ 구분대상

해설 ① 구분의 결과로 생기는 각 부분, 즉 종개념을 구분지라 하는데, 2분법, 다분법 등은 구분지의 수효에 따른 구분이다.

185. 다음 중 특수분류표에 해당하지 않는 것은?

① 한국특허분류표   ② 미국의학도서관분류표

③ 미국의회도서관분류표   ④ 한국교회문헌분류표

186. 다음 중 대표적인 준열거식분류표는?

① UDC   ② DDC

③ CC   ④ KDCP

해설 ① UDC의 기본원리는 DDC와 같은 십진분류법에 의한 열거식분류표이나 보조표, 조합기호에 의하여 분석합성식의 방식을 많이 사용하는 대표적인 준열거식분류표이다.

187. 다음 중 개념에 대한 설명으로 옳은 것은?

① 종개념은 유개념에 포섭되는 개념이다.

② 사람은 생명력을 지닌 이상적인 동물이라는 것은 외연을 가리킨다.

③ 모순개념은 중간적 개념이 허용되는 개념이다.

④ 반대개념은 중간적 개념이 허용되지 않는 개념이다.

해설 ② 사람은 생명력을 지닌 이상적인 동물이라는 것은 내포를 가리킨다. ③ 모순개념은 중간적 개념이 허용되지 않는 개념이다. ④ 반대개념은 분량이나 정도의 차이를 나타내는 것으로 중간적 개념이 허용되는 개념이다.

188. 다음 중 (   )안에 들어갈 말은?

> 분류표를 열거식, 준열거식, 분석합성식으로 구분할 경우 UDC는 대표적인 (   )분류표이다.

① 열거식   ② 준열거식
③ 분석합성식   ④ 복합식

189. 다음은 분류원리에 관한 규칙을 설명한 것이다. 옳지 않은 것은?

① 분류의 원리는 단 한 가지로 유일해야 한다.
② 분류의 원리는 한 개의 원리만이 지속적으로 일관성 있게 적용되어야 한다.
③ 분류의 원리는 투명해야 한다. 왜냐하면 교착분류가 되어서는 안 되기 때문이다.
④ 분류의 원리는 분류의 목적과 흥미에 따라 적합하게 결정되어야 한다.

해설 ③ 투명해야 하는 것이 아니라 명확해야 한다.

190. 다음은 서지분류 및 서가분류에 대한 설명이다. 이 중 옳지 않은 것은?

① 서가분류는 배가분류(配架分類)라고도 한다.
② 서지분류에는 반드시 분류기호가 포함되어야 한다.
③ DDC를 위시한 현대의 주요 문헌분류법은 서가분류는 물론 서지 분류는 동시에 지향하는 분류법이다.
④ 19세기 이전의 문헌분류는 주로 서지분류체계가 중심을 이루었다.

해설 ② 서지분류를 사용할 경우, 장서목록에는 분류기호가 포함되기도 하나 연속간행물의 기사(article) 등에는 분류기호를 사용하지 않는다.

정답 184. 1   185. 3   186. 1   187. 1   881. 2   189. 3   190. 2

191. 다음 중 특수 주제용 분류표는 무엇인가?

① Classification for Catholic Books/Gibert C. Peters on(1954)

② Map Classification

③ UN Documents Classification System/UN

④ 국제특허분류표/특허청(1994)

해설 ① Classification for Catholic Books/Gibert C. Peterson(1954)는 특수주제용 분류표이고 이 이외의 것은 특수자료용 분류표이다.

192. 다음 중 십진분류법의 장점이 아닌 것은?

① 아라비아숫자를 사용하므로 주제의 상하관계를 알 수 있다.

② 세계적으로 보급되어 있어 분류표 상호 간의 이해가 쉽다.

③ 상관색인이 있기 때문에 사용이 간편하다.

④ 비십진분류표보다 전개능력이 크다.

193. 다음은 자료분류의 기대효과이다. 이 중 도서관 입장에서의 기대효과내지 유용성이 아닌 것은?

① 소장 자료의 유형별, 주제별, 언어별 구성과 편향성, 분포비율과 밀집정도, 강약점 등을 쉽게 파악할 수 있다.

② 서가 브라우징을 통하여 필요한 자료 외에 인접한 자료를 추가적으로 발견하는 부수적 효과도 기대할 수 있다.

③ 자료의 학문별, 주제별, 유형별, 이용계층별 대출 및 이용현황을 신속하게 파악 할 수 있다.

④ 자료분류는 동일한 주제와 유사한 주제의 인접배치를 보장하므로 이용자의 질의응답에 대처하고 각종 참고정보서비스를 제공하는 데 유용하다.

해설 ②는 이용자 측면에서의 효과 편익이고, 이 이외의 모두는 도서관 입장에서 자료분류의 기대효과 내지 유용성이다.

194. 다음은 열거식 분류표에 대한 설명이다. 잘못 된 것은?

> 열거식 분류표는 모든 지식을 각각의 주제나 형식에 따라 ① 최고의 유개념에서 ② 최저의 종개념까지 체계적으로 세분한 분류표를 말한다. 이 유형에는 세계 최대의 열거식 분류표로 지칭되는 ③ UDC를 비롯하여 ④ DDC, KDC, NDC 등이 있다. 그러나 어떠한 분류표라도 모든 지식을 완전히 나열할 수는 없기 때문에 합성식을 원용할 수밖에 없다.

해설 ③ UDC는 준열거식 분류표에 해당한다.

195. 다음의 (   )속에 들어갈 개념으로 적합하게 짝지어진 것은?

> 류개념이 동일하면서 상호 동급의 종개념 속에서 내포의 성격이 서로 상반되면서, 그 중간에 제3자의 개념이 삽입 될 수 없는 두 개념의 관계를 (㉠)이라 칭하며, 내포상의 정도의 차이는 있으나 제3의 개념이 삽입될 수 있는 여지의 개념을 (㉡)이라 한다. 예를 들면 생과 사, 진실과 거짓 등은 (㉠)이나, 흑과 백, 상과 하, 대와 소는 (㉡)이라 할 수 있다.

① ㉠ 동일개념, ㉡ 동연개념   ② ㉠ 모순개념, ㉡ 반대개념

③ ㉠ 이류개념, ㉡ 상관개념   ④ ㉠ 교착개념, ㉡ 선언개념

196. 다음에서 열거식분류표(enumerative classification)에 대한 설명으로 적합하지 않은 것은?

① 기본주제와 복합주제, 합성주제가 모두 열거된다.

② 의회도서관분류표(LCC)가 대표적이다.

③ 분류기호의 길이가 짧다.

④ 새로운 주제를 적절한 위치에 삽입하기가 곤란하다.

해설 ③ 열거식분류표의 가장 큰 단점은 분류표가 길어지고, 새로운 주제를 적절한 위치에 삽입하기가 곤란하다는 것이다.

197. 다음 중 일반분류표에 대한 설명으로 옳지 않은 것은?

① 기호법과 체계, 구조면에서 종합분류표에 해당된다.

② 지식 전체를 취급한 학문분류에 기초를 두고 편성되었다.

정답 191. 1   192. 4   193. 2   194. 3   195. 2   196. 3   197. 4

③ 공공도서관, 학교도서관 등에 적합한 분류표라 할 수 있다.

④ 자기 도서관의 특성을 살린 분류표를 작성하고 사용해야 한다.

198. 랑가나단의 도서관학 5법칙과 자료분류의 상관관계를 알맞게 짝지은 것은?

	도서관학 5법칙	이념적 지주
①	책은 이용하기 위하여 존재한다.	보편성과 평등주의
②	모든 독자는 도서관의 책에 접근할 수 있어야한다.	이용중심주의
③	모든 책은 그것을 필요로 하는 독자에게 제공하라.	공공성과 책임성
④	독자의 시간을 절약하라.	실용성

해설 ③

	도서관학 5법칙	이념적 지주
①	책은 이용하기 위하여 존재한다.	이용중심주의
②	모든 독자는 도서관의 책에 접근할 수 있어야한다.	보편성과 평등주의
③	모든 책은 그것을 필요로 하는 독자에게 제공하라.	공공성과 책임성
④	독자의 시간을 절약하라.	편의성과 공익성

199. 십진분류표의 효시라고 할 수 있는 것은?

① LC

② NDC

③ DDC

④ UDC

해설 ③ M. Dewey가 1876년 DDC를 창안한 것이 십진분류법의 시초이다.

200. 다음 중 문헌분류의 정의와 관계가 없는 것은?

① 자료의 주제에 따라서 분류한다.

② 자료의 발생요인에 따라서 분류한다.

③ 자료의 형식에 따라서 구분한다.

④ 자료의 내용에 따라서 분류한다.

201. 다음 중 동일한 유개념 아래에 있는 같은 위치의 종개념을 가리키는 용어로 가장 적합한 것은?

① 반대개념

② 동위개념

③ 상위개념

④ 하위개념

[해설] ② 동일한 유개념 아래에 있는 같은 위치의 종개념을 동위개념(同位槪念)이라 한다.

202. 다음의 ( )속에 들어갈 개념으로 적합하게 짝지어진 것은?

> 류개념이 동일하면서 상호 동급의 종개념 속에서 내포의 성격이 서로 상반되면서, 그 중간에 제3자의 개념이 삽입 될 수 없는 두 개념의 관계를 (㉠)이라 칭하며, 내포상의 정도의 차이는 있으나 제3의 개념이 삽입될 수 있는 여지의 개념을 (㉡)이라 한다. 예를 들면 생과 사, 진실과 거짓 등은 (㉠)이나, 흑과 백, 상과 하, 대와 소는 (㉡)이라 할 수 있다.

① ㉠ 동일개념, ㉡ 동연개념

② ㉠ 모순개념, ㉡ 반대개념

③ ㉠ 이류개념, ㉡ 상관개념

④ ㉠ 교착개념, ㉡ 선언개념

203. 다음 중 구분의 일반적인 규칙으로 적합하지 않은 것은?

① 필요에 따라서는 둘 이상의 구분의 기준 또는 원칙을 적용해야 한다.

② 구분지는 서로 외연에 있어서 중첩되어서는 안 된다.

③ 구분지의 총화(總和)는 피구분체의 외연 전체와 부합되어야 한다.

④ 모든 구분지는 그 외연에 있어 상호배타적이어야 한다.

[해설] ① 구분의 기준 또는 원리는 반드시 한 개에 한해야 하며, 둘 이상의 기준을 사용하게 되면 구분의 혼란이 초래된다.

204. 다음 중 자료분류에 대한 설명으로 옳은 것은?

① 학문의 연구과정에서 얻어진 개념을 분류한다.

② 분류 그 자체를 목적으로 한다.

③ 실용적이며 구체적이다.

④ 도서관에서 자료 보존을 위해 필요하다.

[정답] 198. 3   199. 3   200. 2   201. 2   202. 2   203. 1   204. 3

205. 다음 중 문헌분류표에 대한 설명으로 가장 거리가 먼 것은?

① 문헌분류표는 특수성, 주관성이 중시된다.

② 유, 강, 목, 세목의 구분이 논리적이어야 한다.

③ 분류원리는 한 가지로 일관성이 있어야 한다.

④ 인위적이고 합리적인 전개가 이루어져야 한다.

해설 ① 문헌분류표는 보편성과 객관성이 중시된다.

206. 다음 중 십진식분류법의 일반적인 특성과 가장 거리가 먼 것은?

① 기호가 단순하고 이해하기가 쉽다.　　② 기호의 전개능력이 매우 크다.

③ 분류의 전개가 기계적이고 인위적이다.　④ 숫자의 사용이 국제적이며 실용적이다.

해설 ② 십진식분류법은 10이라는 숫자로 전개를 한정하고 있어서 그 수용능력이 제한적이다.

207. 다음 중 특수분류표에 해당하지 않는 것은?

① 한국특허분류표　　　　　　　　　② 미국의학도서관분류표

③ 미국의회도서관분류표　　　　　　④ 한국교회문헌분류표

208. 다음 중 내포와 외연의 개념 및 상관관계에 대한 설명으로 옳지 않은 것은?

① 생물의 내포는 생명이 있다는 것이며, 외포로는 모든 동·식물이 해당된다.

② 동물의 내포로는 생명이 있고 움직인다는 것이 해당된다.

③ 개념의 내포와 외연은 서로 반대의 방향으로 증감한다.

④ 외연이란 개념이 적용될 수 있는 부분적 범위를 말한다.

209. 분류의 일반적인 유형에 대한 설명으로 옳은 것을 고르시오.

① 하강적 분류: 예컨대, 한국과 미국의 시·소설·수필을 각각 고대문학과 현대문학으로 분류하고 다시 한국문학과 미국문학으로 대별하는 경우이다.

② 연역적 분류: 대상 자료의 어느 성질에 주목할 것인지를 판단하여 분류하는 방식이다.

③ 자연적 분류: 객관적 속성 또는 연관성에 따라 분류하듯이 피분류체의 성질을 분류기준으로

삼는다.

④ 상승적 분류: 어떤 자료군을 성질이 상이한 몇 개의 영역으로 구분한 다음, 다시 각 영역에 속하는 자료 중에서 이질적인 몇 개로 세분하는 방식이다.

[해설] ③ 자연적 분류는 객관적 속성 또는 연관성에 따라 분류하듯이 피분류체의 성질을 분류기준으로 삼는다. ①은 상승적 분류에 관한 설명. ②는 귀납적 분류에 관한 설명. ④는 하강적 분류에 관한 설명이다.

210. 문헌분류는 도서관에 수집되는 모든 도서나 비도서자료의 내용을 주제나 형식의 원칙에 따라 체계적으로 분석하여 서고관리의 편성과 배가위치를 지정해 주는 역할이라고 정의할 때, 이것이 의미하는 것은?

① 청구기호 부여 + 서가배열   ② 분류표 + 도서기호 배정

③ 분류기호 부여 + 서가배열   ④ 분류표 + 분류작업

[해설] ④ 문헌분류의 정의 중 도서관에 수집되는 모든 도서나 비도서자료의 내용을 주제나 형식의 원칙에 따라 체계적으로 분석하는 것은 분류표를 의미하며, 서고관리의 편성과 배가위치를 지정해 주는 것은 분류작업을 의미한다.

211. 다음은 분류지에 관한 규칙을 설명한 것이다. 가장 거리가 먼 것은?

① 분류지의 전체(총화)는 그 하위개념인 종개념의 범위와 같아야 한다.

② 구분지는 외연에 있어서 서로 중복되어서는 안 된다.

③ 구분지의 배열은 점진성의 원칙이 지켜져야 한다.

④ 구분지의 배열은 상위개념의 유의 성질에 의하여야 한다.

[해설] ① 분류지의 전체(총화)는 그 상위개념인 유개념의 범위와 같아야 한다.

212. 서가분류와 대비되는 서지분류에 대한 설명으로 가장 적합하지 않은 것은?

① 복수주제의 다면적 표현이 가능하다.

② 자료의 목록정보를 책자형 서지에 체계적으로 배열하기 위한 분류이다.

③ 한 문헌에 한 개 이상의 분류번호를 가질 수 있다.

④ 주로 상관식 배가법을 사용한다.

정답 205. 1   206. 2   207. 3   208. 4   209. 3   210. 4   211. 1   212. 2

해설 ② 서지분류는 고정식 배가법을 사용한다.

213. 다음의 설명을 모두 포함하는 분류표로 옳은 것은?

> ㉠ CC(Colon Classification)가 대표적인 유형이다.
> ㉡ 일반적으로 분류기호의 길이가 길어진다.
> ㉢ 분류담당자가 분류작업을 수행하기 위해 더 많은 사고를 해야 한다.
> ㉣ 비교적 분류표의 편찬이 용이하다.

① 십진분류표

② 표준분류표

③ 특수분류표

④ 분석합성식 분류표

214. 십진분류법에서 강이 뜻하는 것이 아닌 것은?

① Division

② 100강목

③ 요목(要目)

④ 강목(綱目)

해설 ③ 십진분류법이란 KDC, DDC, NDC처럼 지식을 10개의 주류로 구분하고 다시 세분하여 100가지 강목으로 구분한다. 이 100강목을 강 또는 강목, Division이라 하고 더 세분한 것은 요목, 또는 목, Section이라 하며 요목 이하의 구분을 세목, Subsection이라 한다.

215. 다음 괄호 안에 들어갈 가장 적절한 단어로 올바르게 짝지어진 것은?

> 문헌분류는 일반적으로 학문분류 가운데 (㉠)에 의한 분류와 (㉡)에 의한 분류를 하게 된다.

① ㉠ 정신능력 - ㉡ 대상

② ㉠ 대상 - ㉡ 목적

③ ㉠ 대상 - ㉡ 방법

④ ㉠ 정신능력 - ㉡ 방법

해설 ② 학문분류는 인간의 정신능력이나 학문의 대상, 목적, 방법 등의 분류원리를 사용한다. 문헌분류는 이 가운데 특히 학문의 대상과 목적에 의한 분류를 하게 된다.

216. 다음 중 서지분류를 위한 분류표는?

① KDC   ② DDC

③ UDC   ④ LCC

217. 다음 중 문헌분류표의 구성상의 조건으로 잘못된 것은?

① 문헌분류표에는 색인이 필요 없다.

② 문헌분류표에 따라 분류할 경우 학문은 자세히 세분되어야 하고, 그 자료의 지식은 명백하게
주제표에 나타날 수 있어야 좋은 주제표이다.

③ 문헌분류표에는 간결하고 단순한 기호가 필요하다.

④ 문헌분류표는 주제가 다수인 자료와 주제보다 형식이 우선되는 자료, 특정주제에 포함되지
않는 자료를 취급한 주제영역이 필요하다.

218. 십진분류법의 장점으로 평가할 수 없는 것은?

① 분류표의 조직이 간단하다.

② 조기성이 풍부하다.

③ 십진식으로 주제를 무한히 전개할 수 있다.

④ 새로운 주제의 삽입이 용이하다.

219. 다음 중 문헌분류의 기본적 원리는?

① 체계화된 분류표를 보고 분류한다.

② 유개념에서 종개념으로 나눈다.

③ 종개념에서 유개념으로 나눈다.

④ 소개념에서 대개념으로 나누는 것이다.

220. 다음 중 문헌분류표의 구성상의 조건으로 잘못된 것은?

① 문헌분류표는 보편성, 객관성을 갖추고 있는 학문분류에 논거를 두어야 한다.

② 과거, 현재, 미래의 모든 주제를 처리할 수 있는 포괄성, 정밀성, 가능성이 있어야 한다.

정답 213. 4   214. 3   215. 2   216. 3   217. 1   218. 4   219. 2   220. 4

③ 구분원리를 시종일관 일정한 형식을 맞추고 유, 강, 목, 구분이 체계적이고 논리적이어야 한다.

④ 문헌분류표는 구체적이며 추상적이어야 한다.

221. 학문분류와 대비해 볼 때, 문헌분류에 대한 설명으로 적합하지 않은 것은?

① 어떤 사물이나 개념 자체의 상호 간의 관계를 발견하는 수단으로서의 역할을 한다.

② 문헌의 주제와 형식 등이 분류기준이 된다.

③ 문헌을 일정한 질서하에 서가상에 편성하기 위한 것이다.

④ 기본적으로 자료나 문헌의 효과적인 이용을 위한 것이다.

해설 ① 문헌분류는 학문 자체의 분류나 사물, 개념 간의 상호관계를 밝히는 것보다 자료나 문헌의 효과적인 이용을 그 목적으로 하는 것이다.

222. 다음 중 구분의 일반적인 규칙으로 적합하지 않은 것은?

① 필요에 따라서는 둘 이상의 구분의 기준 또는 원칙을 적용해야 한다.

② 구분지는 서로 외연에 있어서 중첩되어서는 안 된다.

③ 구분지의 총화(總和)는 피구분체의 외연 전체와 부합되어야 한다.

④ 모든 구분지는 그 외연에 있어 상호배타적이어야 한다.

해설 ① 구분의 기준 또는 원리는 반드시 한 개에 한해야 하며, 둘 이상의 기준을 사용하게 되면 구분의 혼란이 초래된다.

223. 다음에서 설명하는 분류의 기본원칙에 해당하는 것은?

분류에는 목적, 성질, 용도, 대상 등의 다양한 원칙이 적용될 수 있다. 특히 도서관 자료는 학문분류에 기초하되 실용성을 담보할 수 있다.

① 합목적성   ② 일관성

③ 망라성   ④ 점진성

해설 ① 모든 분류행위는 합목적성을 견지해야 한다. 왜냐하면 분류에는 목적, 성질, 용도, 대상 등의 다양한 원칙이 적용될 수 있기 때문이다. 특히 도서관 자료는 학문분류에 기초하되 실용성을 담보할 수 있다.

224. 다음 괄호 안에 들어갈 가장 적합한 용어는?

> 동일한 유개념(類槪念)이라도, (㉠)의 적용방법에 따라 분류결과가 달라지기 때문에, (㉠)은(는) 분류의 3요소 가운데 가장 중요하다고 할 수 있다.

① 분류원리　　　　　　　　　② 피분류체

③ 분류지　　　　　　　　　　④ 분류대상

해설 ① 동일한 유개념이라도 분류원리를 어떻게 적용방법에 따라 분류결과가 달라지기 때문에, 분류원리는 분류의 3요소 중 가장 중요하다고 할 수 있다.

225. 다음에서 문헌분류표의 요건과 가장 거리가 먼 것은?

① 문헌분류의 궁극적 목적은 이용자의 자료접근의 편의성을 최대한 지원할 수 있는 순서로 구성되어야 한다.

② 모든 문헌분류표는 소위 4대 기본원칙인 구분원리의 일관성, 상호배타성, 망라성, 단계성을 준수해야 한다.

③ 문헌분류표는 특별한 항목을 세분·전개하기 위한 수정성을 구비하는 동시에 포괄적이어야 한다.

④ 문헌분류표는 일반적인 것에서 특정적인 것으로 세분하는 하향식 계층구조를 형성하는 것이 바람직하다.

해설 ③ 자료분류표는 구체적이고 정교해야 한다.

226. 다음에서 비십진분류표의 장점으로 옳은 것은?

① 기호구성이 단순하고 신축적이다.

② 조기성이 풍부하고 실용적이다.

③ 분류기호로 주제와 개념의 상하관계 파악이 용이하다.

④ 기호에 구애받지 않고 분류체계를 합리적으로 구성할 수 있다.

해설 ④가 정답이고, 그 이외는 십진분류표의 장점이다.

정답　221. 1　　222. 1　　223. 1　　224. 1　　225. 3　　226. 4

227. 다음은 자료분류의 기대효과이다. 이 중 도서관 입장에서의 기대효과내지 유용성이 아닌 것은?

① 소장 자료의 유형별, 주제별, 언어별 구성과 편향성, 분포비율과 밀집정도, 강약점 등을 쉽게 파악할 수 있다.

② 서가 브라우징을 통하여 필요한 자료 외에 인접한 자료를 추가적으로 발견하는 부수적 효과도 기대할 수 있다.

③ 자료의 학문별, 주제별, 유형별, 이용계층별 대출 및 이용현황을 신속하게 파악 할 수 있다.

④ 자료분류는 동일한 주제와 유사한 주제의 인접배치를 보장하므로 이용자의 질의응답에 대처하고 각종 참고정보서비스를 제공하는 데 유용하다.

해설 ②는 이용자 측면에서의 효과 편익이고, 이 이외의 모두는 도서관 입장에서 자료분류의 기대효과 내지 유용성이다.

228. 다음 중 분류의 3요소에 대한 설명으로 옳은 것은?

① 분류 결과는 피분류체에 해당한다.

② 분류지는 분류의 대상이 되는 유개념이다.

③ 분류원리는 분류의 기준으로 사용되는 일정한 특징을 말한다.

④ 사람의 분류를 예로 들면, 분류대상이 되는 "사람"은 분류지이다.

해설 ③이 정답이다. ① 분류지에 대한 설명이다. ② 피분류체에 대한 설명이다. ④ 분류지가 아니라 피분류체에 해당한다.

229. 기존 분류표를 이용하여 웹 정보자원을 분류 할 때의 효과로 옳은 것은?

① 각 국의 언어를 사용하기 때문에 이용자는 특정 언어를 사용함으로써 언어별 웹자료에 접근할 수 있다.

② 대다수 분류표는 주기적인 개정을 통하여 최신성을 유지하기 때문에 분류도구로서의 안정성을 확보할 수 있다.

③ 대다수 분류표가 기계가독형으로도 이용 가능하여 웹자료에 적용할 수 있지만 인쇄자료는 적용이 힘들어 상호운용성이 떨어진다.

④ 대다수가 계층 구조로 된 기존 분류표는 온라인상의 선택적 주제 탐색에 이용하기 어렵다.

해설 ② 기존 분류표를 이용하여 웹 정보자원을 분류 할 때의 효과로는 1) 다국어적 접근허용의 가능성: 대다수 분류 표는 언어와 무관한 기호(숫자, 알파벳 문자)를 사용하여 특정 언어를 몰라도 분류기호를 통해 언어별 웹자료에 접근할 수 있다. 2) 상호운용성 : 현존하는 많은 분류표는 기계가독형으로도 이용 가능하여 인쇄자료뿐만 아니라 웹자료에 적용 할 수 있으므로 상호운용성을 보장한다. 3) 브라우징의 편의성: 전통적 분류표에 의해 세분된 주제리스트는 온라인 환경 에서 도서관 이용 경험이 없는 이용자의 브라우징에 유용하며, 분류표의 구조는 내비게이션 도구로도 활용될 수 있다. 4) 탐색범위의 확장과 축소: 대다수 분류표는 계층구조로 구성되어 그 구조 내에서 광의 또는 협의의 주제를 선택적으로 탐색하는 데 이용될 수 있다 등을 들 수 있다. 즉, 기존 분류표를 이용하여 이용자의 요구수준에 적합한 정보 및 관련 자료에 대한 리뷰기회를 제공한다.

230. 다음은 전자판 분류표에 대한 설명이다. 옳지 않은 것은?

① 미국의회도서관의 'Classification Web'을 통하여 LCC는 물론 시소러스형의 LCSH를 볼 수 있으며, 웹으로 연결된 모든 자료에 접근이 가능하다.

② UDCC(UDC Consortium)에서 만든 국제적인 데이터베이스는 마스터참조파일(Master Reference File: MRF)로 명명된다.

③ UDC는 책자형 이외에 CD-ROM으로도 구입이 가능하며, 현재 웹상에서는 영어, 독일어, 불 어, 체코어, 크로아티아어, 네델란드어 등의 언어로 이용할 수 있다.

④ 'Classification Web'의 파일은 월 단위로 업데이트되며, 류(類)내부와 하위류 간은 하이퍼 텍스트로 접근이 가능하다.

해설 ④ 'Classification Web'의 파일은 주간으로 업데이트되며, 류(類)내부와 하위류 간은 하이퍼텍스트로 접근 은 물론 밴더시스템을 위한 개별 도서관 웹 OPAC과의 연결도 가능하다.

231. 다음의 분류의 역할 중 정보검색 면에서 볼 때 가장 취약한 부분은?

① 접근 및 브라우징　　　　② 인터넷 자원의 주제 분류

③ 확인(identifying)　　　　④ 평가(evaluating/filtering)

해설 ② 분류는 DDC와 UDC, LCC에서 볼 수 있듯이 목록이나 데이터베이스에서 항해(navigating) 도구로써 사 용될 수 있지만 기존의 문헌분류표로 인터넷 상의 정보자원을 분류하는 데는 여러 한계점이 있기 때문에 가장 취약한 분야라 할 수 있다.

정답　227. 2　　228. 3　　229. 2　　230.4　　231. 2

232. 다음은 T. Koch가 제시한 분류체계에 의한 인터넷 정보자원 조직의 장점을 기술한 것이다. 가장 거리가 먼 것은?

① 주제의 구조와 용어에 친숙하지 않은 이용자에게 쉽게 브라우징 할 수 있게 한다.

② 분류표는 검색에 이용될 용어에 맥락을 제공한다. 예를 들어, 동형이의어의 문제를 부분적으로 해결해 준다.

③ 분류표에서는 숫자기호만을 사용하므로 다국어 자료 접근이 곤란하다.

④ 분류표는 계층구조로 되어 있기 때문에 탐색의 확대와 축소가 용이하다.

해설 ③ 분류표에서는 숫자기호만을 사용하므로 다국어 자료 접근이 용이하다. 특정 탐색어를 입력하면 분류표의 분류기호로 변환되므로, 특정 언어로 된 자원을 검색할 수 있다.

233. 다음은 분류와 주제명목록에 대한 설명이다. 옳지 않은 것은?

① 분류목록이란 자료가 지닌 내용의 주제를 검색하기 위한 주제목록의 일종이다.

② 주제명목록은 주제명표목을 추려 낸 단어로서 주제명기입 즉, 주제명표목으로 이루어진다.

③ 주제명목록이란 자연어로서의 언어(名辭)에 의한 주제목록인 것이다.

④ 도서자료가 지닌 주제를 언어에 따라 표현하고 그 언어를 읽는 일정순서에 의해 배열된 목록이다.

해설 ② 주제를 나타내는 명사로 채택된 단어를 주제명표목이라 하고 그 표목을 이끌기 위해 작성된 동의어, 유사어, 관련어로의 안내를 주제명참조라 한다. 따라서 주제명목록은 주제명표목을 추려 낸 단어로서 주제명기입과 주제명참조로서 이루어진다.

234. 기존의 분류표를 이용하여 웹정보자원을 분류할 경우의 기대효과 중 빈칸에 들어갈 말을 고르시오.

분류표는 이용자가 웹자료를 추적할 때 사용한 탐색어에 (   )을(를) 제공한다.

① context   ② interoperability
③ stability   ④ familiarity

해설 ① 분류표는 이용자가 웹자료를 추적할 때 사용한 탐색어에 컨텍스트(context)를 제공한다. ② 상호운용성 (interoperability): 현존하는 많은 분류표는 기계가독형으로도 이용할 수 있어 인쇄자료뿐만 아니라 웹자료에 적용할 수 있으므로 상호운용성을 보장한다. ③ 안정성(stability): 대다수 분류표는 주기적인 개정을 통하여 최신성을 유지하고 있어 분류도구로서의 안정성을 확보하고 있다. ④ 친숙성(familiarity): 이용자는 인쇄자료에 어떤 분류표가 적용되었는지를 인지하거나 이해하고 있기 때문에 웹자료에 적용하더라도 친숙성을 유지하는 데 문제가 없다.

235. 빈칸에 알맞은 것을 부여하는 대상이 아닌 것을 고르시오.

> (   )은(는) 자료를 출판할 때 서지정보를 일정한 포맷으로 편목한 후 표제지 이면에 첨부하여 출판하는 방식이다.

① 정부간행물　　　　　　　　　② 번역출판물
③ 대상자료의 신·개정판　　　　④ 종교교육자료

해설 ④ 빈칸에 들어갈 말은 '출판 시 도서목록'인 CIP이다. 또한 CIP 부여 대상 자료는 단행본 형태의 도서, 정부간행물, 대학출판물, 번역출판물, 책자형태의 악보 및 지도, 대상 자료의 신·개정판, 기타 CIP 부여가 필요하다고 인정하는 자료이다. 부여 제외 자료에는 우리나라 이외 지역에서 출판된 출판물, 동 제도 시행 이전에 출판된 출판물, 비도서자료, 석·박사 학위논문, 종교교육자료, 점자출판물, 낱장 지도와 악보 등이 있다.

236. 다음 중 서양서를 분류할 때, 분류기호를 참고하기 위해 사용할 수 있는 표제지 뒷면(verso)에 표기된 편목정보를 가리키는 용어는?

① BIP　　　　　　　　　　　② CD ROM
③ CIP data　　　　　　　　　④ Segmentation

해설 ③ 미국과 영국에서 시행되고 있는 출판물내 편목정보를 CIP(Cataloging- in-Publication) 데이터라 한다. ① BIP는 서지자료인 Books in Print의 약칭이며, ② CD ROM은 Compact Disk Read Only Memory를 말한다. ④ Segmentation은 분류기호의 간략화를 위해 분류기호에 절단위치를 지정하는 것을 일컫는다.

237. 분류법에 대한 설명으로 옳지 않은 것은? (사서직 2016년 출제)

① 해리스(W.T. Harris)의 분류법은 분류기호와 도서기호를 서가배열과 목록배열에 사용한 분류법으로 이후의 서가분류법에 영향을 주었다.
② 카터(C.A. Cutter)의 전개분류법은 꽁트(A. Comte)의 학문분류 체계에 영향을 받았으며, 배열순서는 일반적으로 주제의 진화순으로 되어 있다.

정답 232. 3　233. 2　234. 1　235. 4　236. 3　237. 4

③ 브리스(H.E. Bliss)의 서지분류법은 5개의 공통패싯을 이용한 분석합성식 원리를 수용하였으며, 콜론분류법에 영향을 주었다.

④ 에드워즈(E. Edwards)의 분류법은 근대 영국 공공도서관의 대표적인 분류법으로 신학, 의학, 서지 등 12개의 주류로 구분되어 있다.

해설 ④번으로, 에드워즈(E. Edwards)의 분류법은 근대 영국 공공도서관의 대표적인 분류법으로 A 신학, B 철학, C 역사, D 정치학 및 상업, E 과학, F 문학 및 작가 등 6개의 주류로 구분되어 있다.

238. 주제명표목표의 '참조'에 대한 설명으로 옳지 않은 것은? (사서직 2016년 출제)

① '참조'는 이용자가 사용한 탐색어로부터 주제명표목표에서 선정한 표목으로 안내하고 관련 표목 간을 연결하기 위한 것이다.

② '보라참조'는 표목으로 채택되지 않은 주제명에서 채택된 주제명표목으로 연결시켜 주는 역할을 한다.

③ '도보라참조'는 표목으로 채택된 주제명을 채택되지 않은 주제명으로 연결시켜 주는 역할을 한다.

④ '일반참조'는 개별 표목을 지시하는 참조와는 달리, 일단의 표목이나 범주를 지시하는 역할을 한다.

해설 ③ '도보라참조(see also)'는 한 표목에서 관련 있는 다른 표목으로 안내하는 역할을 하는 참조. 사전체목록에서 주로 사용하는 참조나 분류목록에서도 사용된다.

239. 분류표에 대한 설명으로 옳은 것만을 모두 고른 것은? (사서직 2021년 출제)

ㄱ. 분석합성식 분류표는 패싯 분류표라고도 한다.
ㄴ. 십진 분류표는 LCC, DDC, NDC 등이 있다.
ㄷ. 종합(일반)분류표는 지식의 전 주제 분야를 망라하여 체계화한 분류표이다.
ㄹ. 열거식 분류표는 모든 지식 세계를 각각의 주제나 형식에 따라 최고의 유개념에서 최저의 종 개념까지 체계적으로 세분·계층화한 분류표이다.

① ㄱ, ㄴ

② ㄷ, ㄹ

③ ㄱ, ㄷ, ㄹ

④ ㄴ, ㄷ, ㄹ

240. 자료분류에 대한 설명으로 옳은 것만을 모두 고르면? (사서직 2022년 출제)

> ㄱ. 분류를 자연적 분류와 인위적 분류로 구분할 때 자료분류는 자연적 분류에 해당한다.
> ㄴ. 자료분류의 유형을 서가분류와 서지분류로 구분할 때 서지분류는 고정식 배열법에 해당한다.
> ㄷ. 베이컨(F. Bacon)은 인간의 정신능력을 기억, 상상, 이성으로 구분하고, 이에 대응되는 지식(학문)을 사학, 시학, 철학으로 구분하였다.
> ㄹ. 커터(C.A. Cutter)는 콩트(A. Comte)의 지식분류를 참고하여 주류를 진화적 및 과학적 순서로 배열한 전개분류법(EC)을 고안하였다.

① ㄱ, ㄷ   ② ㄴ, ㄹ

③ ㄴ, ㄷ, ㄹ   ④ ㄱ, ㄴ, ㄷ, ㄹ

해설 ③번이다. 분류를 자연적 분류와 인위적 분류로 구분할 때 자료 분류는 인위적 분류에 해당한다.

제2장
분류사의 이해

학문의 분류는 어떤 사물이나 개념의 상호관계를 분석하고 발견하는 수단인데 반하여, 문헌 분류는 정보자료를 제공할 경우의 편리성과 동시 소장된 자료를 어떻게 질서 있게 잘 배치하고 관리할 것인가에 중점을 두어 왔다.

본 장에서는 역사적 변천에 따라 한국과 중국의 분류법이나, 여러 가지 문헌분류법의 체계와 내용 등을 고찰해 보고, 서양 도서관에서 적용해 왔던, 고대에서 근대에 이르기까지 문헌분류사에 공헌을 남긴 학자들의 분류법 체계와 특징적 내용을 고찰 한다.

한국의 문헌분류사

1. 고려 시대 불전 목록의 분류

초조대장목록 (初雕大藏目錄)	- 고려 현종 2년(1011년)부터 문종 37년(1083년) 사이에 최사성의 책임 하에 편찬 - 우리나라 最古의 목록으로 추정 - 불교의 기본 분류법인 삼장분류법(경장, 율장, 논장) 준용
신편제종교장총록 (新編諸宗教藏總錄)	- 고려 선종 7년(1090년) 의천이 3권으로 편찬한 책자 목록 - 현존하는 우리나라 最古의 목록 - 대장경에 관한 연구 목록의 효시 - 장소 전체를 경·율·론 三藏으로 구분
재조대장목록 (再彫大藏目錄)	- 고려 고종 23년(1236년)부터 35년(1248년) 수기법사(守其法師) 책임 하에 편찬 - 경전 15종 43권, 漢譯 불전대장경 - 분류 체계는 초조대장목록과 유사

2. 조선 시대 유교 목록의 사부분류법

해동문헌총록 (海東文獻總錄)	- 조선 인조 15년(1637년) 김휴가 편찬한 해제서목 - 우리나라 최고(最古)의 유교 목록 - 사부분류법을 개수(改修)한 독자적인 전개법 사용 - 배열체계는 저작자의 지위와 저작물의 수준 및 이용대상을 차별하여 배열

규장총목 (奎章總目)	- 정조 5년(1781년) 서호수가 편찬한 규장각 장서목록. 해제서목 - 열고판서목과 서서서목(西序書目)의 합본 - 중국의 사고전서총목보다 1년 전에 편찬. 현존하지 않음
누판고 (鏤板考)	- 정조 20년(1796년) 서유구 등 편찬. 각판(刻板)한 판목(板木)의 목록 - 경사자집의 사부분류법 채택 - 각 저작의 저자명과 내용 요지, 권질의 다과(多寡), 소재 등을 규명
기타 목록	- 19세기 초, 한치윤의 해동역사 예문지(海東繹史藝文志) - 1909년 규장각 편찬의 제실도서목록(帝室圖書目錄) - 모리스 쿠랑의 한국서지(Bibliographic Coréenne) 등

3. Maurice Courant의 분류법

- 모리스 꾸랑(Maurice Courant)이 1890년에 한국의 전적(典籍)을 조사하기 시작하여 1894년에 한국서지(Bibliographic Coréenne)를 파리에서 출간
  - 수집된 3,821종의 문헌마다 해제를 첨부하여 해제목록을 작성
  - 해제목록은 전 4권으로 구성. 제 1권은 1894년, 제 2권은 1895년, 제 3권은 1896년, 제 4권인 보유판은 1901년에 각각 출판
  - 모리스 꾸랑은 조선의 문헌을 9部, 36類로 구분. 종전의 사부분류법 체계에서 찾아 볼 수 없었던 교육이나 언어 및 조약, 무역 등에 관한 주제들 포함됨

〈한국서지의 분류체계 〉

I 부	Enseinemet 교회부(教誨部)(교육류, 간독류, 입문류 3류)
II 부	E'tude Des Langues 언어부(한어, 청나라어, 몽고어, 일본어, 산스크리트어 5류)
III 부	Confucianisme 유교부(유교의 경서류, 성적류, 유가류 3류)
IV 부	Litterature 문묵부(文墨部)(시가, 문집, 전설, 잡서류 4류)
V 부	MCEurs et Coutumes 의범부(儀範部)(예의, 정치행정류 2류)
VI 부	Histoire Et Geographie 사서부(東史(동사), 東雜跡類(동잡적류), 中史類(중사류) 4류)
VII 부	Sciences Et Arts 기예부(技藝部)(수학, 천문, 술수, 병법, 의학, 농잠, 악보, 예술 8류)
VIII 부	Religions 교문부(도교, 불교, 천주교, 기독교 4류)
IX 부	Relations Internationales 교통부(조약, 무역, 신보(新報)류 3류)

제2장_ 분류사의 이해 _____95

4. 근대의 분류법

가) 조선총독부도서관분류표

- 국립중앙도서관의 전신(前身)인 조선총독부도서관에서 1931년 제정

- 1945년까지 사용한 국내 최초의 십진분류법

- 신서, 고서, 양서의 별개의 표로 구성

나) 철도도서관분류표

- 조선총독부도서관분류표보다 먼저 출판(추정), 소실(燒失)

다) 조선십진분류표(KDCP)

- 박봉석 편찬(1947), 한국인 최초의 십진분류표

- 1964년 한국십진분류법이 발행된 이후 거의 불용

- 주류의 배열순서: 과학과 생활의 관계를 바탕, 과학적 이론보다는 도서의 수량과 그 이용 가치를 더 중요시

- 장점은 순수 기호법, 주류를 학문간 균형적으로 배열, 어학과 문학의 통합

- 단점은 정기적인 개정판 부재, 분류 기호의 전개를 4자리로 한정, 조기성의 변칙, 신 주제 삽입 곤란

라) 한은도서분류법(HUDC)

- 고재창 편찬(1954), 현재 사용

- 십진식, 순수 기호법, 한글·한자·영문 병기, 상관색인, 조기성, 일관 분류표

마) 국연십진분류법

- 국방연구원 편찬(1958), 비십진분류표

중국의 문헌분류사

1. 칠분법의 분류체계

가) 칠략(七略) 의 분류법

- 七略은 전한의 성제가 진시황의 분서갱유 이후 흩어진 자료정리를 명함

- 유향이 작성한 별록을, 그의 아들 유흠이 유별로 구분하여 목록편찬
- 7분법의 기원

〈칠략의 순위와 내용〉

집략(輯略 : 총류)	
육예략(六藝略 : 경전류) 사서삼경 9종	역(易), 서(書), 시(詩), 예(禮), 악(樂), 춘추(春秋), 논어(論語), 효경(孝經), 소학(小學)
제자략(諸子略 : 철학류) 제자백가서. 학술, 사상류	유가(儒家), 도가(道家), 음양가(陰陽家), 법가(法家), 명가(名家), 묵가(墨家), 종횡가(縱橫家), 잡가(雜家), 농가(農家), 소설가(小說家)
시부략(時賦略 : 시, 운문)	굴부(屈賦), 육부(六府), 손부(孫婦), 잡부(雜賦), 가시(歌詩)
병서략(兵書略 : 군사)	병권모(兵權謀), 병형세(兵形勢), 병음양(兵陰陽), 병기교(兵技巧)
수술략(數術略 : 천문, 수학)	천문(天文), 역보(歷譜), 오행(五行), 저구(著龜), 잡점(雜占), 형법(刑法)
방기략(方技略 : 의학, 예술)	의경(醫經), 경방(經方), 방중(房中), 신선(神仙)

나) 한서예문지(漢書藝文志)의 분류법

- 유흠의 칠략을 토대로 후한의 반고가 편찬한 것으로 13,269권이 수록
- 분류체계는 칠략 중 집략을 서(序)로 변경하고 나머지 육예, 제자, 시부, 병서, 수술, 방기 등의 여섯 개의 략(略), 38종(種)으로 세분

다) 칠지(七志)의 분류법

- 송나라 때(473년) 비서승(祕書丞) 왕검(王儉)이 비각(祕閣)에 소장된 도서를 정리하여 사부체제의 관수목록(官修目錄)을 편찬. 수록된 장서수가 1,574권
- 이 목록을 다시 수정하여 같은 해 473년에 편찬을 완성한 것이 바로 칠지 (七志)임
- 칠지의 기록은 현존하지 않음

라) 칠록(七錄)의 분류법

- 칠록은 양(梁)나라의 완효서(阮孝緒)가 편찬한 12권으로 된 칠분법 체계의 목록
- 송(宋)으로 부터 제(齊)에 이르기까지의 기간에 왕공(王公)의 진신관(搢紳官) 에 축적된

장서를 조사하여 목록과 대조하여 완성

2. 사분법 분류체계

중국 최초의 사분법은 위나라의 비서랑(祕書郎) 정묵(鄭黙)이 궁중문고에 가득찬 자료를 목록 작성하여 편찬한 중경부(中經簿)이다. 그러나 현존하지 않아 자세한 내용은 알 수 없다.

가) 위(魏) 진(晉)대의 사분법

- 진나라의 순욱이 중경록에 기초하여 중경신부(中經新簿) 14권을 완성
- 동진(東晉) 초에는 이충(李充)이 진원제서목(晉元帝書目)을 편찬. 이 목록은 중경신부의 분류체계를 모방하여 우선 장서를 갑, 을, 병, 정의 명칭 사용

나) 수서경적지(隨書經籍志)의 분류법

- 중국의 수서(隨書) 십지(十志) 중 하나로, 본 경적지는 당(唐) 태종 15년(641)에 이순풍(李淳風), 위안인(韋安仁), 이연수(李延壽) 등이 경사자집을 기본으로 함
- 사마천의 사기(史記), 반고의 한서(漢書), 왕검의 칠지(七志), 완효서의 칠록(七錄) 등을 참고
- 문헌의 주류세목의 내용을 세밀하고도 정확하게 토대를 확립시킨 사분법

다) 사고전서총목(四庫全書總目)의 분류법

- 고종의 명으로 건륭 38년부터 47년에 걸쳐 10년 동안 전국에서 수집한 도서를 기윤(紀昀), 육석태(陸錫態), 손사의(孫士毅) 등이 편찬
- 3475종, 79070권을 4부 분류법으로 정리한 200권의 목록
- 후대의 한적분류에 지대한 영향을 끼침
- 사고전서총목의 분류 체계

경부(經部)	이(易), 서(書), 예(禮), 락(樂), 춘추(春秋), 효경(孝經), 논어(論語), 위참(諱緯), 소학(小學)
사부(史部)	정사(正史), 고사(古史), 잡사(雜史), 패사(覇史), 기거주(起居注), 구사(舊事), 직궁(職宮), 의주(儀注), 형법(刑法), 잡부(雜傳), 지리(地理), 보계(譜系), 부록(簿錄)
자부(子部)	유(儒), 도(道), 법(法), 명(名), 묵(墨), 종횡(縱橫), 잡(雜), 농(農), 소설(小說), 병(兵), 천문(天文), 역수(曆數), 오행(五行), 의방(醫方)
집부(集部)	초사(楚辭), 별집(別集), 총집(總集)

부록	도경(道經)	경계(經戒), 복이(服餌), 방중(房中), 부록(符籙)
	불경(佛經)	대승경(大乘經), 소승경(小乘經), 잡경(雜經), 잡의경(雜疑經), 잡율(雜律), 대승론(大乘論), 소승론(小乘論), 잡론(雜論), 기(記)

- 사부분류법의 장·단점

장 점	단 점
- 기억 용이, 정리 간편 - 동양문화를 원형 그대로 집약 조직 가능 - 각종 문고와 동양학 전문도서관에 적합 - 동양학 지식이 있는 누구나 분류 가능	- 유문(類文) 배열이 명분에 치우침 - 주제가 아닌 체제 위주의 전통적인 방법 - 자부의 경우 제자의 저술 이외에 잡다한 여러 책들이 집중되어 불합리 - 분류항목의 부족 - 중국 이외 동양 고전이나 서양 학문 수용의 곤란 - 자료 검색 불편

서양의 문헌분류사

1. 서양 학문분류의 변천

학문분류의 시작은 지식분류의 절정을 이루었던 아리스토텔레스의 분류법에서 시작되어, 17세기 초에 이르러 베이컨(Bacon)의 지식분류법으로 변환기를 거치었고, 이는 다시 데카르트(Descartes)와 스펜서(Spencer), 헤겔(Hegel), 콩트(Comte)로 이어져 백과전서에까지 그 영향을 미치었다. 그 분류법들의 특징은 다음과 같다.

가) 아리스토텔레스의 학파의 분류법
- 학문을 정신적 능력과 목적에 따라서 다음과 같이 분류
- 인간의 정신능력에 따라 용도 중심으로 분류: 이론학, 실천학, 제작(製作)학으로 3구분
- 정신능력에 의한 분류: 이성에 대응하는 학문, 감각적 지각에 대응하는 학문, 의지와 욕망에 대응하는 학문으로 3구분

나) 베이컨의 분류법

- 1605년에 2책으로 된 학문의 진보(The Advancement of Human Learning)를 발간
- 베이컨의 지식분류는 차후 해리스에게, 해리스는 다시 오늘날의 듀이(M. Dewey) 분류법에 까지 지대한 영향을 미침
- 아리스토텔레스의 이론적, 실천적, 생산적인 지식분류의 3가지 방법을 반론하고서, 이를 역사 → 시학 → 과학의 세 가지 영역으로 구분하였다. 이는 인간 의 특성인 기억과 상상과 이성을 중심으로 지식의 분류체계를 구분
- 지식을 하나의 통합체로 구분함에 하나의 나무 형상에 비추어서, 줄기와 가지를 피라밋식의 모양으로 가지를 쳐 내려감에 비유

다) 암페르의 분류법

- 암페르는 모든 지식을 그 내용과 목적 및 관계에 따라 분류
- 기초과학, 유용기술(useful arts), 응용과학(applied science)로 구분
- 기초과학을 물리학, 공학 ; 지리학, 광업 ; 식물학, 농학 ; 동물학, 축산학, 의학 등의 순서로 세분한 다음에 유용기술(useful arts)과 응용과학(applied science)을 배치
- 랑가나단의 CC 분류법의 주류배열에도 영향을 미침

라) 콩트의 분류법

- 학문의 모든 현상을 무기체와 유기체로 먼저 구분
- 무기체에는 전반적인 우주 현상을 고찰하는 천문학, 지구사의 무기적 현상을 다루는 물리학, 화학을 포함하며 수학을 모든 학문적 구성의 기초를 이룬다고 봄
- 수학, 천문학, 물리학, 화학, 생물학, 사회물리학의 순서로 기초학문이 성숙단 계에 들어가면 이를 바탕으로 사회학이 발달하는 것이라고 함
- 추상과학과 구체과학으로 학문을 구분
- 이러한 그의 사상은 이후 스펜서(Spencer)가 추상과학과 구체과학으로 구분한 것에서 그 영향을 끼침

마) 스펜서의 분류법

- 학문을 대상의 추상성과 구체성의 진화론적 순서에 따라 3구분
- 제 1구분에 수학, 추상역학 등으로 추상성을 추구한 과학을 제시

- 제 2구분에 구체역학, 물리학, 화학 등으로 추상성과 구체성을 겸한 학문을 제시
- 제 3구분에 천문학, 지질학, 생리학, 심리학, 사회학 등으로 구체성을 추구한 과학을 포함
  하여 학문분류를 논리학, 수학, 기계학, 물리학, 화학, 천문학, 지질 학, 생물학, 심리학과
  사회학으로 제시

2. 서양 도서관의 문헌분류사

가) 고대 칼리마크스(Kallimachus)의 피나크스(Pinakes)의 분류
- 알렉산드리아 도서관 소장 목록, 최고(最古)의 목록
- 고문헌 서지의 기초
- 유별 배열의 분류순 목록
- 각 구분의 아래에, 저자의 알파벳순 배열
- 재산목록으로서의 기능과 검색 기능, 식별 기능 역할
- 해제 서지의 성격

나) 중세 수도원도서관 분류법
- 상세한 분류나 목록 불필요
- 대학교육을 중심으로 3학(3學)과 4과(4科)로 구분
- 3學: 문법, 수사학, 논리학
- 4科: 산술, 기하, 천문, 음악

3. 근대 학자들의 분류법

가) 게스너(Konrad won Gesner, 1516-1565)의 분류법
- 『세계서지』에 사용
- 조사 책수와 참고문헌 제시
- 저자를 이름순으로 배열
- 출판사항과 판형, 페이지 등 기재
- 교양의 학문과 실체의 학문으로 2구분(총 21개 분야)
- 최초의 서지분류법

나) 노데(Gabriel Naudé, 1600~1653)의 분류법

- 도서관설립법 (Advis Pour Dresser une Bibliothéque)을 저술

- 도서관 최초의 개론서로 '도서관 운용 지침' 수록

- '도서관학의 아버지', '사서의 사서' 등으로 칭송 받음

- 주제 분야를 12개 분야로 구분

- 프랑스분류법의 기초

- 부르너에 영향을 끼침

다) 브루너(Jack-Charles Brunet, 1780~1867)의 분류법

- '서적상과 애서가용 매뉴얼'에 적용

- 학문 분야를 5개 주류로 구분, 각 분야를 추가로 전개

- 도서관의 목록 작성과 배가 등에 활용

- 대영박물관도서관의 초기 분류, 하버드대학도서관 분류법에 영향을 미침

라) 에드워즈(Edward Edwards)의 분류법

- 영국 근대 도서관운동의 선구자이면서 도서관법 제정에도 크게 공헌

- 1859년에 영국 공공도서관을 위한 분류표 개요 (Outline of Proposal Scheme Classification for Town Library)라는 표제로 분류표 발표

- 에드워즈분류표는 영국의 공공도서관분류표 라고도 통칭

- 모든 주제를 신학, 철학, 역사, 정치학과 상업, 과학과 예술, 문학과 잡문의 6개 부분으로 구분한 다음, 약 500개 항목으로 세분

- 주류는 알파벳문자로 구분되며, 강(綱)에서는 아리비아 숫자로서, 목(目)은 대쉬(-)와 아라비아 숫자를 함께 표시

마) 해리스(W.T. Harris, 1835~1909)의 분류법

- 분류기호와 도서기호를 도서관 실무에 사용한 최초의 분류법

- 서지분류와 서가분류의 통합

- 학문 분야를 4개로 구분, 다시 추가로 세분

- 역 베이컨식

- DDC에 영향을 끼침

동서양 문헌분류 연표

서양		동양
칼리마쿠스의 분류법	B.C. 310~240	
	B.C. 6	칠략, 유흠(前漢)
	A.D. 32~92	한서예문지. 반고 - 6략(略) 38종(種)
	265~316	중경신부. 순조 - (晋) 四分法
	317~322	진원제서목. 순욱
	473	칠지. 왕검 (宋)
	520~526	칠록. 완효서 (梁)
	641	수서경적지, 이순품, 위안인, 이연수 등 편 - (唐) 경사자집 4部法
	730	개원석교록. 지승 - (唐) 11錄 불교목록
	889~898	일본국견재서목록 - 40類
	1011~1087	초조대장목록. 최사위 - (고려. 현종) 3藏法
	1090	신편제종교장총록, 수기법사 - (고려. 선종) 3部法
	1236~1248	재조대장목록. 수기법사 - (고려. 고종) 3藏法
	1280	본조서적목록 - (일본) 20類
21類 - Bibliotheca Universalis, Konard Non Gesner	1548	
3學 - Chart of Human Learning, France Bacon	1605	
	1637	해동문헌총록. 김휴편 - 改修 四部法
12類 - Gabriel Naude의 분류법	1643	
	1773~1782	사고전서총록. 기윤, 윤석태, 손사 등 편 - (淸. 고종) 4部法
	1781	규장총목. 서호수 (조선. 정조)
	1796	누판고. 서유구 (조선. 정조)
10類 - British Museum Scherne, 대형박물관 편	1836~1838	
Outline of Proposed Scherne Classification 6部 - For Town Library, Edward Edwards	1859	

4部 100區分 - 해리스분류법, William Tarrey Harris	1870	
	1876	동경서적관 장서목록
Dewey Decimal Classificaion, Melvil Dewey	1876	
Boston Medical Library Classification	1879	
DDC 2nd ed.	1885	
	1887	동경서적관 장서목록
DDC 3rd ed. Melvil Dewey	1888	
10區分 - Expansive Classification, Charles Arnmi Cutter	1891~1893	
DDC 4th ed. Melvil Dewey	1891	
	1894~1901	한국서지, 모리스 꾸랑
DDC 5th ed. Melvil Dewey	1894	
DDC 6th ed. E. M. Seyrnour	1899	
Library of Congress Classification, 미국의회도서관 편	1901	
Universal Decimal Classification, Institut International de la Bibliographie (국제서지학회) 편	1905	
Subject Classification, Jarnes Duff Brown	1906	경부부립도서관분류료
	1909	제실도서목록 - 4部法
DDC 7th ed. E. M. Seymour	1911	
DDC 8th ed. E. M. Seymour	1913	
DDC 9th ed. E. M. Seymour	1915	
DDC 10th ed. E. M. Seymour	1919	조선도서관해제
	1921	조선총독부고도서목록
DDC 11th ed. J. D. Fellows	1922	
DDC 12th ed. J. D. Fellows	1927	
	1928	중외도서총일분류법
	1929	중국도서분류법, 일본십진분류법(NDC)
	1931	조선총독부도서관법
	1931	NDC 제2판
DDC 13th ed. J. D. Fellows	1932	
Colon Classification. S. R. Ranganathan	1933	

	1934	경성제국대학도서관 양서분류표
	1935	NDC 제3판
	1939	NDC 제4판
Bibliographic Classification, Henry Evelyn Bliss	1940	
DDC 14th ed. C. Mazney	1942	NDC 제5판
	1947	조선십진분류법 KDC(P). 박봉석
	1950	NDC 제6판
DDC 15th ed. M. J. Ferguson	1951	NDC 제6·A판
DDC 15th Revision. G. Dewey	1952	
	1954	중국인민대학도서관분류법, 한은도서분류법(HUDC)
DDC 16th ed. B. A. Custer	1958	중국과학운도서관분류법
International Classification, Fremont Rider	1961	NDC 신정7판
	1964	KDC 초판 발행
DDC 17th ed. B. A. Custer	1965	
	1966	KDC 제2판 발행
DDC 18th ed. B. A. Custer	1971	
	1978	NDC 신정9판
DDC 19th ed. B. A. Custer	1979	
	1980	KDC 제3판 발행
DDC 20th ed. J. P. Cornaromi	1989	
	1995	NDC 신정9판
DDC 21th ed. J. S. Mitchell	1996	KDC 제4판 발행
DDC 22nd ed. J. S. Mitchell	2003	
	2009	KDC 제5판 발행
DDC 23rd ed. J. S. Mitchell	2011	
	2013	KDC 제6판 발행

1. 다음 중 우리나라의 분류법에 관한 설명으로 옳지 않은 것은?

① 초조대장경은 현존하지는 않으나, 분류체계를 알 수 있는 우리나라 최고의 목록으로 알려져 있다.

② 꾸랑(Mourice Courant)의 한국서지는 외국인에 의해 작성된 사부분류법에 의한 대표적인 목록의 하나이다.

③ 서유구가 편찬한 누판고(鏤板考)는 각판한 판본만을 수록한 목록이다.

④ 박봉석이 고안한 조선십진분류법(KDCP)은 한국인에 의한 최초의 십진분류법이다.

해설 ② 프랑스인 꾸랑에 의해 파리에서 발행된 한국서지의 분류체계는 사부분류법과는 무관하다.

2. 다음에서 우리나라 최고의 유교목록은?

① 규장총목   ② 한국서지

③ 신편제종교장총록   ④ 해동문헌총록

3. 다음 중 주요목록과 그 편찬자의 연결이 바르지 않은 것은?

① 누판고(鏤板考) – 서유구(徐有榘)

② 해동문헌총록(海東文獻總錄) – 김휴

③ 규장총목 – 서호수(徐浩修)

④ 초조대장목록 – 대각국사 의천

해설 ④ 초조대장목록은 최사성의 책임 하에 편찬되었다. 대각국사 의천은 신편제종교장총록을 편찬하였다.

4. 다음 중 칠략에 대한 설명으로 옳지 않은 것은?

① 이주국은 방기(方技)를 정리하였다.

② 임굉은 경전, 제자, 시부를 정리하였다.

③ 중국 진한시대 비부(祕部)에서 주관하여 편찬하였다.

④ 유향이 정리하여 별록을 작성하였으나 완성하지 못하였다.

해설 ② 경전, 제자, 시부를 정리한 사람은 유향이고, 임굉은 병설을 정리하였다.

5. 다음에서 칠략에 포함되지 않는 것은?

① 집략   ② 춘추략

③ 육예학   ④ 방기략

해설 ② 칠략은 분류의 연원을 알 수 있는 중국 最古의 목록으로, 전한 때 유향이 시작하였으나 그의 아들 유흠이 완성한 분류목록 체계이다. 그 내용과 순위는 다음과 같다. 1) 집략(輯略): 총류 2) 육예략(六藝略): 경전류로 사서삼경 9종 3) 제자략(諸子略): 철학류로 제자백가서. 학술, 사상류 4) 시부략(時賦略): 시, 운문 5) 병서략(兵書略): 군사 6) 수술략(數術略): 천문, 수학 7) 방기략(方技略): 의학, 예술이다.

6. 다음 중 한국인에 의한 우리나라 최초의 십진분류표는?

① 조선십진분류표   ② 한은분류표

③ 국역십진분류표   ④ 조선총독부도서관분류표

해설 ① 조선십진분류표(KDCP)로 1947년 박봉석이 편찬하였다.

7. 다음 중 Bacon의 학문분류에 대한 설명으로 적합지 않은 것은?

① 기억에 대응하는 학문은 사학(역사)이다.

② 이학(철학)은 오성에 대응하는 학문이다.

③ 인간의 정신능력을 일차적인 분류원리로 사용하고 있다.

④ Harris와 Cutter의 분류법(EC)의 기반이 되었다.

해설 ④ Bacon의 학문분류는 Harris와 Dewey의 분류법에 영향을 주었다.

정답 1. 2   2. 4   3. 4   4. 2   5. 2   6. 1   7. 4

8. 다음 중 사분법에 대한 설명으로 옳지 않은 것은?

① 사분법은 서가상의 자료배열에 적합하다.

② 사분법은 경부, 사부, 자부, 집부로 구성되어 있다.

③ 사분법은 「수서경적지」에 의해 그 토대가 확립되었다.

④ 「제실도서목록」은 1909년에 규장각에서 편찬한 사부분류법의 목록이다.

해설 ① 사분법은 자료분류를 위해 적합하다.

9. 문헌분류법의 시계열적 등장과정을 바르게 연결한 것을 고르시오.

① 칠략 – 해리스분류법 – 전개분류법 – 주제분류법 – 서지분류법 – 한국십진분류법

② 칠략 – 해리스분류법 – 주제분류법 – 전개분류법 – 듀이십진분류법 – 조선십진분류법

③ 칠략 – 듀이십진분류법 – 해리스분류법 – 전개분류법 – 조선십진분류법 – 서지분류법

④ 칠지 – 해리스분류법 – 듀이십진분류법 – 전개분류법 – 조선십진분류법 – 서지분류법

해설 ① 칠략은 B.C. 46~A.D. 23 사이. 칠지는 송대(473년). 해리스분류법은 1870년 창안. 듀이십진분류법은 1876년 초판을 발행함. 전개분류법은 1891~1893년. 주제분류법은 1906년 창안. 서지분류법은 1940년~1953년 완성. 조선십진분류법은1947년. 한국십진분류법은 1964년 발간.

10. 다음에서 현존하는 우리나라의 가장 오래된 목록은?

① 신편제종교장총록   ② 초조대장목록

③ 규장총목   ④ 해동문헌총록

해설 ① 신편제종교장총록은 고려 선종 7년(1090)에 대각국사 의천이 3권으로 편찬한 현존하는 우리나라 최고(最古)의 목록이다. 이 목록은 의천록, 교장총록, 속장목록이라고도 불리며, 불교 3부(三部)분류법의 효시가 된 목록이다.

11. 파리의 서적상 분류법은 주제 구분을 몇 주제로 구분하였는가?

① 5주제   ② 6주제

③ 8주제   ④ 10주제

해설 ① 파리의 서적상분류법(Paris Booksellers' System)은 Gebriel Martin이 편찬한 것이라는 추측이 있지만 아직까지는 확실히 밝혀져 있지 않다. 마틴은 1705년부터 1761년 사이에 많은 도서관 목록을 편찬했으며 그가 편찬한 목록들은 파리의 서적상 분류법과 동일한 개요로 되어 있다. 즉, 첫째 신학, 둘째 법률학, 셋째 역사, 네 번째 철학,

다섯 번째 문학으로 구성되어 있다.

12. 다음 괄호 안에 들어갈 용어들이 바르게 짝지어진 것은?

사부분류법에 따를 경우 춘추류는 (㉠)부에 해당하고, 사서류는 (㉡)부에 해당하며, 유서류는 (㉢)부에 해당한다.

① ㉠ 경(經) – ㉡ 사(史) – ㉢ 자(子) ② ㉠ 경(經) – ㉡ 사(史) – ㉢ 사(史)

③ ㉠ 사(史) – ㉡ 경(經) – ㉢ 자(子) ④ ㉠ 경(經) – ㉡ 경(經) – ㉢ 자(子)

13. 다음에서 Aristoteles 학파와 Bacon이 학문의 분류를 위하여 사용한 분류원리는?

① 학문의 대상 ② 실제생활

③ 정신능력 ④ 학문의 목적

해설 ③ Aristoteles 학파는 학문을 정신능력과 학문의 목적에 따라 분류하고자 시도했으며, Bacon은 정신능력에 의하여 학문을 분류하고자 하였다.

14. 다음 중 Pinakes 분류법에 대한 설명으로 옳지 않은 것은?

① 칼리마커스가 편찬하였다는 알렉산드리아 도서관의 장서목록을 위한 분류법이다.

② 현재에도 그 양상을 정확하게 파악할 수 있다는 장점이 있다.

③ 시인, 희곡작가, 법률서의 저자, 철학자, 역사학자, 변론작품, 수사학작품, 잡서의 8가지로 구분한다.

④ 그리스, 로마 시대의 도서관 목록체계의 원형이다.

15. 다음의 분류법에 대한 설명과 인물이 바르게 연결된 것은?

① 베이컨 – 서지기술의 배열에 학문분류를 응용한 최초의 서지분류법

② 게스너 – 보들레이안 도서관의 초창기 분류, 해리스분류법, 제퍼슨문고의 분류에 영향을 주었다.

정답 8. 1   9. 1   10. 1   11. 1   12. 4   13. 3   14. 2   15. 4

③ 카터 – 학문을 12개 주류로 구분하고 신학을 최상위 주제로 하였으며 프랑스 분류법의 기초
　가 되었다.

④ 해리스 – 분류기호와 도서기호를 서가배열, 목록배열, 대출과 반납에 사용한 최초의 분류법

해설 ④가 정답이다. ① 게스너는 서지기술의 배열에 학문분류를 응용한 최초의 서지분류법을 창안하였다. ② 베이컨은 보들레이안 도서관의 초창기 분류, 해리스분류법, 제퍼슨문고의 분류에 영향을 주었다. ③ 카터는 콩트가 실증철학강의에서 주창한 3단계(신학적, 형이상학적, 실증적 단계)를 참고하여 모든 지식을 주제의 진화순서에 따라 배치한 전개분류법(EC)을 창안하였다.

16. 다음은 어떤 분류법의 주류에 대한 설명이다. 다음 중 무엇인가?

> 0류: 총류, 1류: 철학 종교, 2류: 역사(歷史), 지지(地誌), 3류: 어학, 문학, 4류: 미술, 연예, 5
> 류: 사회, 교육, 6류: 정법(政法), 경제, 7류: 이학, 의학, 8류: 공학, 공업, 9류: 산업 교통

① KDCP　　　　　　　　　② DDC
③ NDC　　　　　　　　　　④ UDC

해설 ① 1947년 당시 국립도서관의 관장이었던 박봉석에 의해서 KDCP(조선십진분류표)가 편찬되었다. 조선십진분류법은 해방 이후 우리나라에서 처음으로 발행된 도서분류표로서, DDC의 십진체계를 따랐으나 주류의 체계나 주제 배열순서가 DDC와는 전혀 다른 독자적인 것이며, 특히 동양과 한국 위주의 분류표라고 할 수 있다. KDCP는 총류를 포함하여 인문과학 3개류(1, 3, 4류), 사회과학 3개류(2, 5, 6류), 과학기술 3개류(7, 8, 9류)의 구분으로 학문간 균형을 유지시켰다. 그리고 DDC의 부족했던 단점을 부분적으로 수정하였는데, 주류의 연관성을 중심으로 어학과 문학을 그리고 철학과 종교를 동일한 주류 아래에 모으고, DDC 상에서 사회과학 아래에 한꺼번에 열거되었던 주제들을 5류와 6류로, 그리고 응용과학 아래에 한꺼번에 배열되었던 주제들을 8류와 9류에 각각 독립시켰으며 그리고 그 배열순서도 학문의 발전순위에 따라 자연스럽게 배정코자 노력하였다. 다만 KDCP에서도 2류의 역사주제가 사회과학과 유리된 점은 또 하나의 결점이라 할 수 있다.

17. 다음 중 분류체계를 알 수 있는 현존하는 우리나라 최고의 목록은?

① 초조대장목록　　　　　　② 재조대장목록
③ 신편제종교장총록　　　　④ 해동문헌총록

해설 ③ 현재까지 알려진 바로는 현존하는 우리나라 최고의 목록은 신편제종교장총록(1090)이다.

18. 다음 중 신라에서 조선중엽까지의 문헌을 수록한 해제서목은?

① 해동문헌총록　　　　　　　　② 신편제종교장총록

③ 규장총목　　　　　　　　　　④ 해동역사예문지

해설 ① 해동문헌총록은 조선 인조 15년(1637)에 김휴(金烋)가 편찬한 해제서목이다. 이에 적용된 분류법은 중국의 사부(四部)분류법을 참고로 삼아 전면 개수(改修)하였다. 즉, 배열에 있어서는 경사자집(經史子集)의 순서에서 벗어나 인물 중심으로 작자와 작품을 집중시켰고 그 중에서도 어제(御製), 어서와 유명인들의 문집류를 우선 배열하였고, 다음은 경서류, 사기류 그 뒤에 군사나 의학, 천문, 농학, 법전 등을 삼부로 배치하였다.

19. 다음에서 문헌과 편찬한 사람이 잘못 짝지어진 것은?

① 「규장총목」 – 서호수　　　　　② 「누판고」 – 서유구

③ 「국연십진분류법」 – 박봉석　　④ 「한은도서분류법」 – 고재창

해설 ③ 「국연십진분류법」은 1958년 국방연구원 도서관에서 편찬하였다.

20. 다음에서 서지분류법을 처음으로 만든 사람은?

① H. E. Bliss　　　　　　　　② C. A. Cutter

③ S. R. Ranganathan　　　　　④ E. Edwards

21. 도서관의 입장에서 볼 때, J. D. Brown의 업적과 가장 거리가 먼 것은?

① Quinn – Brown – Classification

② Adjustable – Classification

③ Subject – Classification

④ Advancement of Human Learning

해설 ④는 Francis Bacon이 쓴 「학문의 진보」로, 지식의 상황에 관한 전개역할을 하였다.

22. 다음 중 신편제종교장총록을 편찬한 사람은 누구인가?

① 의천　　　　　　　　　　　　② 지눌

③ 원효　　　　　　　　　　　　④ 김휴

정답 16. 1　　17. 3　　18. 1　　19. 3　　20. 1　　21. 4　　22. 1

① 의천이 고려 선종 7년(1090)에 3권으로 편찬한 현존하는 우리나라 최고(最古)의 목록이다. 이 목록은 의천록, 교장총록, 속장목록이라고도 불리며, 불교 3부(三部)분류법의 효시가 된 목록이다. 이는 제1단계로 경(俓), 율(律), 논(論)의 3부로 분류한 다음 제2단계로 대승(大乘), 소승(小乘)으로 분류하고 있다.

23. 다음 중 「규장총목」에 대한 설명으로 옳지 않은 것은?

① 정조 5년(1781)에 서호수가 편찬하였다.

② 서명, 권수 표시, 편찬자의 약해, 장판인자수의 순으로 기술한 해제서목이다.

③ 경부, 사부, 자부, 집부의 4분법의 체계를 따른다.

④ 열고관서목 2권을 합하여 규장총목이라 하였다.

②는 누판고에 대한 설명이다.

24. 다음에서 서양의 분류사에 대한 설명으로 옳은 것은?

① 게스너의 분류법: 인간의 재산목록과 유사한 알람표를 작성하였는데, 그 결과가 2권으로 집대성한 '학문의 진보(學問의 進步)'이다. 제2권이 광범위한 학문을 체계화하고 독자적으로 분류/해설한 분류법을 다루고 있다.

② 카터의 분류법: 학문을 12개의 주류(신학, 의학, 서지, 연대기, 지리학, 역사학, 군사, 법률, 교회법규, 철학, 정치학, 문학)로 구분한 도서관운용지침(圖書館運用指針)을 발표하였다.

③ 노데의 분류법: 프랑스 철학자인 콩트가 '실증철학강의(實證哲學講義)'에서 주창한 3단계 지식진보법칙(智識進步法則)을 참고하여 모든 지식을 주제의 진화순서에 따른 배치한 전개분류법(展開分類法)을 제안하였다.

④ 대영박물관 도서관의 분류법: 6개 주류(신학과 종교, 법학, 철학, 예술과 무역, 역사, 문학)로 구분한 분류법을 사용하다가 10개 주류(신학, 법학, 자연사와 의학, 고고학과 예술, 철학, 역사, 지리, 전기, 문학, 어학)로 구성된 독자적 분류법을 이용하였다.

25. Aristoteles는 학문을 그 목적에 따라 분류하고 있는데, 다음 중 실천학에 속하는 것은?

① 물리학

② 수사학

③ 논리학

④ 심리학

해설 ② Aristoteles는 학문을 그 목적에 따라 이론학과 실천학, 제작(製作)학으로 3구분하였다. 이론학은 변증학과 물리학으로 나누고, 변증학은 분석학(논리학)과 형이상학(제1철학)으로 물리학은 수학, 물리학, 심리학으로 나누었다. 한편 실천학은 협의의 실천학과 작시학(作詩學)으로 나누고 협의의 실천학은 윤리학과 정치학으로, 작시학은 수사학과 시학을 포함하였다.

26. 다음에서 Bacon의 학문분류는 무엇을 분류기준으로 하였는가?

① 인간의 정신능력   ② 학문의 목적

③ 학문의 방법   ④ 학문의 대상

27. 송나라 후폐제(後廢帝) 때 비서승 왕검(王儉)이 비각(祕閣)의 도서를 정리하여 편찬한 목록은?

① 개원석교록(開元釋敎錄)   ② 사분목록(四分目錄)

③ 수서경적지(隨書經籍志)   ④ 칠지(七志)

해설 ④ 송나라 때(473년) 비서승(祕書丞) 왕검(王儉)이 비각(祕閣)에 소장된 도서를 정리하여 사부체제의 관수목록(官修目錄)을 편찬하였다. 여기에 수록된 장서수가 1,574권이였는데, 이 목록을 다시 수정하여 같은 해 473년에 편찬을 완성한 것이 바로 칠지(七志)이다.

28. 다음은 조선총독부도서관분류표에 대한 설명이다. 옳지 않은 것은?

① 1931년에 만들어져, 국내에서 사용한 최초의 십진분류법이다.

② 그 체계는 10개의 유문(類門)으로 구성되어 있으며, 각 유문 아래에서는 십진식으로 100단위까지 전개되어 있다.

③ 주류는 크게 인문학(제1문 – 6문)과 이학(제7문 – 9문)으로 구분 배열되어 있다.

④ 각 유문의 배열순서는 듀이의 체계와 동일하다.

해설 ④ 주류의 구성은 십진식이나 DDC와는 차별되어 크게 인문학(제1문 – 6문)과, 이학(제7문 – 9문)으로 구분 배열되어 있다. 그 10문은 다음과 같다. 제1문은 철학·종교, 제2문은 교육·사회, 제3문은 법률·정치, 제4문은 경제·통계, 제5문은 어학·문학, 제6문은 역사·지리, 제7문은 이학·의학, 제8문은 공학·군사, 제9문은 산업·예술, 제10문은 전서(全書)·잡찬(雜纂)이다.

정답 23. 2   24. 4   25. 2   26. 1   27. 4   28. 4

29. 다음 괄호 안에 들어갈 가장 적절한 용어로 바르게 짝지어진 것은?

> 베이컨은 학문 전체를 사학(history), 시학(poesy), 이학(philosophy)으로 구분하였는데, 이는 각각 (㉠), (㉡), (㉢)에 대응하는 학문이다.

① 기억 – 이성 – 상상   ② 이성 – 상상 – 기억

③ 상상 – 기억 – 이성   ④ 기억 – 상상 – 이성

30. 다음 중 사부분류법에 대한 설명으로 옳지 않은 것은?

① 유교의 특징적 분류법이다.

②「중경신부」는 경부, 사부, 자부, 집부의 구분을 바탕으로 사분법을 확립하였다.

③「사고전서총목」은 사부분류법의 정점이 되었다.

④ 사분법의 토대가 확립된 목록은 「수서경적지」이다.

해설 ②「중경신부」는 갑부, 을부, 병부, 정부의 구분을 바탕으로 사분법을 확립하였다.

31. 다음 분류표 중 대두자, 소두자 및 숫자를 사용하는 분류표는?

① EC   ② NDC

③ CC   ④ 중국십진분류법

32. 다음에서 설명에서 지칭하는 '그'는 누구인가?

> 그는 세인트루이스 공립학교도서관장으로 재임하던 시절 베이컨의 지식분류와 헤겔의 철학적 체계를 바탕으로 하여 분류법을 창안하였다. 이 분류법은 대출과 반납에 사용한 최초의 분류법으로 인정받고 있으며, 그의 분류법은 DDC의 철학적 토대를 구성한 것으로 평가 받고 있다.

① 브리스   ② 브라운

③ 게스너   ④ 해리스

④ 미국의 도서관학자 해리스(W. T. Harris, 1835~1909)이다. ① 브리스(H. E. Bliss, 1870~1955)는 서지분류법(Bibliographic Classification, BC)을 완성하고 학문분류에 기초하여 주제를 배열하였다. ② 브라운(J. D. Brown, 1862~1914)은 주류를 11개로 구성하고 배열체계를 자칭 논리적 순서로 명명하여 물질과 역학, 생명, 마인드, 레코드순으로 배치한 주제분류법(Subject Classification, SC)을 창안하였다. ③ 게스너(Conrad von Gesner, 1516~1565)는 서지학적 체계와 철학적 기반이 내재된 목록인 세계서지(Bibliotheca Universalis)를 완성하였다.

33. 다음 중 조선십진분류법의 장·단점에 대한 설명으로 옳은 것은?

① 기호가 복잡하여 분류가 어렵다.

② 색인이 불충분하다.

③ 어문학을 제5류에 분류하였다.

④ 새로운 주제를 적절한 곳에 삽입하는 것이 쉽다.

① 기호가 간단하여 분류가 쉽다. ③ 어문학을 제3류에 분류하였다. ④ 새로운 주제를 적절한 곳에 삽입하는 것이 쉽지 않다.

34. 다음에서 사부분류법의 사부에 속하는 것은?

① 춘추류   ② 목록류

③ 유서류   ④ 보록(譜錄)류

② 목록류이다. ① 춘추류는 경부, ③, ④ 잡가류, 유서류는 자부에 속한다.

35. 다음 중 칠략에 포함되지 않는 것은?

① 방기략(方技略)   ② 춘추략(春秋略)

③ 육예략(六藝略)   ④ 제자략(諸子略)

② 칠략의 내용은 집략(輯略: 총류), 육예략(六藝略: 경전류), 제자략(諸子略: 철학류), 시부략(時賦略: 시, 운문), 병서략(兵書略: 군사), 수술략(數術略: 천문, 수학), 방기략(方技略: 의학, 예술)으로 되었다.

36. 다음에서 사마천의 「史記」에서 말하는 육경(六經)에 해당하지 않는 것은?

① 수(數)   ② 시(詩)   ③ 악(樂)   ④ 예(禮)

정답	29. 4	30. 2	31. 1	32. 4	33. 2	34. 2	35. 2	36. 1

해설 ① 사기에서 말하는 육경의 내용은 예, 악, 시, 서(書), 역(易), 춘추로 학문 전반을 포괄한 것이다.

37. 송나라 후폐제때 왕검의 사부관수서목(四部官修書目)이란 무엇을 일컫는 것인가?

① 중경부(中經簿)　　　　　　　　② 칠지(七志)

③ 칠록(七錄)　　　　　　　　　　④ 중경신부(中經新簿)

해설 ② 사부관수서목이란 송나라 왕검이 편찬한 사부체제의 관수서목으로 칠지를 말한다.

38. 다음 중 Wundt가 분류한 학문의 분류에서 형식과학에 속하는 것은?

① 물리학　　　　　　　　　　　② 순수수학

③ 사회학　　　　　　　　　　　④ 경제학

해설 ② Wundt는 과학을 그 대상에 따라 형식과학과 실질과학으로 나누고 형식과학에는 순수과학, 실질과학은 자연과학과 정신과학을 포함하였다. 자연과학은 현상론에 따라 물리학, 화학, 생물학 발생론에 따라 우주발달학, 지질학, 생물발생학 조직론에 따라 광물학, 식물학, 동물학으로 분류하고 있다. 또한 정신과학은 현상론에 따라 심리학, 사회학 발생론에 따라 역사 조직론에 따라 예술학(법리학, 경제학)으로 분류하였다.

39. 다음에서 경·사·자·집의 명칭을 사용하지 않았으나 이충이 만든 것으로 사부분류법의 순서가 확립된 것은?

① 진원제서목　　　　　　　　　② 수서경적지

③ 중경신부　　　　　　　　　　④ 사고전서총목

해설 ① 진원제서목이다. ② 수서경적지는 당태종 15년 이순풍, 위안인, 이연수 등이 편찬하였고, ③ 중경신부는 진나라 순욱이 완성하였으며 ④ 사고전서총목은 기윤과 육석태, 손사의가 편찬하였다.

40. 다음 중 근세 이후의 분류법이 아닌 것은?

① 일본십진분류법(NDC)　　　　　② 조선총독부도서관분류법

③ 소비에트연방학술도서관용도서서지분류표　④ 칠분법

해설 ④ 칠분법은 고대 및 중세의 분류법에 속한다.

41. 다음에서 진원제서목(晋元帝書目)을 편찬한 사람은?

① 이충(李充)　　　　　　　　② 윤함(尹咸)

③ 이주국(李柱國)　　　　　　④ 유향(劉向)

해설 ① 진원제서목은 이충(李充)이 편찬하였다. 이 목록은 중경신부의 분류체계를 모방하여 우선 장서를 갑, 을, 병, 정의 명칭을 약간 고치고, 내용의 순서는 그대로 경, 사, 자, 집서의 주제로 구분하였다. 그러나 경, 사, 자, 집에 수록된 문헌의 세목에서는 중경신부와 그 주제를 달리하고 있다.

42. 다음의 칠분법 분류체계에 대한 설명으로 옳지 않은 것은?

① 칠략은 유향이 죽은 후 그의 아들 유흠이 완성한 목록규칙이다.

② 칠록은 양나라 때 완효서가 편찬한 목록으로 역사와 지리를 합병하여 기전록을 두어 정규항목으로 하였다.

③ 칠략은 집략(총류), 육예략(사서오경), 제자략(철학류), 시부략(시, 운문), 병서략(군사), 술수략(천문, 수학), 방기략(의학, 예술)으로 구성되어 있다.

④ 칠지는 칠략을 모방하여 명칭을 략(略)에서 지(志)로 변경하고 불법지(佛法志)를 추가하였다.

해설 ④ 칠지는 칠략을 모방하되 집략을 없앴으며 도보지(圖譜志)를 추가하였다.

43. 다음 중 사고전서총목의 자부에 속하지 않는 것은?

① 술수류　　　　　　　　　　② 농가류

③ 의가류　　　　　　　　　　④ 효경류

해설 ④ 효경류는 경부에 속한다.

44. 다음에 서양 자료분류법에 대한 설명으로 알맞은 것을 고르시오.

> 지식을 독창적인 체계에 따라 분류한 근대 도서분류법의 시조인 동시에 최초의 서지학적 목록이며, 또한 백과전서의 효시이다. 특히 서지학적 체계와 철학적 기반이 내재된 목록으로서, 서지기술의 배열에 학문분류를 응용한 최초의 서지분류법으로 평가받고 있다.

정답 37. 2　　38. 2　　39. 1　　40. 4　　41. 1　　42. 4　　43. 4　　44. 4

① 지식을 인간의 정신능력을 기준으로 기억(사학), 상상(시학), 오성(이학)으로 분류했다.

② 학문을 12개 주류로 구분했으며 프랑스 분류법의 기초가 되었다.

③ 분류기호와 도서기호를 서가배열, 목록배열, 대출과 반납에 사용한 최초의 분류법으로 인정받고 있다.

④ 철학을 예비적인 것과 기본적인 것으로 양분하고 21개 주제로 학문을 세분화했다.

해설 ④ 게스너의 분류법이다. ① 베이컨의 분류법에 대한 설명이다. ② 노데의 분류법에 대한 설명이다. ③ 해리스의 분류법에 대한 설명이다.

45. 다음 괄호 안에 들어갈 용어들이 바르게 짝지어진 것은?

> 불교의 삼장분류법은 (㉠)이(가) 730년에 편찬한 (㉡)에서 그 전통이 확립되었다고 할 수 있다.

① ㉠ 지승 – ㉡ 개원석교록 ② ㉠ 최사위(崔士威) – ㉡ 초조대장목록

③ ㉠ 원조(元照) – ㉡ 정원석교록 ④ ㉠ 의천(義天) – ㉡ 신편제종교장총록

해설 ① 불교의 삼장분류법은 전통을 확립한 것은 당나라의 지승이 편찬한 개원석교록이다.

46. 각종 분류법의 특성에 대한 설명으로 옳지 않은 것은?

① 베이컨(F. Bacon)은 인간의 정신능력을 기준으로 지식을 역사(기억), 시학(상상), 철학(이성)으로 구분하였다.

② 해리스(W. T. Harris)의 분류법은 분류기호와 도서기호를 서가배열, 목록배열, 대출과 반납 등에 이용한 분류법이다.

③ 노데(G. Neudé)의 분류법은 12개의 주류로 구분되었고, 그 중 첫 번째 주제는 신학이다.

④ 블리스(H. E. Bliss)의 서지분류법은 취급한 관점이 상이한 동일한 주제를 한 곳에 모으고, 이를 다시 구분하기 위하여 범주표를 두었다.

해설 ④는 주제분류법에 대한 설명이다. 블리스(H. E. Bliss, 1870~1955)의 「서지분류법」(BC: Bibliographic Classification)은 총류에 해당하는 선행류(Anterior Classes)를 1~9까지 배정하여 선치한 다음에, 알파벳 대문자의 순으로 배열한 가장 이론적이며 실용적인 분류표이다.

47. 다음 괄호 안에 들어갈 가장 적합한 것으로 올바르게 연결된 것은?

해방 이후 우리나라 최초의 분류표는 당시 국립도서관 부관장이던 (㉠)이(가) 편찬한 (㉡)이다.

① 고재창 – 한은도서분류법
② 박봉석 – 조선십진분류법
③ 고재창 – 조선십진분류법
④ 한국도서관협회 – 한국십진분류법

48. 다음 중 사부분류법의 단점으로 가장 거리가 먼 것은?

① 분류조직이 복잡하여 기억하기 어려우며 분류가 쉽지 않다.

② 중국 이외의 동양제국의 고전과 서학을 수용하기 쉽지 않다.

③ 유속의 명사 중에는 그 개념이 명석하지 않아 이해하기 어려운 것이 있다.

④ 개개 책의 배가위치를 정확하게 알려 주는 분류기호가 매겨져 있지 않아 검색하는 데 불편하다.

49. 다음 중 7자유과목(liberal arts)의 4과(quadrivium)에 해당하지 않는 것은?

① 음악
② 천문학
③ 기하학
④ 지리

해설 ④ 7자유과목(liberal arts)은 문법, 수사학, 논리학(3학: trivium)과 산술, 기하, 천문, 음악(4과: quadrivium)로 이루어진다.

50. 다음의 대영박물관도서관 분류법을 설명한 것으로 가장 거리가 먼 것은?

① M. Dewey의 DDC의 영향을 크게 받았지만 실제 분류표의 사용은 LCC의 형태의 분류법이다.

② T. H. Home이 1836~1838년에 받은 분류표를 사용하고 있다.

③ T. H. Home이 처음으로 분류표를 만든 것이 1825년이다.

④ 대영박물관도서관의 분류표에서는 주제를 보다 더 세분하여 10구분으로 하였다.

해설 ① 대영박물관을 위한 분류표는 T. H. Home이 1836~1838년에 만든 분류표이다. Home의 분류법은 이론 또는 종교, 법학, 철학, 예술과 무역, 역사, 문학으로 6구분하였으며, 대영박물관도서관분류표는 주제를 이론, 법학, 자연사와 의학, 고고학과 예술, 철학, 역사, 지리학, 생물학, 순문학, 문헌학 등으로 10구분하였다.

정답 45. 1   46. 4   47. 2   48. 1   49. 4   50. 1

51. 다음에서 동양의 문헌분류법에 대한 설명으로 옳지 않은 것은?

① 사고전서총목의 '춘추류'는 경부에 속한다.

② 사분법의 토대가 확립된 목록은 「수서경적지」이다.

③ 동양에서 분류연원을 알 수 있는 최고(最古)의 목록은 칠략이다.

④ 사부분류법은 전문적이어서 사서말고는 분류업무를 담당할 수 없다.

해설 ④ 사부분류법은 동양학에 관련된 지식을 가진 사람이라면 누구나 분류업무를 담당할 수 있다.

52. 세계 4대 분류표 중 가장 최후에 만들어진 것은?

① DDC   ② UDC

③ LC   ④ SC

해설 ④ 세계 4대 분류표는 DDC, EC, LC, SC이며 그 중 가장 최후에 만들어진 것은 SC이다.

53. 파리서적상 분류법은 주제를 몇 개로 분류하는가?

① 3가지   ② 5가지

③ 7가지   ④ 10가지

해설 ② 파리서적상 분류법은 신학, 역사학, 법률학, 철학, 문학의 다섯 가지 주제로 분류하였다.

54. 다음 중 고려의 불교목록에 대한 설명으로 가장 거리가 먼 것은?

① 「신편제종교장총록」은 현존하는 우리나라 최고의 목록이다.

② 「신편제종교장총록」은 우리나라 불교 장소(章疎)목록의 효시가 되었다.

③ 「초조대장목록」은 한치윤에 의해 편찬되었다.

④ 「재조(再彫)대장목록」은 초조의 대장목록을 바탕으로 주로 개원석교록과 속정원석교록을 비교, 대조하여 편찬한 것이다.

해설 ③ 「초조대장목록」을 편찬한 사람은 최사위이다.

55. 동양의 불전목록(佛典目錄)의 일종으로서 지승(智昇)이 편찬한 것은?

① 칠분법   ② 경전분류법

③ 중경신부   ④ 개원석교록

해설 ④ 개원석교록(開元釋敎錄)은 당나라 서기 730년에 편찬하였다.

56. 다음의 칠략(七略) 가운데서 정리된 목록의 실제 내용을 열거하지 않은 것은?

① 집략(輯略)   ② 육예략(六藝略)

③ 제자략(諸子略)   ④ 방기략(方技略)

해설 ① 칠략은 집략, 육예략, 제자략, 시부략, 병서략, 수술략, 방기략으로 이루어졌다. 이 중 집략은 도서를 분류한 유문(類門)이 아니라, 나머지 여섯 개 유(類) 전반에 걸친 총설에 해당하는 것이다.

57. 다음 괄호 안에 들어갈 용어들이 바르게 짝지어진 것은?

사부분류법에 따를 경우 소학류는 (㉠)부에 해당하고, 목록류는 (㉡)부에 해당하며, 재기류는 (㉢)부에 해당한다.

① ㉠ 사(史) – ㉡ 사(史) – ㉢ 자(子)   ② ㉠ 경(經) – ㉡ 사(史) – ㉢ 집(集)

③ ㉠ 경(經) – ㉡ 경(經) – ㉢ 자(子)   ④ ㉠ 경(經) – ㉡ 사(史) – ㉢ 사(史)

58. 고려의 불교목록에 대한 설명으로 알맞은 것은?

① 삼장분류법에 의해 분류되었다.

② 해동문헌총록은 중국의 사부분류법을 참고하였다.

③ 규장목록은 중국의 사부분류법에 따라 분류되었다.

④ 누판고는 사부분류법에 따라 분류되었다.

해설 ① 고려의 불교목록은 삼장분류법에 의해 분류되었다. ②, ③, ④번은 조선시대 유교목록에 대한 설명이다.

정답	51. 4	52. 4	53. 2	54. 3	55. 4	56. 1	57. 4	58. 1

59. 경부, 사부, 자부, 집부의 구분을 바탕으로 사부분류법의 체계를 확립한 것은?

① 중경신부
② 사고전서총목
③ 진원제서목
④ 수서경적지

해설 ④ 수서경적지는 당태종 15년에 경사자집을 기본으로 사기, 한서, 칠지, 칠략 등을 참고하여 유목의 성질을 설정한 사부분류법이다.

60. 다음에서 조선십진분류법에 대한 설명으로 옳지 않은 것은?

① 과학적 이론보다는 도서수량과 그 이용가치를 더 중시하였다.
② 국립도서관에서 실시하던 분류법 교재를 말한다.
③ 한국십진분류법의 전신으로 KDC는 이 체제를 유지하고 있다.
④ 현재 사용은 미비하여 동양서 분류법에 간혹 채택되고 있다.

해설 ③ 한국십진분류법은 DDC와 NDC의 영향을 받았다.

61. 다음에서 분류체계와 그 설명이 잘못 짝지어진 것은?

① 게스너의 분류체계 – 철학을 예비적인 것과 기본적인 것으로 양분하고 21개 주제로 세분하였다.
② 베이컨의 지식 분류체계 – 인간의 정신능력을 기준으로 지식을 기억, 상상, 오성으로 분류하였다.
③ 커터의 분류체계 – 학문을 12개 주류로 구분하였으며, 최상위 주제는 신학이다.
④ 해리스의 분류체계 – 도서를 100구분으로 우선 구분하고, 각류의 세목은 알파벳 소문자 한 자를 부가하였다.

해설 ③ '학문을 12개 주류로 구분하였으며, 최상위 주제는 신학이다.'는 프랑스의 서지학자로서 Mazarin Collection(프랑스의 추기경 및 정치인 마자랑이 설립한 도서관)의 사서였던 노데의 분류체계이다. 신학을 최상위 주제로 배치한 이 분류법은 후에 프랑스 분류법의 기초가 되었다.

62. 다음에서 불교의 삼장분류법의 형식을 체계화시킨 목록은?

① 초조대장목록(初雕大藏目錄)
② 개원석교록(開元釋教目錄)
③ 정원석교록(貞元釋教錄)
④ 신편제종교장총록(新編諸宗教藏總錄)

63. 다음 중 사부분류법과 가장 거리가 먼 것은?

① 해동역사예문지

② 누판고

③ 한국서지

④ 해동문헌총록

해설 ③ 1894년에 출간된 「한국서지(Bibliographic Coréenne)」는 Mourice Courant이 편찬한 것으로, 전통적인 사부분류법과는 그 체계가 다르다.

64. 다음은 이충(李充)의 진원제서목(晋元帝書目)과 중경신부의 차이점을 말한 것이다. 옳지 않은 것은?

① 갑부, 을부, 병부, 정부의 순서는 똑같다.

② 중경신부의 병부에 있는 사기를 을부로 옮겼다.

③ 중경신부의 을부에 있는 제기를 병부로 옮겼다.

④ 이충의 진원제세목과 중경신부에 수록된 세목의 주제는 동일하다.

해설 ④ 이충의 사부분류법은 갑, 을, 병, 정의 순서는 같아도 중경신부에 비하여 경, 사, 자, 집의 을부와 병부의 내용이 원순위로 바뀌었는데 이러한 사부분류법의 순서와 체계는 이후의 경, 사, 자, 집의 사분법 체계로 확립되었으며 이 순서는 오늘날까지 이어오고 있다.

65. 중국목록에 있어서 현존하는 최고 목록은 어느 것인가?

① 한서예문지

② 칠략

③ 중경신부

④ 수서경적지

해설 ① 한서예문지는 반고가 32~92년에 편찬, ② 칠략은 유흠이 B.C. 6년에 편찬하였으나 현존하지 않음, ③ 중경신부는 순욱이 317~322년에, ④ 수서경적지는 이순풍 등이 641년에 편찬하였다.

66. 다음 중 사분법의 효시라고 할 수 있는 것은?

① 중경부(中經簿)

② 경사자집(經史子集)

③ 사고전서총록(四庫全書總錄)

④ 수서경적지(隨書經籍志)

정답	59. 4	60. 3	61. 3	62. 2	63. 3	64. 4	65. 1	66. 1

67. 다음 중 칠략의 분류체계에서 문학류에 해당하는 것은?

① 육예략　　　　　　　② 수술략

③ 방기략　　　　　　　④ 시부략

해설 ④ 칠략의 시부략은 굴부(屈賦)와, 육부(陸賦), 손부(孫賦), 잡부(雜賦), 가시(歌詩)의 5종을 포함하며, 현대의 문학에 해당하는 유이다.

68. 다음 중 사고전서총목의 자부에 해당되지 않는 것은?

① 목록류　　　　　　　② 보록류

③ 술수류　　　　　　　④ 유서류

해설 ① 사고전서총목의 자부는 병서와 법가, 의가, 천문, 수학 등 주로 기술관계 서적으로 유가류(儒家類), 병가류(兵家類), 법가류(法家類), 농가류(農家類), 의가류(醫家類), 천문산법류(天文算法類), 술수류(術數類), 예술류(藝術類), 보록류(譜錄類), 잡가류(雜家類), 유서류(類書類), 소설가류(小說家類), 석가류(釋家類), 도가류(道家類) 등 14류가 포함된다. 목록류는 사부에 속한다.

69. 일반적으로 DDC는 F. Bacon의 영향을 받아 만들어졌다. 그러면 미의회도서관 분류법(LCC)은 주로 누구의 영향을 받았는가?

① 듀이　　　　　　　　② 베이컨

③ 브라운　　　　　　　④ 콩트

해설 ④ 콩트이다. August Comte의 영향을 받아 만들어진 분류법은 EC, LCC, NDC 등이다. DDC는 W. T. Harris의 분류법을 따랐고 W. T. Harris는 F. Bacon의 영향을 받았다.

70. 다음 중 사부분류법에 대한 설명으로 옳지 않은 것은?

① 서적이 많은 도서관에 따른 분류법이다.

② 주제의 논리적 체계보다는 명분위주의 전통적 방법으로 나열되어 있다.

③ 조기성이 풍부하다.

④ 대개의 경우 분류기호가 부여되어 있지 않아 검색이 불편하다.

해설 ③ 사부분류법은 조기성과는 거리가 멀다.

71. 다음 괄호 안에 들어갈 가장 적절한 용어로 바르게 짝지어진 것은?

> 동양의 학문분류는 중국 주나라 때에 와서 육예(六藝)로 발전하였는데, 이는 예(禮), 악(樂), 사(射), 어(御), (㉠), (㉡)를 가리킨다.

① 서(書) – 수(數)
② 언(言) – 서(書)
③ 언(言) – 수(數)
④ 서(書) – 판(判)

72. 다음에서 카터의 전개분류법에 가장 큰 영향을 끼친 학문분류는?

① Conte의 학문분류
② Aristoteles의 학문분류
③ Bacon의 학문분류
④ Wunt의 학문분류

해설 ① Conte의 학문분류에서는 모든 지식을 이론적 지식과 실증적 지식으로 구분하고, 이론적 지식은 자연과학과 형이상학으로 구분하였다. 실증적 지식은 수학과 5대 현상군(천문학, 물리학, 화학, 생물학, 사회학)으로 체계화하였다.

73. 사분법의 설명 중 옳지 않은 것은?

① 동양의 고서분류에 가장 많이 사용된 분류법이다.
② 사분법은 수서경적지에 이르러 확립되었다.
③ 사분법은 갑, 을, 병, 정의 체계를 사용하여 그 내용에 경, 사, 자, 집으로 되어있다.
④ 사분법은 사지(史志), 강서(康書), 송사(宋史), 명사(明史), 경적(經籍) 등 각종 장서를 정리하는 데 사용되었다가 청대의 『사고전서총목제요(四庫全書總目提要)』를 정리함으로서 그 절정을 이루었다.

74. 사고전서총목의 분류에 따를 때 경부(經部)에 속하는 류는?

① 춘추류
② 보록류
③ 예술류
④ 전기류

해설 ① 사고전서총목은 청대 고종의 명으로 건륭 38년부터 47년에 걸쳐 10년 동안 전국에서 수집한 도서를 3명(기윤(紀昀), 육석태(陸錫態), 손사의(孫士毅))의 대표와, 관료 360명과 초서자(抄書者)가 무려 1,500명이 동원되어,

정답	67. 4	68. 1	69. 4	70. 3	71. 1	72. 1	73. 3	74. 1

청나라 전국에서 선정되었거나 채록된 글들을 잘 베껴 다시 정리하고, 이를 책으로 만들어 그 목록을 편찬케 된 것이다. 이것은 3,475종, 79,070권의 분량을 사부분류법으로 정리한 총 200권의 목록으로서, 사분법 분류체계의 정점을 이루었으며, 후대의 한적분류에 지대한 영향을 미치었다. 이와 같이 방대한 서고전서의 분류 체계는 다음과 같다.

1) 경부(經部) 10: 고전적인 철학 및 논리학 관계 서적으로 이류(易類), 서류(書類), 시류(時類), 예류(禮類), 춘추류(春秋類), 효경류(孝經類), 오경총의류(五經總義類), 사서류(四書類), 락류(樂類), 소학류(小學類)이다.

2) 사부(史部) 15: 역사와 지리, 정치 관계 서적으로 정사류(正史類), 편년류(編年類), 기사본말류(紀事本末類), 별사류(別史類), 잡사류(雜史類), 조령주의류(詔令奏儀類), 전기류(傳記類), 사초류(史鈔類), 재기류(載記類), 시령류(時令類), 지리류(地理類), 직관류(職官類), 정서류(政書類), 일록류(日錄類), 사평류(史評類)이다.

3) 자부(子部) 14: 병서와 법가, 의가, 천문, 수학 등 주로 기술관계 서적으로 유가류(儒家類), 병가류(兵家類), 법가류(法家類), 농가류(農家類), 의가류(醫家類), 천문산법류(天文算法類), 술수류(術數類), 예술류(藝術類), 보록류(譜錄類), 잡가류(雜家類), 유서류(類書類), 소설가류(小說家類), 석가류(釋家類), 도가류(道家類)이다.

4) 집부(集部) 5: 문학관계 서적(운문)으로 초사류(楚辭類), 별집류(別集類), 총집류(總集類), 시문평류(時文評類), 사곡류(詞曲類)이다.

75. 다음에서 분류기호와 도서기호를 서가배열, 목록배열, 대출, 기타의 모든 경우에 사용한 최초의 목록은?

① Kallimachus의 분류법   ② Gesner의 분류법

③ Bacon의 분류법   ④ Harris의 분류법

76. 중국의 4분류, 특히 송대의 「숭문총록」을 참작하여 규장각의 장서구성에 맞게 4부 34류로 분류한 것은?

① 해동문헌총록   ② 신편제종교장총록

③ 규장총목   ④ 누판고

해설 ③ 규장총목은 정조 5년(1781)에 각신(閣臣) 서호수(徐浩修)가 편찬한 규장각 도서에 관한 해제목록으로서 지금의 비원 내에 4개(갑, 을, 병, 정)의 열고관(閱古觀) 서고에 있었던 중국본 서목이다. 이는 사부 분류법에 의한 목록으로 조선 시대의 목록 중에서 가장 규모가 크다. 그 분류법의 개요는 다음과 같다. ① 갑고(甲庫: 경부, 9류) 총경류(總經類), 역류(易類), 서류(書類), 시류(詩類), 춘추류(春秋類), 예류(禮類), 악류(樂類), 사서류(四書類), 소학류(小學類) ② 을고(사부, 8류) 정사류(正史類), 편년류(編年類), 별사류(別史類), 장고류(掌故類), 지리류(地理類), 초사류(抄史類), 보계류(譜系類), 총목류(總目類) ③ 병고(자부, 15류) 유가류(儒家類), 천문류(天文類), 역주류(曆籌類), 복서류(卜筮類), 농가류(農家類), 의가류(醫家類), 병가류(兵家類), 형법류(刑法類), 도가류(道家類), 석가류(釋家類), 잡가류(雜家類), 설가류(說家類), 예완류(藝玩類), 유서류(類書類), 총서류(叢書類) ④ 정고(집부, 2류) 총집류(總集類), 별

집류(別集類)이다.

77. 분류기호와 도서기호를 서가배열, 목록배열, 대출과 반납에 사용한 최초의 분류법은?

① 노데의 분류법　　　　　　　　② 대영박물관도서관의 분류법

③ 해리스의 분류법　　　　　　　④ 게스너의 분류법

78. 다음 괄호 안에 들어갈 용어들로 바르게 짝지어진 것은?

> 칠략 중 (㉠)은 현재의 문학류에 해당하며, (㉡)은 유교의 경전류에 해당한다.

① ㉠ 집략 - ㉡ 육예략　　　　　② ㉠ 육예략 - ㉡ 제자략

③ ㉠ 집략 - ㉡ 제자략　　　　　④ ㉠ 시부략 - ㉡ 육예략

해설 ④ 칠략의 시부략은 굴부와 육부, 손부, 잡부, 가시의 5종을 포함하여, 현대의 문학에 해당하는 유(類)이다. 육예략은 역, 서, 시, 예, 악, 춘추, 논어, 효경, 소학의 9종을 포함하며, 유교의 경전에 해당하는 유이다.

79. 다음에 열거된 것 중 성질이 다른 하나는?

① 문덕전　　　　　　　　　　　② 수서원

③ 장령전　　　　　　　　　　　④ 연영전

해설 ② 수서원(修書院)은 고려시대 서경(西京)에 설치하였던 일종의 도서관이며 ① 문덕전(文德殿)은 고려시대 시종(侍從)에 관한 사무를 관장하던 기관, ③ 장령전(長寧殿)은 고려시대 전각(殿閣)의 하나이고 ④ 연영전(延英殿)은 고려 초기 설치된 문한기구(文翰機構)이다.

80. Gebriel Naude는 주제를 몇 개로 구분하였는가?

① 7가지　　　　　　　　　　　②　10가지

③ 12가지　　　　　　　　　　　④ 15가지

해설 ③ 프랑스의 서지학자이며 Mazarin Collection(프랑스 정치인 마자랭이 설립한 도서관)의 사서였던 노데 (Gabriel Naudé, 1600~1653)는 1643년 「도서관설립법」(Advis Pour Dresser une Bibliothéque)을 저술하였

정답 75. 4　76. 3　77. 3　78. 4　79. 2　80. 3

다. 이 책은 도서관 역사상 최초의 개론서이며, 도서관의 설립목적과 운영 규칙 및 도서정리와 비품 관리 등 전반적인 내용을 사서들에게 체계적으로 설명해 주고 있다. 이 저서에 나타난 노데의 분류법은 그 후 유럽은 물론 구미대륙까지 크게 영향을 미쳤으며 현대 도서관학의 이론적 기초를 마련하였다. 구체적으로 그는 도서관의 사회적 역할, 사서직의 준비교육, 문헌의 선택, 수집, 정리, 배열, 장정, 문헌이용의 의의, 시설, 비품 등 이론과 실제에 관한 주제들을 종합적으로 다루었다. 이 지침에서 제안된 분류법은 학문을 1. 신학, 2. 의학, 3. 서지, 4. 연대기, 5. 지리학, 6. 역사, 7. 군사, 8. 법률, 9. 교회법규, 10. 철학, 11. 정치학, 12. 문학 등 12가지로 구분하였다.

81. 다음의 분류법을 초판 발행연도 순으로 나열할 때 옳은 것은?

> ㉠ 콜론분류법(CC)　　　　　㉡ 일본십진분류법(NDC)
> ㉢ 듀이십진분류법(DDC)　　㉣ 한국십진분류법(KDC)
> ㉤ 헤리스(W. T. Harris) 분류법

① ㉠ - ㉤ - ㉡ - ㉢ - ㉣　　　　② ㉤ - ㉢ - ㉡ - ㉣ - ㉠
③ ㉤ - ㉢ - ㉡ - ㉠ - ㉣　　　　④ ㉠ - ㉤ - ㉢ - ㉣ - ㉡

해설 ③ ㉠ 콜론분류법(CC)은 1933년, ㉡ 일본십진분류법(NDC)은 1929년, ㉢ 듀이십진분류법(DDC)은 1876년, ㉣ 한국십진분류법(KDC)은 1964년, ㉤ 헤리스(W. T. Harris) 분류법은 1870년에 초판이 발행되었다.

82. 다음에서 사고전서총목의 사부(史部)에 속하지 않는 것은?

① 재기(載記)류　　　　　② 춘추(春秋)류
③ 시령(時令)류　　　　　④ 정서(政書)류

해설 ② 사거전서총목의 사부에는 역사와 지리, 정치 관계 서적인 정사(正史)류, 기사본말(紀史本末)류, 편년(編年)류, 별사(別史)류, 잡사(雜史)류, 조령주의(詔令奏議)류, 전기(傳記)류, 사초(史鈔)류, 재기(載記)류, 시령(時令)류, 지리(地理)류, 직관(職官)류, 정서(政書)류, 목록(目錄)류, 사평(史評)류의 15류가 포함된다. 춘추류는 경부에 속한다.

83. 다음 중 서양 4대 분류표에 해당되지 않는 것은?

① LCC　　　　　② SC
③ UDC　　　　　④ DDC

③ 서양의 4대 분류표란 DDC, LCC, SC에다 EC 또는 BC를 일컫는다.

84. 다음 빈칸에 들어갈 인물들이 바르게 짝지어진 것은?

> 웨이간의 연구에 따르면 (㉠)는 서양사회를 대표하는 양대 분류체계를 근거로 자신의 분류법을 만들었
> 다. 그 하나는 역사, 시학, 이학으로 나눈 (㉡)의 분류체계이며 다른 하나는 철학을 가장 중시하여
> (㉡)의 지식분류 순서를 도치시킨 (㉢) 이다. 이후 (㉠)의 분류법은 듀이의 분류체계의 결정적인
> 영향을 미쳤다

① ㉠ 베이컨 – ㉡ 게스너 – ㉢ 헤겔

② ㉠ 베이컨 – ㉡ 카터 – ㉢ 브라운

③ ㉠ 해리스 – ㉡ 카터 – ㉢ 헤겔

④ ㉠ 해리스 – ㉡ 베이컨 – ㉢ 헤겔

85. 다음에서 사분법이 확립되었음을 알려 주는 문헌은?

① 사고전서총록

② 한서예문지

③ 개원석교록

④ 수서경적지

④ 수서경적지로 중국 고대의 경(經), 사(史), 자(子), 집(集) 사분법의 토대가 되었다. 수서경적지의 분류체계
는 우선 전적의 내용을 경사자부로 대분(大分)하고, 부록으로 칠록을 참고하여 도경과 불경을 첨부하고 있다. 사부체
계의 하위세목에서는 경부 9개, 사부 13개, 자부 14개, 집부 3개목으로 구분하고, 부록으로 도경에서는 4개, 불경 9개
로 구분 열거하고 있다.

86. 다음 중 「누판고」에 대한 설명으로 옳지 않은 것은?

① 정조 20년(1796) 서유구가 편찬한 것이다.

② 중앙과 지방관서 및 개인의 사저를 조사하여 서지작업 후 편찬하였다.

③ 규모가 매우 크다.

④ 규장총목의 세구분을 따른다.

③ 각 판본만을 수록하였기 때문에 규모가 작다.

81. 3   82. 2   83. 3   84. 4   85. 4   86. 3

87. 다음 중 조선십진분류표에 대한 설명으로 옳은 것은?

① DDC와 마찬가지로 세 자리 다음에 소수점을 찍도록 하고 있다.

② 분류기호의 전개를 네 자리로 국한하고 있어 새로운 분야를 세분전개하기가 어렵다.

③ 1964년 Mourice Courant에 의해 편찬되었다.

④ DDC와 동일한 순서로 주류를 배열하고 있다.

해설 ① 둘째 자리 다음에 소수점을 찍고, ③ 1947년 박봉석에 의해 편찬되었으며, ④ 독창적인 주류 배열을 하고 있다.

88. 칠분법에서 사분법으로 옮겨가는 과도기적 성격의 사분법 중 최고(最古)의 목록서는?

① 수서경적지   ② 진원제서목

③ 사고전서총목   ④ 중경신부

89. 다음에서 Bacon이 열거한 정신능력의 순서가 바르게 나열된 것은?

① 기억 – 이성 – 상상   ② 기억 – 상상 – 이성

③ 이성 – 상상 – 기억   ④ 상상 – 기억 – 이성

해설 ② 베이컨은 아리스토텔레스의 이론적, 실천적, 생산적인 지식분류의 3가지 방법을 반론하고서, 이를 역사 → 시학 → 과학의 세 가지 영역으로 구분하였다. 이는 인간의 특성인 기억과 상상과 이성을 중심으로 지식의 분류체계를 구분한 것이다.

90. 다음에서 영국공공도서관법을 제정하였고, 「분류표 개요」라는 저서를 남겨 영국 근대도서관 발전에 공헌한 사람은?

① E. Edwards   ② J. C. Bacon

③ T. Harris   ④ W. S. Biscoe

해설 ① 1850년에 영국에서 공공도서관법을 제정하였고, 1859년에 영국 공공도서관을 위한 「분류표 개요」 (Outline of Proposal Scheme Classification for Town Library)라는 표제로 분류표를 발표하였다.

91. 다음은 동양 문헌분류법의 일반적 순서이다. 바르게 나열된 것은?

① 삼분법 – 사분법 – 칠분법 – 십분법

② 칠분법 – 삼분법 – 사분법 – 십분법

③ 칠분법 – 사분법 – 삼분법 – 십분법

④ 삼분법 – 칠분법 – 사분법 – 십분법

해설 ② 동양의 문헌분류법은 칠략 – 불교의 삼장분류법 – 유교의 사부분류법 – 현재의 십진식분류법 순으로 전개되었다.

92. 다음은 사고전서에 대한 설명이다. 가장 거리가 먼 것은?

① 사고전서는 경사자집을 기본으로 하여 문헌의 주류세목의 내용을 세밀하고도 정확하게 토대를 확립시킨 사분법이다.

② 사고전서는 청나라 건륭제가 천하의 책을 골라 사분법체계에 맞춰 집필한 것이다.

③ 경부, 사부, 자부, 집부를 강(綱)으로 삼았고 매부(每部) 아래에 경부에는 10류(類), 사부에는 15류, 자부에는 14류, 집부에는 5류 등 44류로 나누었다.

④ 사고전서총목제요의 저록(著錄)순서는 서명, 권수, 판본에 관한 주, 찬인성명(撰人姓名)과 그 책의 득실 상황에 관하여 약술하였다.

해설 ①은 수서경적지에 대한 설명이다. 수서경적지는 중국의 수서(隨書) 십지(十志) 중 하나로, 당(唐) 태종 15년(641)에 이순풍(李淳風), 위안인(韋安仁), 이연수(李延壽) 등이 경사자집을 기본으로 사마천의 「사기(史記)」, 반고의 「한서(漢書)」, 왕검의 「칠지(七志)」, 완효서의 「칠록(七錄)」 등을 참고로 하여 문헌의 주류세목의 내용을 세밀하고도 정확하게 토대를 확립시킨 사분법이다.

93. 다음 설명 중 옳은 것은?

① 해리스분류법은 십진분류법에 영향을 주었다.

② 초조대장목록은 신라시대 불전목록이다.

③ 기록된 최고(最古)의 분류표는 현재에도 사용된다.

④ 칠략 등을 통해 신라시대 분류법을 알 수 있다.

정답 87. 2   88. 4   89. 2   90. 1   91. 2   92. 1   93. 1

94. KDCP는 무엇을 가리키는 것인가?

① 한국서지십진분류법   ② 조선십진분류법

③ 한은십진분류법   ④ 조선총독부 도서관 십진분류법

해설 ② KDCP는 조선십진분류법으로 1947년 박봉석씨가 편찬한 우리나라 최초의 분류표이다.

95. 다음에서 칠략과 관계가 없는 것은?

① 비부(祕府)   ② 유향(劉向)

③ 유흠(劉歆)   ④ 사분법(四分法)

해설 ④ 칠략은 칠분법을 사용하고 있으므로, 사분법과는 무관하다. 칠략은 분류의 연원을 알 수 있는 동양 최고의 목록으로, 유향이 시작한 작업을 그 아들인 유흠이 마무리하여 완성한 것이다. 비부는 칠략의 작업을 수행하였다.

96. 다음은 Subject Classification의 주 분류표에 대한 설명이다. 옳지 않은 것은?

① SC의 주류의 배열은 세계 3대 분류표(DDC, EC, CC)가 정신과학을 상위에 배열한 것과 달리, 자연과학을 가장 상위에 배열하고 있다.

② SC는 혼합기호법으로 주류에 알파벳 대문자 24자인 A-X(Y, Z는 공기호)의 한 자리 숫자를 주류로 설정하고, 이어 각 주류는 문자 다음에 000~999까지의 세 자리 숫자를 사용하고 있다.

③ 브라운은 물질과 힘이 우주의 원동력으로 존재함으로써 생명이 생기며, 생명은 활동의 원천인 정신을 형성하고, 정신은 활동의 결과인 기록을 만들어낸다고 하는 논리를 근본원리로 삼았다.

④ 정신(mind)에는 Philosophy and Religion 주제만이 속한다.

해설 ④ 정신(mind)에는 Philosophy and Religion과 Social and Political Science가 속해 있다.

97. 영국근대 도서관의 아버지로 불리며 서고의 개가제 방식을 주장한 사람은?

① T. Harris   ② S. R. Ranganathan

③ E. Edwards   ④ J. D. Brown

98. 다음 중 Bacon의 학문분류에 대한 설명으로 옳지 않은 것은?

① 기억에 대응하는 사학, 상상에 대응하는 시학, 오성에 대응하는 이학의 3분야로 학문을 분류하고 있다.

② 인간의 정신능력을 분류기준으로 사용하고 있다.

③ Ranganathan이 개발한 CC의 주류배열에 영향을 미치고 있다.

④ Advance of Learning에서 이와 같은 학문의 분류를 시도한 바 있다.

해설 ③ Bacon의 학문분류의 순서는 Harris에 의해 이른바 역Bacon식의 순서로 변경되었고, 이것이 DDC의 주류배열에 영향을 미쳤다.

99. 다음 중 칠략의 분류체계에 포함되지 않는 것은?

① 집략   ② 수술략

③ 육예략   ④ 기전략

해설 ④ 칠략의 내용은 집략, 육예략, 제자략, 시부략, 병서략, 수술략, 방기략의 7개략으로 이루어져 있다.

100. 노데는 주제를 몇 개로 분류하였는가?

① 7개   ② 9개

③ 10개   ④ 12개

해설 ④ 노데는 주제를 12개로 분류하였는데 그 내용은 다음과 같다. 1. 신학(Theology) 2. 의학(Medicine) 3. 서지(Bibliography) 4.연대기(Chronology) 5. 지리(Geography) 6. 역사(History) 7. 군사(Military Art) 8. 법률(Jurisprudence) 9. 교회법규(Council and Canon Law) 10. 철학(Philosophy) 11. 정치학(Politics) 12. 문학(Literature)

101. 다음 중 삼장분류법의 삼장에 속하지 않는 것은?

① 경장   ② 율장

③ 논장   ④ 집장

해설 ④ 730년 지승이 편찬한 「개원석교록」에서 체계가 완성되었으며, 삼장분류법은 경장(經藏: 경전), 율장(律藏: 불법의 금계, 계율), 논장(論藏: 연구서)으로 이루어졌다.

정답	94. 2	95. 4	96. 4	97. 4	98. 3	99. 4	100. 4	101. 4

102. 최초의 서지학적 분류 또는 철학적 기초를 가진 분류법이라고 불리는 분류법을 창안한 사람은?

① J. C. Brunet
② Aristoteles
③ M. Dewey
④ Gesner

103. 다음 중 칠략의 분류체계에서 유교의 경전류에 해당하는 것은?

① 시부략
② 육예략
③ 방기략
④ 집략

해설 ② 칠략의 육예략은 역(易), 서(書), 시(詩), 예(禮), 악(樂), 춘추(春秋), 논어(論語), 효경(孝敬), 소학(小學)의 9종을 포함하며, 유교의 경전에 해당하는 유이다.

104. 다음 중 고려대장목록(高麗大藏目錄)에 대한 설명으로 옳지 않은 것은?

① 고려초조대장목록은 우리나라에서 분류체계를 알 수 있는 현존하는 최고의 목록이다.
② 대장목록의 분류체계는 삼장분류법에 따르고 있다.
③ 대장목록은 불경의 경판을 인출하기 위한 누판목록(鏤板目錄)이다.
④ 배열을 위한 기호로 경전의 맨머리에 천자문의 함차(函次)번호를 부여하고 있다.

해설 ① 고려 현종 2년(1011)부터 문종 37년(1083) 사이에 당시 주조 사업의 별감이었던 최사성(崔士城)의 책임 하에 편찬된 고려초조대장목록은 우리나라 최고(最古)의 목록으로 추정되나 현존하지는 않는다.

105. 다음 중 불교의 분류법과 관계가 깊은 것은?

① 이분법
② 삼분법
③ 사분법
④ 다분법

해설 ② 불교의 분류법은 경(經)·율(律)·논(論)의 삼장분류법을 근간으로 하였다.

106. 다음 중 사부분류법의 장점이 아닌 것은?

① 전통적 동양문화를 원형 그대로 집약적인 조작이 가능하다.
② 분류법의 유문이 이론적인 체계로 전개되어 있다.
③ 분류조직의 정리가 쉽다.
④ 동양학 전문도서관에 적합한 분류법이다.

② 분류법의 유문이 체재(體裁) 위주의 전통적인 방법으로 전개되어 있다.

107. 다음에서 S. R. Ranganathan이 개념화한 문헌분류의 3단계와 관련이 없는 것은?

① 의미단계   ② 아이디어단계

③ 언어단계   ④ 기호단계

① 랑가나단은 분류를 3개의 수준, 즉 아이디어단계(idea plane), 언어단계(verbal plane), 기호단계(notational plane)로 구분하여 설명하고 있다. 아이디어단계는 각 주제가 기본주제로 분석되어, 일반적인 구조가 설계되고 주제 간의 관계와 순서를 결정하는 최고의 단계이다.

108. Assuibanipal의 Assyria도서관에서 발견된 최고(最古)의 분류법의 형태는?

① 양피지   ② 목독   ③ 점토판   ④ 죽간

109. 다음 중 동양의 분류법으로서 그 기원이 가장 오래된 것은?

① 칠분법   ② 이분법

③ 사분개수법   ④ 사분법

① 동양최고의 목록으로 알려져 있는 칠략은 칠분법을 사용하였다.

110. 다음에서 외국인에 의해 작성된 한국서지의 해제목록은?

① 규장총목   ② 누판고

③ 한국서지   ④ 해동역사예문지

③ 한국서지는 프랑스인인 Mourice Courant에 의해 작성되어 파리에서 출판되었다.

111. 다음 중 사부분류법에서 경사자집(經史子集)의 순서가 확립된 것은?

① 수서경적지(隋書經籍志)   ② 진원제서목(晋元帝書目)

③ 사고전서총목(四庫全書總目)   ④ 중경신부(中徑新簿)

정답   102. 4   103. 2   104. 1   105. 2   106. 2   107. 1   108. 3   109. 1   110. 3   111. 2

② 이충(李充)의 진원제서목은 경사자집의 명칭을 주체적으로 사용하지는 않았으나, 사부분류법의 순서를 결정하는 데 있어서 하나의 전기를 마련하였다.

112. 다음 중 조선십진분류표에서 주제부문과 관련이 없는 주류는?

① 0류   ② 1류   ③ 5류   ④ 8류

① 조선십진분류표의 0류(총류)는 종합적이거나 어느 특정한 주제에 속할 수 없는 것을 포함한다.

113. 다음의 주요목록과 그 편찬자의 연결이 바르지 않은 것은?

① 규장총목 – 서호수   ② 누판고 – 서유구

③ 한국서지 – 최사성   ④ 해동역사예문지 – 한치윤

③ 한국서지는 모리스 꾸랑이 1894년 제1권을 출간한 후, 1901년 제4권을 출판하였다. 최사성은 우리나라 최고(最古)의 목록으로 추정되는 초조대장목록을 편찬하였다.

114. 다음 괄호 안에 들어갈 용어들이 바르게 짝지어진 것은?

> 사부분류법에 따를 경우 초사류는 (㉠)부에 해당하고, 목록류는 (㉡)부에 해당하며, 유서류는 (㉢)부에 해당한다

① ㉠ 집(集) – ㉡ 사(史) – ㉢ 자(子)   ② ㉠ 집(集) – ㉡ 자(子) – ㉢ 자(子)

③ ㉠ 경(經) – ㉡ 사(史) – ㉢ 사(史)   ④ ㉠ 경(經) – ㉡ 사(史) – ㉢ 자(子)

115. Pinakes 목록과 가장 관계가 있는 사람은 누구인가?

① Callimachus   ② Gabriel Naude

③ John Dury   ④ Ibnissaru

① 기원전 260~240년경에 알렉산드리아 도서관관장인 칼리마쿠스가 피나케스라는 분류목록을 작성하였는데 주제를 1) 시인 2) 법률가 3) 철학가 4) 역사가 5) 수사가 6) 잡록가 등 6부분으로 나누었다. ③ Gesner는 세계서지를 편찬하였고, ④ Gabriel Naude는 프랑스 서지학자로 주제를 12개로 나누었다.

116. 다음 중 게스너의 분류법에 대한 설명으로 옳지 않은 것은?

① 지식의 논리적 분류에 따른 최초의 서지분류법이다.

② 학문전체를 예비적 철학 지식과 실체적 과학지식으로 크게 두 가지로 대분하였다.

③ 분류규모가 매우 작다.

④ 라틴어, 그리스어, 히브리어로 분류된 도서목록이다.

해설 ③ 게스너는 1548년에 라틴어, 그리스어, 히브리어로 된 서적의 세계 최대 규모의 도서목록인 「세계서지」 (Bibliotheca Universalis) 편찬하였다. 이 자료를 통해 자료의 출전과 면수, 크기, 소장도서관 등을 파악할 수 있다.

117. 전한의 성제 광록대부(光祿大夫)의 지시를 받아, 유향이 서록(敍錄)을 만들고 그것을 토대로 후에 다시 서책(書冊)을 편집하였는데 그 자료는?

① 칠록(七錄)   ② 칠략(七略)

③ 별록(別錄)   ④ 칠분법(七分法)

118. 다음은 각 학자와 그가 학문분류를 위해 사용한 분류원리이다. 이 중 옳지 않게 연결된 것은?

① Wundt – 학문의 대상   ② Aristoteles – 학문의 목적

③ Windelband – 학문의 목적   ④ Bacon – 인간의 정신능력

해설 ③ Windelband는 학문의 방법에 의해 선험과학과 경험과학으로 분류하였다.

119. Bacon이 학문을 분류할 때, 일차적으로 적용한 분류기준은?

① 인간의 정신능력   ② 학문의 방법

③ 학문의 대상   ④ 학문의 목적

120. 우리나라에서 서양문헌을 십진법으로 처음 분류한 분류법은?

① 경성제국대학 도서관 분류법   ② 조선총독부도서관분류표

③ 대한도서관십진분류법   ④ 조선십진분류법

해설 ② 1931년에 만들어진 조선총독부도서관분류표는 서양의 학문이 도입된 이후, 국내에서 사용한 최초의 십진 분류법이다. 그 체계는 10개의 유문(類門)으로 구성되어 있으며, 각 유문 아래에서는 십진식으로 100단위까지 전개

정답 112. 1   113. 3   114. 1   115. 1   116. 3   117. 3   118. 3   119. 1   120. 2

되어 있다. 이 분류표는 신서, 고서, 양서의 별개의 표로 되어 있는데, 각 유문의 배열순서는 듀이(Dewey)의 주류와 동일하나 각 유문에서 십진식으로 목까지 전개된 항목은 각각 다르게 되어 있다. 주류의 구성은 십진식이나 DDC와는 차별되어 크게 인문학(제1문 – 6문)과, 이학(제7문 – 9문)으로 다음과 같이 구분 배열되어 있다. 제1문: 철학, 종교, 제2문: 교육, 사회, 제3문: 법률, 정치, 제4문: 경제, 통계, 제5문: 어학, 문학, 제6문: 역사, 지리, 제7문: 이학, 의학, 제8문: 공학, 군사, 제9문: 산업, 예술, 제10문: 전서(全書), 잡찬(雜纂)이다. ③ 대한도서관이란 대한제국시대의 최초의 도서관이다. 광무10년 1906년에 대한도서관은 사립의 성격으로 설립되었으나 곧 국립으로 되었고, 대동서관은 우리나라 최초의 근대적 사립도서관이다.

121. 다음의 중국 사부분류법과 관련된 설명에서 옳은 것으로만 짝지어진 것은?

> ㉠ 유교의 특징적인 분류법으로, 「수서경적지」에서 그 토대가 확립되었다.
> ㉡ 「사고전서총목」의 분류체계에 따르면 춘추류와 재기류는 사부(史部)에 속한다.
> ㉢ 집부(集部)는 오늘날의 문학류에 해당한다고 할 수 있다.
> ㉣ 오늘날 중국의 표준분류법이라고 할 수 있는 「중국도서관분류법」의 주류체계와 유사하다.

① ㉠, ㉢   ② ㉡, ㉣

③ ㉡, ㉢, ㉣   ④ ㉠, ㉡, ㉢, ㉣

해설 ① ㉡은 「사고전서총목」의 춘추류와 재기류는 경부에 속하고, ㉣은 오늘날 중국의 표준분류법은 전개식분류법으로 알파벳 대문자 22개를 사용하는 비십진식분류법이다.

122. 조선십진분류법(KDCP)은 십진식 전개를 하고 있으나, 분류번호의 자릿수를 고정시켰기 때문에 새로이 발전하는 분야의 세분전개가 불가능하였다. 다음 중 고정된 자릿수는?

① 3   ② 4   ③ 5   ④ 6

123. 다음 중 규장총목에 대한 설명으로 가장 거리가 먼 것은?

① 1781년 서호수가 편찬한 목록이다.

② 해제서목(解題書目)이다.

③ 현존하는 우리나라 최고의 유교목록이다.

④ 사부분류법에 따라 분류, 배열되었다.

해설 ③ 현존하는 우리나라 최고의 유교목록은 1637년에 김휴가 편찬한 해동문헌총록이다.

124. 서양에 있어서 학문의 분류를 최초로 시도한 학자는?

① 아리스토텔레스
② 칼리마쿠스
③ 베이컨
④ 해리스

해설 ① 아리스토텔레스는 학문의 분류를 정신능력에 의한 분류로 1) 이성에 대응하는 학문 2) 감각적 지각에 대응하는 학문 3) 의지와 욕망에 대응하는 학문으로 분류하였고, 학문의 목적에 의한 분류에서는 크게 이론학과 실천학으로 분류하였다.

125. 고대 분류법 중 학문을 정신능력과 학문의 목적으로 분류한 학파는?

① 프란시스 베이컨 학파
② 낭만주의 학파
③ 아리스토텔레스 학파
④ 신고전주의 학파

126. 다음에서 사고전서총목의 예류(禮類)에 속하지 않는 것은?

① 소학(小學)
② 의례(儀禮)
③ 통례(通禮)
④ 주례(周禮)

해설 ① 예류에는 주례, 의례, 예기, 삼례통의(三禮通儀), 통례, 잡례서(雜禮書)가 포함되어 있다.

127. 베이컨(F. Bacon)이 주장한 지식의 분류순서로 옳은 것은?

① 이학 – 사학 – 시학
② 사학 – 시학 – 이학
③ 시학 – 이학 – 사학
④ 시학 – 사학 – 이학

128. 다음의 칠략 분류체계에서, 다른 유들과는 그 성격이 다른 하나는?

① 집략
② 시부략
③ 제자략
④ 방기략

해설 ① 칠략의 집략은 나머지 육략 전반에 걸친 총설에 해당하므로, 다른 유들과는 그 성격이 다르다. 이러한 이유 때문에, 칠략은 내용상으로는 육분법(六分法)에 해당한다고도 할 수 있다.

정답 121. 1   122. 22   123. 3   124. 1   125. 3   126. 1   127. 2   128. 1

129. 사고전서총목에서 현대의 문학에 해당하는 부분은?

① 경부   ② 집부

③ 자부   ④ 소설가류

해설 ② 사고전서총목은 3,475종, 79,070권의 분량을 사부분류법으로 정리한 총 200권의 목록으로, 집부(集部)에는 문학관계의 서적인 초사(楚史)류, 별집(別集)류, 총집(總集)류, 시문평(詩文評)류, 사곡(詞曲)류 등 5류가 있다.

130. 중경신부(中徑新簿)의 구성은?

① 제자부, 시부부(詩賦部), 병서부(兵書部), 방기부(方技部)

② 중경부(中徑簿), 오경부(五經部), 사기부(史記部), 제자부(諸子部)

③ 경부(經部), 사부(史部), 자부(子部), 집부(集部)

④ 갑부(甲部), 을부(乙部), 병부(丙部), 정부(丁部)

131. 다음 중 이른바 역Bacon식의 분류순서를 채택하여 DDC에 큰 영향을 미친 분류법은?

① Gesner의 분류법

② Bacon의 분류법

③ Harris의 분류법

④ Bliss의 분류법

해설 ③ Harris가 St. Lois의 Public School Library를 위해 고안한 분류법은 Bacon의 학문의 분류순서인 사학, 시학, 이학의 순서를 이학(철학 포함), 문학, 역사의 순서로 배열한 이른바 역Bacon식의 순서를 채택하였다.

132. 다음 중 도서를 대상으로 한 목록이 아닌 것은?

① 해동문헌총록   ② 한서예문지

③ 규장총목   ④ 누판고

해설 ④ 누판고는 각판한 판본만을 대상으로 하였다.

133. 다음에서 이순풍, 위안인, 이연수 등과 관계가 있는 것은?

① 수서경적지   ② 칠록

③ 칠지   ④ 중경신부

해설 ① 수서경적지는 이순풍, 위안인, 이연수 등이 편찬하였으며, ② 칠록은 원효서(阮孝緒)가, ③ 칠지는 왕검, ④ 중경신부는 순욱이 편찬했다.

134. 동양의 분류법으로 가장 오래된 것이라고 할 수 있는 것은?

① 공자의 육예(六藝)   ② 사분개수법

③ 사분법   ④ 칠분법

해설 ① 종전에는 동양의 분류법 중 가장 오래된 것은 칠분법으로 보는 경향이 있었으나, 정필모 교수는 중국의 요명달(姚名達)이 지은 「중국목록학」을 참고하여 "공자는 고서중에서 특히 육예를 채택하여 제자를 가르쳤으며 시(時)를 風, 小雅, 大雅, 頌(풍, 소아, 대아, 송)으로 분류하였고, 각각 구분하여 제자를 가르쳤으므로 비록 고서를 분류한 것이 아니다 하더라도 공자의 제자들은 엄연히 육문(六門)으로 분류되어 있었으므로 이를 도서 분류의 시초로 보지 않을 수 없다"라고 하였다. 정교수의 주장으로 판단하면 이전까지의 칠분법은 두 번째가 된다 하겠다.

135. 다음에서 우리나라 최고(最古)의 목록은?

① 초조대장경   ② 신편제종교장총록

③ 개원석교록   ④ 속장목록

해설 ① 초조대장경은 고려 현종 2년(1011)부터 문종 37년(1083) 사이에 당시 주조 사업의 별감이었던 최사성(崔士城)의 책임 하에 편찬되었다. 이 목록은 우리나라 최고(最古)의 목록으로 추정되나 현존하지는 않는다.

136. 다음은 동양에서 사용하는 문헌분류법이다. 일반적인 흐름으로 옳은 것은?

① 칠분법 – 삼분법 – 사분법 – 십분법

② 칠분법 – 사분법 – 삼분법 – 십분법

③ 칠분법 – 사분법 – 십분법

④ 칠분법 – 삼분법 – 십분법

해설 ① 동양의 문헌분류법의 흐름은 칠략으로부터 시작된 칠분법에서, 삼장(三藏)분류법의 삼분법과 유교의 사부분류법의 사분법을 거쳐, 현대의 십진분류법의 십분법으로 이어져 왔다.

정답	129. 2	130. 4	131. 3	132. 4	133. 1	134. 1	135. 1	136. 1

137. 다음 중 동양의 선비가 배워야 할 여섯 가지 항목, 즉 육예(六藝)에 속하지 않는 것은?

① 충(忠)　　　　　　　　② 예(禮)

③ 악(樂)　　　　　　　　④ 수(數)

해설 ① 주대(周代)에서는 선비가 배워야 할 육예로서, 예, 악, 사(射), 어(御), 서, 수를 중시하였다. 육예는 원래 실과적(實科的) 성질을 띤 것이었으나, 시대의 변천에 따라 학과적(學科的) 성질을 띠게 되었다.

138. 다음 중 현존하는 최고(最古)의 분류법은?

① 점토판분류판

② Gesner의 분류법

③ Pinakes의 분류법

④ Harris의 분류법

139. 다음에서 설명하는 분류법을 제창한 사람은?

> ㉠ 영국도서관법 제정에 기여했다.
> ㉡ 「Memories of Libraries」의 저자이다.
> ㉢ 신학, 철학, 역사, 정치학 및 상업, 과학, 문학 및 작가로 주제를 분류하였다.

① Gesner　　　　　　　　② Naude

③ Brown　　　　　　　　④ Edwards

140. 다음은 중경부에 대한 설명이다. 옳지 않은 것은?

① 저자는 위나라 정묵(鄭默)이다.

② 중경부는 소실되어 내용은 알 수 없으나 그 개요는 수서경적지에서 파악할 수 있다.

③ 중경부는 1,886부 29,845권을 수록해 책 14책으로 만들었다.

④ 중경부는 위나라 장서목록으로 사분법의 효시가 되었다.

해설 ② 수서경적지에서 파악할 수 있는 것은 중경부가 아니라 중경신부이다.

141. 다음의 칠록에 대한 설명과 가장 거리가 먼 것은?

① 양나라 원효서가 편찬한 것이다.

② 12권으로 된 칠분법 체계의 목록이다.

③ 칠략과 칠지를 참고하여 만든 것이다.

④ 칠록은 비합리적이다.

해설 ④ 칠록은 기존의 1) 왕검의 「칠지(七志)」와 유흠의 「칠략(七略)」을 참고하여 칠분법의 정신을 충분히 살리면서도 사분법의 특징을 도입하여 만든 분류법이다. 기존의 내편(內篇)과 외편(外篇)으로 대분하여 칠록 중 5록(錄)을 내편(內篇)으로 삼고 사부법을 기초로 세목을 열거하였고, 칠록 중 2록(錄)을 부록(附錄) 성격으로 외편(外篇)으로 삼아, 불법(佛法)과 선도록(仙道錄)을 배치하였다. 또한 2) 당시에 있어서 가장 합리적으로 전개된 분류법인 동시에 3) 사회적인 환경에도 잘 적응되고 있었으며, 4) 류목의 세밀함이 그때까지 나왔던 어떠한 분류법보다도 우수하였다.

142. 다음에서 동양의 고서 및 서목의 정리에 사용되어온 분류법과 관계가 없는 것은?

① 사분법   ② 칠분법

③ 사분개수법   ④ 이분법

해설 ④ 이분법은 구분지의 수가 2개인 경우의 구분법이다. ① 사분법은 이른바 사부분류법으로 대표되는 것으로서, 청대의 사고전서총목(四庫全書總目)에 이르러 크게 발전된 이후 우리나라와 일본에까지 큰 영향을 미친 분류법이다. ② 칠분법은 한대에 시작되어 칠략 등의 분류에 사용되었다. ③ 사분개수법은 사부분류법을 바탕으로 그 일부나 전체를 개수한 것으로, 대만에서 민국 이후에 많이 사용되고 있다.

143. 다음 중 역Bacon식 분류법으로서 DDC에 지대한 영향을 미친 분류법은?

① Gesner의 분류법   ② Harris의 분류법

③ Naude의 분류법   ④ Bliss의 분류법

144. 다음에서 경사자집의 명칭을 구체적으로 사용한 것은?

① 사고전서총목   ② 진원제서목

③ 수서경적지   ④ 중경신부

해설 ③ 당태종 정관 15년(641)에 편찬한 수서의 경적지에서 경사자집의 명칭을 구체적으로 사용하였다.

정답 137. 1   138. 1   139. 4   140. 2   141. 4   142. 4   143. 2   144. 3

145. 다음은 E. Edwards의 분류법에 대한 설명이다. 이 중 옳지 않은 것은?

① 1850년에는 영국에서 공공도서관법이 제정되었다.

② E. Edwards의 분류표의 주제는 크게 이론, 철학, 역사, 법학의 4주제로 구별하였다.

③ E. Edwards의 분류표의 표제는 「Outline of Proposed scheme classification for Town Library」로 발표되었다.

④ E. Edwards의 분류법은 사용상에 있어서 서가배열로는 부당하기 때문에 류(類)는 문자로, 강(綱)은 아라비아숫자로, 목(目)은 대쉬(-)와 숫자로 표시한 것도 있다.

해설 ② E. Edwards의 분류법은 A. 신학, B. 철학, C. 역사, D. 정치학 및 상업, E. 과학, F. 문학 및 작가로 6개 주류로 구분하였다.

146. 다음은 어떤 분류법에 관한 일반사항을 설명한 것이다. 이 분류법을 만든 사람은 누구인가?

⊙ 그는 1605년에 2책으로 된 「학문의 진보」(The Advancement of Human Learning)를 발간하였다.
⊙ 그의 지식분류는 차후 해리스에게, 해리스는 다시 오늘날의 듀이(M. Dewey) 분류법에 까지 지대한 영향을 끼쳤다.
⊙ 그는 아리스토텔레스의 이론적, 실천적, 생산적인 지식분류의 3가지 방법을 반론하고서, 이를 역사 → 시학 → 과학의 세 가지 영역으로 구분하였다.
⊙ 이는 인간의 특성인 기억과 상상과 이성을 중심으로 지식의 분류체계를 구분한 것이다.

① K. V. Gesner
② W. T. Harris
③ F. Bacon
④ Brown

147. 다음 중 삼장분류법의 3장에 해당하지 않는 것은?

① 경장(經藏)
② 율장(律藏)
③ 논장(論藏)
④ 집장(集藏)

해설 ④ 불교의 삼장분류법의 삼장이란 불경을 다루는 경장과 계율을 다루는 율장, 연구서를 다루는 논장을 일컫는다.

148. 다음 중 동양의 고서분류에 가장 많이 사용된 분류법은?

① 이분법

② 사분법

③ 사분개수법

④ 칠분법

해설 ② 이른바 사부분류법(四部分類法)으로 대표되는 사분법은 동양의 가장 대표적인 분류법으로서, 중국은 물론 우리나라와 일본에서도 널리 사용되었다.

149. C. A. Cutter가 편찬한 EC는 자연과학 및 순수과학자들의 철학적 사상을 함유하고 있다. 이에 지대한 영향을 미친 학자는?

① 헤겔

② 칸트

③ 콩트

④ 스펜서

해설 ③ EC(전개분류법)의 구성은 역베이컨식으로 되어 있지만, EC의 체계는 전반적으로 과학적 사고의 철학적 소견을 갖춘 진보적 학자의 영향을 받았으며 특히 Comte의 학문분류체계에 크게 영향을 받았다.

150. 다음에서 Porphyrios의 나무와 가장 관련이 깊은 것은?

① 이분법

② 삼분법

③ 사분법

④ 오분법

해설 ① 그리스의 논리학자 Porphyrios는 초창기의 학문분류 및 문헌분류에 이분법을 사용하였다.

151. 다음 중 '인간의 정신능력'을 분류기준으로 사용한 사람은?

① 칸트(Kant)

② 브라운(Brown)

③ 해리스(Harris)

④ 베이컨(Bacon)

해설 ④ 영국의 사상가인 베이컨(Francis Bacon)은 1605년에 2책으로 된 「학문의 진보」(The Advancement of Human Learning)를 발간하였다. 베이컨의 지식분류는 차후 해리스에게, 해리스는 다시 오늘날의 듀이(M. Dewey) 분류법에 까지 지대한 영향을 미쳤다. 베이컨은 아리스토텔레스의 이론적, 실천적, 생산적인 지식분류의 3가지 방법을 반론하고서, 이를 역사 → 시학 → 과학의 세 가지 영역으로 구분하였다. 이는 인간의 특성인 기억과 상상과 이성을 중심으로 지식의 분류체계를 구분한 것이다. 베이컨의 분류는 제1차는 정신능력에 의한 것이나, 제2차적으로는 학문의 대상을 분류원리로 다루었다.

정답 145. 2   146. 3   147. 4   148. 2   149. 3   150. 1   151. 4

152. 다음 중 현재까지 알려진 최고(最古)의 분류법을 고안한 사람은?

① Harris

② Kallimachus

③ Naude

④ Gesner

해설 ② 기록상으로 가장 오래된 분류법은 이집트의 칼리마커스(Kallimachus, B.C. 305~240)가 만든 피나케스(pinakes) 목록이다.

153. 다음 중 「수서경적지」에 대한 설명으로 옳지 않은 것은?

① 당태종 때 이순풍, 이연수, 위안인 등이 편찬하였다.

② 7분법을 확립하는 계기가 되었다.

③ 사마천의 사기, 반고의 한서, 왕검의 칠지, 원효서의 칠록 등을 참고하였다.

④ 중경부, 중경신부의 사분법 표기인 갑, 을, 병, 정이 아니라 경, 사, 자, 집의 명칭을 사용하였다.

해설 ② 「수서경적지」는 경부, 사부, 자부, 집부와 부록으로 도경과 불경을 첨부하여 4분법을 확립하였다.

154. 다음에서 학문의 대상을 분류기준으로 삼아 학문의 분류를 시도한 사람은?

① Bacon

② Windelband

③ Platon

④ Wundt

해설 ④ 독일의 심리학자이며 철학자인 Wilhelm Wundt는 그 학문을 그 대상에 따라 형식과학과 실질과학으로 분류하고, 실질과학을 다시 자연과학과 정신과학으로 나누었다.

155. 다음 중 조선십진분류표에 대한 설명으로 옳지 않은 것은?

① 1947년 박봉석에 의해 편찬되었다.

② DDC와 동일한 순서로 주류를 배열하고 있다.

③ 국립도서관의 도서관학교에서 교재로 사용되어 널리 보급되었다.

④ 1980년 고려대학교 도서관에서 고려대 보정판을 발행하였다.

해설 ② 조선십진분류표의 주류는 0류에서 9류까지에 걸쳐 배열하고 있는데, 그 순서는 DDC와 차이가 있다. 즉, 총류(0), 철학·종교(1), 역사·지리(2), 어학·문학(3), 미술·연예(4), 사회·교육(5), 정치·경제(6), 이학·의학(7), 공학·공업(8), 산업·교통(9)의 순서로 주류가 구성되었다.

156. 다음에서 박봉석(朴奉石)과 거리가 가장 먼 것은?

① 국립도서관부설 국립도서관학교의 강의 담당

② 조선십진분류법(KDCP)의 편찬

③ 동서편목규칙의 편찬

④ 한국도서관협회 결성 참여

해설 ④ 박봉석은 한국도서관협회가 아닌, 조선도서관협회 결성에 참여하였다.

157. 다음에서 목록의 발생순서가 올바르게 나열된 것은?

① 신편제종교장총록 – 초조대장목록 – 재조대장목록 – 해동문헌총록

② 초조대장목록 – 재조대장목록 – 신편제종교장총록 – 해동문헌총록

③ 초조대장목록 – 신편제종교장총록 – 재조대장목록 – 해동문헌총록

④ 신편제종교장총록 – 초조대장목록 – 해동문헌총록 – 재조대장목록

해설 ③ 초조대장목록은 1011년에서 1083년 사이에 완성된 것으로 추정되고 있고, 신편제종교장총록은 1090년에 발행되었다. 제조대장목록은 1236년에서 1248년 사이에 편찬된 것으로 알려지고 있으며, 해동문헌총록은 1637년에 편찬되었다.

158. 다음 설명 중 옳지 않은 것은?

① 고대 서양에서는 플라톤, 아리스토텔레스의 학문분류의 영향을 받았다.

② Wundt는 베이컨 학문배열 순서의 역(逆)인 과학, 예술, 역사로 배열하였다.

③ 아리스토텔레스는 이성에 대응하는 학문, 감각적 지각에 대응하는 학문, 의지와 욕망에 대응하는 학문으로 구분하였다.

④ 베이컨은 인간의 정신능력을 기억, 상상. 오성의 3가지로 구분하고, 이에 대응하는 학문을 사학, 시학, 이학이라 하였다.

해설 ② 베이컨 학문배열 순서의 역(逆)인 과학, 예술, 역사로 배열한 사람은 해리스이며, Wundt는 과학, 신학, 철학으로 구분하였고 다시 과학을 실천과학과 형식과학으로 나누었다.

정답 152. 2   153. 2   154. 4   155. 2   156. 4   157. 3   158. 2

159. BC 5년에 동양 최고의 목록인 칠략을 완성한 사람은?

① 유흠(劉歆) ② 유향(劉向)

③ 왕검(王儉) ④ 지승(智昇)

해설 ① 칠략의 정리 작업은 유향에 의해 시작되었으나, 애재 시에 그 아들 유흠에 의해 완성되었다. 왕검은 칠지(七志)의 편찬자이며, 지승은 불교목록이 개원석교록(開元釋敎錄)의 편찬자이다.

160. 다음 중 Harris와 Dewey의 분류법에 영향을 미친 분류법은?

① Aristoteles의 분류법 ② Bacon의 분류법

③ Wundt의 분류법 ④ Gesner의 분류법

161. 다음 중 사고전서총목에 대한 설명으로 옳지 않은 것은?

① 청나라 고종의 명으로 기윤, 육석태, 손사의 등에 의해 편찬되었다.

② 관료 360명과 초서자(抄書者)가 무려 1,500명이 동원되었다.

③ 경부 5류, 사부 10류, 자부 14류, 집부 15류 등 총 44류로 분류하였다.

④ 사고전서총목은 모두 200권에 달하는 방대한 목록이다.

해설 ③ 경부 10류, 사부 15류, 자부 14류, 집부 5류 등 총 44류로 분류하였다.

162. 다음 (   )안에 들어갈 말이 순서대로 짝지어진 것은?

사부분류법에 의거하면 예류는 (㉠), 법가류는 (㉡), 사초류는 (㉢)에 속한다.

① ㉠ 집부 – ㉡ 경부 – ㉢ 자부 ② ㉠ 집부 – ㉡ 자부 – ㉢ 사부

③ ㉠ 경부 – ㉡ 자부 – ㉢ 사부 ④ ㉠ 경부 – ㉡ 사부 – ㉢ 자부

163. 다음 중 Bacon이 분류한 인간의 정신능력에 속하지 않는 것은?

① 기억 ② 상상 ③ 이성 ④ 의지

해설 ④ Bacon은 인간의 정신능력을 기억, 상상, 이성으로 구분하고, 이에 대응하는 학문으로 각각, 사학, 시학, 이학을 들고 있다.

164. 다음 중 열고관(閲古館)에 소장되어 있는 중국본을 대상으로 편찬된 해제서목은?

① 한국서지   ② 규장총목

③ 해동문헌총목   ④ 해동역사예문지

해설 ② 규장총목은 조선 정조5(1781)년에 서호수가 편찬한 것으로서, 열고관의 중국본을 대상으로 사부분류법에 따라 분류배열하고 있다.

165. 다음 중 칠략의 분류에서 문학서에 해당하는 것은?

① 육예학   ② 방기략

③ 수술략   ④ 시부략

해설 ④ 시부략으로 굴부(屈賦), 육부(六府), 손부(孫婦), 잡부(雜賦), 가시(歌詩) 등 5종으로 시, 운문 등을 일컫는다.

166. 다음 괄호 안에 들어갈 용어들이 올바른 순서로 짝지어진 것은?

> 사분법의 효시는 (㉠)이며, 사부분류법의 내용차서는 (㉡)에서 확정되었다. 아울러 (㉢)에
> 이르러 사부분류법의 토대가 확립되었다고 할 수 있다.

① ㉠ 진원제서목 - ㉡ 수서경적지 - ㉢ 사고전서총목제요

② ㉠ 진원제서목 - ㉡ 중경부 - ㉢ 수서경적지

③ ㉠ 중경부 - ㉡ 진원제서목 - ㉢ 수서경적지

④ ㉠ 중경부 - ㉡ 수서경적지 - ㉢ 사고전서총목제요

해설 ③ 정묵(鄭默)이 궁중장서를 정리하여 편찬한 중경부는 사분법의 효시로 알려져 있고, 이충의 진원제서목에서 사부분류법의 내용순서가 확정되었으며 수서경적지에 이르러 그 토대가 확립되었다.

167. 다음 중 사고전서총목의 경부(經部)에 속하지 않는 것은?

① 춘추류   ② 유서류(類書類)

③ 소학류   ④ 악류(樂類)

해설 ② 사고전서총목의 경부에는 고전적인 철학 및 논리학 관계 서적인 역류, 서류, 시류, 예류, 춘추류, 효경류, 오경총의(五經總義)류, 사서류, 악류, 소학류의 10류가 있다. 유서류는 자부에 속한다.

정답	159. 1	150. 2	161. 3	162. 3	163. 4	164. 2	165. 4	166. 3	167. 2

168. 다음에서 동양의 육예(六藝)와 서양의 7자유과목(liberal arts)에 공통적으로 포함되는 것들로만 바르게 짝지어진 것은?

① 수(數) – 음악

② 수 – 역사

③ 역사 – 천문

④ 역사 – 음악

해설 ① 동양의 육예는 예(禮), 악(樂), 사(射), 어(御), 서(書), 수(數)를 가리키며, 서양의 7자유과목(liberal arts)은 문법, 수사학, 논리학(3학: trivium)과 산술, 기하, 천문, 음악(4과: quadrivium)으로 이루어졌다.

169. 다음 중 Bacon의 분류법과 관계가 깊은 저서는?

① Analytica hystera

② Myriobiblion

③ Advancement of Learning

④ Callimachus

해설 ③ Advancement of Learning(학문의 진보)는 정신능력을 기준으로 학문의 분류를 시도한 Bacon의 저서이다. ① Analytica hystera는 Aristoteles의 저서로, 학문의 분류를 시도하고 있다. ② Myriobiblion은 중세의 대표적인 목록의 하나로 Photius에 의해 편찬되었다. ④ Callimachus는 Alexandria도서관의 장서목록인 Pinakes의 편찬자이다.

170. 『사고전서총목제요(四庫全書總目提要)』의 사부분류법(四部分類法)에 따라 구분할 때, 경부(經部)에 해당하지 않는 것은? (사서직 2016년 출제)

① 시류(詩類)

② 악류(樂類)

③ 춘추류(春秋類)

④ 유가류(儒家類)

해설 ④번으로, 유가류(儒家類)는 자부(子部)에 해당한다.

171. 조선십진분류표에 대한 설명으로 옳은 것은? (사서직 2017년 출제)

① 박봉석이 동서도서분류표를 수정하여 1947년에 편찬하였다.

② 주류배열은 Bacon의 학문분류에 바탕을 두고 있다.

③ 주류는 100 철학, 200 종교, 300 사회, 400 이학 등의 순이다.

④ DDC와 같이 분류기호 세 자리 뒤에 소수점을 사용하였다.

172. 다음 분류법(초판)을 발간한 순서대로 바르게 나열한 것은? (사서직 2018년 출제)

> ㄱ. Ranganathan의 콜론분류법(CC)
> ㄴ. Harris의 분류법
> ㄷ. Dewey의 십진분류법(DDC)
> ㄹ. Cutter의 전개분류법(EC)

① ㄴ → ㄷ → ㄱ → ㄹ   ② ㄴ → ㄷ → ㄹ → ㄱ

③ ㄴ → ㄹ → ㄷ → ㄱ   ④ ㄹ → ㄴ → ㄷ → ㄱ

해설 Ranganathan의 콜론분류법(CC)은 1933년, Harris의 분류법은 1870년, Dewey의 십진분류법(DDC)은 1876년, Cutter의 전개분류법(EC)은 1891~1893년에 초판이 간행되었다.

173. 분류법에 대한 설명으로 옳은 것은? (사서직 2020년 출제)

① 전개분류법(EC)은 총 다섯 가지 분류표를 만들어 장서 규모별로 사용할 수 있도록 만든 분류법이다.

② 서지분류법(BC)은 영국의 도서관을 위한 분류법으로 동일 주제는 동일 장소에 집결시키는 원칙을 가지고 있다.

③ 미의회분류법(LCC)은 비십진분류법으로 주류의 배열은 전개분류법 체계를 참고하여 구성하였다.

④ 주제분류법(SC)은 십진분류법으로 주류의 배열은 총류, 철학, 역사, 사회과학 순으로 구성하였다.

174. 학문(지식)분류 학자와 도서관 분류표의 영향관계 표시가 옳은 것은? (사서직 2021년 출제)

① 헤겔(Hegel) - 서지분류법(BC)

② 베이컨(Bacon) - 미의회도서관분류법(LCC)

③ 앙페르(Ampere) - 주제분류법(SC)

④ 콩트(Comte) - 전개분류법(EC)

해설 ④번이다. ① 서지분류법(BC) – 브리스(Bliss), ② 미의회도서관분류법(LCC) – 핸슨(Hanson)과 마텔(Martel)의 지도 아래 분야별 주제전문가들 ③ 주제분류법(SC) – 브라운(Brown)

정답 168. 1   169. 3   170. 4   171. 1   172. 2   173. 3   174. 4

175. 박봉석의 조선십진분류표에 대한 설명으로 옳지 않은 것은? (사서직 2023년 출제)

① DDC와 달리 어학과 문학을 같은 주류인 3류에 배치하고 있다.

② 주류는 자료의 양과 이용가치를 중심으로 물질과학에서 정신과학 순으로 배열하였다.

③ 주류의 분류기호가 아라비아 숫자 4자리로 제한되어 있다.

④ 공통형식구분, 문학형식구분 등의 조기성 기호가 도입되었으나 일관성이 결여되어 있다.

해설 ②번, 모든 학문의 순위를 물질보다는 정신적 세계를 상위에 배열하였고, 문학과 예술의 근접성을 강조하였다.

176. 근대 지식분류(학문분류)에 대한 설명으로 옳은 것만을 모두 고르면? (사서직 2023년 출제)

ㄱ. 베이컨(F. Bacon)은 인간의 학문을 정신능력에 따라 사학, 시학, 이학으로 구분하였는데 이는 DDC에 영향을 미쳤다.
ㄴ. 앙페르(A. Ampère)는 과학철학시론 에서 학문분류를 시도하였는데 이는 콜론분류법에 영향을 미쳤다.
ㄷ. 스펜서(H. Spencer)는 과학을 추상성과 구체성의 진화론 관점에서 추상적 과학, 추상적 및 구체적 과학, 구체적 과학으로 구분하였다.
ㄹ. 헤겔(G. Hegel)은 실증철학강의 에서 모든 과학 가운데 수학을 선치시킨 후, 천문학, 물리학, 화학, 생물학 등을 배치하였다.

① ㄱ, ㄷ   ② ㄴ, ㄹ

③ ㄱ, ㄴ, ㄷ   ④ ㄱ, ㄴ, ㄹ

해설 ③번이다. 헤겔(G. Hegel)은 실증철학강의 에서 모든 과학 가운데 철학을 선치시켰고, 예술분야에서는 건축술, 조각, 회화, 음악, 시 순으로 배치하였다.

177. 우리나라의 주요 분류법에 대한 설명으로 옳지 않은 것은? (사서직 2023년 출제)

① 해동문헌총록 은 김휴가 편찬한 해제서목이다.

② 신편제종교장총록 은 대각국사 의천이 편찬한 것으로 3분법을 적용하고 있다.

③ 규장총목 은 서호수가 편찬한 규장각 소장장서의 해제서목이다.

④ 한국서지는 프랑스인 모리스 쿠랑(M. Courant)이 편찬한 해제목록으로 사부분류법을 채택하고 있다.

해설 ④번으로, 한국서지는 프랑스인 모리스 쿠랑(M. Courant)이 편찬한 해제목록으로 조선의 문헌을 9부(部) 36류(類) 구분하였다.

정답 175. 2   176. 3   177. 4

제3장

분류규정 및
분류작업의 이해

분류규정이란 일반적으로 분류표의 적용 및 운용을 위한 규칙으로서, 자관에 입수되는 자료를 분류할 때 적용할 일반원칙이나 개별 주제에 대한 특별규정을 명문화시켜 공식적으로 제시하는 지침을 말한다. 즉, 단위도서관에서 준용해야 할 약관이며, 궁극적으로는 동일주제의 군집성이나 유사 관련주제의 상호 근접 배열을 수행할 수 있는 방안이다.

문헌분류는 도서관에서 입수하는 모든 정보자료를 주제에 따라서 배열하고 형식에 따라서 구분하기 위한 체계적인 조직이며, 그 조직에 따라서 정보자료를 해당위치에 배정할 수 있다.

도서관에서의 분류작업은 장서를 보존하고 이용·제공하기 위해서 행해지는 정리업무의 한 부분으로, 자료의 주제내용에 의해 배가되도록 또는 그 주제내용을 검색할 수 있도록 조직화된 작업의 내용을 말한다.

분류의 기본원칙

1. 모든 자료는 그 도서관에서 선택된 분류표에 근거하여 분류하여야 하며, 도서관 관리상의 편의성보다는, 이용자의 입장을 우선시 하고 또한 이용자의 요구가 영구적으로 활용될 수 있는 분류 위치에 분류해야 한다.

2. 분류의 기본원칙은 자료의 원인이 된 학문보다는 그 자료가 의도하는 주제와 학문의 관점 분야를 중요시해야 한다.

3. 모든 자료는 서명이나 저자의 전공 분야에 의하여 분류하는 것이 아니라 자료의 내용이 되는 주제에 따라서 먼저 분류한다.

4. 분류는 항상 언제나 주제가 가장 우선하며, 형식보다 앞선다. 다시 말하면, 먼저 주제에 분류하고, 나중에 필요할 경우 저작의 표현된 형식이나 지역구분 또는 적용된 시대적 연도나 시간 등의 패싯을 조합할 수 있다.

5. 예외적으로 문학작품의 경우에는 주제보다는 출판형식이나, 문학형식 및 취급된 지역이나 시대적 관점을 중요시해야 한다.

분류규정에 포함해야 할 요소

1. 운용상의 기본 방침

2. 도서기호를 등을 부여하기 위한 분류 도구의 결정

3. 분류표상의 별법 또는 양자택일 규정의 취사선택에 관한 결정

4. 오분류 가능성이 있는 분류항목의 의미나 범위의 한정과 해석의 통일

5. 분류 기호의 적용 수준과 범위, 추가 전개, 재전개, 세구분에 대한 결정

6. 새로운 주제에 대한 항목의 추가 여부 결정

분류의 일반규정

1. 복수 주제를 다룬 저작

1) 동일 도서 내에서 둘 또는 셋 이상의 주제를 각각 독립적으로 다루고 있을 경우에는 가장 중요한 것으로 판단되는 즉, 저자가 강조하거나 중점을 둔 주제에, 그렇지 않으면 더 많이 취급된 주제에 분류한다. 그러나 동등하게 취급되었거나 단순비교의 경우, 그리고 특별히 강조한 주제가 없다면 '선행 규칙(first of two rules)'에 따라 분류표의 기호가 선행되는 주제에 분류한다.

2) 3개 이하의 복수주제를 다룬 자료에서 어떤 주제가 다른 주제의 하위개념일 경우에는 상위주제에 분류한다.

3) 어떤 자료에 상위주제의 세목에 3개 이상의 주제가 포함되어 있을 경우에는 '삼자포괄규칙(rules of three)'에 따라 그들을 포괄하는 상위항목으로 분류한다.

4) 두 주제를 다룬 도서로서 그 주제 중의 하나가 다른 주제에 영향을 주거나 작용을 하는 경우에는 그 영향이나 작용을 받게 된 주제 아래 분류한다. 이와 같은 경우는 주로 두 주제가 와, 과 와 같이 접속사로 연결되어 있거나 ~이 ~에게 끼친 영향 과 같은 형식으로 표시되기도 한다.

5) 구체적인 주제와 추상적인 주제가 함께 내포되어 있을 경우에는, 구체적인 주제 아래 분류한다. 그러나 개인의 사상이나 업적이 다수인에 영향을 미친 자료는 개인의 측면에 분류한다.

6) 인과관계 : 도서가 두 주제 간의 원인과 결과를 다룬 것일 경우에는 결과로 된 주제에 분류한다.

2. 주제와 연구방법을 다룬 저작

어떤 주제를 연구하기 위하여 방법이나 이론을 응용한 저작은 연구대상이 되는 주제 아래에 분류한다. 즉, 가설이나 연구방법, 자료조사, 수단, 이론의 적용 등은 이들 아래에 분류하지 않고 연구된 주제 아래 분류한다.

3. 비교와 대조를 다룬 저작

두 주제를 비교, 대조하여 한 주제나 의견을 옹호하고, 다른 의견을 비난한 저작은 저자가 옹호하려고 하는 주제에 분류하고, 대조적인 것은 저자가 주장하는 주제에 분류한다.

4. 비판을 다룬 저작

한 저자가 다른 사람의 학설이나 연구 결과를 비판한 저작은 비판의 대상이 되는 저자에 분류하지 않고, 비판한 학자의 학설에 분류한다. 이와 같은 맥락에서 서평이나 비평을 다룬 도서는 비평된 주제 아래 분류한다.

5. 원저작과 그 관련저작의 처리

1) 특정 원저작의 번역, 비평, 해설, 단순비평, 주석 등은 원저작과 동일한 곳에 분류한다. 이유는 원저작과 관련저작을 군집함으로써 연구 및 이용의 편의성을 도모할 수 있기 때문이다.

2) 어학의 학습을 목적으로 간행된 대역서, 주역서 등은 주제 또는 형식에 관계없이 학습하고자 하는 국어의 해석, 독본으로 분류한다.

3) 특정 목적을 갖고 원저작의 일부분을 단독으로 재간행 하였거나, 번역하였을 경우에는, 이를 대상으로 한 번역서, 연구서는 그 일부분의 주제에 따라 분류하고, 원저작에 분류하지 않는다.

6. 총서 및 단행본의 처리

총서, 전집, 선집, 강좌 등을 일괄하여 총서로 분류할 것인가, 아니면 단행본으로 취급하여 개별적으로 분류할 것인가의 결정은 총서의 간행 특성과 도서관의 방침에 따라 차이가 있다. 그러나 일반적으로는 그 성격에 따라 분류한다.

1) 특정 주제에 한정되지 않은 것이거나 여러 사람의 문학작품집이나 미술전집, 개인의 저작집(전집, 선집, 작품집), 크기나 부피가 작은 문고본은 총서에 분류한다.

2) 총서명은 표기되어 있으나 권, 호 표시가 없을 경우, 총서명이 작게 표시되어 있고, 본서명이 크게 기재되어 있는 총서, 출판사 총서류 등은 단행본으로 취급하여 각각의 주제에 분류한다.

3) 특정 주제에 한정된 다권본은 주제에 분류한다.

4) 여러 사람의 저작집으로 내용의 배열이 체계적이거나 연대순으로 된 저작은 일괄하여 총서로 분류한다.

7. 분류표에 없는 새로운 주제를 다룬 저작

분류표에 설정되어 있지 않은 주제는 그 주제와 가장 밀접한 관계가 있다고 생각되는 주제를 찾아서 그곳에 함께 분류하거나, 신설하여 전개한다.

분류작업의 방침

분류작업에 있어서 통일성과 일관성을 가지기 위해서는, 분류작업의 방침을 확립하는 것이 필요하다. 여기서는 자료배가를 위한 분류기호 부여를 중심으로 한 작업의 방침을 기술한다.

1) 분류표의 적용범위

일반적으로, 배가를 위해서는 간결한 기호를 사용한다. 열거식 분류표를 사용하는 경우에는, 십진법의 구성을 고려해서 자리수를 획일적으로 정하지 않고 각 류(類), 강(綱)마다 검토를 해서 적절하게 그 상세함과 조잡(粗雜)함을 결정할 필요가 있다.

2) 자료의 별치

도서관의 장서는 원칙적으로 주제별로 배가되지만, 다음에 해당하는 자료를 별치할 수가 있다.

① 관리상: 본관, 분관, 연구실 자료, 귀중자료, 기증자료 등
② 이용상: 참고도서류, 연속간행물(신문, 잡지, 대학논문집), 향토자료, 아동자료, 학습참고서, 지정(과제)도서 등
③ 형태상: 대형도서, 소형도서(문고, 신서), 소책자류, 비도서자료/시청각자료, 지도, 악보 등
④ 기타: 소설, 전기 등 이용 빈도가 높은 도서 등

이것의 별치여부의 결정, 또는 별치를 한다면 별도의 분류법이나 검색수단을 채용할지 및 별치기호에 관해서도 결정해야 한다.

3) 청구기호

1책 1번호의 분류기호를 부여하고, 저자기호법을 채용한다면, 어떤 저자기호표를 사용할 것인가를 미리 결정해 두어야 한다.

4) 자료, 출판의 형식과 그 취급방법

전집, 강좌, 총서, 모노그래프, 시리즈 등의 계속도서는 일괄해서 분류할지 아니면 각 책을 독립한 단행본으로 취급을 할 것인가를 결정해야 한다. 특히, 계속도서중 도서관에 일부분만

입수되는 도서나 갖추어지지 않은 도서는 문제가 생기기 쉽기 때문에 주의를 요한다.

위에서 검토한 결정사항은 반드시 분류규정이나 사무용 기록으로 남겨둔다. 그 외에도 분류에 관련되는 새로운 사례의 경우, 예를 들면, 특정 문고의 일괄구입, 개인장서의 기증 등 특수한 정리나 이용제공을 하는 경우도 기록으로 남겨 둔다.

분류작업의 과정

1. 자관에 맞는 분류표의 선정
2. 분류표 및 그 사용법에 대한 이해
3. 분류 대상 자료나 문헌의 내용에 대한 정확한 파악
4. 분류 대상 자료나 문헌의 내용에 적합한 분류의 기호의 부여
5. 소정의 도서 기호 및 필요할 경우 추가의 부차적 기호 부여
6. 완성된 청구기호에 의한 서가상의 배열

자료의 내용 및 주제 파악의 순서

분류 실무자가 한 문헌에 적합한 해당 분류번호를 배정하기 위해서는 먼저 분류하고자 하는 문헌 내용의 핵심 주제를 정확하고 분명하게 분석해야 한다. 일반교양도서, 문학류 등은 다소 차이가 있지만 DDC 서문에서는 다음과 같은 순서의 방법을 제시하고 있다.

1. 서명

서명은 저자가 의도한 도서의 내용을 간결하고 적절하게 표현하여 주는 것이 많기 때문에 분류에 있어 1차적으로 고려해야 할 대상이다. 일반 교양도서나 문학작품 등은 서명이 도서 내용의 일부분만을 표현했거나 암시적, 상징적 표현으로 되어 있을 경우가 많기 때문에 목차, 서문 등 서명 이외의 것도 검토하여 종합적으로 파악해야 한다.

2. 내용 목차, 장 제목

도서내용의 목차는 문헌의 내용을 서술한 순서대로 자세하게 나열하고 있기 때문에 도서의 주제 파악뿐 아니라 그 주제가 다루어진 관점까지도 추적할 수 있으므로 중요한 요소가 된다.

장의 제목 또는 하위 절 목차의 제목은 내용목차의 미흡한 부분을 상호 보완해 준다.

3. 서문, 해설

서문에는 저술의 동기, 목적, 입장, 관점, 내용의 범위 및 전개 등이 설명되어 있다. 해설은 저자의 의도, 저자의 입장, 그 도서의 성립 상황, 내용, 가치, 특징 등을 설명하고 있다. 특히 주석서나 번역서에서는 서문과 해설이 원전의 주제를 파악할 수 있는 중요한 요소가 된다.

4. 본문 통독

이상의 방법으로도 내용을 확실히 파악할 수 없을 경우에는 부분적으로 혹은 전권의 본문을 모두 읽어야 한다. 이 경우 특히 서론과 결론 부분을 주의 깊게 읽으면 어느 정도 내용을 파악할 수 있다.

5. 참고문헌, 색인항목

저자가 인용하거나 참고한 문헌 또는 색인항목이 내용파악에 유용한 경우가 많이 있다.

6. 출판시 목록데이터(CIP)

영미의 도서는 표제지 뒷면에 DDC와 LCC의 분류기호, LCSH의 주제명표목을 포함한 목록 정보가 수록되어 출판된다. 국내서의 경우에는 2002년 7월부터 국립중앙도서관에서 출판시 목록데이터를 제공하고 있다.

7. 서평, 참고자료, 전문가에게 문의

이상의 과정으로도 내용을 확실히 파악할 수 없는 경우에는 서평, 도서해제, 각 도서관에서 간행되는 장서목록, 각 출판사에서 간행되는 출판목록, 선정도서목록, 신간 안내, 광고용 출판 도서목록 등과 같은 참고자료를 참고로 한다. 그래도 미진할 경우에는 해당 분야의 주제전문가에게 문의한다.

1. 다음 중 분류규정의 일반규정에서 다루어야 할 내용과 가장 거리가 먼 것은?

① 문헌분류의 기본원칙과 방침

② 복수주제의 상호관련성

③ 원저작과 번역본 등에 대한 분류원칙

④ 분류표의 일부항목에 대한 재전개

해설 ④ 분류표의 일부 항목에 대한 재전개는 특별규정에 다루어야 할 내용이다.

2. 자관(自館)에 입수되는 자료를 분류할 때 적용할 일반원칙이나 개별주제에 관한 특별규정을 성문화한 지침을 가리키는 용어는?

① 분류표(classification scheme)

② 저자기호표(author table)

③ 보조표(tables)

④ 분류규정(classification code)

해설 ④ 분류규정은 분류결과의 통일성을 유지하기 위한 자관의 공식적인 지침서이다. ② 저자기호표는 동일분류번호에 속하는 자료를 개별화하기 위해 저자명을 코드화한 기호표이며, ③ 보조표는 본표의 전개를 지원하기 위한 조기성을 갖는 표들이다.

3. 총서(叢書), 전집(全集), 선집을 분류할 때의 유의사항으로 옳지 않은 것은?

① 총서명은 기재되어 있으나 권, 호가 표시되어 있지 않고 본서명(本書名)이 기재되어 있는 것은 단행본으로 취급하여 분류한다.

② 총서란 한 개인의 저작이나 2인 이상의 저작을 특정출판사에서 종합서명으로 출판한 인쇄물로서 KDC 080 아래 분류하는 것이 분류원칙이다.

③ 특정주제에 한정한 총서, 전집은 총류의 총서, 전집으로 KDC 080 아래 분류한다.

④ 문고본(文庫本) 중에서 단행본으로 취급하기에는 너무 크기가 작고, 부피가 얇으며, 분실 염려가 있는 문고본은 총서로 취급하여 분류한다.

해설 ③ 특정주제에 한정된 총서, 전집은 그 주제 아래 분류하고 표준분류 -08을 부가한다. 이때 개인전집은 -081을 부가하고 2인 이상의 전집은 -082를 부가한다.

4. 다음 중 2개의 주제를 양쪽 같은 정도로 취급했을 때 제2주제의 처리방법으로 옳은 것은?

① 저자의 목적이나 의도에 따른다.

② 분류목록 또는 주제목록으로 처리한다.

③ 최초의 주제와 같이 분류한다.

④ 분류표의 체계에 따른다.

5. 문헌분류에 있어서 주제파악의 방법과 거리가 먼 것은?

① 참고자료의 조사 ② 목차, 내용

③ 서문, 발문, 해설 ④ 저자의 의견

해설 ④ 주제파악의 최종 책임자는 분류자로, 저자의 의견은 참고사항일 뿐이다.

6. 다음에서 주제분석의 단계가 올바른 것은?

㉮ 서명(書名)	㉯ 서문(序文), 발문(跋文)	
㉰ 참고서(參考書)	㉱ 본문(本文)	㉲ 목차(目次)

① ㉮ - ㉯ - ㉲ - ㉱ - ㉰   ② ㉮ - ㉲ - ㉯ - ㉰ - ㉱

③ ㉯ - ㉮ - ㉱ - ㉲ - ㉰   ④ ㉯ - ㉮ - ㉲ - ㉱ - ㉰

정답 1. 4   2. 4   3. 3   4. 2   5. 4   6. 2

7. 다음 중 분류표를 선정하는 데 검토할 사항으로 옳지 않은 것은?

① 각 도서관마다의 공통성 여부를 고려한다.

② 소속도서관의 특수성을 고려한다.

③ 참고도구에 사용되는지 여부를 고려한다.

④ 현재 소장하고 있는 장서의 성격과는 관계가 없다.

해설 ④ 현재 소장하고 있는 장서의 성격을 최우선적으로 고려해야 한다.

8. 다음에서 분류의 일반규정에 대한 설명으로 옳지 않은 것은?

① 도서는 먼저 주제에 따라 분류하고 그 다음에 그 주제를 표현하는 형식에 의해서 세분한다.

② 어학공부를 목적으로 한 번역서, 주해서, 대역서 등은 주제에 의하여 분류하지 않고 공부하고 자 하는 국어 아래 분류한다.

③ 하나의 주제를 비판하고 옹호하려는 경우 비판하려는 주제에 분류한다.

④ 한 저작에서 다른 학설을 비판한 경우 비판한 학자에 대하여 분류한다.

해설 ③ 하나의 주제를 비판하고 옹호하려는 경우 옹호하려는 주제에 분류한다.

9. 다음은 분류규정의 특별규정에서 다루어야 할 내용이다. 옳지 않은 것은?

① 임의규정(options) 또는 선택적 조항의 처리

② 상세분류나 간략분류에 따른 분류기호의 절단(segmentation) 문제

③ 원저작과 번역본 등에 대한 분류원칙

④ 일반규정에 제시되지 않은 자료의 유형구분 등의 문제

10. 문헌분류의 일반규정에 대한 설명 중 옳지 않은 것은?

① 개인의 생애나 행적을 기록한 전기 자료는 피전자의 학문적배경이나 주제에 분류한다.

② 전집 중에서 일부만 구매한 경우에는 단행본으로 간주하여 각 주제에 분류한다.

③ 자료에서 취급된 복수의 주제가 상관성이 존재하고 인과관계의 경우에는, 결과에 해당하는 주제에 분류한다.

④ 비문학적 전집, 문학적 전집의 경우 모두 일반전집(080)에 분류한다.

④ 비문학적 전집만 일반전집, 문학적 전집은 문학아래에 분류한다.

11. 다음 예시의 분류오류에 해당하는 원인으로 알맞은 것은?

예시		
자료	주제(분류기호)	오분류의 근거
영화 속의 철학 (박병철 저)	영화(688)	'영화'를 소재로 '철학'을 논하였음. 철학(104)에 분류해야 함.

① 주제분석(결정)의 오류

② 형식, 시대, 지역기호 적용의 오류

③ 분류규정의 몰이해 또는 적용상 오류

④ 주기의 이해 부족 및 적용상 오류

③ 예시는 분류규정의 몰이해 또는 적용상 오류의 예이다.

12. 분류표 중 색인을 이용할 경우를 설명한 것으로 적절하지 못한 것은?

① 문헌분류를 위하여 초보자는 색인만 보는 것이 중요하다.

② 주제가 취급된 독특한 관점을 위하여 주제 아래의 작은 주제를 찾아야 한다.

③ 색인에서 찾은 분류번호는 본표에서 반드시 확인해야 한다.

④ 색인을 사용하면 초보자라도 쉽게 분류표를 사용할 수 있다.

13. 하나의 자료에 주제가 둘 또는 셋 이상 될 경우의 문헌분류방법에서 자료를 분류하는 방법으로 옳지 않은 것은?

① 저자나 편자가 가장 역점을 둔 주제에 분류한다.

② 두 번째, 세 번째 주제가 결정적으로 중요하게 취급되지 않을 경우 첫 번째 주제에 분류한다.

③ 학문 체계에 따라 분류한다.

④ 저자의 목적이 명백한 주제에 분류한다.

정답 7. 4   8. 3   9. 4   10. 4   11. 3   12. 1   13. 3

해설 ③ 학문 체계에 따라 분류하는 것이 아니라, 복수주제(複數主題)의 분류는 다음과 같이 한다. 1) 주제가 두 개, 세 개 이상의 주제를 포함하고 있을 경우에는 두 개, 세 개의 주제 중 가장 중요하다고 판단되는 주제 아래 우선 분류한다. 2) 주제가 두 개, 세 개인 경우 저자나 편자가 가장 역점을 둔 주제를 제1주제로 분류한다. 3) 다수의 주제를 포함하고 있을 경우에는 많은 분량을 취급한 주제를 제1주제로 분류한다. 4) 제1주제로 선정되지 않은 주제도 6XX 태그에 주제명을 부여하여 자료검색에 도움을 준다. 5) 한 자료 내에서 4개 이상의 주제를 포함하고 있을 경우에는 그 자료 전체를 포괄하는 상위 항목에 분류한다.

14. 분류작업의 일반적인 순서를 짝지은 것 중 옳은 것은?

> ㉠ 소정의 도서기호 결정
> ㉡ 자관(自館)에 맞는 분류표의 선정
> ㉢ 완성된 청구기호에 의한 서가상의 배열
> ㉣ 문헌에 대한 분류기호 부여
> ㉤ 분류표 및 그 사용법에 대한 이해

① ㉠-㉢-㉣-㉡-㉤   ② ㉠-㉤-㉡-㉣-㉢
③ ㉡-㉤-㉣-㉠-㉢   ④ ㉤-㉡-㉢-㉠-㉣

15. 특정주제의 이론과 응용을 취급한 자료는 어디에 분류하는가?

① 료의 주제   ② 자료의 내용
③ 이론 쪽   ④ 응용 쪽

16. 문헌분류의 과정에서 제일 먼저 행하는 분류는?

① 학문체계에 따라서 분류한다.

② 관점에 따라서 분류한다.

③ 주제에 따라서 분류한다.

④ 분류표에 체계에 따라서 분류한다.

해설 ③ 문헌은 우선 주제에 따라서 분류하고 형식으로 세분한다. 단, 문학작품은 먼저 형식으로 분류한다.

17. 문헌분류의 일반규정과 관계가 가장 먼 것은?

① 복수주제가 각각 독립적인 요소를 가질 경우 저자가 중점을 두는 주제나 더 포괄적인 주제에 분류한다.

② 상위, 하위 주제에 해당하는 셋 이상의 주제는 상위주제에 분류한다.

③ 중요성을 파악할 수 없는 경우 선행규칙에 따라 해당 분류표에서 앞에 나타나는 주제에 분류한다.

④ 원인과 결과를 다룬 저작의 경우 원인에 해당하는 주제에 분류한다.

해설 ④ 원인과 결과를 다룬 저작의 경우 결과에 해당하는 주제에 분류한다.

18. 문학자료를 분류할 때 일반적으로 고려되는 사항은 다음 중 어느 것인가?

① 저자의 국적, 문학의 형식, 시대

② 저자의 국적, 출판사, 시대

③ 문학의 형식, 주제, 언어

④ 주제, 저자의 국적, 형식

해설 ① 문헌분류의 일반적인 원칙에 따르면, 주제에 의해 분류하고 다음 형식에 의해 분류한다. 단, 문학작품은 우선적으로 저작의 언어에 따르고 문학의 형식, 시대의 순으로 분류한다.

19. 분류작업을 실시하고자 할 때의 유의사항으로 옳지 않은 것은?

① 사용할 분류표를 결정하여 그의 사용법을 명백히 알아야 한다.

② 특수자료 및 별도의 취급을 요하는 자료도 일반자료와 동일하게 한다.

③ 분류기호, 도서기호를 결정하여야 한다.

④ 주제명표목의 정비와 주제명표목을 결정하여야 한다.

해설 ② 특수자료 및 별도의 취급을 요하는 자료는 특수한 분류표로 분류하여 특수한 장소에서 관리하는 것이 바람직하다. 다만 도서관 사정상 분류는 동일한 방법으로 분류하였다손 치더라도 관리만은 특별한 취급을 요한다. 특히 이념서적, 주체사상에 관한 서적, 북한 관련 서적 등은 특수자료 혹은 불온서적이라 하여 비밀취급허가자만이 관리를 하였다. 다음은 분류작업을 실시할 때의 유의사항이다. 1) 사용할 분류표를 결정하여 그의 사용법을 명백히 알아야 한다. 2) 자료의 내용파악 방법과 그 내용에 적당한 분류기호를 부여하기 위하여 필요한 내용을 통일하여야 한다. 3) 분류기

정답 14. 3　　15. 4　　16. 3　　17. 4　　18. 1　　19. 2

제3장_ 분류규정 및 분류작업의 이해

165

호, 도서기호를 결정하여야 한다. 4) 주제명표목을 결정하여야 한다. 5) 특수자료 및 별도의 취급을 요하는 자료는 일반자료와는 별도로 취급하여 그 자료의 종류와 취급법을 명확히 해야 한다. 6) 기타 자료조직화에 필요한 분류(주제명을 포함)에 관한 일체의 업무를 이행하여야 한다.

20. 자료분류 과정의 순서로 알맞은 것은?

> ㉠ 자료전체의 내용을 대표하는 주제어를 추출하고 개념화한 후 분류표에서 직접 해당기호를 확인한다.
> ㉡ 자료의 주제와 패싯을 분류기호로 변환한다.
> ㉢ 자료를 분석하여 주제를 결정한다.
> ㉣ 주제의 복합성 여부, 취급된 관점·범위·형식·지역·시대 등을 확인하고, 물리적 체제를 결정한다.

① ㉣ - ㉢ - ㉠ - ㉡   ② ㉢ - ㉣ - ㉠ - ㉡
③ ㉢ - ㉠ - ㉣ - ㉡   ④ ㉠ - ㉢ - ㉣ - ㉡

해설 ② 첫째, 대상자료를 분석하여 주제를 결정한다. 둘째, 자료에 취급된 주제의 복합성 여부 취급된 관점·범위·형식·지역·시대 등을 확인하고, 물리적 체제를 결정한다. 셋째, 자료전체의 내용을 대표하는 주제어를 추출하고 개념화한 후에 분류표에서 직접 해당기호를 확인한다. 넷째, 자료의 주제와 패싯을 분류기호로 변환한다.

21. 분류규정의 중요성에 대한 설명으로 옳은 것은?

① 문헌분류는 도서관의 다종다양한 업무 중에서 실무자의 주관이 가장 많이 개입되는 분야이다.
② 최신의 분류표는 모든 분류기준을 제시할 수 있다.
③ 모든 학문의 발전추세와 최근 동향을 적시에 반영하기 쉽다.
④ 도서관계의 잦은 인사이동으로 분류규정의 중요성이 사라지는 추세이다.

해설 ① 문헌분류는 실무자의 주관이 가장 많이 개입되는 분야이기 때문에 분류규정에 의해 일반화될 수 있어야 한다. ② 지구상에 존재하는 어떤 분류표도 모든 분류기준을 제시하지 못하고 있다. ③ 개정주기가 극도로 짧은 최신 분류표라 하더라도 모든 학문의 발전추세와 최근 동향을 적시에 반영하기 어렵다. ④ 도서관계의 잦은 인사이동은 분류규정의 중요성을 더욱 정당화한다.

22. 주제분석 및 분류기호 부여과정에 대한 순서로 옳은 것은?

① 주제분석·개념화 → 키워드 선정 → 본표에서 분류번호의 부여 → 본표 및 보조표의 주에 근거하여 기호의 조합

② 주제분석·개념화 → 키워드 선정 → 본표 및 보조표의 주에 근거하여 기호의 조합 → 본표에서 분류번호의 부여

③ 키워드 선정 → 주제분석·개념화 → 본표 및 보조표의 주에 근거하여 기호의 조합 → 본표에서 분류번호의 부여

④ 키워드 선정 → 주제분석·개념화 → 본표에서 분류번호의 부여 → 본표 및 보조표의 주에 근거하여 기호의 조합

23. 분류자가 분류기호를 배정할 때 자료의 내용파악을 한 후 분석을 하여야 한다. 분석하는 방법으로 옳지 않은 것은?

① 특정주제의 시대적, 지역적 관계를 분석하여 알맞은 조기성 기호를 첨가한다.

② 분류표에 나타나지 않은 주제를 위해서는 분류표를 수정하거나 전개하여 사용하여야 한다.

③ 주제가 2개 이상일 경우에는 제일 먼저 취급한 주제를 선정하여 분류한다.

④ 자료의 내용이 복잡하여 주제를 결정하기 곤란할 경우에는 도서관에서 채택한 분류규정에 입각하여야 한다.

해설 ③ 주제가 2개 이상일 경우에는 가장 중요한 주제 하나만을 선택하여 분류한다. 이때 중요한 주제는 저자의 목적이 명백한 주제 혹은 많은 면수를 차지한 주제이다.

24. 다음 설명 중 문헌분류를 설명한 내용으로 옳은 것은?

① 자료의 목차구성을 알기 위한 것이다.

② 문헌자료의 서명을 알기 위한 것이다.

③ 자료의 주제나 형식을 한 곳에 모아두는 것이다.

④ 문헌의 저자와 서명 목차를 알기 위한 것이다.

정답 20. 2   21. 1   22. 1   23. 3   24. 3

25. 상관색인의 장점으로 옳지 않은 것은?

① 동의어 유사어는 같은 장소에서 발견할 수 있다.

② 특정주제를 취급한 관점이 다르더라도 그 주제 아래에서 관련분야를 찾을 수 있다.

③ 같은 주제를 각각 다른 분류자가 분류하더라도 다른 장소에 분류하는 일이 적어진다.

④ 쉽게 reprint 할 수 있다.

해설 ④ 재판(reprint)하기가 쉬운 게 아니라 어렵다.

26. H.E. Bliss는 "분류기호는 가능한 한 짧아야 하며, 그 경제적 한계는 3내지 4자릿수"라고 하였다. 그가 말한 것은 분류기호의 어떤 성질인가?

① 단순성   ② 간결성

③ 계층성   ④ 조기성

해설 ② 기호의 간결성이란 기호가 길어서는 안 됨을 의미한다.

27. 자료의 주제를 비교대조한 것의 분류는?

① 자료의 주제에 따라 분류한다.

② 나타내려는 주제, 주장하는 주제에 분류한다.

③ 분류표의 체계에 따른다.

④ 학문의 계통에 따른다.

28. 분류의 효용성 중 이용자의 입장이 아닌 것은?

① 자료의 이용 상황을 파악할 수 있다.

② 장서의 구성 상황을 파악할 수 있다.

③ 분류기호를 통한 시간과 노력의 절약이 가능하다.

④ 저자, 서명을 모르더라도 장서로의 접근이 가능하다.

해설 ① 자료의 이용 상황 파악은 도서관의 입장이다.

29. 다음에서 분류표상에 나와 있는 용어뿐만 아니라, 분류자가 참고할 수 있는 유사어, 동의어, 용어의 도치형식 등 모든 용어를 추가하고 해당 분류기호를 제시한 색인을 일컫는 용어는?

① 열거색인(enumerative index)

② 상관색인(relative index)

③ KWIC색인

④ PRECIS

해설 ② 분류표의 색인은 용어의 배열체계에 따라 열거색인과 상관색인으로 구분한다. 열거색인은 분류표상에 나와 있는 용어만을 알파벳순으로 나열하고 분류기호를 추가하는 색인이며, 상관색인은 여기에 모든 관련용어를 추가하여 편성한 색인이다.

30. 원인과 결과의 관계를 취급한 자료는 어디에 분류하는가?

① 원인 쪽에   ② 결 쪽에

③ 학문의 계통에 따라   ④ 자료의 주제에 따라

31. 도서관에서 말하는 재분류란 무엇인가?

① 재분류란 채용분류표를 변경할 경우에 실시하는 작업을 말한다.

② 재분류란 이미 분류된 도서 중 잘못 분류된 자료를 찾아 새롭게 고친 것을 말한다.

③ 재분류란 말은 기존의 분류표로 분류된 제외하고 새로 구입된 도서에 새로운 분류표로 분류하는 것을 말한다.

④ 재분류란 다시 분류한다는 뜻으로 기존의 분류번호 하단에 분류번호를 기록하는 것을 말한다.

해설 ① 재분류란 분류표의 전개능력에 한계를 느끼거나, 특수분류표 혹은 표준분류표를 사용하기 위하여 분류표 자체를 변경하는 것을 말한다. 예를 들어, UDC를 KDC로 바꾸는 경우이다.

32. 도서정리를 담당한 사서가 문헌의 주제를 분석했을 때 얻을 수 있는 것은 무엇인가?

① 저자명, 분류기호   ② 사전체목록, 분류기호

③ 분류기호, 주제명   ④ 통일 표목

정답   25. 4   26. 2   27. 2   28. 1   29. 2   30. 2   31. 1   32. 3

33. 분류규정에 포함되어야 하는 주요 내용에 대한 설명으로 옳지 않은 것은?

① 전문가들이 채택한 공통된 분류도구 및 도서기호표의 운용방침

② 신주제 동양부문 주제나 토픽의 재전개 문제

③ 자료유형 및 주제별 분류 원칙과 선택조항의 적용문제

④ 유사한 주제 및 관련개념의 적용범위 결정

해설 ① 전문가들이 아닌 자관이 채택한 분류도구 및 도서기호표의 운용방침이다.

34. 자료를 분류하고자 한다. 자료의 내용파악 방법으로 옳지 않은 것은?

① 서명으로부터 주제를 파악한다.

② 서명으로부터 주제를 파악하기 어려울 때는 목차를 통하여 주제를 파악한다.

③ 서문, 발문, 해설 등에서도 자료의 내용을 파악할 수 있다.

④ 전문가에게 문의하는 것은 분류자의 자질이 없다고 본다.

해설 ④ 본문을 모두 읽어도 내용파악이 어려우면 주제전문가(Subject Specialist)에게 문의하는 방법도 있다.

35. 주제분류에서 색인을 이용하는 주된 이유가 아닌 것은?

① 색인을 이용하면 본표를 이용하는 것보다 빨리 주제분류 접근이 용이하다.

② 색인을 이용하면 본표를 직접적으로 이용하는 것보다는 철저하지 못한 면이 있다.

③ 색인을 이용하여 주제분류를 찾으면 본표를 확인할 필요가 없어서 좋다.

④ 색인을 이용하면 본표로 가도록 인도하나 단순히 색인에 의해 분류해서는 안 되는 단점이 있다.

36. 문헌분류표에서 상관색인이란 무엇인가?

① 일반색인과 같은 것이다.

② 분류표 자체에 대한 색인이다.

③ 본문내용 외에 관련주제까지도 나타낸 색인이다.

④ 종합색인을 말한다.

37. 십진분류법의 조기표(助記表) 중 가장 많이 사용되는 것은?

① 일반형식(표준)구분   ② 문학형식구분

③ 언어공통구분   ④ 국어구분

해설 ① 일반형식(표준)구분은 본표의 어디서나 사용할 수 있으나, 지문에 나온 그 이외의 조기표는 본표에서 사용하라는 지시주가 있을 경우에만 사용할 수 있기 때문이다.

38. 복수주제의 취급에 관한 분류규정 중 옳지 않은 것은?

① 영향을 준 주제와 영향을 받은 주제를 다룬 저작은 영향을 받은 주제에 분류한다.

② 구체적인 주제와 추상적인 주제를 다룬 저작의 경우 추상적인 주제 아래 분류한다.

③ 이론과 응용의 양 측면을 다룬 저작은 응용에 분류한다.

④ 상위주제의 하위에 있는 세 주제를 동시에 다룬 저작은 상위주제에 분류한다.

39. 2개의 주제를 가진 문헌이 있을 경우 주제분류 방법이 아닌 것은?

① 중요한 주제를 판단하기 어려울 경우 페이지수가 많은 것을 제1주제로 하는 경우도 있다.

② 저자와 편자가 역점을 둔 자료에 분류한다.

③ 2개의 주제를 취급한 자료가 비슷할 경우는 최초의 주제에 분류한다.

④ 2개의 주제를 가진 문헌의 경우는 최초의 주제에 분류한다.

해설 ④ 주제가 두 개, 세 개 이상의 주제를 포함하고 있는 자료의 분류는 우선 가장 중요한 주제에 분류하고, 다수의 주제를 포함한 자료의 분류가 어려울 경우에는 분량이 많은 쪽에 분류한다. (이때는 양쪽의 주제 구별이 용이치 않을 때) 그리고 저자나 편자가 중요하다고 한 주제가 있다면 그 주제에 분류하고, 저자의 의도가 있는 자료의 분류는 저자의 의도대로 분류하는 것이 좋다.

40. 다음 중 주제와 기타 요소에 대한 규정으로 알맞은 것은?

① 자료가 3개 이하의 복수주제를 다룬 경우에 특정주제가 계층구조상 다른 주제의 하위 개념일 때는 더 포괄적인 상위주제에 분류한다.

② 자료에 취급된 주제나 토픽이 3개 이상이고 이들이 상위주제의 직접적 세목일 경우는 선행규칙을 무시하고 삼자포괄규칙을 적용하여 그들을 포섭하는 상위주제에 분류한다.

정답   33. 1   34. 4   35. 3   36. 3   37. 1   38. 2   39. 4   40. 3

③ 자료의 저자가 타인의 학문적 주장이나 연구의 결과를 비판한 자료는 그 비판의 대상이 된 자료에 분류하지 않고 저자가 주장하거나 옹호한 학설 또는 이론에 분류한다.

④ 어떤 자료가 단일주제를 취급하였으나, 저자가 강조한 관점이 분명하게 존재할 때는 주제나 토픽이 아닌 관점에 분류한다.

41. 다음 보기에서 나타나는 분류 오류에 해당하는 것은?

자료	주제 (분류기호)	오분류의 근거
정보서비스론	도서관과 사회 (020.13)	참고 및 정보봉사(025.2)에 분류해야 함. 020.13 아래에 기술된 '정보정책, 정보화사회, 정보와 사회, 정보산업, 정보서비스, 정보공해 등을 포함한다'는 주에 대한 몰이해에서 기인함.

① 주류기호 배정의 오류

② 강목 및 요목기호 배정의 오류

③ 분류규정의 몰이해 또는 적용상 오류

④ 주기의 이해부족 및 적용상 오류

해설 ④ 주기의 이해부족 및 적용상 오류이다. 분류자는 주기의 개념, 성격, 적용방식, 용례 등을 정확하게 적용해야 함에도 불구하고 그것에 대한 이해의 부족과 적용의 잘못으로 인해 오분류가 발생한다. ① 주류기호 배정의 오류란 여러 도서관이 특정 자료를 각각 상이한 주류에 분류한 경우를 말하며 가장 심각한 오류로 규정할 수 있다. ② 강목 및 요목기호 배정의 오류란 자료의 주류기호는 동일하지만 강목이나 요목의 기호화에서 나타나는 오류를 말한다. ③ 분류규정은 실무의 일관성을 유지하여 동일한 주제를 군집하고 유사한 주제를 인접 배치하는 데 목적이 있다. 이러한 분류규정을 이해하지 못하거나 적용의 잘못으로 오분류가 발생한다.

42. 분류규정이 필요한 이유는?

① 분류작업의 통일성을 위하여

② 분류작업의 객관성을 위하여

③ 분류표를 통일하기 위하여

④ 분류표를 실용화하기 위하여

43. 다음은 자료분류의 일반규정에 대한 설명이다. 이 중 기본원칙에 관한 것은?

① 일반적으로 자료분류는 당해자료가 연원으로 삼은 학문보다 자료에서 의도하는 학문(또는 주제) 분야를 우선하는 원칙을 견지해야 한다.

② 자료에서 주제를 기술한 관점이 2개 이상일 때는 주된 관점에 분류하되, 그것을 판단하기 어려울 때는 저자의 전공분야를 고려하여 분류한다.

③ 자료가 3개 이하의 복수주제를 다룬 경우에 특정주제가 계층구조상 다른 주제의 하위개념일 때는 더 포괄적인 상위주제에 분류한다.

④ 자료가 분류표에 등장하지 않은 새로운 주제를 다루었을 때는 학문분류 또는 지식분류 체계를 검토하여 가장 밀접한 주제에 잠정적으로 분류한다.

해설 ① 기본원칙은 일반적으로 자료분류는 당해자료가 연원으로 삼은 학문보다 자료에서 의도하는 학문(또는 주제) 분야를 우선하는 원칙을 견지해야 한다는 것이다. ②는 단일주제 자료 ③은 복수(합성)주제 자료 ④는 주제와 기타 요소에 대한 설명이다.

44. 다음 중 일반적인 분류과정을 올바른 순서로 열거한 것은?

① 분류표를 이해한다. - 도서기호를 배정한다. - 청구기호에 따라 자료를 서가에 배열한다. - 문헌의 내용을 파악한다. - 분류기호를 배정한다.

② 분류표를 이해한다. - 문헌의 내용을 파악한다. - 도서기호를 배정한다. - 도서기호를 배정한다. - 청구기호에 따라 자료를 서가에 배열한다.

③ 분류표를 이해한다. - 문헌의 내용을 파악한다. - 분류기호를 배정한다. - 도서기호를 배정한다. - 청구기호에 따라 자료를 서가에 배열한다.

④ 문헌의 내용을 파악한다. - 분류표를 이해한다. - 분류기호를 배정한다. - 도서기호를 배정한다. - 청구기호에 따라 자료를 서가에 배열한다.

45. 자료를 분류할 때 주제의 상호관계를 취급한 자료의 분류는 어떻게 하여야 하는가?

① 자료의 내용상 우세한 부분을 제1주제로 분류한다.

② 저자의 목적이나 의도 취지를 적극 반영한다.

③ 학문의 성격이나 계통에 따른다.

④ 제일 먼저 취급된 주제에 분류한다.

정답 41. 4   42. 1   43. 1   44. 3   45. 1

해설 ① 주제의 상호관계를 취급한 도서란 한 저자가 단일주제이거나 또는 제2주제, 제3주제 이상이라 할지라도 그 주제가 동위적(同位的)으로 혹은 병립적(竝立的)으로 다루어진 도서는 자료의 내용상 우세한 주제 속에 분류하는 것이 바람직하다.

46. 다음 중 문헌분류의 방법으로 맞는 것은?

① 주제에 의해서 분류하고 형식에 의해 구분한다.

② 관념에 의해서 분류하고 형식에 의해 구분한다.

③ 형식에 의해서 분류하고 주제에 의해 구분한다.

④ 문제에 의해서 분류하고 결과에 의해 구분한다.

47. 다음의 상관색인 설명에서 옳지 않은 것은?

① 상관색인이란 분류표상의 명사를 발음순(가나다순, 알파벳순)으로 배열하여 각 분류명사에 해당하는 분류기호를 쉽게 찾을 수 있도록 작성된 색인이다.

② 도치형식 등으로도 관련 분류기호를 찾을 수 있도록 작성해 주어 상관색인이라 말한다.

③ 특정주제에 관하여 여러 관점에서 취급된 항목들을 특정주제 아래에서 모두 신속하게 검색할 수 있기 때문에 분류기호를 배정하는 데에 매우 편리하다.

④ 상관색인은 듀이(Dewey)가 DDC에서 처음으로 창안한 것으로서 열거색인보다 필요한 주제를 쉽게 찾을 수 있다.

해설 ①은 열거색인을 설명한 것이다.

48. 다음 중 주제하에서의 자료의 분류는 어떻게 하는가?

① 주제와 형식에 따라   ② 분류표의 체계에 따라

③ 저자의 의도와 목적에 따라   ④ 자료가 포함한 학문체계에 따라

49. 문헌분류 담당사서가 자료의 주제를 분석했을 때 알 수 있는 것은?

① 저자명, 분류기호   ② 사전체목록, 분류기호

③ 분류기호, 주제명   ④ 통일표목, 주제명

해설 ③ 문헌분류는 주제에 의하여 분류하고 그 다음 형식에 의하여 분류한다.

50. 상하관계 또는 전체와 부분을 취급한 자료는 어떻게 분류하는가?

① 자료의 주제에 따라　　　　　　② 저자의 목적이나 의도에 따라

③ 학문의 계통에 따라　　　　　　④ 상위의 주제에 따라

51. 다음 중 회색문헌에 대한 설명으로 가장 옳은 것은?

① 정보기관의 기밀자료이다.

② 내용의 정확성이 결여된 자료이다.

③ 분석·가공된 형태의 자료이다.

④ 입수 및 유통의 확인이 어려운 자료이다.

해설 ④ 회색문헌이란 일반적으로 발행은 되었지만 정식으로 출판되어 시판되는 것이 아닌 문헌을 말한다. 예를 들어, 정부, 기업, 대학교 등에서 만들어진 기술 및 연구보고서, 회의자료, 출판 전 배포기사 등으로 유통의 확인이 어려워 입수하기가 곤란한 자료이다.

52. 다음 중 3개 이하의 주제를 취급한 자료의 분류는 어떻게 하는가?

① 가장 완전히 취급한 주제에　　　② 저자의 목적이나 의도에 따라

③ 학문의 체계에 따라　　　　　　④ 분류표의 체계에 따라

53. 다음에서 문헌분류에서 일반적으로 채택해야 하는 분류원칙으로 가장 거리가 먼 것은?

① 두 개의 주제를 다룬 문헌에서 어느 한 주제가 다른 주제의 하위개념에 해당될 경우에는, 상위주제에 분류한다.

② 복수주제가 동등하게 취급된 경우는 분류표상에서 앞에 오는 주제에 분류한다.

③ 서로 인과관계에 있는 주제들을 다루고 있는 문헌은 원인에 해당하는 주제에 분류해야 한다.

④ 원저작의 영인(影印)과 역주, 번역, 색인 등은 원저작이 분류된 항목에 분류한다.

해설 ③ 서로 인과관계나 영향관계에 있는 주제들을 다루고 있는 문헌은 "적용규칙(rule of application)"에 따라, 결과에 해당하는 주제나 영향을 받고 있는 주제에 분류한다.

정답	46. 1	47. 1	48. 3	49. 3	50. 4	51. 4	52. 1	53. 3

54. 다음에서 문헌 또는 자료의 내용을 파악하기 위한 일반적인 검토순서로 올바른 것은?

① 서명 – 서문, 해설 – 내용 목차 – 본문 – 참고문헌

② 서명 – 내용 목차 – 서문, 해설 – 본문 – 참고문헌

③ 서명 – 서문, 해설 – 내용 목차 – 참고문헌 – 본문

④ 서명 – 본문 – 서문, 해설 – 내용 목차 – 참고문헌

해설 ② 분류 실무자가 한 문헌에 적합한 해당 분류번호를 배정하기 위해서는 먼저 분류하고자 하는 문헌 내용의 핵심 주제를 정확하고 분명하게 분석해야 하며, 문헌의 내용을 파악하는 방법은 일반교양도서, 문학류 등은 다소 차이가 있지만 일반적으로 1) 서명 2) 내용 목차, 장 제목 3) 서문, 해설 4) 본문 통독 5) 참고문헌, 색인항목 6) 출판시 목록 데이터(CIP) 7) 서평, 참고자료, 전문가에게 문의 순서의 방법을 따른다.

55. 다음에서 문헌분류가 이용자에게 주는 효과가 아닌 것은?

① 장서점검(inventory)을 효율적으로 할 수 있도록 하는 데 도움을 준다.

② 도서관장서의 구성범위와 내용을 알 수 있다.

③ 특정부문이나 특정주제의 장서를 파악할 수 있다.

④ 유사자료나 관련자료에 대한 체계적인 브라우징(browsing)이 가능하다.

해설 ① 장서점검에 도움을 주는 것은 이용자보다는 도서관측에 미치는 효과이다.

56. 분류규정의 필요성 및 중요성으로 옳은 것을 고르시오.

① 개정주기가 극도로 짧은 최신 분류표는 학문의 발전추세와 최근 동향을 적시에 반영한다.

② 분류표에 없는 새로운 내용과 주제를 기술한 자료가 입수되었을 때 분류자가 임의로 항목을 신설하거나 조정하는 것은 바람직하다.

③ 문헌분류는 도서관의 다종다양한 업무 중에서 실무자의 주관이 가장 많이 개입되는 분야 이다.

④ 자관의 분류표를 중심으로 분류원칙을 정하지 않으면 주제결정과 기호배정의 논리성을 지니 나 일관성과 통일성을 기대할 수 없다.

해설 ③ 국가나 관종을 불문하고 문헌분류의 일관성과 통일성을 유지하기 위한 분류규정을 마련하고 있으며 분류 규정은 실무를 수행할 때 매우 중요한 지침이나 기준으로 작용한다. 분류규정의 필요성 및 중요성은 다음과 같다. 1) 지구상에 존재하는 어떤 분류표도 모든 분류기준을 제시하지 못하고 있다. 무수한 주제와 내용으로 구성된 모든 자료

에 대한 분류규정을 일일이 명시하기 어렵기 때문에 자관의 분류표를 중심으로 분류원칙을 정하지 않으면 주제결정과 기호배정의 논리성, 일관성, 통일성을 기대할 수 없다. 2) 개정주기가 극도로 짧은 최신 분류표라 하더라도 모든 학문의 발전추세와 최근 동향을 적시에 반영하기 어렵다. 3) 분류표에 없는 새로운 내용과 주제를 기술한 자료가 입수되었을 때 분류자가 임의로 항목을 신설하거나 조정하는 것은 바람직하지 않으므로 새로운 분류규정이 필요하다. 4) 문헌분류는 도서관의 다종다양한 업무 중에서 실무자의 주관이 가장 많이 개입되는 분야이다. 5) 분류규정은 초보사서의 오리엔테이션 내지 직무교육에 중요한 도구이다. 6) 도서관계의 잦은 인사이동은 분류규정의 중요성을 더욱 정당화한다.

57. 어떤 주제를 설명하기 위해 다른 재료를 빌려서 설명한 자료의 분류는?

① 재료에   ② 분류표의 체계에 따라

③ 자료의 주제에   ④ 저자가 설명하려는 주제에

58. 문헌분류의 일반규정에 대한 설명 중 옳지 않은 것은?

① 일반적으로 자료분류는 당해자료가 연원으로 삼은 학문보다 자료에서 의도하는 학문(또는 주제) 분야를 우선하는 원칙을 견지해야 한다.

② 단일주제 자료의 경우 저자가 강조한 관점이 분명하게 존재할 때는 주제나 토픽(topic)이 아닌 관점에 분류한다.

③ 자국어가 포함되지 않은 2개 국어로 된 언어사전에서 표목어가 2개일 때는 후행규칙을 적용한다.

④ 저자가 타인의 학문적 주장을 비판한 자료는 그 비판의 대상이 된 자료에 분류한다.

해설 ④ 저자가 타인의 학문적 주장이나 연구의 결과를 비판한 자료는 그 비판의 대상이 된 자료에 분류하지 않고 저자가 주장하거나 옹호한 학설 또는 이론에 분류한다.

59. 분류자가 분류표를 이해하고 자료의 내용을 파악한 후, 그 내용을 기호화하는 것을 무엇이라 하는가?

① 분류기호배정   ② 도서기호배정

③ 주제명표목선정   ④ 청구기호기입

정답 54. 2   55. 1   56. 3   57. 4   58. 4   59. 1

60. 다음의 문헌분류에서 일반적으로 채택하는 원칙에서 옳지 않은 것은?

① 모두가 동일한 상위주제의 세목에 해당하는 셋 이상의 주제를 다루고 있는 문헌은 어느 한 주제가 다른 주제들보다 더욱 완전하게 다루어지지 않는 한, 이 주제들을 모두 포함하는 첫 번째 상위기호에 분류한다.

② 복수주제가 동등하게 취급된 경우는, 분류표상에서 앞에 오는 주제에 분류한다.

③ 서로 영향관계에 있는 주제들을 다루고 있는 문헌은 영향을 받고 있는 주제에 분류한다.

④ 문헌분류는 학문분류와는 달리, 자료나 문헌의 형식이 특히 중요한 만큼, 분류의 일차적인 기준은 그 형식이다.

해설 ④ 문헌분류의 일차적인 기준은 문헌의 내용, 즉 주제이며, 필요한 경우 표현형식이나 물리적 형식, 지역, 시대 등의 세목을 추가하게 된다. 복수주제가 동등하게 취급된 경우는 "선행규칙(first of two rules)"에 따라, 분류표상에서 앞에 오는 주제에 분류한다. 서로 영향관계에 있는 주제들을 다루고 있는 문헌은 "적용규칙(rule of application)"에 따라 영향을 받고 있는 주제에 분류한다. 모두가 동일한 상위주제의 세목에 해당하는 셋 이상의 주제를 다루고 있는 문헌은 어느 한 주제가 다른 주제들보다 더욱 완전하게 다루어지지 않는 한, "삼자규칙(rule of the three)"에 따라, 이 주제들을 모두 포함하는 첫 번째 상위기호에 분류한다.

61. 문헌분류의 효과에 있어서 도서관 측의 효과가 아닌 것은?

① 장서구성의 합리적 계획을 할 수 있다.

② 자료이용 상황의 조사가 용이하다.

③ 자료의 출납과 검색이 능률적이다.

④ 특정주제가 없을 때 유사자료의 접근이 용이하다.

62. 다음 중 분류의 일반규정이 아닌 것은?

① 분류의 규정은 자관의 특성보다는 모든 기관이 같은 규정을 두어야 혼란이 없다.

② 자료의 학문분야나 주제에 따라 분류해야 한다.

③ 필요에 따라서는 형식에 따라 세분한다.

④ 자료는 영구적인 유용성을 바탕으로 이용자가 편리하도록 분류한다.

해설 ① 분류의 규정은 자관의 특성과 사정에 따라 달라진다.

63. 다음 중 문헌분류의 일반적인 과정을 가장 올바른 순서로 열거한 것은?

> ㉠ 분류표를 이해한다.
> ㉡ 문헌의 내용을 분석한다.
> ㉢ 분류기호를 배정한다.
> ㉣ 도서기호를 배정한다.
> ㉤ 청구기호에 따라 자료를 서가에 배가한다.

① ㉠ - ㉡ - ㉢ - ㉣ - ㉤   ② ㉡ - ㉠ - ㉢ - ㉣ - ㉤

③ ㉠ - ㉣ - ㉡ - ㉢ - ㉤   ④ ㉠ - ㉢ - ㉡ - ㉣ - ㉤

64. 다음은 분류작업에 대한 설명이다. 가장 거리가 먼 것은?

① 청구기호에 따라 해당 서가에 배열한다.

② 도서관에서의 분류작업은 장서를 보존하고 이용, 제공하기 위해서 행해지는 정리업무의 한 부분으로, 자료의 주제내용에 의해 배가되도록 또는 그 주제내용을 검색할 수 있도록 조직화된 작업의 내용을 말한다.

③ 입수된 개개 자료의 주제와 형식을 분석하고 가장 중요한 주제를 선정해서, 소정의 분류표를 사용하여 분류기호를 결정하고, 도서기호 등을 조합해서 청구기호를 구성한다.

④ 검색을 위한 도서의 서지 목록 항목에 관해 MARC을 작성한다.

해설 ① 청구기호에 따라 해당 서가에 배열하는 업무도 분류작업의 한 부분이나, 업무성격상 실제 분류작업과는 거리가 가장 멀다고 할 수 있다.

65. 다음 중 영향관계를 취급한 자료의 분류는 어디에 하는가?

① 학문의 계통에 따라

② 원인의 주제에

③ 영향을 받은 주제 아래에

④ 저자의 목적이나 의도에 따라

66. 실제 분류를 할 때, 어떤 주제는 둘 이상의 방식으로 다룰 수도 있다. 이러한 경우 어떤 주제를 분류표에서 공식적으로 채택하는 방식과 다른 방식으로 분류할 수 있는 융통성을 부여하기도 하는데, 이를 가리키는 용어는?

① 임의규정(options)   ② 부가표(add tables)

③ 보조표(table)   ④ 분류규정(classification code)

> **해설** ① 임의규정은 도서관에 융통성을 부여해 주는 일종의 선택적 조항이라 할 수 있다.

67. 문헌분류의 과정과 관계가 없는 것은?

① 도서기호 결정   ② 분류번호 배정

③ 자료내용 파악   ④ 자료발생 원인파악

68. 분류규정에 포함되어야 할 내용이 아닌 것을 고르시오.

① 한국도서관협회가 채택한 분류도구 및 도서기호표의 운용방침

② 자료유형 및 주제별 분류원칙과 선택조항(options)의 적용문제

③ 분류표에 등장하는 각종 분류명사의 해석, 범위의 축소와 확장 등

④ 분류기호 및 보조기호의 적용기준 설정

> **해설** ① 한국도서관협회가 채택한 것이 아닌, 자관에서 채택한 분류도구 및 도서기호표의 운용방침을 포함해야 한다.

69. 대상자료를 분석하여 주제를 결정하기 위한 과정을 순서대로 나열한 것은?

ㄱ. 자료의 본문을 읽는다.
ㄴ. 당해자료를 저술할 때 활용한 주요 정보원인 서지, 주, 참고문헌, 용어해설, 색인 등을 확인한다.
ㄷ. 서명을 보고 주제를 결정한다.
ㄹ. 표제지 이면에 표기된 CIP data를 참고한다.
ㅁ. 다른 정보원 등을 이용해 주제, 인물, 시대 등을 파악하거나 전문가와 상담한다.
ㅂ. 서문 또는 서론을 정독한다.
ㅅ. 내용 목차를 살펴본다.

① ㅁ-ㄱ-ㄷ-ㅅ-ㅂ-ㄴ-ㄹ   ② ㄷ-ㅅ-ㅂ-ㄱ-ㄴ-ㄹ-ㅁ

③ ㄷ-ㅂ-ㅅ-ㄱ-ㄴ-ㄹ-ㅁ   ④ ㄷ-ㅅ-ㅂ-ㄱ-ㄴ-ㅁ-ㄹ

70. 다음에서 "재분류할 경우 작업에 소요되는 비용은 본래 분류작업에 드는 비용의 두 배가 된다"고 한 사람은?

① M. F. Tauber
② W. T. Harris
③ B. Rangcaster
④ C. A. Cutter

71. 자료를 분류하고자 할 때 상하(上下)관계나 혹은 전체와 부분을 취급한 자료의 분류는 어떻게 하여야 하는가?

① 저자가 지시(指示)하는 주제(主劑)에 분류(分類)한다.

② 자료를 분류하고자 할 때는 상하주제와 전체주제를 취급한 자료에 분류한다.

③ 자료를 분류하고자 할 때는 하위주제(下位主題)와 부분주제(部分主題)를 취급한다.

④ 자료를 분류하고자 할 때는 상하, 전체, 부분 관계없이 그냥 주제로 분류한다.

해설 ② 자료를 분류하고자 할 때 상·하관계나 혹은 전체와 부분을 취급한 자료의 분류는 상위주제와 전체주제를 취급한 자료에 분류하는 것이 좋다.

72. 분류규정 중에서 분류표의 규정이란 무엇을 말하는 것인가?

① 자료는 먼저 주제에 의하여 분류하고 그 다음에 그 주제를 표현하는 형식에 의해서 분류한다.

② 일반적인 분류표에는 각 분류항목을 사용하는 방법을 주(註)에서 설명하고 있는 바 이를 분류규정이라고 한다.

③ 한 주제에서 둘, 셋 이상의 주제를 각각 독립적으로 다룬 주제는 가장 중요한 것으로 판단되는 주제아래 분류한다.

④ 특정주제를 연구하기 위하여 가설, 연구방법, 조사자료, 수단, 이론을 적용한 경우에는 조사, 연구, 방법에 분류하지 않고 연구대상이 된 주제아래 분류한다.

해설 ② 일반적인 분류표에는 분류규정을 설명하는 것으로 분류표의 주(註)에서 설명하고 있다. KDC 제4판을 보면 분류표의 해설이란 표제에서 주의 설명으로 분류표의 규정을 설명하고 있다.

정답 66. 1   67. 4   68. 1   69. 2   70. 1   71. 2   72. 2

73. 다음 중 문헌분류의 과정이라고 할 수 없는 것은?

① 자료의 내용을 파악한다.

② 분류표를 이해한다.

③ 자료의 체계를 파악한다.

④ 자료의 내용에 적합한 분류기호를 배정한다.

74. 자료를 분류하고자 한다. 원저작과 관련된 저작을 분류하고자 할 때 올바른 것은?

① 원저작과 관련된 저작을 분류하고자 할 때는 원저작과 관련저작을 따로 따로 분류한다.

② 원저작과 관련된 저작을 분류하고자 할 때는 원저작만 분류하면 된다.

③ 원저작과 번역서는 원저작의 국어로 분류하고 주석서, 해설서, 연구서 등은 분류자의 견해대로 분류한다.

④ 원저작에 관한 번역서, 주석서, 해설서, 연구서 등은 원저작과 같은 곳에 분류한다.

해설 ④ 원저작과 관련된 분류는 다음과 같은데 특정한 원저작에 관한 번역서, 주석서, 해설서, 연구서 등은 원저작과 같은 곳에 분류하며, 어학학습을 하는 자료의 분류는 주제에 의하여 분류하지 않고 학습하고자 하는 언어 아래 분류하는 것이 원칙이다. 특별한 의도를 가진 원저작의 일부분을 단독으로 간행한 자료의 경우에는 원저작의 일부분의 주제만 분류하며, 특정한 목적의 연구서, 번역서의 일부분을 분류할 때에는 원저작의 주제에 분류하면 안 된다.

75. 문헌분류에서 주제분석의 단계가 올바르게 된 것은?

① 서명 – 목차 – 서문, 발문 – 참고자료 – 본문통독 – 전문가의뢰

② 서명 – 서문, 발문 – 참고자료 – 목차 – 본문통독 – 전문가의뢰

③ 목차 – 서문, 발문 – 참고자료 – 서명 – 본문통독 – 전문가의뢰

④ 목차 – 서문, 발문 – 참고자료 – 전문가의뢰 – 서명 – 본문통독

76. 다음에서 분류규정이 필요한 이유로 옳지 않은 것은?

① 분류 규정이 정해져있지 않으면 주제결정과 기호배정의 논리성, 일관성, 통일성을 기대할 수 없다.

② 도서관 계는 인사이동이 적기 때문에 전임자가 오랜 기간 주관적으로 부여해온 분류기호를 이어서 받은 후임자는 전임자의 분류규정 없이 이해하기 힘들기 때문이다.

③ 초보사서가 교육받은 내용과 도서관 현장의 분류표가 다를 때, 원칙과 실무 간에 괴리가 존재할 수밖에 없기 때문에, 분류시스템과 매뉴얼, 분류규정을 숙지하여야 한다. 분류규정은 바로 이때 초보사서의 직무교육에 중요한 도구가 된다.

④ 지구상에 존재하는 어떤 분류표도 모든 분류기준을 제시하지 못하기 때문에 분류원칙을 정하여 주제결정과 기호배정을 논리성, 일관성, 통일성을 지켜야 한다.

해설 ② 도서관계의 잦은 인사이동 때문이다. 시각과 견해 차이에서 분류기호 부여가 달라질 수 있기 때문에 분류규정을 정하여 이 문제를 해소할 필요가 있다.

77. 번역도서를 분류하고자 할 때의 분류 방법은?

① 원저작(원도서)과 같이 분류함을 원칙으로 한다.

② 번역도서만을 따로 분류하는 것을 원칙으로 한다.

③ 주제에 상관없이 분류하는 것을 원칙으로 한다.

④ 형식에 따라 분류하는 것을 원칙으로 한다.

해설 ① 번역서, 주석서, 해설서, 연구서 등은 원저작과 같은 곳에 분류하는 것을 원칙으로 한다. 다만 특정한 목적을 갖고 원저작의 일부분을 간행하였거나 혹은 일부분을 번역한 번역서나 연구서 등은 그 일부분의 주제에 따라 분류하고 원저작의 주제 아래에는 분류하지 않는다. 그리고 어학공부를 목적으로 한 번역서, 주해서, 대역서 등 주제에 의하여 분류하지 않고 공부하고자 하는 어학의 아래에 분류한다.

78. 도서정리 담당사서가 문헌의 주제를 분석했을 경우 얻을 수 있는 것은?

① 사전체목록　　　　　　　　② 저자명

③ 분류기호　　　　　　　　　④ 통일표목

79. 자료분류의 일반규정에 대한 설명으로 옳지 않은 것은?

① 단일주제 취급 자료에서 저자가 강조한 관점이 분명하게 존재할 때는 주제가 아닌 관점에 분류한다.

② 단일주제 취급 자료에서 관점이 2개 이상일 때는 특히 강조한 분야가 없으면 분류표에서 규정한 학제적 번호에 분류한다.

정답 73. 3　　74. 4　　75. 1　　76. 2　　77. 1　　78. 3　　79. 3

③ 자료분류는 자료에서 의도하는 학문분야보다 당해자료가 연원으로 삼은 학문을 우선하는 원칙을 견지해야 한다.

④ 단일주제 취급 자료에서 관점이 2개 이상이고, 저자가 특히 강조한 관점이 있을 때는 학제적 번호가 아닌 강조한 관점에 우선 분류한다.

해설 ③ 자료분류는 당해자료가 연원으로 삼은 학문보다 자료에서 의도하는 학문분야를 우선하는 원칙을 견지해야 한다.

80. 다음 중 자료분류가 이용자 측에 주는 효과로 옳지 않은 것은?

① 주제 외에 저자명이나 서명을 확실히 알지 못해도 검색할 수 있다.

② 지식을 체계화하는 데 도움을 얻을 수 있다.

③ 서구성을 합리적으로 구성할 수 있다.

④ 특정주제에 대하여 어떠한 자료가 소장되어 있는지 알 수 있다.

81. 자료를 분류하고자 할 때 제1주제로 채택되지 않은 제2주제, 제3주제는 어떻게 처리하는 것이 가장 적절한가?

① 저자의 목적과 의도에 따라 처리한다.

② 주제분류표의 분류번호를 기재하여 주제를 표시한다.

③ 분류목록이나 주제명목록으로 처리하여 이용자들이 이용할 수 있도록 한다.

④ 제1주제와 제2주제를 제3주제에 포함시켜 재분류한다.

해설 ④ 문헌분류 시 주제가 두 개, 세 개 이상의 주제를 포함하고 있을 경우에는 두 개, 세 개의 주제 중 가장 중요하다고 판단되는 주제 아래 우선 분류하고 제1주제로 선정되지 아니한 주제는 주제명을 부여하여 이용자의 자료 검색에 편의를 제공해야 한다.

82. 문헌분류에 있어서 조기성(助記性)이란 무엇인가?

① 동일한 주제와 형식에는 동일한 기호를 배당하여 기억을 쉽게 하였다.

② 동일한 주제와 형식에는 상반기호를 주자는 것이다.

③ 동일한 주제는 동일한 기호를 주어야 한다는 것이다.

④ 분류표의 이해와 기억을 쉽게 하자는 것이다.

83. 다음 중 분류규정에 대한 설명으로 가장 적합지 못한 것은?

① 다양한 문헌분류표 가운데 자관(自館)에 가장 적합한 분류표를 선정하는 데 도움을 준다.

② 분류담당자가 특정의 분류표를 사용하여 자료를 적절한 위치에 분류할 때 일관성 있게 지켜
야 할 방침을 규정해 준다.

③ 분류표에 명시된 임의규정(options)이나 선택조항의 선택을 규정해 준다.

④ 분류표에 명시되지 않은 새로운 내용과 주제가 등장했을 때, 특히 유사주제나 관련주제의 분
류에 도움을 준다.

해설 ① 분류규정(classification code)은 특정분류표를 사용할 경우에 그 적용의 일관성을 보장하기 위한 것으로, 다양한 분류표 가운데 특정분류표를 선정하도록 하는 것과는 무관하다.

84. 다음 중 4개 이상의 주제를 취급한 자료의 분류는?

① 저자의 목적과 의도에 따라 분류한다.

② 이들을 포함한 주제하에 분류한다.

③ 최초의 주제에 분류한다.

④ 학문의 체계에 따라 분류한다.

85. 다음 중 문헌분류에서 일반적으로 채택해야 하는 분류원칙으로 가장 적합한 것은?

① 다학문적인 문헌을 분류할 경우에는, 총류의 적용가능성을 고려해야 한다. 즉, 다양한 학문분
야의 논쟁을 다룬 전집은 총류의 전집에 분류해야 한다.

② 복수주제가 동등하게 취급된 경우는 해당문헌에서 앞에 소개되는 주제에 분류해야 한다.

③ 서로 원인과 결과의 관계에 있는 주제들을 다루고 있는 문헌은 결과에 해당하는 주제에 분류
해야 한다.

④ 서로 영향관계에 있는 주제들을 다루고 있는 문헌은 영향을 받고 있는 주제에 분류한다.

해설 ①이 정답이다. ② 복수주제가 동등하게 취급된 경우는, "선행규칙(first of two rules)"에 따라, 분류표상에서 앞에 오는 주제에 분류한다. ③, ④ 서로 인과관계나 영향관계에 있는 주제들을 다루고 있는 문헌은 "적용규칙(rule of application)"에 따라 결과에 해당하는 주제나 영향을 받고 있는 주제에 분류한다.

정답 80. 3   81. 4   82. 1   83. 1   84. 2   85. 1

86. 문헌분류가 이용자 측에게 주는 효과와 거리가 먼 것은?

① 지식을 체계화하는 데 도움을 준다.

② 자료의 구성 상황을 알 수 있다.

③ 관련 주제를 전후에서 알 수 있다.

④ 자료의 이용 상황을 알 수 있다.

87. 특정도서관에서 사용할 문헌분류표를 선정할 때 가장 고려하여야 할 사항은?

① 이용자 요구   ② 분류표의 조기성

③ 장서구성   ④ 도서관의 설립목적

해설 ③ 특정도서관에서 선택할 분류표는 현재 도서관의 장서구성이 어떻게 되어 있는가가 가장 중요한 문제이다. 다만 신설도서관의 경우에는 향후 이 도서관의 모습, 도서관의 설립목적, 주된 이용자층 등을 고려해야 된다.

88. 다음 중 문헌분류의 과정과 거리가 가장 먼 것은?

① 분류표를 이해한다.   ② 도서기호를 배정한다.

③ 문헌의 내용을 파악한다.   ④ 청구기호에 따라 자료를 서가에 배열한다.

89. 문헌분류의 효과에 있어서 이용자 측의 효과가 아닌 것은?

① 자료검색의 시간과 노력을 절약할 수 있다.

② 필요한 자료를 관련주제의 전후에서 발견할 수 있다.

③ 자료의 출납과 검색이 능률적이다.

④ 특정주제가 없을 때 유사자료의 접근이 용이하다.

90. "문헌분류의 일체의 정보자료를 그 주제에 따라 배열하고 형식에 따라 구분하기 위한 체계적인 조직 및 그 조직에 따라 정보자료를 당해 위치에 배정하는 것"이라고 할 때, 이것이 의미하는 것은?

① 분표+분류작업   ② 분류표+도서기호배정

③ 분류표+청구기호의 부여   ④ 청구기호의 부여+서가배열

해설 ① 문헌분류의 정의 중 일체의 정보자료를 그 주제에 따라 배열하고 형식에 따라 구분하기 위한 체계적인 조직은 분류표를 의미하며, 그 조직에 따라 정보자료를 당해 위치에 배정하는 것은 분류작업을 의미한다.

91. 절판된 총서의 분류는 어떻게 하는 것이 적절한가?

① 총서와 같이 분류하는 것이 타당하다.

② 일반도서와 같이 분류하는 것이 가장 좋다.

③ 절판된 총서는 분류하지 않는 것이 원칙이다.

④ 일반 총서는 분류하지 않으나 절판된 총서는 희귀자료이므로 DDC는 090에 분류하며, KDC 에서는 그 주제 아래 분류한다.

해설 ② 전집, 강좌, 총서, 모노그래프, 시리즈 등의 계속도서는 일괄해서 분류할지 아니면 각 책을 독립한 단행본으로 취급을 할 것인가를 결정해야 한다. 특히, 절판된 총서나 구입이 중단된 총서의 분류는 일반단행본과 같이 취급하여 분류한다. 총서명으로 기재되어 있지만 권호가 표시되어 있지 않고 본서명이 명시되어 있는 총서는 일반단행본과 같이 분류한다. 이는 총서 각권의 경우 저자가 다르고 주제도 다르기 때문이다.

92. 다음 중 복수주제에 대한 분류규정과 거리가 먼 것은?

① 서로 영향관계에 있는 주제들을 다루고 있는 문헌은 영향을 미치는 주제에 분류한다.

② 복수주제가 동등하게 취급된 경우에는 분류표상 첫 번째로 오게 되는 주제에 분류한다.

③ 두 개의 주제를 다루고 있는 경우에는 더욱 완전하게 다루어지는 주제에 분류한다.

④ 셋 이상의 주제를 다루고 있는 문헌은 어느 한 주제가 다른 주제들보다 더욱 완전하게 다루어 지지 않으면, 이 주제들을 모두 포함하는 첫 번째 상위기호에 분류한다.

해설 ① 서로 영향관계에 있는 주제들을 다루고 있는 문헌은 영향을 받는 주제에 분류한다.

93. 다음 중 문헌분류의 방법과 관계가 없는 것은?

① 자료의 내용에 따라서 분류한다.

② 자료의 형식에 따라서 분류한다.

③ 자료의 발생순서에 따라서 분류한다.

④ 자료의 주제에 따라서 분류한다.

정답 86. 4　87. 3　88. 4　89. 3　90. 1　91. 2　92. 1　93. 3

94. 문헌분류의 일반규정에 대한 내용 중 옳지 않은 것은?

① 어떤 자료가 단일주제(토픽)를 취급하였음에도 불구하고 저자가 강조한 관점이 분명하게 존재할 때는 주제(토픽)가 아닌 관점에 분류한다.

② 자료가 분류표에 없는 신주제를 다루었을 때는 학문분류 또는 지식분류 체계를 검토하여 가장 밀접한 주제에 잠정적으로 분류한다.

③ 모든 분류행위는 반드시 분류표에 근거하되, 자료제공자를 위한 유용성을 우선적으로 고려해야 한다.

④ 자료가 복수(합성)주제를 취급한 경우에 주제가 독립적이면 저자가 강조하거나 중시한 주제에 분류한다.

해설 ③ 모든 분류행위는 반드시 분류표에 근거하되, 이용자를 위한 유용성을 우선적으로 고려해야 한다.

95. 다음 중 3개 이상의 주제가 동등하게 취급된 자료의 분류는?

① 최초의 주제에 분류한다.

② 그들 주제를 포함하는 상위개념에 분류한다.

③ 가장 많이 취급된 주제 쪽에 분류한다.

④ 취급된 주제에 종합 결론에 분류한다.

96. 다음 유형의 전기 자료를 분류할 곳으로 알맞은 것을 고르시오.

갈릴레이의 생애 / 브레히트, 베르톨트. 서해문집, 2008.

① 특정 인물의 전기   ② 개인의 전기

③ 피전자의 학문적 배경이나 주제   ④ 저자의 학문적 배경이나 주제

해설 ③이다. 전기 자료는 다음과 같이 분류한다. 1) 전기 자료는 각전과 총전으로 구분하며, 일반적으로 전자는 2인 이하, 후자는 3인 이상을 기준으로 삼아 분류한다. 2) 특정 인물을 설명하기 위하여 여러 사람의 생애를 기술한 자료는 일반전기가 아닌 특정 인물의 전기에 분류한다. 3) 개인의 서간집은 문학가가 아닌 이상, 그 개인의 전기에 분류한다. 4) 특정 국가 또는 주제에 한정되지 않은 인명사전은 전기일반(920)에 분류한다. 5) 일반적으로 개인의 생애, 행적, 언행 등을 기록한 전기 자료(자서전, 회상록, 전기서)인각전은 피전자의 학문적 배경이나 주제에 분류하고, 여러 사람의 전기 자료를 모은 총전은 역사 아래의 전기일반(920)에 분류한다. 다만 각전이라도 한 국가의 통치자에 대한 공식적

기록자료는 그 국가의 역사에 분류한다.

97. 문헌분류에서 자료의 주제파악 방법이 아닌 것은?

① 서명 참조   ② 색인 참조

③ 목차 참조   ④ 전문가에게 문의

98. 자료분류의 일반규정에 대한 설명 중 옳지 않은 것은?

① 비문학적 전집은 총류의 일반전집(080)에 분류하고, 문학적 전집은 문학전집(808.8) 아래에 분류한다.

② 모든 분류행위는 반드시 분류표에 근거하되, 사서를 위한 유용성을 우선적으로 고려해야 한다.

③ 자료에서 주제를 기술한 관점이 2개 이상일 때는 주된 관점에 분류하되, 그것을 판단하기 어려울 때는 저자의 전공분야를 고려하여 분류한다.

④ 특정 인물을 기술하기 위하여 여러 사람의 생애를 함께 논한 자료는 일반전기가 아닌 특정 인물의 전기에 분류한다.

해설 ② 모든 분류행위는 이용자를 위한 유용성을 우선적으로 고려해야 한다.

99. 어느 도서관이든 분류표가 있어야 한다. 분류표를 선정하는 데 검토하여야 할 사항이 아닌 것은?

① 소속 도서관의 특수성을 고려한다.

② 분류표에 대한 국내외의 평가와 그 실시현황을 고려해야 한다.

③ 각 도서관의 공통성 여부를 고려하여야 한다.

④ 이용자의 요구에 따라야 한다.

100. 자료의 주제를 대조적으로 취급한 것의 분류는?

① 저자의 목적이나 의도에 따른다.   ② 저자가 주장하는 주제에 분류한다.

③ 나타내려는 주제에 분류한다.   ④ 자료의 주제에 따라 분류한다.

정답 94. 3   95. 2   96. 3   97. 2   98. 2   99. 4   100. 2

101. 원저작과 관련된 저작을 분류할 때, 옳지 않은 것은?

① 특정한 원저작에 관한 번역서, 주석서, 해설서, 연구서 등은 원저작과 같은 곳에 분류한다.

② 어학학습을 하는 자료의 분류는 주제에 의하여 분류하지 않고 학습하고자 하는 언어 아래 분류한다.

③ 학문의 성격이나 계통에 따라 분류한다.

④ 특정한 목적의 연구서, 번역서의 일부분을 분류할 때에는 원저작의 주제에 분류하면 안 된다.

해설 ③ 원저작과 관련된 분류는 다음과 같이 한다. 1) 특정한 원저작에 관한 번역서, 주석서, 해설서, 연구서 등은 원저작과 같은 곳에 분류한다. 2) 어학학습을 목적으로 하는 자료의 분류는 주제에 의하여 분류하지 않고 학하고자 하는 언어 아래 분류하는 것이 원칙이다. 3) 특별한 의도를 가지고 원저작의 일부분을 단독으로 간행한 자료의 경우에는 원저작의 일부분의 주제만 분류하며, 4) 특정한 목적의 연구서, 번역서의 일부분을 분류할 때에는 원저작의 주제에 분류하면 안 된다.

102. 자료분류표 선정기준으로 알맞은 것은?

① 도서관의 집서규모가 많고, 사서 및 이용자의 지적수준이 높을수록 KDC나 DDC, UDC등의 분류표를 채택하는 것이 바람직하다.

② 기존의 장서구성이나 수집하는 자료의 주제가 광범위할 경우에는 특수분류표를 사용한다.

③ 한정된 주제나 특정주제 분야에 치중하는 경우에는 종합분류표를 사용한다.

④ 서양서 비중이 높은 대학도서관은 DDC를, 학문영역에 매우 제한적인 단과대학 중심의 도서관은 LCC를 선정하는 것이 무난하다.

103. 분류규정 중 일반규정에 관한 설명으로 옳지 않은 것은?

① 두 가지 주제를 다룬 주제에서 영향 관계를 취급한 도서는 일반적으로 영향을 받은 주제 아래에 분류한다.

② 구체적인 주제와 추상적인 주제가 있을 경우에는 구체적인 주제 아래 분류한다.

③ 주제를 비교함에 있어서는 저자가 옹호하는 내용보다는 비난하는 주제에 분류한다.

④ 특정한 원저작에 관한 번역서, 주석서, 해설서, 연구서 등은 원저작과 같은 곳에 분류한다.

해설 ③ 저자가 주제를 비교, 대조하여 하나의 관점에서 주제를 옹호하려는 주제와 비난하려는 주제를 내포하고 있을 때, 분류자는 주제를 옹호하려는 주제에 분류하는 것을 원칙으로 한다.

104. 다음 중 영어대조 독일어입문이라는 자료의 분류는?

① 영어 쪽에 분류한다.
② 독일어 쪽에 분류한다.
③ 분류표의 체계에 따라 분류한다.
④ 학문의 계통에 따라 분류한다.

해설 ② 어학의 학습을 목적으로 간행된 대역서, 주역서 등은 주제 또는 형식에 관계없이 학습하고자 하는 국어의 해석, 독본으로 분류한다.

105. 다음은 분류의 일반과정이다. 올바른 순서로 짝지어진 것은?

⑦ 분류기호를 배정한다.
ⓒ 문헌의 내용을 파악한다.
ⓒ 청구기호에 따라 자료를 서가에 배열한다.
ⓔ 도서기호를 배정한다.
ⓜ 분류표를 이해한다.

① ⓜ - ⓒ - ⑦ - ⓔ - ⓒ
② ⑦ - ⓒ - ⓒ - ⓔ - ⓜ
③ ⓜ - ⑦ - ⓒ - ⓒ - ⓔ
④ ⓒ - ⓒ - ⑦ - ⓔ - ⓜ

제4장
한국십진분류법(KDC) 제6판의 이해

1963년도에 한국도서관협회를 중심으로 분류위원회를 구성하여, 1964년 5월에 한국십진 분류법(Korean Decimal Classification: KDC) 초판이 발간되었다. 그 후 1966년에 2판, 1980년에 3판, 1996년 4판, 2009년에 5판이 발행되었다.

현재 국내에서 활용되는 6판은 2013년 본표, 상관색인, 해설서 3권으로 구성되었으며 그 특 징은 다음과 같다.

첫째, 학문에 기초한 분류가 본표의 근간을 이루고 있다.

둘째, 계층구조(hierarchical)를 취하고 있다.

셋째, 순수 기호법을 이용한 십진시스템을 적용하여 학문분야를 10개의 주류로 나누고, 각 각을 강목, 요목, 세목으로 세분·전개하고 있다.

넷째, 주요 분류항목에 대한 상세한 주기(註記)가 있다.

다섯째, 6개의 조기표가 있어, 조기성이 풍부하다.

본표의 이해

모든 학문적 지식의 주제를 9개로 구분하고, 하나 이상 두개의 주제 또는 그 이상의 복합된 출판내용에 대해서는 가장 앞서 "0"으로 집중시키고, 이를 포함해 모두 10개의 주제단위로 구 성하였으며 그 내용과 특성은 다음과 같다.

- 000(총류): 총류(000)의 강목은 자료의 주제보다는 형식에 따르는 성향을 취하고 있으며 일반적 백과사전이나 일반논문집, 일반적 사회단체의 자료, 일반적 총서 등과 같은 내용과 지식전반을 다루는 도서학이나 서지학), 문헌정보학, 박물관학, 신문·저널리즘 등이 포함 되었다.

- 100(철학): 철학류(100)는 종합적 지식체계를 조직하고 궁극적 진실을 구체적으로 체계 화 시키는 것이다. 경학을 140에 독립시켜 동양권의 철학을 배려하였고, 190에 윤리학을 배정하였다.

- 200(종교): 종교류(200)는 신앙에 관한 것으로서, 여러 가지 의식과 예례에 의해서 신의 구제 또는 심신의 해탈을 구하려는데 그 특성이 있다. 종교류는 비교 종교학, 신학 및 신화 학, 그리고 각각의 종교로 이루어져 있다.

- 300(사회과학): 사회과학류(300)는 사회생활에서의 인간과 사회와의 관계성, 인간과 인

간과의 관계를 다루는 것으로서, 경제, 사회, 정치, 행정, 법학, 교육, 풍속, 국방, 군사 등의 순으로 항목을 포함하고 있다.

- 400(자연과학): 자연과학류(400)는 자연법칙을 구명하여 이론을 전개하는 것으로, 과학성과 진보성에 기초하고 있으며, 통계학 다음에 수학, 물리학, 화학, 천문학의 순위로 배정하고 있다.

- 500(기술과학): 기술과학류(500)는 자연과학에서 발견한 법칙의 내용을 응용하여 인간생활에 유용하게 하려는 데에 목적을 두고 있으며, 한의학, 건축, 전기전자공학, 생물과학 등에서 많은 세목이 조정·통합되거나 신설되었다.

- 600(예술): 예술류(600)는 인간의 미적인 감각을 살린 다양한 창작활동과 관련된 것으로서, 건축, 회화, 음악, 연극, 오락 및 스포츠 등으로 구성되어 있다.

- 700(언어): 언어류(700)는 인간의 사회생활에 있어서 의사소통을 하기 위한 매개체라는 개념에서 배정하고 있다.

- 800(문학): 본래 글은 말을 기본으로 문자화되어 인간생활을 예술적으로 표현한다는 개념에서 700과 연결하여 800 문학류로 배정한 것이다.

  문학류(800)는 문학에 관한 내용과 문학작품의 자체로서 구별하는 것으로, 문학작품은 본문에 사용한 국어에 따라 분류 배정하도록 하고, 문학에 관한 작품은 해당되는 연구주제에 따라 분류하도록 하고 있다.

- 900(역사): 역사류(900)는 지역적 성격과 시대적 성격이라는 차이로서 구분되는 것으로, 역사와 지리 및 전기로 이루어졌다. 각국의 역사를 강목으로 우선 배정하였고 지리를 그 다음에, 전기서를 맨 끝으로 배정시켜 DDC와는 정반대의 순위로서 전개하고 있다.

주기(註記)의 종류와 기능

- 정의주(定義註): 주요 분류항목에 대한 구체적인 용어 정의와 개념의 범위를 설명해 주는 주기
- 포함주: 하나의 주제항목에 관련된 인접 항목을 열거해 놓거나, 또는 소주제의 용어들을 포괄하여 설명해 주는 주기
- 첨가(부가)주: 세분전개가 필요한 경우에 표준형식, 지역, 주제, 언어 등의 보조기호를 첨

가하도록 지시하는 주기

- 세분지시주: 하나의 주제아래에서 구분의 전개항목을 최대한 활용하기 위하여 형식구분이나 지역구분의 명시를 지시하는 주기
- 별법주: 출판물의 내용이 양자적 주제 특성을 포함하고 있을 경우에는 도서관의 규모나 업무상 관례에 따라서 양자택일의 분류배정을 결정할 수 있도록 구체적 설명을 인용하여 설명해 주는 주기
- 참조주: 참조주가 필요한 주제항목에서는 주석의 맨 끝에 관계되는 주제를 명시한 주기
- 분류업무상 인명과 지명이 필요한 경우를 위하여 많은 고유명사를 수록하고 있다.
- 고문헌의 특정한 서명을 주석으로 상세히 지정해 주어 분류업무상 분류기호 배정에 편리를 도모하고 있다.

조기표의 종류와 합성법

조기표의 기호는 항상 본표의 기호와 합성하여 사용해야 하며, 단독으로는 사용할 수 없다. KDC에는 6개의 조기표가 있으며, 그 특성과 적용방법은 다음과 같다.

1. 표준구분표

-01 철학 및 이론

-02 잡 저

-03 사전(辭典), 사전(事典), 인용어사전, 용어집, 약어집

-04 강연집, 수필집, 연설문집

-05 연속간행물

-06 각종 단체, 조직(학회, 단체, 협회, 기관, 회의) 및 경영

-07 지도법, 연구법 및 교육, 교육자료

-08 총서, 전집, 선집

-09 역사 및 지역구분

- 모든 지식분야에 걸쳐 나타나는 학문의 서술방법이나 편집 또는 출판 형식에 대하여 공통적으로 일정 기호를 첨가시켜 구분하기 위한 조기표
- 표준구분은 항상 '0'을 하나 이상 앞세워 적용
- 합성 순서는 '분류 기호' + '표준구분 기호'
- 표준구분 중에서 본문의 내적 형식(주제의 서술적 형식)과 외적인 형식(편집 또는 출판형식)이 겹칠 경우에는 우선 주제적인 성격이 외적형식보다 우선하여 기호를 부여
- '0'의 사용 규칙 적용 시에는 본표 확인은 필수

2. 지역구분표

- 한 개의 어떤 주제가 특정한 지역에만 한정되어 본문이 구성되어 있을 경우에 그 특정한 지역을 표현하기 위하여 마련된 조기성 기호
- 지역구분이 필요한 주제 항목에서는 본표상에서 "지역구분표에 따라 세분한다"라는 지시가 주어짐
- 분류표상에서 "지역구분표에 따라 세분한다"라는 지시가 없어도 지역구분을 할 수 있는데, 이 경우에는 반드시 조기성 기호인 -09와 함께 대륙과 국가구분을 첨가하여 기호를 배정

3. 국어구분표

-1 한국어	-6 프랑스어
-2 중국어	-7 스페인어
-3 일본어	-79 포르투갈어
-39 기타 아시아 제어	-8 이탈리아어
-4 영 어	-9 기타 제어
-5 독일어	-928 러시아어
-59 기타 게르만어	

- 700 언어분야의 국어구분의 순서를 언어 이외의 다른 주제 항목에서도 인용할 필요가 있을 경우에 적용

- 언어류, 문학류, 총류에서 주로 사용
- "710-799와 같이 구분한다˝ 라는 지시가 있을 때 적용

4, 문학형식구분표

-1 시	-5 연설, 웅변
-2 희곡	-6 일기, 서간, 기행
-3 소설	-7 풍자 및 유머
-4 수필, 소품	-8 르포르타주 및 기타

- 문학류(800) 내에서 각 나라의 문학에 공통적으로 적용되는 문학 장르의 배열순서
- 800 문학류 + 언어 + 문학 형식 + 문학 시대 순으로 열거

5. 언어공통구분표

-1 음운 및 문자	-5 문법
-2 어원	-6 작문
-3 사전	-7 독본, 해석, 회화
-4 어휘	-8 방언(사투리)

- 언어공통구분은 700(언어)에서만 적용

6. 종교공통구분표

-1 교리, 교의	-5 선교, 포교, 전도, 교화(교육)활동
-2 종교창시자 및 제자	-6 종단, 교단
-3 경전, 성전	-7 예배형식, 의식, 의례
-4 종교신앙, 신앙록, 신앙생활, 수도생활	-8 종파, 교파

- 세계 각 종교에서 나타나는 주요한 이론이나 의식, 경전, 종조나 종파 등의 특성에 대하여 공통적인 기호를 첨가하여 기억을 돕고자 하는 조기성임

조기성의 내용과 활용

- 조기성이란 기억을 도와준다는 뜻으로, 영어의 Mnemonics 또는 Mnemonic Characteristics를 번역한 의미

- 영국의 정보학자인 세이어즈(Sayers)는 조기성이란 "분류체계표 중 어떤 주제에서 적용되더라도 가능한 일정한 의미를 지니는 기호를 사용하도록 도와주는 기능이다"라고 정의

- 십진분류법에서 조기성을 적용시키는 3가지 방법

  1) 특정 부분에 국한하여 분류표상에 아예 고정시켜 전개시키는 방법

  2) 문학분야와 같이 부분적으로 조기성의 내용은 동일하게 하되, 끝부분의 항목에서는 분류표의 방대함을 피하기 위해 전개를 생략해 버리는 방법

  3) 분류담당자가 분류업무를 할 경우 필요에 따라 조기성기호를 첨가할 수 있도록 지정하여 두는 방법

- KDC 분류표에서의 조기성을 유지하고 있는 사례

  가. 분류표상에 고정된 조기성의 전개기호를 제시한 경우

    1) 언어와 총류내(030-050)에서 국어구분의 조기성을 적용

    2) 언어와 문학에서 국어구분의 조기성을 적용

    3) 역사 및 지리와 전기분야에서 지역구분의 조기성을 적용

    4) 역사와 아시아 철학분야에서 지역구분의 적용

    5) 종교분야에서 종교공통구분의 적용 등

  나. 분류자의 재량에 따른 조기성의 적용사례

    1) 전주제 구분(001-999)의 조기성으로, 주로 지역구분의 배열순서나, 하나의 특정주제 또는 그 세목들을, 다른 주제에 빌려온 세목을 인용하여 그 배열 순서를 적용시키는 사례를 의미. 이러한 세목들은 주로 본표상의 지시에 따라서 적용함, 예를 들면 본표에서 "001-999와 같이 구분한다" 또는 "…해당 주제와 같이 세분한다"라는 지시가 명시되어 있다.

    2) 특정주제 구분의 조기성으로, 어떤 특정한 주제의 전개 항목을 다른 특정 주제의 세목에다 인용하여 항목을 첨가시켜 적용하는 경우를 의미. 따라서 분류표상에는 세목이 전개되어 있는 주제와 세목이 없는 주제가 있기도 하다. 세목이 없는 주제의 경우

에는 특수주제 구분의 지시에 의하여 분류표상에 명시되어 있는 타 주제의 세목을 인용하여 부합 적용할 수 있다. 이 사례의 분류표상의 기술은 다음과 같다.

> 573.201-.209 과실주의 재료, 처리, 조작(제조)
>
> 573.11-.19와 같이 세분한다.
>
> 예 : 과일주 발효 573.203

KDC의 장·단점

장 점	단 점
-우리나라 고유의 실용적인 분류표 -최신성 유지 가능 -상관색인이 있어 사용 편리 -풍부한 조기성 -기호간의 상호 관계를 용이하게 파악 -목록이 제공되어 카피 편목이 가능 -순수 기호법을 사용하여 단순, 이해용이 -분류표의 확장용이 -다양한 주기와 해설서 제공 -계층적 구조로 탐색 지원 -별법 적용 가능	-학문간, 주제간 불균형 -신 주제 삽입 곤란, 기호의 길어짐 -기존 장서의 재분류 문제 대두 -부정기적인 개정판 발행 -새로운 변화에 대한 노력 부족 -도서관 규모에 따른 이용의 불편

KDC의 특수규정

1) 문헌정보학(020) 분야의 우선순위

- 도서관 행정 및 재정(021), 도서관 건물 및 설비(022)는 관종에 상관없이 021, 022에 분류
- 도서관 경영, 관리(023)는 일반적인 도서관 경영, 관리만을 분류하고 관종에 따른 도서관 경영, 관리는 026-027에 분류
- 관종별로 수행되는 수서, 정리 및 보존, 도서관 봉사 및 활동은 관종에 상관없이 024, 025 에 분류

2) 일반전집, 총서(080)

- 2개 유(類)를 다룬 전집, 총서는 제 2의 유가 특히 중요하지 않는 한 제 1의 유에 분류
- 저자와 주제가 다르게 완전히 독립된 단행본으로 발간된 출판사 총서류는 연속번호가 있더라도 080에 분류하지 않고, 각 권을 주제에 따라 분산하여 분류

3) 철 학(100)

- 특정 철학자의 철학 저작집은 150-169.9 각국 철학 아래에 분류.
- 철학주제의 분류에 있어서 철학도서 전부를 각국 철학 아래의 철학자명 아래 일괄하여 집합시키는 방법과 주제에 의하여 분산하는 방법 중 택일
- 분류표상에 기입되지 않는 철학자의 경우는 그 철학서가 그 철학자의 철학체계로 인정되는 것은 150-169.9 각국철학의 그 사람이 속하는 학파에 분류

4) 민족심리학(182.67) 대 국가심리학(182.69)

- 특수한 국가나 지역으로 한정되어 있지 않아서, 분류할 수 없는 종족집단(ethnic groups)의 심리학은 182.67 민족심리학에 분류. 여기에서는 지역구분을 할 수 없으므로, 710-799의 국어구분을 부여함. 반면에 지역 구분이 가능하거나, 하나의 민족성(국민성)의 구분이 가능한 경우에는 182.69(국가심리학)에 분류
- 원시인 또는 한 종족, 한 민족에 관계된 특수한 언어, 예술, 풍습, 종교, 법률, 사회, 역사 등을 관찰하여 연구한 저작은 182.67 민족심리학 또는 182.69 국가심리학에 분류

5) 신화, 신화학(219)

- 신화에 관한 일반적인 저작은 219 신화, 신화학에 분류하고, 지역구분표에 따라 세분
- 신화와 전설을 함께 다룬 저작은 388.3 전설에 분류

6) 각국의 이민(331.371-.3779)

- 이민을 다룬 저작은 이민의 도착지(수입국)의 이민에 분류하고, 필요에 따라 0을 부가하여 이민의 출발국을 지역구분할 수 있음

- 한 국가에서 수개의 다른 국가로 이민을 하게 된 주제를 다룬 저작은, 원주국(출발국)의 이민 아래에 분류

7) 각국의 외교(349.1 - .79)

- 양국간의 외교관계를 다룬 저작으로서 특수주제에 한정되지 않은 저작은, 저자가 양국 중의 한 국민인 경우 또한 한 국가의 공적 간행물인 경우는, 저자가 속한 나라 또는 그 정부 아래에 분류
- 양국간의 외교관계로 저자의 관점이 확실치 않고, 저자가 제 3국의 사람인 경우는, 표제의 처음에 나오는 나라의 외교관계에 분류
- 한 지방을 둘러싼 두 나라 간의 외교관계를 다룬 저작은 양 국가 간의 외교로서 분류하고, 그 지방에 분류하지 않음

8) 학습평가(373.7)

- 시험출제방법, 종류, 문제의 구성 등을 다룬 저작으로 일반적인 것을 여기에 분류
- 특수주제의 시험에 관한 저작 및 시험자체는 초ㆍ중ㆍ고등학교는 그 해당학교의 각과교육(375.4, 376.54, 376.64) 아래 분류하고, 대학교는 그 주제 아래에 분류

9) 과학적 조사탐험기(409.8)

- 물리학, 천문학, 지학, 광물학, 생명과학 등 여러 주제를 함께 다룬 과학적 조사, 탐험, 보고, 기행 등은 980 지리에 분류하지 않고 여기에 분류
- 일반적이며 통속적인 탐험기 또는 인문지리와 자연지리를 함께 다룬 탐험기는 여기에 분류하지 않고 980.29 탐험기에 분류하며, 특정 지역의 탐험기는 981-988 각국 지리에 분류

10) 인물화(654.5)

- 전기적 설명이 없는 인물화나 인물화집을 여기에 분류하고, 전기적 설명이 추가된 일반적인 인물화집은 해당주제의 전기 또는 990 전기 아래에 분류

11) 사 전

- 언어사전의 경우, 2개 국어사전은 7△3.2-.9에 분류. 이 경우에는 먼저 표제어에 분류하고, 해설어를 국어구분의 기호[T3]를 사용하여 부가
- 도서관에 따라 2개 국어사전은 이용자의 입장에서 비교적 덜 알려진 언어에 분류하고 상대어를 뒤에 첨가할 수 있음
- 국어학 사전 즉, 국어학의 학설 또는 용어사전은, 국어사전과 함께 분류하지 않고, 각국어 기호 아래 분류하고, 표준구분 -03(사전)을 추가
- 어학내의 각국어 아래의 특수주제(예 : 발음, 문법, 작문, 방언, 유의어, 동의어 등)의 사전은 각각 그 주제에 분류
- 어학외의 특수주제의 사전은 그 주제 아래 분류
- 일반백과사전은 030 아래의 해당 언어에 분류

12) 독본, 번역 및 해석

- 국어 및 외국어의 실제 사용에 필요한 기초지식을 습득하기 위한 교재(textbook)를 독본, 해석, 회화(7△7)에 분류. 그러나 단순한 어학의 습득이라는 한계를 벗어난 정신적인 위로나 쾌락을 요구하는 미학적인 요소를 전달하려고 한 저작은 800 문학 아래에 분류. 어학과 문학 중 그 선택이 불확실할 경우에는 문학 아래에 분류. 편집목적이 어학습득을 위한 것이라면 어학에 분류.
- 특수주제의 번역서는 번역된 국어에 관계없이, 원서의 주제 아래 분류
- 외국어와 한국어의 대역서로서 어학습득을 목적으로 한 것은 주제나 문학 아래 분류하지 않고, 외국어 아래 분류
- 외국어와 외국어의 대역서로서 언어습득을 목적으로 하는 것은, 연구습득하려고 하는 외국어 아래 분류
- 우리나라의 한문습득을 목적으로 하는 교섭서는 711.47에 분류
- 각국의 한문학은 중국문학 아래 분류하지 않고, 해당 나라의 문학 아래 분류

13) 문학작품

- 문학작품(예: 시, 소설 등 문학의 장르에 속하는 것)은 원칙적으로 원 작품에 사용된 국어

(810-899) 아래 분류. 주제나 저자의 국적에 따라 분류하지 않음. 예를 들어, 한국인이 영어로 쓴 소설은 843 임(813 한국소설이 아님)

- 원작품이 자국어와 외국어로 쓰여 진 것은 자국어의 문학 아래 분류
- 2개 이상의 문학형식이 합해진 것은, 문학형식구분의 순서로 봐서 숫자가 빠른 형식에 분류
- 개개의 작품에 대한 평론은 그 비평된 작품과 함께 분류
- 시의 산문역서는 그 형식이 변경되었다 하더라도 개작으로 다루지 않음
- 개인의 서간은 그 사람의 전기 아래 분류
- 문학적 가치와 위안을 주기 위한 목적으로 편찬한 서간집은 8△6에 분류

14) 역 사(900)

지역별 지리와 지리의 구분이 어려운 경우 또는 역사와 지리를 동시에 다룬 저작은 역사에 분류

15) 시대구분 및 치세(治世)

- 한 시대나 치세를 다룬 저작은 바로 그 시대나 치세에 분류
- 2시대나 치세를 동등하게 다룬 저작은 전(前)시대나 전(前)치세에 분류. 그러나 이 가운데 후시대에 중점을 둔 것은 후시대에 분류
- 3시대나 치세 또는 그 이상을 동등하게 다룬 저작은 그것을 포괄하는 치세에 분류

16) 전 쟁

- 전쟁의 역사는 접전, 전투 등 순군사적인 분석에 한한 것이 아니면 900 역사 아래 분류
- 우리나라와 다른 나라와의 전쟁의 역사는 911 한국사 아래 분류
- 외국간의 전쟁은 침략을 받았거나 패전한 나라의 역사 아래 분류
- 두 나라가 침략을 받은 경우는 전쟁이 더 많이 행하여진 나라의 역사 아래 분류

17) 명승안내, 여행(980.2)

- 명승안내, 여행, 기행, 탐험 등이 특수지역에 한정되지 않은 것은 980.2-980.29 아래에 분류하되, 특수지역에 한정된 것은 981-987.9(대륙구분), 988-988.8(해양)에 분류

- 문학가의 기행문은 그 기술된 국가의 문학 8△6 아래 분류하고, 방문한 지역에 분류하지 않음
- 한 나라의 지세, 정치, 경제, 산업, 문화 등의 여러 방면에 걸쳐 일반적으로 다룬 저작은 그 지방의 사정을 말한 것으로 간주하여 981-987에 분류
- 왕이나 대통령, 유명한 장군 등 저명한 사람의 기행문은 그 사람의 전기와 함께 분류

18) 전기(990)

- 각 종교의 창시자 또는 개종자의 전기는 2△2 아래에 분류
- 음악가(작곡가, 연주가)의 전기와 그 작품을 모아 비평한 저작은 그 주제별 전기 아래 분류
- 한 사람이 세 가지 이상 부문에 공헌한 것은 990 전기일반에 분류하고, 주제별 전기 아래 분류하지 않음
- 저자의 생애와 그 저술을 포함하는 것으로 생애에 관한 것이 위주일 때는 전기에 분류하고, 저술에 관한 것이 위주일 때(예 : 여러 권으로 된 한질 중의 한 권만 전기일 경우)는 저작의 주제 아래 분류
- 작가의 전기와 그의 작품을 한 저작에 함께 다룬 내용은 전기가 위주일 때는 전기와 같이 분류하고, 작품이 위주일 때는 작품과 같이 분류
- 주제별 전기(998)는 전기서를 일괄 집중 시켜려는 도서관에 한하여 사용됨

1. 다음은 KDC를 사용하여 둘 이상의 주제를 다룬 저작에 대한 분류원칙이다. 옳지 않은 것은?

① 구체적인 주제와 추상적인 주제가 함께 내포되어 있을 경우는 구체적인 주제 아래 분류한다.

② 동일 도서 내에서 둘 또는 셋 이상의 주제를 각각 독립적으로 다룬 것은 가장 중요한 것으로 판단되는 주제 아래 분류한다.

③ 두 주제의 원인과 결과를 다룬 것일 경우에는 결과로 된 주제에 분류한다.

④ 서로 영향관계에 있는 주제를 다루고 있는 문헌은 영향을 미치는 주제에 분류한다.

해설 ④ 서로 영향관계에 있는 주제들을 다루고 있는 문헌은 영향을 받고 있는 주제에 분류한다.

2. 다음 중 KDC 제6판에서 서로 간에 가장 직접적인 조기성을 갖는 주류끼리 바르게 짝지어진 것은?

① 100 – 200　　　　　　　　　② 400 – 700

③ 400 – 800　　　　　　　　　④ 700 – 800

해설 ④ 700 언어와 800 문학은 두 번째 패싯(綱)의 전개에 있어 모두 국어구분표의 기호를 따르기 때문에, 서로 밀접한 조기성을 갖게 된다.

3. 다음 괄호 안에 들어갈 기호들이 올바른 순서로 연결된 것은?

> KDC 200 종교에서, 불교는 220, 기독교는 230, 도교는 (㉠), 천도교는 (㉡), 이슬람교는 (㉢)에 해당한다.

① 240 – 250 – 260　　　　　　② 240 – 260 – 270

③ 240 – 250 – 270　　　　　　④ 240 – 250 – 280

해설 ④ KDC 6판에서 200 종교는 210 비교종교, 220 불교, 230 기독교, 240 도교, 250 천도교, 260 [공기호], 270 힌두교, 브라만교, 280 이슬람교(회교), 290 기타 제종교로 구성된다.

4. 각 도서관은 자료분류의 일반규정에서 제시되지 않은 유형구분, 분류표에 설정된 선택조항의 적용, 분류번호의 단위기준, 개별주제에 대한 분류지침, 분류표의 부분수정과 세분전개 등에 대한 특별규정을 마련해야 한다. 다음 중 가장 거리가 먼 것은?

① 자료에 수록된 정보와 정보내용의 특성, 서고공간의 구성, 배치방식, 배가방법 등을 고려하여 별치기호를 부여하는 규정과 도서기호에 대한 적용기준을 규정해야 한다.

② 분류표상 동일한 주제에 둘 이상의 분류기호가 주어질 수 있는 경우에는 해당주제에 관해 도서관만의 특별규정이 마련되어야 하는데, 이는 분류의 일관성을 유지할 수 있고, 서가상 배열에서 자료가 분산되는 것을 막기 위함이다.

③ 대다수 분류표가 열거식 배열체계에 조합식 분류원리를 도입하고 있으므로 분류번호가 길어지는 경향이 심화되고 있는데, 이용자 입장에서는 분류기호가 짧은 것이 유리하므로 분류번호의 단위 절단기준을 규정한다.

④ 자관에서 선택한 분류표는 다른 도서관과의 협력을 위해서라도, 분류표상에서 부분수정이나, 분류항목의 재배정 또는 세분전개 등을 해서는 안 된다.

해설 ④ 자관의 분류표가 가지는 문제점을 해소하거나 또는 보완하기 위해 분류표상에서 부분수정이나, 분류항목의 재배정 또는 세분전개 등에 관하여 도서관마다 일정한 세부규정이나 지침이 마련되어야 한다. 특히 DDC를 채택하는 국내의 많은 대학도서관에서는 한국의 지역구분이나, 동양관계의 자료분류를 위한 한국식 전개지침이나 규정을 마련해야 한다. ② 특수법률 및 법령은 일반도서관에서는 주제 아래 분류하는 것이 이용자에게 편리하지만 법률 도서관에서는 368 기타 제법 아래에 군집시켜 배열해 주는 것이 이용에 편리하다. ③ 예를 들면, 초등학교 도서관에서는 두 자리 혹은 세 자리만 사용하여도 분류가 가능하다. 장서량이 일 만권이 넘게 되면, 세 자리와 부분적으로 네 자리 또는 그 이하를 사용하여도 좋다.

5. 다음은 KDC의 일부를 발췌한 것이다. 이에 따라 분류할 경우 해당주제의 자료와 분류기호의 연결이 옳지 않은 것은?

350   행정학(行政學) Public administration
         특수행정은 그 주제하에 분류한다.

정답 1. ④   2. ④   3. ④   4. ④   5. ④

> 예: 군사행정 391; 교통행정 326.31
> 350.01-.09는 표준구분한다.
> 행정법 → 363; 재정 → 329
> .1   행정관리

① 교통행정의 이해 - 326.31

② 입법행정론 - 345

③ 재정학 - 329

④ 행정학 용어사전 - 350.3

해설 ④ 행정학 용어사전은 "350.01-.09는 표준구분한다"는 주기에 따라, 350(행정학) + -03(표준구분기호에서 사전에 해당하는 기호) → 350.03이 된다.

6. KDC에서 어학과 마찬가지로 다른 나라 국어구분에 공통적으로 적용될 수 있는 조기표는?

① 국어구분

② 문학형식구분

③ 언어공통구분

④ 일반형식구분

해설 ③ KDC 6판의 언어공통구분은 다음과 같다. -1 음운, 음성, 문자, -2 어원, 어의, -3 사전, -4 어휘, -5 문법, -6 작문, -7 독본, 해석, 회화 -8 방언(사투리) 이다.

7. 다음은 KDC의 국어구분표에 대한 설명이다. 옳지 않은 것은?

① 700 언어분야의 국어구분의 순서를 언어 이외의 다른 주제 항목에서도 인용할 필요가 있을 경우에 적용된다.

② 문학은 물론 총류 내의 백과사전(030)이나 강연집, 수필집, 연설문집(040), 일반연속간행 물(050), 일반 전집, 총서(080) 강목 아래에서의 각 나라의 국어구분이 필요한 경우에 적용 된다.

③ DDC의 Table 4에 해당하는 조기표이다.

④ "791 -799와 같이 구분한다" 또는 "759.1 -759.9와 같이 세분한다"라는 지시주가 명시되어 있을 경우에도 국어구분의 기호를 첨가할 수 있다.

해설 ③ 국어구분표는 DDC의 Table 6에 해당하는 조기표이다.

8. KDC 제6판의 일부를 발췌한 본표를 이용하여 농학서지를 분류할 때, 분류기호로 옳은 것은?

> 016   주제별서지 및 목록
>   단일주제의 서지 및 목록을 포함한다.
>   000-999와 같이 주제구분한다.
>   도서관에 따라 주제별서지 및 목록을 각 주제하에 분류할 수 있다.
> 520   농업, 농학 Agriculture
>   농업 일반을 포함한다.
> 520.1-.9는 표준구분한다.

① 016.52, 520.2

② 016.52, 520.026

③ 016.26, 520.6

④ 016.52, 520.26

해설 ④ 서지자료는 본표기호 016(주제별 서지)에다 전 주제 구분기호를 첨가하거나 본표 주제기호에다 표준구분 -026(서지)를 첨가하여 분류한다.

9. 다음에서 KDC 6판 표준구분표의 기호와 조기성을 갖는 주제와의 연결이 잘못된 것은?

① -01 - 010

② -03 - 030

③ -05 - 050

④ -07 - 370

해설 ① 표준구분의 -01은 100 철학과 조기성을 갖는다.

10. 다음은 KDC 6판의 510 의학에 대한 분류규정이다. 옳지 않은 것은?

① KDC는 의학의 구분에 따라 기초의학을 먼저 다루고, 그 뒤로 임상의학과 각과의 의학을 세분하였다.

② 인체 해부학과 생리학 모두를 다룬 저작은 511.1에 분류하고, 인체 해부학을 다룬 저작은 511.4에 분류한다.

③ 한의학의 내용을 다룬 저작은 서명에 "한의" 또는 "한방"이라는 단어가 포함되어 있지 않아도 519 한의학에 분류한다.

④ 519 한의학에서는 漢醫學(Oriental medici ne)과 韓醫學(Korean medicine)을 다룬 저작을 분류한다.

정답 6. 3   7. 3   8. 4   9. 1   10. 3

해설 ③ 한의학의 내용을 다룬 저작이라도 양의학의 내용이 포함되어 있고, 서명에 "한의" 또는 "한방"이라는 단어가 포함되어 있지 않으면 양의학에 분류한다.

11. 다음은 KDC 6판의 발췌표이다. 이것에 의해 분류할 경우 해당주제와 분류기호의 연결이 옳지 않은 것은?

> 989 　지도 및 지도책 Maps and atlas
> 　　　지구의 및 지리모형, 세계지도, 동반구 및 서반구 지도 등을 포함한다.
> 　　　지역구분표에 따라 세분한다.
> 　　　예: 아시아지도 989.1
> 　　　별법: 도서관에 따라 지도는 989 대신 M을 분류기호 앞에 붙여서 사용할 수 있다.
> 　　　예: 아시아지도 M981
> 　　　특수주제의 지도 및 지도책은 해당주제 아래에 분류한다.
> 　　　예: 역사지도 902.89

① 남미지도 – 989.5 　　　　　　② 아프리카지도 – 989.3

③ 오세아니아지도 – M987(별법) 　④ 유럽지도 – 989.2

해설 ③ 오세아니아지도(별법)는 M + 986(오세아니아지리 기호) → M986이다.

12. 다음에서 KDC 제6판의 언어공통부분에 대한 설명과 가장 거리가 먼 것은?

① -1부터 -9까지 9개 항목으로 전개되어 있다.

② 710 한국어 주제의 하위 세목표의 전개는 다른 국어의 하위 세목이 전개되지 않을 경우에 부분적으로 인용하여 동일하게 첨가 적용시킬 수 있다.

③ 이 조기표에서 주의할 점은 제1조기표인 표준형식구분과 같이 0을 동반하지 않는다는 점이다.

④ 어학의 각 국어 구분의 하위세목에서 언어공통구분기호를 세 자리에다 첨가하여 적용하게 된다.

해설 ① -1부터 -8까지 8개 항목으로 되었는데, 그 항목은 다음과 같다. -1 음운, 음성, 문자, -2 어원, 어의, -3 사전, -4 어휘, -5 문법, -6 작문, -7 독본, 해석, 회화, -8 방언(사투리)

13. KDC에 대한 설명으로 옳지 않은 것은?

① 강목 이하는 서구 편향성을 줄이는 한편 한국식 전개부분을 대거 포함시켜 편성하였고, 자연과학의 강목배열은 NDC를 차용하였다.

② 본표 내의 각각의 강목이 시작하는 부분에는 분류할 자료의 하위주제나 세부항목을 신속 하게 판단하거나 해당페이지로 이동하기 위한 장치인 요약표를 제공한다.

③ 사회과학은 LCC배열체계를 수용하였으며, 경영일반은 경제학 아래의 요목으로 편성하였다.

④ KDC 제5판은 2개 국어사전의 경우 표제어에 분류하고, 해설어에 해당하는 국어구분기호를 부가하도록 하였다.

해설 ② 내부목차에 해당되는 요약표(summaries)는 KDC가 아니라 DDC에서 제공한다.

14. 다음 중 KDC의 표준구분표의 번호와 그 형식의 연결이 옳지 않은 것은?

① -01 - 철학 및 이론

② -04 - 강연집, 수필집, 연설문집

③ -05 - 연속간행물

④ -07 - 총서, 전집, 선집

해설 ④ -07은 지도집, 연구법 및 교육, 교육자료이고, 총서, 전집, 선집의 기호는 -080이다.

15. 다음에서 KDC의 편찬에 참고로 사용된 분류표가 아닌 것은?

① 조선십진분류법

② 한화도서분류법

③ CC

④ NDC

해설 ③ CC는 KDC의 편찬과는 직접적인 관련이 없다. KDC를 편찬함에 있어서는 주로 DDC와 NDC를 참고하였다. 또한 한국 및 동양관계의 주제에 대한 분류전개에서는 박봉석의 조선십진분류법과 구개명의 한화도서분류법, 성균관대학교도서관의 한적분류법 등을 참고하였으며, 사화과학(300)의 강의 배열은 LCC를, 의학(510)의 목의 전개는 UDC에 따르고 있다.

16. 한국십진분류표에서 과학의 역사를 다룬 자료는 어떻게 분류하는가?

① 과학과 역사가 경합하므로 총류에 분류한다.

② 과학은 형식상 주제구분하고 이자택일한다.

③ 저자와 목차를 검토하여 주제를 결정한다.

④ 주제는 과학으로 형식은 역사로 분류한다.

정답 11. 3   12. 1   13. 2   14. 4   15. 3   16. 4

해설 ④ 자료는 먼저 주제에 분류하고 다음에 형식으로 세분한다.

17. 다음에서 KDC의 장점을 모두 고른 것은?

㉠ 분류표를 유지 관리할 수 있는 영구적 기관이 설립되어 있으며, 이 기관에 의해 개정판이 발행됨으로써 분류표의 최신성을 유지할 수 있다.

㉡ 재배치와 전면개정은 분류표를 사용하는 일선 도서관에 재분류라는 현실적인 부담을 안겨주게 된다.

㉢ 상관색인이 정교하지 못하다

㉣ 국내의 국립중앙도서관에서 KDC기호를 부여한 목록정보를 제공하고 있어, 미흡하게나마 어느 정도 카피편목이 가능하다

㉤ 순수기호법의 기호가 단순하고 이해하기 쉽다

㉥ 새로운 지식영역을 수용하기 위해 분류표를 비교적 용이하게 무한히 전개할 수 있다

㉦ 독창성의 면에서 부족한 점이 많다.

① ㉠, ㉡, ㉣, ㉤　　　　　② ㉠, ㉢, ㉥, ㉦

③ ㉠, ㉤, ㉥, ㉦　　　　　④ ㉠, ㉣, ㉤, ㉥

해설 ④ ㉠, ㉣, ㉤, ㉥은 장점이고, ㉡, ㉢, ㉦은 단점이다.

18. KDC 300 사회과학류에서 강(綱)의 배열을 위하여 주로 참고한 분류법은?

① CC　　　　　　　　　② DDC

③ LCC　　　　　　　　④ NDC

해설 ③ KDC 강(강목)의 순서는 대략 LCC의 순위를 따랐으나, 강(강목)의 내용은 일치하지 않는다.

19. 다음 괄호 안에 들어갈 가장 적절한 것은 다음 중 어느 것인가?

KDC의 국어구분표의 가장 중요한 용도의 하나는 DCC의 (　)와 마찬가지로, 개별언어와 개별문학의 기호를 합성하기 위한 기초를 제공하는 것이다.

① T2　　　　　　② T3　　　　　　③ T6　　　　　　④ T5

해설 ③ KDC의 국어구분표는 DCC의 제6보조표인 국어구분표(Table 6 Languages)와 마찬가지로, 어떤 주제가 해당제의 특정 언어적 측면을 다루고 있을 때 해당언어를 나타내기 위해 사용되는데, 특히 언어류(700)와 문학류(800)의 두 번째 패싯의 중요한 구성요소가 된다.

20. 다음 중 KDC의 언어류(700)에서 두 번째 패싯의 기호로 사용하기에 가장 적합한 보조표는 어느 것인가?

① 국어구분표   ② 문학형식구분표

③ 언어공통구분표   ④ 표준구분표

해설 ① KDC에서 언어류의 열거순서는 학문 – 언어 – 언어의 제요소의 순서를 택하고 있다. 그러므로 두 번째 패싯인 각국어의 언어를 나타내기 위한 기호로는 국어구분표의 기호를 적용한다.

21. 다음은 한국십진분류법에 대한 설명이다. 가장 거리가 먼 것은?

① 1964년 초판, 2013년에 6판이 발행되었다.

② KDC는 그 주류의 구분과 배열의 순서가 NDC와도 거의 같지만, 그 근본은 DDC와 일치한다.

③ 국립중앙도서관에서 발행과 개정작업을 주관한다.

④ 지식의 전체를 하나의 집합체로 다루고, 제1차로 9가지의 유로서 구분하고, 그 각각의 구분을 주류라고 명명한다.

해설 ③ 한국십진분류법(KDC)의 발행과 개정작업을 주관하는 기관은 한국도서관협회 분류위원회이다.

22. 다음 중 KDC 총류의 분류기호와 해당강목이 잘못 짝지어진 것은?

① 010 – 도서학, 서지학   ② 020 – 문헌정보학

③ 030 – 백과사전   ④ 040 – [공기호]

해설 ④이다. KDC 6판의 000 총류는 010 도서학, 서지학, 020 문헌정보학, 030 백과사전, 040 강연집, 수필집, 연설문집, 050 일반연속간행물, 060 일반 학회, 단체, 협회, 기관, 연구기관, 070 신문, 저널리즘, 080 일반 전집, 총서, 090 향토자료로 구성된다.

정답   17. 4   18. 3   19. 3   20. 1   21. 3   22. 4

23. 다음 중 KDC의 800 문학에서 택하고 있는 일반적인 열거순서로 바르게 나열된 것은?

① 학문 – 문학형식 – 언어나 장소 – 시대

② 학문 – 언어 – 문학형식 – 시대

③ 학문 – 언어 – 시대 – 문학형식

④ 학문 – 주제와 각 계층의 세분주제 – 문학형식 – 시대

해설 ② KDC의 문학류(800)에서는 DDC의 문학류의 열거순서와 마찬가지로, 학문 – 언어 – 문학형식 – 시대의 열거순서를 택하고 있다.

24. 다음은 문헌정보학(020) 분야 저작의 분류 우선순위에 대한 설명이다. 가장 거리가 먼 것은?

① 일반적으로 도서관의 관리적 측면을 다룬 저작은 021 도서관행정 및 재정, 022 도서관건축 및 설비, 023 도서관 경영, 관리에 분류한다.

② 일반적으로 도서관의 기술적 봉사 측면을 다룬 저작은 024 수서, 정리 및 보존, 025 도서관 봉사 및 활동에 분류한다.

③ 도서관 행정 및 재정(021), 도서관 건물 및 설비(022)는 관종에 상관없이 021, 022에 분류한다. 분류표의 지침에 따라 관종별 도서관에 해당 기호를 첨가할 수 있다.

④ 도서관 경영, 관리(023)는 관종을 구분하지 않고 도서관 경영, 관리 전반을 분류한다.

해설 ④ 도서관 경영, 관리(023)는 일반적인 도서관 경영, 관리만을 분류하고 관종에 따른 도서관 경영, 관리는 026–027에 분류한다.

25. 다음의 KDC에서 설명하는 주(註)를 무엇이라고 하는가?

> ㉠: 본표 및 보조표의 분류기호 중에서 미리 조합, 구성하였다는 사실을 알리거나 설명하는 주를 말한다. 이 주는 문학, 언어 등에 많이 마련되어 있다.
> ㉡: 해당 기호의 의미가 그것의 표목 보다 넓은지 또는 좁은지를 기술한 주이다.

① ㉠ 전조합주(number-built notes) – ㉡ 범위주(scope notes)

② ㉠ 전조합주(number-built notes) – ㉡ 정의주(definition notes)

③ ㉠ 범위주(scope notes) – ㉡ 전조합주(number-built notes)

④ ㉠ 첨가주(including notes) – ㉡ 정의주(definition notes)

해설 ① 전조합주는 본표 및 보조표의 분류기호 중에서 미리 조합, 구성하였다는 사실을 알리거나 설명하는 주를 말한다. 이 주는 문학, 언어 등에 많이 마련되어 있다. 범위주는 해당 기호의 의미가 그것의 표목 보다 넓은지 또는 좁은지를 기술한 주이다. 정의주는 표목으로 사용된 용어의 의미를 기술한 주로서 해당 표목 바로아래에 존재한다. 첨가주는 어떤 주제가 표목의 일부는 아니지만 그 아래에 포함시키도록 명시한 주를 말한다.

26. KDC의 조기표 중 국어구분에 대한 설명으로 옳지 않은 것은?

① -8은 방언, 고어를 구분한다.

② KDC 700의 국어구분은 어학 이외의 다른 주제에도 적용시켜 구분할 수 있다.

③ 030 백과사전, 031 한국어백과사전, 034 영어백과사전이다.

④ -5는 독일어를 말하고 -59는 기타 게르만어를 구분한다.

해설 ① KDC 6판의 국어구분은 다음과 같다. -1 한국어, -2 중국어, -3 일본어, -39 기타 아시아 제어, -4 영어, -5 독일어, -59 기타 게르만어, -6 프랑스어, -7 스페인어, -79 포르투갈어, -8 이탈리아어, -9 기타 제어, -928 러시아어이다.

27. 다음 중 KDC 6판의 국어구분과 문학형식구분에 따를 경우, 그 분류가 옳지 않은 것은?

① 독일어 풍자문학 - 857   ② 스페인어 수필 - 874

③ 일본어 편지 - 838   ④ 프랑스 희곡 - 862

해설 ③ 일본어 편지의 분류기호는 8(문학)+3(국어구분의 일본어 기호)+6(문학형식구분의 편지에 해당하는 서한 기호) → 836이 된다.

28. 다음 괄호 안에 들어갈 가장 적절한 것은?

> KDC의 언어공통구분표는 기본적으로 언어류(700)의 각국어의 공통적인 형식이나 특성에 대해 공통의 기호를 부여하기 위해 마련된 조기표로, DDC의 ( )에 해당한다.

① T1   ② T2   ③ T3   ④ T4

해설 ④ KDC의 언어공통구분표는 제4보조표인 개별언어 및 어족의 세구분표(약칭: 언어공통구분표, Table 4 Subdivision of individual languages and language families)와 마찬가지로, 언어류에 적용하기 위한 보조표이다.

정답 23. 2   24. 4   25. 1   26. 1   27. 3   28. 4

29. 다음 중 KDC 제6판의 개정상의 특징으로 옳지 않은 것은?

① 기술 방식을 다원화 하고, 용어를 다변화하였다.

② 학문의 발전과 도서관의 실제 장서구성에 따라 분류항목을 재전개 하였다.

③ 분류항목에 대해 상세한 주기를 추가하였고, 한편으로는 북한 관련 항목을 적절하게 반영하였다.

④ 주류와 강목은 제5판의 골격을 가능한 한 유지하였지만, 일부 강목 및 요목을 통폐합하였다.

해설 ① 기술 방식을 통일하고, 용어를 최신화, 현대화하였다.

30. 다음 괄호 안에 들어갈 가장 적절한 것은 어느 것인가?

> KDC의 지역구분표는 어떤 주제나 영역의 지역적 측면에 대해 공통적인 기호를 부여하기 위해 마련된 조기표로서, DDC의 (   )에 해당한다.

① T1   ② T2   ③ T4   ④ T5

해설 ② KDC의 지역구분표에 해당하는 DDC의 보조표 T2(Table 2 Geographic areas, Historical periods, Persons)는 분류의 대상이 되는 문헌의 주제가 특정국가나 특정지역에 국한하여 다루어질 때 그 특정지역을 나타내기 위해 사용하는 보조표이다.

31. 다음 괄호 안에 들어갈 표준구분기호가 올바른 순서로 연결된 것은?

> KDC 6판에서 예술에 관한 표준구분은 (㉠)에, 미술에 관한 표준구분은 (㉡)에 분류한다.

① ㉠ 600.1-.9 - ㉡ 600.1-.9

② ㉠ 600.1-.9 - ㉡ 601-609

③ ㉠ 601-609 - ㉡ 600.1-.9

④ ㉠ 610.1-.9 - ㉡ 601-609

해설 ② 예술에 관한 표준구분은 600.1-.9에, 미술에 관한 표준구분은 601-609에 분류한다.

32. 다음은 KDC 6판의 발췌표이다. 괄호에 들어갈 기호로 옳은 것은?

```
502    잡저
  .9   특허, 규격, 상표
       지역구분표에 따라 세분한다.
         예: 일본특허 502.(      )
       공업규격 → 530.029
```

① 0913   ② 913   ③ 13   ④ 3

해설 ② 일본특허의 분류기호는 502.9(기본번호) + 13(지역구분의 일본 기호) → 502.913이 된다. 따라서 괄호 안에 들어갈 기호는 913이다.

33. 다음은 KDC 발췌표이다. 별법에 의한 "폴란드어 성서"의 분류기호로 옳은 것은?

```
233      성서(성경) Bible
  .077   현대 각국어 성서
         별법: 도서관에 따라 710-799와 같이 언어 구분할 수 있다.
           예: 한국어성서 233.0771; 영어성서 233.0774
710      한국어
740      영어
792.95 폴란드어
796.8    필리핀어, 타갈로그어
```

① 233.07779295   ② 233.0779295
③ 233.79295   ④ 792.95233077

해설 ② 233.077 + 92955(792.955 폴란드어에서 7 다음에 오는 기호) → 233.0779295

34. 다음 중 KDC 언어류(700)의 세 번째 패싯에 사용되는 보조표는?

① 국어구분표   ② 문학형식구분표
③ 언어공통구분표   ④ 표준구분표

해설 ③ KDC에서 언어류의 열거순서는 학문 – 언어 – 언어의 제요소의 순서를 택하고 있다. 따라서 언어공통구분 표는 세 번째에 적용된다.

정답	29. 1	30. 2	31. 2	32. 2	33. 2	34. 2

35. 다음은 KDC 6판의 종교공통구분에 대한 설명이다. 옳지 않은 것은?

① KDC에만 있는 조기표이다.

② 세계 각 종교에서 나타나는 주요한 이론이나 의식, 경전, 종조나 종파 등의 특성에 대하여 공통적인 기호를 첨가하여 기억을 돕고자 하는 조기성이다.

③ 세계 각 종교의 항목아래에서 세 자리 목의 숫자로서 첨가하여 적용시킨다.

④ 세목 아래의 내용 전개에서도 각 종교마다 공통적인 기호를 첨가하여 적용시킨다.

> **해설** ④ 세목 아래에서의 내용 전개는 각 종교마다 각기 다른 차이성을 보이므로 조기성을 적용할 수 없다.

36. KDC에서 어떤 특정한 주제의 전개항목을 다른 특정주제의 세목에다 인용하여 항목을 첨가시켜 적용하는 경우를 의미하는 용어는?

① 공통구분

② 특정주제구분

③ 전 주제구분

④ 표준구분

> **해설** ② 특정주제구분으로 용례는 다음과 같이 지시되어 있다.
>
> 573.201-.209 과실주의 재료, 처리, 조작(제조)
> 573.11-.19와 같이 세분한다.
> 예: 과일주 발효 573.203

37. 다음은 KDC 제6판의 개정상의 특징을 설명한 것이다. 가장 거리가 먼 것은?

① 활용 가능한 상세한 해설서를 동시에 발행하였다.

② 국립중앙도서관과의 협력 하에 도서관 현장의 의견을 반영하였다.

③ 인덴션의 도입을 포함하여 상관색인을 대폭 수정하였다.

④ 각 도서관 실무자의 적극적인 자문을 얻어 전문성을 강화하였다.

> **해설** ④ 전문성을 강화하기 위해, 주제 분야 연구자 및 교수의 적극적인 자문을 구했다.

38. 다음 중 KDC가 근거로 하고 있는 주류의 분류체계 계통과 거리가 먼 것은?

① F. Bacon   ② I. M. Comte

③ M. Dewey   ④ W. T. Harris

해설 ② KDC는 그 주제배열에서 DDC를 기초로 하고 있으나, 다만 DDC에서 400에 배치한 언어를 KDC에서는 700으로 옮기게 됨에 따라 분류기호에 변동이 있을 뿐, 주류를 10개로 구분하고 십진체계를 따르고 있는 것은 DDC와 동일하다. 따라서 KDC는 DDC에 기초를 두고 주류를 배열한 것으로, 이는 Bacon의 학문분류를 바탕으로 하고 있는 이른바 역Bacon식의 Harris의 분류법과도 연관이 되는 것이다. ② I. M. Comte의 학문분류는 EC, LCC, NDC 등의 기초가 된 것으로서 KDC와는 직접적인 관련이 없다.

39. KDC의 총류에서 060은 일반학회, 단체, 협회, 기관, 연구기관을 말한다. 표준구분에서 06은 무엇을 의미하는가?

① 철학 및 이론

② 잡저

③ 각종 단체, 조직(학회, 단체, 협회, 기관, 회의) 및 경영

④ 연속간행물

해설 ③ KDC 6판에서 표준구분은 −01 철학 및 이론, −02 잡저, −03 사전(辭典), 사전(事典), 인용어사전, 용어집, 약어집, − 04 강연집, 수필집, 연설문집 −05 연속간행물, −06 각종 단체, 조직(학회, 단체, 협회, 기관, 회의) 및 경영, − 07 지도법, 연구법 및 교육, 교육자료 −08 총서, 전집, 선집, −09 역사 및 지역구분으로 구성된다.

40. KDC의 아시아지역에 대한 지역구분표에서 −11-13의 둘째 자리는 국어구분표와 조기성을 갖는다. 따라서 "한국사"의 분류기호는 911임을 쉽게 알 수 있다. 그렇다면 다음 중 "중국역사"에 대한 분류기호는?

① 912   ② 913   ③ 914   ④ 915

해설 ① "중국역사"에 대한 KDC의 분류기호는 역사의 기본기호 9 +−12(지역구분표의 중국에 대한 기호) → 912 가 된다. 아울러 유럽지역의 지역구분표의 둘째 자리가 국어구분표와 조기성을 갖는다는 사실에서, "중국역사"의 세 번째 자리는 −2가 되어야 함을 알 수 있다.

정답 35. 4   36. 2   37. 4   38. 2   39. 3   40. 1

41. 권, 연, 연도에 따라서 연속적으로 간행되는 신문, 잡지, 보고서 등 연속간행물에 첨가하는 기호는?

① -03　　　　　② -04　　　　　③ -05　　　　　④ -06

해설　③ 표준구분표의 -05 연속간행물이다.

42. 다음의 KDC 발췌표를 적용하여 월간 고등교육을 분류할 경우 옳은 분류기호는?

> 377　　대학, 전문, 고등교육 Higher education
> 　　　　특수주제의 고등교육은 그 주제하에 분류한다.
> 　　　　377.001-009는 표준구분한다.

① 377.5　　　　　　　　　　② 377.05
③ 377.005　　　　　　　　　④ 377.0005

해설　③ 377(고등교육)+-005(T1 연간물) → 377.005이다.

43. 다음의 KDC 6판 발췌표에 의해 "힌두교음악"을 분류할 경우, 그 분류기호가 옳은 것은?

> 672.4　기타 종교음악
> 　　　　672.44-.49는 240-290과 같이 구분한다.
> 　　　　예: 이슬람교음악 672.48

① 672.44　　　　　　　　　　② 672.45
③ 672.46　　　　　　　　　　④ 672.47

해설　④ 힌두교의 분류기호는 270(부록 KDC 강목표 참고)이므로, 힌두교음악은 67+270-0 → 672.47이 된다.

44. KDC에서 주제를 표현하는 특수한 형식에 따라 함께 모으고 표를 단순화하여 이용을 편리하게 하기 위해 마련된 조기표를 가리키는 용어는?

① 표준구분표　　　　　　　　② 지역구분표
③ 국어구분표　　　　　　　　④ 전주제구분

해설 ① KDC의 표준구분표는 반복적으로 나타내는 내적 및 외적 형식에 공통적인 기호를 부여하기 위해 마련된 조기표이다.

45. KDC에서 사전, 백과사전 등을 의미하는 표준구분표의 기호는 어느 것인가?

① -01   ② -03   ③ -04   ④ -05

해설 ② 표준구분표의 -03은 사전(辭典), 사전(事典), 인용어사전, 용어집, 약어집을 의미한다.

46. KDC에 대한 다음 설명 중 옳은 것은?

① 총류 및 문학작품은 주제에 따라 분류하지 않는다.

② 건축과 건축술에 관련된 자료들을 690과 720으로 분리되어 있다.

③ 한 자료 내에 4개 이상의 주제가 포함되어 있을 경우 저자가 가장 역점을 두는 주제에 분류하고, 나머지 주제는 필요에 따라 분류한다.

④ 한 자료가 두 주제 간에 원인과 결과를 나타낸 것이면 원인에 해당하는 주제에 분류한다.

해설 ① 총류 및 문학작품은 먼저 형식에 따라 분류한다. ② 건축과 건축술에 관련된 자료들을 690과 720으로 분리되어 있는 것은 DDC이고, KDC 6판에서는 540에 통합하였다.

47. 분류표 강목 중 KDC가 DDC와 다른 기호는?

① 100   ② 300   ③ 400   ④ 800

해설 ③ KDC의 류는 DDC를 거의 그대로 따랐으나 DDC 400 어학을 KDC에서는 700으로 옮겨 문학과 접근시켰다. 이 점이 KDC와 DDC의 가장 큰 차이점이다.

48. KDC에서는 전기(傳記)를 역사류 아래의 해당주제에 집결하지 않고 피전자가 공헌한 주제 아래에 분류할 수 있다. 이 경우 그 주제기호에 추가하여 사용하는 표준구분표의 기호는?

① -09   ② -092   ③ -093   ④ -099

해설 ④ KDC의 전기에 대한 분류기호는 990이며, 전기에 대한 표준구분표의 기호는 -099이다.

정답 41. 3   42. 3   43. 4   44. 1   45. 2   46. 1   47. 3   48. 4

49. 다음은 KDC의 장점이다. 가장 거리가 먼 것은?

① 기호가 아라비아숫자로 되어 있으므로 단순하다.

② 분류기호만으로는 상하관계를 알기 힘들다.

③ 분류표에 사용된 용어가 사실상 체험에 기초를 둔 것이다.

④ 신축성이 있기 때문에 도서관의 특성, 장서량, 성질에 따라 전체적인 체계를 혼란시키지 않고 분류표의 적용을 자유롭게 할 수 있다.

해설 ② KDC의 장점을 살펴보면 다음과 같다. 1) 기호가 순수한 아라비아숫자만으로 구성되어 있기 때문에 단순하고 국제적으로 통용되며 기억, 서사(書寫), 배열에 편리하다. 2) 신축성이 있기 때문에 도서관의 특성, 장서량, 성질에 따라 전체적인 체계를 혼란시키지 않고 분류표의 적용을 자유롭게 할 수 있다. 3) 기호에 전개성이 있기 때문에 장래의 세목을 위한 전개를 가능하게 할 수 있다. 4) 조기표를 이용하여 전개할 수 있기 때문에 분류표의 이해를 용이하게 하여 준다. 5) 분류기호만으로도 상하개념을 알 수 있다. 6) 분류표에 사용된 용어가 사실상의 체험에 기초를 두고 있다. 7) 학문의 전 분야를 대상으로 하였기 때문에 적용범위가 넓다. 8) 도서 이외의 각종 비도서자료 및 색인 등에 적용할 수 있다. 9) 상관색인이 있어 편리하다. 10) DDC가 구미 위주인 것에 대하여 KDC는 한국 및 동양위주로 되어 있기 때문에 편리하다. 11) DDC체계에 있어서 불합리하고 모순되는 부분을 제거하였기 때문에 새로운 주제의 삽입이 가능하다. 12) 앞으로 수정, 증보 등을 수시로 행할 수 있는 전망이 있기 때문에 새로운 주제의 삽입이 가능하다.

50. KDC 제6판에 의해 "한국어의 어원"을 분류할 때, 올바른 분류기호는?

① 410　　　　② 412　　　　③ 710　　　　④ 712

해설 ④ "한국어의 어원"은 언어의 기본기호 7+-11(국어구분표의 한국어에 대한 기호)+-2(언어공통구분표에서 어원에 대한 기호) → 712가 된다.

51. 810은 한국문학이다. 811~818에서 목 자리가 의미하는 것은?

① 국어구분

② 문학형식구분

③ 언어공통구분

④ 지역구분

해설 ② 문학형식구분으로 -1 시, -2 희곡, -3 소설, -4 수필, 소품, -5 연설, 웅변, -6 일기, 서간, 기행, -7 풍자 및 유머, -8 르포르타주 및 기타로 구성된다.

52. KDC에서는 표준구분을 적용할 수 있다. 원론, 학설, 법칙을 포함하는 것으로 어떤 자료의 주제를 철학적, 이론적, 체계적인 관점에서 다룬 저작물에 부여하는 형식기호는?

① −01   ② −02   ③ −03   ④ −04

해설 ① −01 철학 및 이론이다.

53. 다음은 KDC 6판의 사전에 대한 분류규정이다. 옳지 않은 것은?

① 언어사전의 경우, 2개 국어사전은 7△3.2−.9에 분류한다. 이 경우에는 먼저 ⓘ 표제어에 분류하고, 해설어를 국어구분의 기호[T6]를 사용하여 부가한다.

② 도서관에 따라 2개 국어사전은 이용자의 입장에서 비교적 덜 알려진 언어에 분류하고 상대어를 뒤에 첨가할 수 있다.

③ 국어학의 학설 또는 용어사전은, 국어사전과 함께 분류한다.

④ 어학 내의 각 국어 아래의 특수주제(예: 발음, 문법, 작문, 방언, 유의어, 동의어 등)의 사전은 각각 그 주제에 분류한다.

해설 ③ 국어학 사전 즉, 국어학의 학설 또는 용어사전은 국어사전과 함께 분류하지 않고 각 국어 기호 아래 분류하고, 표준구분 −03(사전)을 추가한다. 예를 들어, 불어학 사전은 740.3 (불어 740 + 사전 −03)이 된다.

54. 다음 중 KDC에서 조기성의 적용과 가장 거리가 먼 주제는?

① 문화   ② 언어   ③ 예술   ④ 종교

해설 ③ KDC에서는 표준구분표, 지역구분표, 국어구분표, 언어공통구분표, 문학형식구분표, 종교공통구분표의 6개의 조기표를 갖고, 언어와 문학, 역사와 지리, 총류, 종교 부분에서 조기성을 광범위하게 활용하고 있다.

55. 다음의 KDC 6판 발췌표에 의해 "영국의 공공도서관"을 분류할 경우, 그 기호가 옳은 것은?

026	일반도서관 General libraries
.3	공공도서관
.5	어린이도서관

① 026.30124   ② 026.30324

③ 026.30524   ④ 026.30924

정답   49. 2   50. 4   51. 2   52. 1   53. 3   54. 3   55. 4

④ 지역구분의 조기성은 모든 주제항목에 걸쳐 사용될 수 있다. 예를 들면, 분류표상에서 "지역구분표에 따라 세분한다"라는 지시가 없어도 지역구분을 할 수 있기 때문이다. 이 경우에는 반드시 조기성 기호인 −09와 함께 대륙과 국가구분을 첨가하여 세밀한 분류기호를 배정한다. 그러므로 026.3(공공도서관의 기본번호) + 09(패싯지시기호) + 24(본표 924에서 영국에 해당하는 기호) → 026.30924가 된다.

56. 다음 중 KDC 제6판의 문학형식구분표에 대한 설명으로 옳지 않은 것은?

① 동서양의 각국의 문학에 공통적으로 적용되는 보조표이다.

② 문학류(800)의 세 번째 패싯, 즉 목(目)에 주로 적용된다.

③ 문학형식구분기호 앞에는 표준구분표와 같이, '0'을 추가하여 사용한다.

④ KDC의 문학형식구분표는 DDC의 T3에 해당한다.

③ 문학형식구분표의 앞에는 어떤 기호도 추가하지 않고 곧바로 기본기호에 추가하여 사용한다.

57. 다음은 KDC 제6판에서 사용한 범례(凡例)의 내용이다. 옳지 않은 것은?

① 본표를 간소화하기 위해 조기성을 활용하여 분류항목의 전개를 생략하였다.

② 영어를 병기한 것은 분류법 본표의 주류와 강목, 요목 대부분의 항목이다.

③ 용어의 표기는 원칙적으로 국립국어원의 「한글맞춤법」, 「외래어표기법」, 「로마자표기법」을 준용하였다.

④ 한글표기를 우선하고, 한글만으로는 이해가 곤란한 명사 등은 ( )에 한자를 병기하였다.

② 분류법 본표의 주류와 강목, 요목 대부분의 항목과 특히 자연과학, 기술과학, 역사 등의 주요 세목명에서는 양서분류의 편의를 도모하기 위해 영어를 병기한다.

58. 다음의 KDC와 DDC에서 어학의 특징으로 옳은 것은?

① DDC는 구미중심이고 KDC는 한국어 중심이다.

② DDC에서는 어학을 세계각국어 중심으로 배열하였다.

③ DDC에서는 어학이 세계각국어 중심인 것을 KDC애서는 동양제국어 중심으로 하였다.

④ KDC에서는 어학을 세계각국어 중심으로 배열하였다.

해설 ① 주류배열에서 어학을 KDC에서는 700에, DDC에서는 400에 배치하였다. KDC는 한국어를 중심으로 세계 공용어를 주로 사용하고 DDC는 구미중심으로 배열하였다.

59. 다음은 한국십진분류법이 발행된 연도이다. 바르게 짝지어진 것은?

① 초판 1964년 – 제6판 2013년   ② 수정판 1966년 – 제3판 1982년

③ 제3판 1980년 – 제4판 1998년   ④ 제5판 2006년 – 제6판 2013년

해설 ① KDC 초판은 1964년, 수정판은 1966년, 제3판은 1980년, 제4판은 1996년, 제5판 2009년, 제6판 2013년 발행되었다.

60. 다음 괄호 안에 들어갈 유들이 바르게 짝지어진 것은?

> KDC 6판의 100 철학은 형이상학 ··· 140 (㉠)–150 동양철학, 사상–160 서양철학–170 (㉡)–180 (㉢) ··· 등으로 구성된다.

① ㉠ 경학 – ㉡ 논리학 – ㉢ 심리학   ② ㉠ 경학 – ㉡ 심리학 – ㉢ 논리학

③ ㉠ 경학 – ㉡ 심리학 – ㉢ 윤리학   ④ ㉠ 경학 – ㉡ 윤리학 – ㉢ 심리학

해설 ① ㉠ KDC의 140은 경학, 170은 논리학, 180은 심리학에 해당한다.

61. 다음에서 KDC의 기입(entry)에 대한 설명과 가장 거리가 먼 것은?

① DDC와는 달리 본표의 분류기호는 항상 완전한 형태로 표목 앞에 표시된다.

② KDC의 기입은 분류기호칼럼과 표목 및 주기칼럼으로 이루어진다.

③ 기호칼럼과 표목칼럼은 분류표 내에서의 계층구조의 위치에 따라 다양한 크기의 활자로 인쇄된다.

④ 표목으로 사용되는 분류항목은 주제의 계층구조에 따라 들여쓰기(indention)을 사용한다.

해설 ① 본표의 분류기호 중 주류와 강목, 요목을 나타내는 처음 세 자리는 기호칼럼에는 맨 처음에 단 한 번만 표시된다. 다만 페이지가 바뀔 경우 새 페이지의 첫 기입은 완전한 분류기호를 표시한다.

정답 56. 3   57. 2   58. 1   59. 1   60. 1   61. 1

62. 다음은 KDC의 분류규정에 대한 설명이다. 옳지 않은 것은?

① 이민을 다룬 저작은 이민의 도착지(수입국)의 이민에 분류하고, 필요에 따라 패싯지시기호 0
을 부가하여 이민의 출발국을 지역구분할 수 있다.

② 한 국가에서 수개의 다른 국가로 이민을 하게 된 주제를 다룬 저작은, 원주국(출발국)의 이민
아래에 분류한다.

③ 한 지방을 둘러싼 두 나라 간의 외교관계를 다룬 저작은, 그 지방의 외교에 분류한다.

④ 양국 간의 외교관계로 저자의 관점이 확실치 않고 저자가 제3국의 사람인 경우는, 표제의 처
음에 나오는 나라의 외교관계에 분류한다.

해설 ③ 한 지방을 둘러싼 두 나라 간의 외교관계를 다룬 저작은 양 국가 간의 외교로서 분류하고, 그 지방에 분류하
지 않는다.

63. KDC(한국십진분류표)의 보조표에 관한 설명으로 옳지 않은 것은?

① 각 주제의 분류기호 뒤에 표준구분기호를 첨가할 때는 하나 이상의 0을 수반해야 한다.

② 지역구분표는 단독으로 사용 될 수 있다.

③ 표준구분표는 DDC의 T1과 동일한 성격의 보조표이다.

④ 문학자료는 원작의 언어에 1차 분류한 다음에 형식, 시대, 등의 패싯순으로 첨가하기 때문에
문학형식기호가 필수적이다.

해설 ② 지역구분표는 단독으로 사용 될 수 없다.

**64. 다음에서 DDC와는 달리, KDC에만 설정되어 있는 600 예술의 강(강목)들로 바르게 짝지어진
것은?**

① 640 서예 - 670 음악

② 640 서예 - 680 공연예술, 매체예술

③ 670 음악 - 680 공연예술, 매체예술

④ 620 조각 - 680 공연예술, 매체예술

해설 ② KDC 6판의 600 예술에는 동양의 특징적인 분야로 서예를 강으로 설정하고, NDC의 영향을 받아 공연예
술, 매체예술을 강으로 설정하고 있다.

65. 다음 중 KDC에서 택하고 있는 생물학의 순서가 바르게 나열된 것은?

① 생명과학 – 식물학 – 동물학

② 생명과학 – 동물학 – 식물학

③ 동물학 – 식물학 – 생명과학

④ 식물학 – 동물학 – 생명과학

> **해설** ① KDC 6판에서 생물학의 순서는 470 생명과학 – 480 식물학 – 490 동물학의 순서로 되어 있다.

66. 다음의 KDC 6판 발췌표에 의해 분류할 경우, 그 분류기호가 옳지 않은 것은?

> 071-077 각국의 신문
> > 지역구분표에 따라 세분한다.
> > > 예: 중국신문 071.2
> 078　　특정주제의 신문
> > 001-999와 같이 주제구분한다.
> > > 예: 교육신문 078.35
> > 별법: 도서관에 따라 해당주제 아래에 분류할 수 있다.
> > > 예: 불교신문 220.5

① 기독교신문 – 230.5　　　　　② 법률신문 – 078.36

③ 북미의 신문 – 074　　　　　④ 영국의 신문 – 072.1

> **해설** ④ 영국의 신문의 분류기호는 07(신문의 기본기호) + -24(지역구분기호에서 영국에 대한 기호) → 072.4이다.

67. 다음의 KDC 총류에 대한 설명에서 옳지 않은 것은?

① 030과 050의 요목들은 형식을 기준으로 전개된다.

② 090에 설정되어 있는 향토자료는 KDC 총류의 특징적인 유(類)이다.

③ KDC의 총류와 표준구분표가 조기성을 갖기는 하지만, 모든 강목들이 해당하는 것은 아니다.

④ 강목의 전개가 DDC의 총류와 동일한 순서와 내용으로 되어 있지만 KDC에서는 DDC에는 없는 040에 강연집, 수필집, 연설문집을 전개하고 있다.

> **해설** ① 030과 050의 요목들은 언어를 기준으로 전개된다.

> **정답** 62. 3　　63. 2　　64. 2　　65. 1　　66. 4　　67. 1

68. 다음 중 KDC 제6판의 표준구분표의 기호와 조기성을 갖는 유와의 연결이 옳지 않은 것은?

① -01 - 100   ② -05 - 050

③ -07 - 370   ④ -09 - 090

해설 ④ 표준구분표의 -09와 090 역사와는 조기성이 없다.

69. 다음은 한국십진분류법의 분류과정에서 일반원칙을 설명한 것이다. 가장 거리가 먼 것은?

① 문헌은 일차적으로 주제로 분류하고, 필요에 따라서 표현형식으로 세분한다.

② 번역서, 주석서, 해설서 등은 원저작과 함께 분류한다.

③ 복수의 주제를 취급한 문헌은 개개의 주제아래 분류한다.

④ 한 국가의 정치지도자(왕, 대통령, 수상 등)의 전기서는 역사 아래 분류한다.

해설 ③ 2종의 주제를 취급한 도서는 보다 완전히 취급한 주제에 분류한다. 만약에 두 주제가 거의 같은 정도로 취급되어 있을 경우에는 최초의 주제하에 분류하고, 제2주제는 목록에서 부출 기입한다.

70. KDC에서 조기성을 활용하지 않는 구분은?

① 국어구분   ② 언어공통구분

③ 역사구분   ④ 표준구분

해설 ③ KDC 6판에서 사용하는 조기표는 1. 표준구분표 2. 지역구분표 3. 국어구분표 4. 문학형식구분표 5. 언어공통구분표 6. 종교공통구분표가 있다.

71. 다음 중 KDC의 언어공통구분표에서 기호와 그 내용의 연결이 옳지 않은 것은?

① -1 음운, 음성, 문자   ② -2 어원, 어의

③ -3 작문   ④ -4 어휘

해설 ③ KDC6판에서의 언어공통구분기호는 -1 음운, 음성, 문자, -2 어원, 어의, -3 사전, -4 어휘, -5 문법, -6작문, -7 독본, 해석, 회화, -8 방언(사투리) 으로 구성된다.

72. 다음에서 KDC의 표준구분표에 대한 설명으로 가장 거리가 먼 것은?

① 표준구분표는 어떤 주제에 반복적으로 나타나는 출판형식이나 서술형식을 나타내준다.

② 표준구분표의 첫 번째 세분기호(-01-09)는 DDC의 표준세구분표(T1)와 완전히 일치한다.

③ 표준구분표의 기호는 최소한 두 자리로 구성되며, 항상 0으로 시작된다.

④ 표준구분표의 모든 기호는 십진식으로 확장, 전개될 수 있다.

해설 ② KDC의 표준구분표의 첫 번째 기호 가운데 "-04 강연집, 수필집, 연설문집"과 "-08 총서, 전집, 선집"은 DDC의 T1의 기호와 상이한 의미를 갖는다.

73. 다음은 KDC 6판 300 사회과학의 100구분 내용이다. 옳지 않은 것은?

① 310 – 통계학

② 340 – 정치학

③ 360 – 법률, 법학

④ 370 – 교육학

해설 ① 310은 통계자료이며, 5판 310에 있던 통계학은 6판에서는 413으로 이치 되었다.

74. 다음은 KDC의 국어구분과 언어공통구분을 적용하여 분류한 것이다. 그 분류기호가 옳지 않은 것은?

① 독일어 방언 – 757

② 스페인어 어휘 – 774

③ 이탈리아어 문법 – 785

④ 중국어 작문 – 726

해설 ① 독일어 방언은 7(언어)+-5(국어구분의 독일어 기호)+8(언어공통구분의 방언 기호) → 758이 된다.

75. 다음은 KDC 6판을 사용하기 위한 분류의 일반규정이다. 옳지 않은 것은?

① 주제를 설명하는 관점이 둘 이상일 경우에는 주된 관점에 분류하되 판단하기 어려운 경우에는 저자의 전공분야를 고려하여 분류한다.

② 가설이나 연구방법, 자료조사, 수단, 이론의 적용 등은 이들 아래에 분류한다.

③ 서평이나 비평을 다룬 도서는 비평된 주제 아래 분류한다.

④ 총서명은 표기되어 있으나 권, 호 표시가 없을 경우, 총서명이 작게 표시되어 있고, 본서명이 크게 기재되어 있는 총서, 출판사 총서류 등은 단행본으로 취급하여 각각의 주제에 분류한다.

정답	68. 4	69. 3	70. 3	71. 3	72. 2	73. 1	74. 1	75. 2

해설 ② 어떤 주제를 연구하기 위하여 방법이나 이론을 응용한 저작은 연구대상이 되는 주제아래에 분류한다. ③ 한 저자가 다른 사람의 학설이나 연구 결과를 비판한 저작은 비판의 대상이 되는 저자에 분류하지 않고, 비판한 학자의 학설에 분류한다. 이는 학자의 비판은 비판자의 주장과 학설이 내포되어 새로운 이론으로 형성, 발전되기 때문이다.

76. KDC 제6판에 의해 "품질관리기능사문제 해설"을 분류할 때, 옳은 분류기호는?

① 325.65077
② 325.07
③ 325.6507
④ 325.65076

해설 ① "품질관리기능사문제 해설"은 품질관리 기호 325.65 + −077(표준구분표의 각종 시험대비용 교재 및 문제집에 대한 기호) →325.65077이 된다. 표준구분표의 −077은 국가고시, 검정고시, 공개시험, 기능심사에 관련된 자습서, 문제집, 해답집, 수험참고서 등을 포함한다.

77. 다음의 KDC 6판 상관색인에 대한 설명 중 적합하지 않은 것은?

① 분류표 전체에 걸쳐 각 학문분야로 분산되어 있는 동일한 주제에 관한 서로 다른 관점들을 함께 모아 주는 기능을 한다.
② 특정주제와 관련된 모든 주제의 명사와 그 주제를 도치형식으로 표현하고, 이를 가나다순으로 배열하였다.
③ 영어로 된 두문자어(acronym)는 색인어의 대상이 아니다.
④ 아라비아숫자는 한글음과 아라비아숫자 모두를 색인어로 추출하였다.

해설 ③ 영어로 된 두문자어(acronym)는 물론 병립되어 있으나 자주 사용되는 용어 예를 들어 이광수(춘원)의 경우 '이광수'와 '춘원'을 각각 색인어로 하였다.

78. 다음은 KDC 제6판의 언어공통구분을 활용한 분류의 예이다. 분류기호가 옳지 않은 것은?

① 독일어 어원 752
② 스페인어 문자 771
③ 영어사전 740.3
④ 이탈리아어 음성 761

해설 ③ 영어사전은 영어를 기본기호로 하고(74) 여기에 언어공통구분표의 기호 −3사전을 더하면, 74 + 3 → 743 이 된다. 740.3은 사전의 형식구분기호 −03을 더한 것이다.

79. KDC 제6판의 백구분표(강목표)에 따를 경우, "스포츠의 세계"의 분류기호로 가장 적합한 것은?

① 650　　　　② 660　　　　③ 670　　　　④ 690

해설　④ "스포츠"는 690 오락, 스포츠에 분류한다.

80. 다음은 KDC의 표준구분표의 기호를 사용하여 자료를 분류한 사례이다. 해당자료와 합성한 기호의 연결이 옳지 않은 것은?

① 교육학사 – 370.9　　　　　　② 한국어사전 – 713.03
③ 불교의 교육과 연구 – 220.7　　④ 철학연구(철학분야의 학술지) – 105

해설　② 한국어사전은 710(한국어) – 0 + –3(국어공통구분의 사전에 대한 기호) → 7130이다. 713에 –03을 추가하는 것은 사전에 대한 기호를 이중으로 부여하는 것이 되므로, 옳지 않다.

81. 다음은 KDC에 대한 설명이다. 가장 거리가 먼 것은?

① 신문사에서 발간하는 것으로서 그 형태와 지명(誌名)이 다른 주간잡지, 또는 월간잡지는 050 연속간행물에 분류한다.
② 저자와 주제가 다르게 완전히 독립된 단행본으로 발간된 출판사 총서류는 연속 번호가 있더라도 080에 분류하지 않고, 각 권을 주제에 따라 분산하여 분류한다.
③ 한 국가에서 수개의 다른 국가로 이민을 하게 된 주제를 다룬 저작은, 원주국(출발국)의 이민 아래에 분류한다.
④ 외국어와 외국어의 대역서로서 언어습득을 목적으로 하는 것은, 자국어의 사전 아래에 분류한다.

해설　④ 외국어와 외국어의 대역서로서 언어습득을 목적으로 하는 것은, 연구습득하려고 하는 외국어 아래 분류한다.

82. KDC 6판에서 2개국어사전의 제1차적인 분류기준으로 사용되는 것은?

① 분류되는 국가에서 더 많이 사용되는 언어　② 분류표상에 앞에 나오는 언어
③ 표제어로 사용된 언어　　　　　　　　　④ 일반적으로 더 알려진 언어

정답　76. 1　　77. 3　　78. 3　　79. 4　　80. 2　　81. 4　　82. 3

해설 ③ DDC와 마찬가지로 표제어(표목)로 사용되는 언어를 일차적인 분류기준으로 사용한다. 별법으로 일반적으로 덜 알려진 언어에 분류할 수도 있다.

83. DDC의 T1(Standard subdivision)에 해당하는 KDC의 조기표는?

① 공통형식구분표   ② 관점보조구분표

③ 표준구분표   ④ 체계구분표

해설 ③ 표준구분표이다. ①과 ②는 UDC에서, ④는 BC에서 사용하는 조기표이다.

84. 다음은 KDC 발췌표이다. 별법에 의한 "종교와 가족계획의 관계"의 분류기호로 옳은 것은?

215.82	종교와 사회의 관계
	별법: 도서관에 따라 331-357과 같이 구분할 수 있다.
	예: 종교와 사회문제 215.824
331.35	가족계획
334	사회문제
334.5	자살문제

① 215.33135   ② 215.334

③ 215.82135   ④ 331.35

해설 ③ 215.82＋135(331.35 가족계획에서 33 다음에 오는 기호) → 215.82135이다.

85. 다음은 KDC의 단점에 대한 설명이다. 옳지 않은 것은?

① DDC, NDC 및 DUC, LC 등의 부분을 그대로 적용한 경우가 많아 KDC 고유의 독창성이 적다.

② 구분의 방법이 불균형적이며, 주제의 전개가 논리성이 부족한 것도 있다.

③ 분류체계가 DDC를 그대로 답습하여 베이컨식으로 되어 있기 때문에 학문의 분류상 진보적이지 못하다.

④ 조기성이 강조된 나머지 표의 전개가 불합리하게 된 점이 있다.

해설 ③ 분류체계가 DDC를 그대로 답습하여 역베이컨식으로 되어 있기 때문에 학문의 분류상 진보적이지 못하다.

86. 다음 KDC 사회과학류(300)의 분류기호 가운데 해당분류기호의 내용이 DDC의 내용과 동일한 것으로만 바르게 짝지어진 것은?

① 310 – 330 – 350   ② 310 – 350 – 370

③ 310 – 350 – 370   ④ 330 – 350 – 370

해설 ② KDC 6판의 310은 통계자료, 350은 행정학, 370은 교육학으로, 이는 DDC의 310 Collections of general statistics, 350 Public administration & military science, 370 Education과 동일하다.

87. KDC의 문학형식구분표는 기본적으로 특정언어로 된 문학작품이나 문학에 관련된 문헌들을 분류하기 위해 마련된 조기표이다. 이에 해당하는 DDC의 보조표는?

① T2   ② T3   ③ T4   ④ T5

해설 ② KDC의 문학형식구분표와 DDC의 제3보조표인 예술·개별문학·특수문학구분표(약칭: 문학형식구분표, Table 3 Subdivision for the arts, for individual literatures, for specific from)는 기본적으로 문학분야의 자료를 분류하기 위해 고안된 것이다.

88. KDC에서는 종교공통구분표를 마련하고 있다. 다음 중 종파나 교파를 나타내기 위한 기호는?

① –8   ② –6   ③ –4   ④ –3

해설 ① KDC 6판의 종교공통구분표는 –1, 교리, 교의, –2 종교창시자(교주) 및 제자, –3 경전, 성전, –4 종교신앙, 신앙록, 신앙생활, 수도생활, –5 선교, 포교, 전도, 교화(교육) 활동, –6 종단, 교단, –7 예배형식, 의식, 의례, –8 종파, 교파로 구성된다.

89. 다음 괄호 안에 들어갈 주제가 바르게 짝지어진 것은?

> KDC 6판의 백구분표(강목표)에서 420은 (㉠), 430은 (㉡), 440은 (㉢)에 해당한다.

① ㉠ 물리학 – ㉡ 화학 – ㉢ 천문학   ② ㉠ 물리학 – ㉡ 천문학 – ㉢ 화학

③ ㉠ 천문학 – ㉡ 물리학 – ㉢ 화학   ④ ㉠ 화학 – ㉡ 천문학 – ㉢ 물리학

정답 83. 3   84. 3   85. 3   86. 2   87. 2   88. 1   89. 1

90. 다음에서 KDC 문학류(800)의 세 번째 패싯에 사용되는 보조표는?

① 국어구분표
② 문학형식구분표
③ 언어공통구분표
④ 지역구분표

해설 ② KDC에서 문학류의 열거순서는 학문 – 언어 – 문학형식 – 시대의 순서를 택하고 있다. 따라서 문학형식구분표는 세 번째 패싯에 적용된다.

91. 다음은 KDC 발췌표이다. "행정학: 연구방법론"의 분류기호로 옳은 것은?

–073	연구방법론
350	행정학
	.001–.009와 같이 표준구분한다.

① 350.73
② 350.073
③ 350.0073
④ 357.3073

해설 ② 350(행정학 기본번호) – 0(기본 세 자리를 채우기 위한 0) + –0073(표준구분의 연구방법론, 지시주에 의하면 073이 아님) → 350.073

92. 다음에서 KDC의 100구분을 지칭하는 용어로 사용되고 있는 것은?

① 강(강목)
② 주류
③ 목(요목)
④ 세목

해설 ① KDC는 십진법을 기초로 하여 지식의 전 분야를 10개류로 구분하고 있는데, 이 기초구분을 주류(main classes)라고 한다. 이를 다시 2차적으로 구분한 100구분을 강목 또는 강(divisions)이라 하고, 이를 다시 구분한 3차적 구분의 1,000구분을 요목 또는 목(sections)이라 하고, 이 요목 이하의 구분을 세목(subsection)이라 한다.

93. KDC를 적용하여 전기(傳記)자료를 분류하는 원칙에 대한 설명으로 옳지 않은 것은?

① 1인에 대한 전기는 각전으로, 2인 이상 인물의 전기는 총전으로 분류한다.
② 문학가가 아닌 개인의 서간집은 개인 전기로 분류한다.

③ 주제별 전기(998)는 전기서를 일괄 집중시키려는 도서관에 한하여 사용된다.

④ 한 중심인물을 설명하기 위해 여러 사람의 생애에 대해 기술한 저작은 그 중심인물의 전기로 분류한다.

해설 ① 각전이란 2인 이하의 저작을 말하며, 두 번째 인물을 특별히 강조하지 않는 한 첫 번째 인물에 분류한다.

94. 다음에서 KDC 초판의 발행연도로 옳은 것은?

① 1924년   ② 1947년

③ 1963년   ④ 1964년

해설 ④ KDC는 한국도서관협회가 구성한 분류분과위원회에 의해 1963년초에 착수되어 1964년 5월에 초판이 발행되었으며, 이를 수정·증보하여 1966년 5월에 수정판을 발행하고, 1980년에 제3판, 1996년에 제4판, 2009년에 제5판, 2013년에 제6판을 발행하였다.

95. KDC에서는 특정주제의 신문은 078에 001-999와 같이 주제 구분하여 분류하도록 하고 있다. 또한 별법으로 해당주제 아래에 분류하고 표준구분기호를 부여할 수 있는데, 별법에서 적용하는 기호는?

① -01   ② -02   ③ -03   ④ -05

해설 ④ -05 연속간행물이다.

96. 다음은 KDC 6판 374 교육과정에 대한 발췌표이다. 분류기호가 잘못 짝지어진 것은?

> 374   교육과정
> 교육과정 개발, 교육과정 평가, 각과 교육, 이론, 경험중심과정론 및 교과서, 교과서 문제 등을 포함한다.
>   001-999와 같이 주제구분한다.
>   예: 수학교육과정 374.41
>   별법: 도서관에 따라 각과교육 다음에 0을 부가한 후 373.1-.78과 같이 세분할 수 있다.
>   예: 수학교육평가 374.4107
>   각급 학교의 각과 교육과정은 해당 학교 아래에 분류한다.
>   예: 초등학교 사회생활과 교육 375.43

정답 90. 2   91. 2   92. 1   93. 1   94. 4   95. 4   96. 4

① 문헌정보학 교육과정의 평가 – 374.0207

② 심리학 교육과정 – 374.18

③ 음악 교육과정 – 374.67

④ 생물학 교육과정의 지도방법 – 374.4707

해설 ④ 생물학 교육과정의 지도방법은 374.47 + 0(패싯지시기호) + 2(373.2 지도방법에서 373 다음에 오는 기호) → 374.4702이다. ① 문헌정보학 교육과정은 374 + 020(문헌정보학) – 0 → 374.02 여기에 지시에 따라 0을 부가하고 373.7 학습평가, 교육평가의 7을 붙여 → 374.0207 ② 심리학 교육과정은 374 + 180(심리학) – 0 → 374.18 ③ 음악 교육과정은 374 + 670(음악) – 0 → 374.67이 된다.

97. KDC의 유럽지역에 대한 지역구분표의 –24 –28의 둘째 자리는 국어구분표와 조기성을 갖는다. 따라서 '영국사' 분류기호는 924임을 쉽게 알 수 있다. 그렇다면 다음 중 '독일역사'에 대한 분류기호는?

① 920　　　　② 925　　　　③ 926　　　　④ 943

해설 ② '독일역사'에 대한 KDC 6판의 분류기호는 역사의 기본기호 9 + –25(지역구분표의 독일에 대한 기호) → 925가 된다. 아울러 유럽지역의 지역구분의 둘째 자리가 국어구분표와 조기성을 갖는다는 사실에서, '독일역사'의 세 번째 자리는 –5가 되어야 함을 알 수 있다.

98. 다음은 KDC 6판의 발췌표이다. 다음의 분류기호 "[610]"에 대한 설명으로 옳은 것은?

> [610]　건축술(建築術) Architecture
> 　　　　540 건축, 건축학에 분류한다.

① 분류항목이 변경된 경우를 의미한다.

② 분류항목이 타분류기호로 이치된 경우를 의미한다.

③ 분류항목이 타분류기호에서 이치된 경우를 의미한다.

④ 선택조항(임의규정)을 의미한다.

해설 ② 곽괄호([　])는 현재 사용하지 않는 기호를 의미한다. 즉, 610 건축술이 540 건축, 건축학으로 이치됨을 의미한다.

99. 다음의 KDC 표준구분표에 대한 설명에서 옳지 않은 것은?

① 모든 지식분야에 걸쳐 나타나는 학문의 이론이나 철학 및 역사, 연구와 같은 서술방법이나 또는 사전 및 논문집이나 정기 간행물 등과 같은 편집 또는 출판 형식에 대하여 공통적으로 일정 기호를 첨가시켜 구분하기 위한 조기표이다.

② 표준구분이 각 주제의 분류기호에 적용될 경우 원칙적으로는 '0'을 하나 동반하여야 한다. 즉 주제의 분류기호 숫자와 형식구분의 기호 사이 중간에 언제나 '0'을 끼워 주게 된다.

③ '0'이 이미 다른 특정기호로서 사용된 경우에는 '0'을 하나 더 추가하여 '00'을 사용해야 하며, 이 또한 '00'이 다른 의미로 사용된 경우에는 '000'을 3개 추가하여 주제에 합성시켜야 한다.

④ 하나의 자료에 두개의 형식이 동시 적용될 경우에는 우선적으로 주제의 서술적 성격에, 그 다음에 출판형식의 기호를 적용한다.

해설 ④ 하나의 자료에 두개의 형식이 동시 적용될 경우에는 주제의 서술적 성격이 출판형식보다 우선한다는 원리가 성립되므로 이런 경우에는 출판의 형식은 무시하게 된다.

100. KDC의 표준구분표에서 -02가 지시하는 것은?

① 단체   ② 사전

③ 잡저   ④ 정기간행물

해설 ③ 제6판에서 -02 잡저를 세분하면 다음과 같다. -021 편람, 핸드북, 포켓북 -022 스크랩북, 클리핑 등 -023 법령 및 규정 -024 시청각자료 및 디지털자료 -025 제표, 사물목록, 도보 -026 서지, 도서목록, 초록, 색인, 해제 -027 보조기법 및 절차 -028 특정 직업 종사자를 위한 저작 -029 특허, 규격, 상표이다.

101. KDC에서 800 문학의 두 번째 패싯인 언어패싯의 기호로 사용되는 보조표는?

① 국어구분표   ② 문학형식구분표

③ 언어공통구분표   ④ 지역구분표

해설 ① KDC에서 문학류의 열거순서는 학문 - 언어 - 문학형식 - 시대의 순서를 택하고 있다. 고로 두 번째 패싯인 언어패싯의 기호로는 국어구분표의 기호가 사용된다.

정답 97. 2   98. 2   99. 4   100. 3   101. 1

102. KDC 제6판에 의해 "영국 수필"을 분류할 때, 올바른 분류기호는?

① 820   ② 824   ③ 840   ④ 844

해설 ④ "영국 수필"은 영국문학의 기본기호 84 +−4(문학형식구분표의 수필에 대한 기호) → 844가 된다.

103. 다음 중 주제분류 시 양자택일에 관한 설명으로 가장 거리가 먼 것은?

① KDC에서 양자택일은 도서관 분류자의 선택에 달려 있다.

② 도서관에서 양자택일은 분류표를 보고 분류자가 분류하므로 부득이 한 주제의 문헌이 두 곳에 분산될 수 있다.

③ 분류자가 교체되었을 시 분류의 일관성 유지를 위하여 기록으로 남겨야 한다.

④ 한 주제가 두 장소에 분류될 수 있은 것은 도서관의 특성과 이용자의 성격에 따라 택할 수 있다.

해설 ② 서가분류에서는 한 문헌은 한 주제로만 분류되어야 한다.

104. 한국십진분류법에는 조기성(助記性)이 있다. 조기성이란 무엇인가?

① 동일한 기호를 부여하는 것으로 이용자의 자료검색을 위한 것이다.

② 동일한 성격의 것들을 가능한 한 동일한 기호로 표시하여 기호에 공통된 의미를 부여하는 것이다.

③ 분류표의 이해와 기억을 쉽게 주기 위한 것을 말한다.

④ 하나의 주제가 양쪽 어느 곳으로든 분류될 수 있는 상황에서는 어느 한 쪽을 택하여야 한다.

105. KDC에서는 총류와 조기성을 갖도록 표준구분표를 전개하고 있다. 다음 중 총류와의 조기성에 관계가 없는 표준구분표의 기호는?

① −03   ② −04   ③ −05   ④ −07

해설 ④ KDC의 표준기호 −03은 030, −04는 040, −05는 050, −06은 060과 서로 동일한 기호와 개념을 가지므로 조기성이 있다고 볼 수 있다. 그러나 −07은 370과 조기성이 있다.

106. 다음은 KDC 6판의 발췌표이다. 다음 중 독일이용자의 입장에서 볼 경우, 독일어를 표제어로 하는 "독한사전"의 분류기호로 옳은 것은?

> 713.2-.9 2개국어사전
> 　　　2개국어사전은 표제어에 분류하고 해설어를 국어구분의 기호를 사용하여 부가한다. 예: 한영사전 713.4
> 　　　710-799와 같이 언어 구분한다.
> 　　　별법: 도서관에 따라 2개 국어사전은 이용자의 입장에서 비교적 덜 알려진 언어에 분류하고 상대어를 부가할 수 있다.
> 　　　예: 한영(영한)사전 713.4(미국의 입장); 743.1(한구의 입장)

① 713.4　　　　　　　　　　　② 713.5

③ 763.1　　　　　　　　　　　④ 753.1

해설 ④ 이용자의 입장에 관계없이 독일어를 표제어로 하는 "독한사전"은 7(언어) + −5(국어구분기호의 독일어 기호) + −3(언어공통구분기호의 사전 기호) + −1(국어구분기호의 한국어 기호) → 753.1이 된다.

107. 다음은 KDC 6판의 종교공통구분이다. 그 전개항목의 연결이 잘못 된 것은?

① −1 – 교리, 교의

② −2 – 종교창시자(교주) 및 제자

③ −4 – 종교신앙, 신앙록, 신앙생활, 수도생활

④ −6 – 예배형식, 의식, 전례

해설 ④ −6은 종단 및 교단이며, 예배형식, 의식, 전례의 기호는 −7이다.

108. 다음은 KDC 발췌표이다. "경제학자를 위한 인문학"의 분류기호로 옳은 것은?

> −028　　특정 직업 종사자를 위한 저작
> 001.3　인문과학 일반
> 320　　　경제학

① 320.028　　　　　　　　　　② 320.28

③ 320.280013　　　　　　　　 ④ 001.302832

정답 102. 4　　103. 2　　104. 2　　105. 4　　106. 4　　107. 4　　108. 4

해설 ④ 001.3(인문과학 일반)+−028(표준구분의 특정 직업 종사자를 위한 저작)+320(경제학)−0(기본 세 자리를 채우기 위한 0) → 001.302832

109. KDC에서 유럽지역에 대한 지역구분표 −24−28의 둘째 자리는 국어구분표와 조기성을 갖는다. 그러므로 "프랑스역사"의 분류기호는 926임을 쉽게 알 수 있다. 그렇다면 "독일역사"에 대한 분류기호로 옳은 것은?

① 920　　　　　② 925　　　　　③ 926　　　　　④ 927

해설 ② "독일역사"에 대한 KDC 6판의 분류기호는 역사의 기본기호 9+−25(지역구분표의 독일에 대한 기호) → 925가 된다. 아울러 유럽지역의 지역구분표의 둘째 자리가 국어구분표와 조기성을 갖는다는 사실에서, "독일역사"의 세 번째 자리는 −6이 되어야 함을 알 수 있다.

110. DDC에서는 경영(Management & public relations)을 650에서 취급하였다. KDC에서는 어디에 분류하는가?

① 320　　　　　② 325　　　　　③ 550　　　　　④ 650

해설 ② DDC에서는 경영학은 650에, 경제학은 330에 분류하여 같은 범주의 학문을 분리시켰다. KDC에서는 이를 320 경제학에 경영학을 포함시켜 325 경영으로 배정하였다.

111. 다음 중 DDC와 비교할 때 강(division)에서 가장 많은 수정이 가해진 KDC의 주제는 어느 것인가?

① 000 총류　　　　　　　　② 100 철학
③ 200 종교　　　　　　　　④ 400 자연과학

해설 ③ DDC에서는 종교가 구미본위로 기독교에 대하여 220에서 280까지 7개의 강을 배정한 데 비하요 KDC에서는 세계의 주요 종교에 대하여 균등하게 기호를 배정하고, 특히 목의 전개에 있어서는 모든 종교에 공통적으로 전개할 수 있는 종교공통구분표를 마련하고 있다.

112. KDC에서는 철학에서 동양고유의 경학(經學)을 배정하고 있다. 그 분류기호는?

① 110　　　　　② 120　　　　　③ 140　　　　　④ 150

해설 ③ KDC의 100구분표 중 100 철학류는 110 형이상학, 120 인식론, 인과론, 인간학, 130 철학의 체계, 140 경학, 150 동양철학, 사상, 160 서양철학, 170 논리학, 180 심리학, 190 윤리학, 도덕철학으로 구성된다.

113. 다음 괄호 안에 들어갈 기호들이 바른 순서로 연결된 것은?

> KDC 6판의 백구분표(강목표)에서 조각, 조형미술의 분류기호는 (㉠), 공예의 분류기호는
> (㉡), 사진예술의 분류기호는 (㉢)에 해당한다.

① ㉠ 620 - ㉡ 630 - ㉢ 650

② ㉠ 620 - ㉡ 630 - ㉢ 660

③ ㉠ 620 - ㉡ 660 - ㉢ 680

④ ㉠ 630 - ㉡ 660 - ㉢ 680

해설 ② 조각, 조형미술은 620, 공예는 630, 사진예술은 660에 해당된다.

114. KDC에 의해 기하학, 해석학, 삼각법을 동시에 다룬 문헌은 어디에 분류하는가?

① 기하학

② 삼각법

③ 수학

④ 총류

해설 ③ 어떤 자료에 상위주제의 세목에 3개 이상의 주제가 포함되어 있을 경우에는 '삼자포괄규칙(rules of three)'에 따라 그들을 포괄하는 상위항목으로 분류한다.

115. DDC와 비교해 볼 때, 다음 중 KDC만이 갖는 특징이 아닌 것은?

① 본표와는 별도로 상관색인을 마련하고 있다.

② 종교공통구분표를 마련하고 있다.

③ 종교를 전세계 모든 종교에 균등하게 배분하고 있다.

④ 주류의 배열 시 언어와 문학을 접근시키고 있다.

해설 ① 상관색인은 KDC는 물론 DDC에도 마련되어 있다.

정답 109. 2   110. 2   111. 3   112. 3   113. 2   114. 3   115. 1

116. 다음에서 KDC 제6판 000 총류와 DDC 제23판 000 총류의 의미가 다르게 사용되는 분류기호끼리 짝지어진 것은?

    ① 040 - 050   ② 040 - 080

    ③ 040 - 090   ④ 050 - 080

> **해설** ③ KDC 제6판의 040은 강연집, 수필집, 연설문집으로 배정돼 있으나, DDC 제23판의 040에는 주제가 배정되어 있지 않다. KDC의 090은 향토자료이나, DDC의 090은 필사본 및 희귀자료이다.

117. 다음 중 KDC의 국어구분표가 적용되지 않는 분류기호는?

    ① 030   ② 050

    ③ 080   ④ 090

> **해설** ④ KDC의 국어구분표는 특정주제가 언어적 측면으로 다루어졌을 때 이에 대해 공통의 기호를 부여하기 위한 보조표로, 총류의 사전, 논문집, 잡지(030 - 050), 총서와 전집(080), 언어류(700)와 문학류(800)에 적용된다.

118. 다음 중 "한국소설"에 대한 KDC 제6판과 DDC 제23판의 분류기호로 바르게 짝지어진 것은?

    ① 413 - 495.73   ② 713 - 495.73

    ③ 813 - 895.73   ④ 813 - 495.73

> **해설** ③ "한국소설"에 대한 KDC의 분류기호는 문학기본기호 8＋-1(국어구분표의 한국어에 대한 기호)＋-3(소설에 대한 기호) →813이며, DDC의 분류기호는 기본기호 8＋-957(T6의 한국어에 대한 기호)＋-3(T3의 소설에 대한 기호) → 895.73이다.

119. 다음에서 "지리"에 대한 자료를 KDC 제6판과 DDC 제23판에 의해 분류할 때, 바르게 짝지어진 분류기호는?

    ① 910 - 910   ② 920 - 910

    ③ 980 - 910   ④ 990 - 910

> **해설** ③ "지리"에 대한 KDC의 분류기호는 980이며, DDC에서는 910 Geography & travel에 분류한다.

120. 다음은 KDC 6판의 발췌표이다. 이에 의해 분류할 경우 그 분류기호가 옳지 않은 것은?

> 082.1~.99 언어에 의한 2인 이상의 일반 전집, 총서
> 　　　 710~799와 같이 구분한다.
> 　　　 예: 한국어로 저작된 2인 이상의 일반 전집 082.1

① 독일어로 된 전집 - 082.5　　　　② 스페인어로 된 전집 - 082.7

③ 영어로 된 전집 - 082.4　　　　　④ 중국어로 된 전집 - 082.3

해설 ④ 중국어로 된 전집의 분류기호는 082(2인 이상의 일반 전집 기호)+-2(국어구분기호의 중국어 기호) →
082.2이다.

121. 한국십진분류법에서 의학분야 목(요목)의 전개는 어느 분류법의 영향을 가장 많이 받았는가?

① UDC　　　　　　　　　　② DDC

③ LCC　　　　　　　　　　④ KDCP

해설 ① 한국십진분류법은 강목의 상당한 부분을 NDC에 따라서 편찬했으며 한국 및 동양관계의 주제의 분류전개
는 박봉석의 조선십진분류법과 구개문의 한화도서분류법(漢和圖書分類法), 성균관대학교의 한적분류법(漢籍分類
法) 등을 참고하였으며 300대의 사회과학에 있어서의 강의 배열은 미국의회도서관분류법(LCC)의 영향을 많이 받았
고, 510의 의학에 있어서의 목의 전개는 최신 과학문헌이나 기술보고서 등에 적합한 UDC의 의학 전개를 따르고 있다.

**122. KDC 제6판의 100구분표와 지역구분표를 사용할 경우, 다음 중 '한국지리'의 분류기호로 적
합한 것은?**

① 911　　　　　　② 911.1　　　　　③ 981　　　　　④ 981.1

해설 ④ KDC 제6판에서 "한국지리"는 지리의 기본번호 98+-11(지역구분표에서 한국에 대한 기호) → 981.1이
된다.

123. 다음 중 DDC와는 달리, KDC에서 기술과학의 강(綱)에 배정하지 않은 주제는?

① 가정학　　　　　　　　　② 경영학

③ 농학　　　　　　　　　　④ 의학

해설 ② KDC에서는 DDC의 기술과학에 속해 있던 경영학(650)을 제거하여 경제학 분야의 325에 배정하고 있다.

정답	116. 3	117. 4	118. 3	119. 3	120. 4	121. 1	122. 4	123. 2

124. 다음에서 KDC의 문학형식구분표의 기호와 그 형식이 바르게 연결되지 않은 것은?

① -1 시

② -2 소설

③ -4 수필, 소품

④ -6 일기, 서간, 기행

해설 ② -2는 희곡이고, 소설을 의미하는 기호는 -3이다.

125. 생명과학, 물리학, 화학의 세 주제를 동등하게 취급한 자료는 어디에 분류하는가?

① 생명과학

② 물리학

③ 화학

④ 자연과학

해설 ② 세 주제를 동등하게 취급되었거나 단순비교의 경우, 그리고 특별히 강조한 주제가 없다면 '선행 규칙(first of two rules)'에 따라 분류표의 기호가 선행되는 주제에 분류한다. KDC 6판에서 물리학은 420, 화학은 430, 생명과학의 분류기호는 470이다.

126. 다음은 KDC 발췌표이다. 해당주제와 분류기호의 연결이 옳지 않은 것은?

059	연감(年鑑) Yearbook 지역구분표에 따라 세분한다. 예: 한국연감 059.11

① 영국연감 - 059.24

② 오세아니아연감 - 059.6

③ 이탈리아연감 - 059.27

④ 프랑스연감 - 059.26

해설 ③ 이탈리아연감의 분류기호는 059(연감 기본기호) + 28(지역구분의 이탈리아 기호) → 059.28이 된다.

127. 한국십진분류법에서는 특정한 주제를 전개할 경우 타주제의 세목을 적용하여 전개할 수 있는데 이것을 가리키는 용어는?

① 공통구분

② 일반형식구분

③ 전주제구분

④ 특수주제구분

해설 ③ 전주제구분이란 특정주제를 분류표의 전주제의 순서에 따라 세분하는 것을 일컫는다. KDC에서는 001~999와 같이 구분한다고 지시하였다.

128. 다음 괄호 안에 들어갈 보조표가 올바른 순서로 연결된 것은?

> KDC에서 언어류의 열거순서는 "7(언어)+(㉠) + (㉡)"의 순서를 취하게 된다.

① ㉠ 국어구분+㉡ 언어공통구분   ② ㉠ 국어구분+㉡ 표준구분

③ ㉠ 언어공통구분+㉡ 국어구분   ④ ㉠ 표준구분+㉡ 국어구분

해설 ① KDC에서 언어류(700)의 열거순서는 DDC의 경우와 마찬가지로, 학문 – 언어 – 언어의 제요소의 순서를 택하고 있다. 따라서 "7+국어구분+언어공통구분"의 순서를 취하게 된다. 그러므로 "한국어사전"은 "7+-1+-3 → 713"이 된다.

129. KDC 제6판에 의해 「소월시연구」를 분류할 때, 올바른 분류기호는?

① 810   ② 811   ③ 812   ④ 895.7

해설 ② 「소월시연구」는 한국 시에 분류되는데, 문학의 기본기호 8+-1(국어구분표의 한국어에 대한 기호)+-1 (문학형식구분표의 시에 대한 기호) → 811이 된다.

130. KDC의 조기표 중 문학형식 구분에 관한 설명으로 옳지 않은 것은?

① 문학의 외적 장르인 "시", "소설", "희곡" 등을 일정한 기호로 표시하고 이것을 각국 문학아래 에 부가하는 것이 문학형식구분이다.

② 문학작품 주제에 의하여 분류하지 않는다.

③ 문학작품 제2위의 강은 원저작에 사용된 국어에 의해서 분류한다.

④ 문학적인 도서는 먼저 주제에 의하여 분류한다.

해설 ④ 문헌분류 시 제일 먼저 주제에 의하여 분류하는 것이 일반원칙이다. 그러나 문학작품은 원저(原著)의 국어 가 우선이며 다음에 형식, 시대순으로 분류한다.

정답 124. 2   125. 2   126. 3   127. 3   128. 1   129. 2   130. 4

131. 다음 중 KDC와 DDC의 주류에서 동일한 분류기호가 부여되어 있는 주제는?

① 기술과학   ② 사회과학

③ 순수과학   ④ 언어

> **해설** ② KDC는 주류배열에 있어서 DDC의 400 어학의 위치를 700으로 옮겨 800 문학과 인접하도록 하고, 400에는 자연과학, 500에는 기술과학, 600에는 예술이 배열되도록 함으로써 DDC와는 다른 순서를 채택하고 있다.

132. 다음은 DDC와는 구별되는 KDC의 특징에 대한 설명이다. 가장 거리가 먼 것은?

① 상관색인을 마련하고 있다.

② 언어와 문학에 있어서는 동양 삼국을 우선적으로 배정하였다.

③ 종교공통구분표를 설정하여 각 종교에 공통적으로 적용되도록 하고 있다.

④ 주류의 배열에 있어서 언어와 문학을 접근시키고 있다.

> **해설** ① 상관색인(relative index)은 DDC의 독창적인 부분의 하나이다. KDC는 이에 준하여 상관색인을 마련하고 있기는 하지만 지시문 중 가장 거리가 먼 내용이다.

133. 600 예술분야에서 KDC는 DDC에 없는 것을 새롭게 창설한 것이 있다. 무엇인가?

① 공예, 서예   ② 도시계획, 조경, 연극

③ 미술, 회화, 서예   ④ 연극, 소묘, 서예

> **해설** ① KDC 6판의 600 예술의 강목은 다음과 같다. 610 [공기호], 620 조각, 조형미술, 630 공예, 640 서예, 650 회화, 도화, 디자인, 660 사진예술, 670 음악, 680 공연예술, 매체예술, 690 오락, 스포츠로 구성된다.

134. 다음 괄호 안에 들어갈 강(강목)들이 올바른 순서로 연결된 것은?

> KDC의 400 자연과학에서 물리학은 (㉠), 화학은 (㉡), 지학은 (㉢)에 해당한다.

① ㉠ 420 − ㉡ 430 − ㉢ 440   ② ㉠ 420 − ㉡ 430 − ㉢ 450

③ ㉠ 420 − ㉡ 430 − ㉢ 460   ④ ㉠ 430 − ㉡ 420 − ㉢ 450

해설 ② KDC 6판에서 400 자연과학류의 강(강목)은 410 수학, 420 물리학, 430 화학, 440 천문학, 450 지학, 460 광물학, 470 생명과학, 480 식물학, 490 동물학으로 구성된다.

135. 다음은 KDC 6판의 발췌표이다. 이것에 의해 분류할 경우 해당주제와 분류기호의 연결이 옳지 않은 것은?

> 809.1~.8 각 문학형식의 역사
>   문학형식구분표에 따라 세분한다.
>   예: 소설사 809.3
>   문학형식에 의한 각국 문학사는 해당문학 아래에 분류한다.
>   예: 중국소설사 823.09

① 수필의 역사 – 809.2   ② 시의 역사 – 809.1

③ 풍자문학의 역사 – 809.7   ④ 한국희곡사 – 812.09

해설 ① 수필의 역사의 분류기호는 809(기본번호)+-4(문학형식구분의 수필 기호) → 809.4가 된다.

136. 다음 중 "수학"(Mathematics)에 대한 KDC 제6판과 DDC 제23판의 분류기호로 바르게 짝지어진 것은?

① 410 – 410   ② 410 – 510

③ 410 – 520   ④ 420 – 510

137. 다음 괄호 안에 들어갈 유들이 올바른 순서로 짝지어진 것은?

> KDC 6판의 200 종교에서는 종교공통구분표를 활용하여 분류할 수 있는데, 기독교(230)의 경우, 성서는 (㉠), 예수그리스도는 (㉡), 전도는 (㉢)에 해당한다.

① ㉠ 232 – ㉡ 231 – ㉢ 234   ② ㉠ 232– ㉡ 234 – ㉢ 238

③ ㉠ 233 – ㉡ 232 – ㉢ 234   ④ ㉠ 233 – ㉡ 232 – ㉢ 235

해설 ④ KDC 종교공통구분표의 경전, 성전은 –3, 종교창시자(교주) 및 제자는 –2, 선교, 포교, 전도, 교화(교육) 활동은 –5이다. 따라서 성서는 233, 예수그리스도는 232, 전도는 235에 분류한다.

정답 131. 2   132. 1   133. 1   134. 2   135. 1   136. 2   137. 4

138. 다음에서 KDC(한국십진분류법)의 개발과 유지, 보수를 담당하고 있는 기관은?

① 국립중앙도서관 　　　　　　　 ② 한국문헌정보학회

③ 한국도서관협회 　　　　　　　 ④ 한국도서관협회와 국립중앙도서관

해설 ③ 한국십진분류법은 초판부터 현재까지 한국도서관협회에서 그 개발과 개정, 편찬, 발행, 판매를 전담해 오고 있다.

139. 다음의 KDC 지역구분표의 적용에서 가장 거리가 먼 것은?

① 지역구분의 기호는 먼저 주제의 분류기호를 찾아, 그 다음에 지역구분의 기호를 첨가하여 배정해 준다.

② 역사주제에 설정되어 있는 지역구분의 기호를 동일하게 이용하여 다른 주제의 항목에서도 적용시켜 사용하는 방법이 있다.

③ 지역구분이 필요한 주제 항목에서는 본표상에서 "지역구분표에 따라 세분한다"라는 지시가 주어진다.

④ 분류표상에서 "지역구분표에 따라 세분한다"라는 지시가 없어도 지역구분을 할 수 있는데 이 경우에는 대륙과 국가구분을 첨가하여 세밀한 분류기호를 배정할 수 있다.

해설 ④ 지역구분의 조기성은 모든 주제항목에 걸쳐 사용될 수 있다. 예를 들면 분류표상에서 "지역구분표에 따라 세분한다"라는 지시가 없어도 지역구분을 할 수 있기 때문이다. 이 경우에는 반드시 조기성 기호인 −09와 함께 대륙과 국가구분을 첨가하여 세밀한 분류기호를 배정한다.

140. 다음은 KDC의 개정과정에 참고한 주요 분류표와 그 내용을 설명한 것이다. 옳지 않게 짝지어진 것은?

① 듀이십진분류법(DDC) – 주류 및 주요 내용

② 미국의회도서관분류법(LCC) – 의학 분야의 요목 전개

③ 성균관대학교의 한적분류법 – 한국과 동양관계 분야의 주제 전개

④ 일본십진분류법(NDC) – 강목의 일부분과 요목 및 세목의 상당부분

해설 ② 의학 분야의 요목 전개 시 참고한 것은 국제십진분류법(UDC)이고, DDC는 사회과학의 강목 전개 시 참고하였다.

141. 다음은 KDC 6판의 국어구분표이다. 국어와 기호가 짝지어진 것으로 옳지 않은 것은?

① -1 - 한국어 　　　　　　　　　　② -4 - 영어

③ -5 - 독일어 　　　　　　　　　　④ -6 - 스페인어

해설 ④ KDC 6판의 국어구분표는 -1 한국어, -2 중국어, -3 일본어, -39 기타 아시아 제어, -4 영어, -5 독일어, -59 기타 게르만어, -6 프랑스어, -7 스페인어, -79 포르투갈어, -8 이탈리아어 -9, 기타 제어, -928 러시아어로 구성된다.

142. 다음은 KDC 제6판의 발췌표이다. "지방자치용어사전"의 분류기호로 옳은 것은?

> 359 　　지방자치 및 지방행정 Local government and local administration
> 　　　　359.001-.009는 표준구분에 따라 세분한다.
> 　　　　지방재정 → 329.9

① 350.03 　　　　　　　　　　② 350.03

③ 359.3 　　　　　　　　　　　④ 359.003

해설 ④ 359(지방자치 기본번호) + 0(패싯지시기호) + -03(표준구분의 용어사전 기호) → 359.003이 된다. 지시주 형태로 분석하면 359(지방자치 기본번호) + 003(표준구분의 용어사전 기호) → 359.003이 된다.

143. KDC 제6판에 의해 "영어의 사투리"를 분류할 때, 옳은 분류기호는?

① 417 　　　　② 427 　　　　③ 746 　　　　④ 748

해설 ④ "영어의 사투리"는 영어의 기본기호 74 + -8(언어공통구분표의 방언(사투리)에 대한 기호) → 748이 된다. 단, 한국어 방언(사투리)은 지역구분표 -111-1199를 추가하여 세분한다.

144. 다음은 KDC 6판의 발췌표이다. "프랑스와 독일의 경제협력"의 분류기호로 옳은 것은?

> 322.83 경제협력, 경제원조
> 　　　　대외경제정책, 후진국개발, 배상문제, 국가 간 경제협력 차원의 기술이전, 경제 협력 체제
> 　　　　및 기구 등을 포함한다.
> 　　　　지역구분표에 따라 세분한다.

정답	138. 3	139. 4	140. 2	141. 4	142. 4	143. 4	144. 3

> 예: 미국의 경제원조 322.8342
> 2개 국가 간의 경제협력은 0을 부가한 후 대상국을 지역구분표에 따라 세분한다.
> 예: 한·러 경제협력 322.8311029

① 322.83026 　　　　　　　　② 322.8326

③ 322.8326025 　　　　　　　④ 322.832605

해설 ③ 프랑스와 독일의 경제협력의 분류기호는 322.83(기본번호)＋−26(지역구분의 프랑스 기호)＋−(패싯지시기호)＋−25(지역구분의 독일 기호) → 322.8326025 가 된다.

145. DDC와는 달리, KDC에만 마련되어 있는 특징적인 조기표는?

① 국어구분표 　　　　　　　② 문학형식구분표

③ 언어공통구분표 　　　　　④ 종교공통구분표

해설 ④ KDC는 세계의 주요종교를 균등하게 구분하고, 목에 있어서는 모든 종교에 공통적으로 적용할 수 있는 종교공통구분기호를 마련하고 있다.

146. 다음은 종교에 관한 설명이다. 가장 거리가 먼 것은?

① DDC에서는 기독교가 220~280을 차지하고 있다.

② DDC에서는 종교를 기독교 위주로 배열한바 형평의 원칙에 어긋난다.

③ KDC나 DDC에서는 각국의 종교구분을 위하여 종교공통구분을 주었다.

④ KDC에서는 220~280에 배정하였고 290에 기타종교를 배정하였다.

해설 ③ 종교공통구분은 KDC에만 있는 것이다. 참고로 KDC 6판에서 200 종교류의 강목은 다음과 같다. 210 비교종교, 220 불교, 230 기독교, 240 도교, 250 천도교, 260 [공기호], 270 힌두교, 브라만교, 280 이스람교(회교), 290 기타 제종교이다. 한편 DDC 23판은 210 종교철학 및 이론, 220 성서, 230 기독교, 240 기독교 실천 및 신앙, 250 기독교 의식, 260 기독교 조직 및 예식, 270 기독교 역사, 280 기독교 교파, 290 기타종교로 구성된다. 이상에서 보는 바와 같이 DDC는 구미위주로 기독교가 220~280까지 차지하고 있고 기타 세계의 종교는 290에 배정함으로써 형평의 원칙에 어긋난다. KDC에서는 세계의 주요 종교를 220~290에 배정하여 형평을 유지하였고 기타종교는 290에 배정하였다.

147. 다음 중 KDC의 표준구분표와 DDC의 Table 1(T1)의 의미가 서로 다른 기호로만 짝지어진 것은?

① -01과 -07

② -02와 -03

③ -03과 -08

④ -04와 -08

> **해설** ④ KDC의 표준구분표의 -04는 강연집, 수필집, 연설문집을 나타내지만, DDC의 표준세구분(T1)의 -04 Special topics는 특수주제를 나타낸다. KDC의 -08은 총서, 선집, 전집을 나타내며, DDC의 -08 History and description with respect to kinds of persons는 특수한 인간계층을 중심으로 특정주제의 인물에 관하여 기술 또는 역사에 관하여 서술되어진 저작의 경우에만 사용할 수 있는 기호이다.

148. KDC에서 서예를 나타내기 위한 분류기호는?

① 610

② 620

③ 630

④ 640

> **해설** ④ KDC 6판에서는 서예를 예술의 강에 배정하고 641 한자서예, 642 한자서법, 643 한글서체, 644 기타 서법, 645 [공기호], 646 펜습자, 647 낙관, 수결(서명), 648 서보, 서첩, 법첩, 649 문방구로 세분하였다.

149. KDC에서 서지학은 어디에 분류하는가?

① 010

② 020

③ 030

④ 040

> **해설** ① KDC 6판의 100강목 중 000 총류는 010 도서학, 서지학, 020 문헌정보학, 030 백과사전, 040 강연집, 수필집, 연설문집, 050 일반연속간행물, 060 일반학회, 단체, 협회, 기관, 연구기관, 070 신문, 저널리즘, 080 일반전집, 총서, 090 향토자료로 구성된다.

150. KDC의 주류 가운데 어떤 주류에도 속하지 않거나 모든 주류분야의 내용을 포함하거나 또는 여러 주제분야와 관련되어 있는 내용의 것을 다루고 있는 류(類)은?

① 000

② 100

③ 400

④ 900

> **해설** ① 000 총류이다. 총류(000-090)는 철학류(1)에서 역사류(9)에 이르기 까지 어느 특정류에 속할 없는 동시에 수개류의 서로 다른 학문에 관련되거나 적용되는 저작, 또는 수개류나 전체류를 내포하는 다(多)학문적인 저작을 이에 분류한다.

정답 145. 4　146. 3　147. 4　148. 4　149. 1　150. 1

151. 다음에서 KDC의 국어구분표의 1차구분에 포함되지 않은 언어는?

① 포르투갈어   ② 일본어

③ 프랑스어   ④ 이탈리아어

해설 ① 포르투갈어는 −7 스페인어 하위인 −79에 배정되었다. 이외에도 러시아어는 −9 기타 제어 아래 −928로 되어 있다.

152. 다음은 KDC 제6판의 분류규정을 적용한 예시이다. 옳은 것만을 모두 고른 것은? (사서직 2016년 출제)

> ㄱ. 『한국 철학에 미친 유교의 영향』
>   → '유교'가 아닌 '한국 철학'에 분류
> ㄴ. 『종교사의 기원으로서의 신화』
>   → '신화'가 아닌 '종교사'에 분류
> ㄷ. 『영어 학습을 위한 셰익스피어의 로미오와 줄리엣(한영 대역서)』 → '영어'가 아닌 '영문학'에 분류

① ㄱ, ㄴ   ② ㄱ, ㄷ

③ ㄴ, ㄷ   ④ ㄱ, ㄴ, ㄷ

153. KDC가 제5판에서 제6판으로 개정되면서 변경된 분류항목으로 옳은 것만을 모두 고른 것은? (사서직 2016년 출제)

분류항목	제5판	제6판
ㄱ. 건축사	610.9	540.09
ㄴ. 통계학	310	413
ㄷ. 양극지방	970	969
ㄹ. 국립도서관	026.2	026.1

① ㄱ, ㄴ   ② ㄷ, ㄹ

③ ㄱ, ㄴ, ㄷ   ④ ㄴ, ㄷ, ㄹ

154. 다음은 KDC 제6판 본표의 일부를 발췌한 것이다. ㉠ ~ ㉣에 들어갈 조기표로 옳은 것은? (사서직 2016년 출제)

290 기타 제종교 Other religions
291 아시아
  .1 한국
  .2-.9 기타 아시아 각국
    발상국에 따라 (㉠) -12-19와 같이 세분한다.
362 헌법 Constitutional law
  362.001-.009는 (㉡)에 따라 세분한다.
    예: 헌법판례 362.0023
    .01-.07 각국헌법
    .11 한국헌법
718 방언(사투리) Dialect
    .1-.9 각 지방의 방언
  (㉢) -111-1199와 같이 세분한다.
    예: 제주도 방언 718.99
790 기타 제어 Other languages
  별법: 도서관에 따라 각 언어에 대해 (㉣)을 적용할 수 있다.
792 인도-유럽어족
  .1 그리스어
  .2 라틴어

① ㉠ - 종교공통구분   ② ㉡ - 표준구분
③ ㉢ - 언어공통구분   ④ ㉣ - 국어구분

155. 다음의 주류(main classes)기호 아래에 세분되어 있는 KDC와 DDC의 분류항목으로 옳지 않은 것은? (사서직 2016년 출제)

주류	KDC 제6판	DDC 제23판
① 300	통계자료	General management
② 400	기상학	Romance languages
③ 500	제조업	Earth sciences
④ 600	공예	Medicine and health

해설 ① KDC 제6판에서 통계자료의 분류기호는 '413'이다.

정답 151. 1   152. 1   153. 3   154. 2   155. 1

156. 다음은 KDC 제6판의 일부를 발췌한 것이다. 이를 이용하여 '영국 공무원제도'를 분류한 기호로 옳은 것은? (사서직 2017년 출제)

> 350.2 행정조직
> .21 대통령직
> .23 외교 · 통일 관련부처
> .3 인사행정
> .31 공무원제도
> 351~357 각국 중앙행정 Administration in specific countries
>   지역구분표에 따라 세분한 후, 350.1~.8과 같이 기호를 부가하여 세분한다. (예:
>   중국외교부 351.223; 미국대통령 354.221)
>   각국 지방자치 및 지방행정 → 359.1~.7
>
> ---
>
> 2. 지역구분표
>   -12 중국(中國) China
>   -24 영국, 아일랜드 United Kingdom of Great Britain, Ireland
>   -42 미국(미합중국) United States of America(USA)

① 350.3124   ② 350.2431

③ 353.124   ④ 352.431

해설 ④ 35(각국 중앙행정) + 24(지역 구분표) + 31(공무원 제도)로 352.431이다.

157. KDC 제6판 문학류에서 적용되는 분류의 일반규정으로 옳지 않은 것은? (사서직 2017년 출제)

① 소설과 수필로 이루어진 저작은 소설에 분류한다.

② 한국인이 영어로 쓴 소설은 한국문학 아래에 분류한다.

③ 어느 한 작가에 대한 비평은 그 작가와 함께 분류한다.

④ 어느 한 작가의 문체, 어법을 다룬 저작은 그 작가 또는 그
작가의 전기에 분류한다.

해설 ② 문학작품(예: 시, 소설 등 문학의 장르에 속하는 것)은 원칙적으로 원 작품에 사용된 국어(810~899) 아래 분류하고 주제나 저자의 국적에 따라 분류하지 않는다.

158. 다음은 KDC 제6판 본표의 일부를 발췌한 것이다. 이를 이용하여 '미국 지도'를 분류한 기호로 옳게 짝지은 것은? (사서직 2017년 출제)

> 942 미국(미합중국) United States of America(USA)
> 984 북아메리카지리 Geography of North America
>   지역구분표 -4에 따라 세분한다.
> 989 지도 및 지도책 Maps and atlas
>   지구의 및 지리모형, 세계지도, 동반구 및 서반구 지도 등을 포함한다.
>   지역구분표에 따라 세분한다.
>   별법: 도서관에 따라 지도는 989 대신에 M을 분류기호 앞에 붙여서 사용할 수 있다.

	분류기호	별법분류기호
①	989.42	M42
②	989.42	M984.2
③	989.442	M984.2
④	989.442	M42

159. 다음은 KDC 제6판 본표의 일부를 발췌한 것이다. 이를 이용하여 분류한 내용으로 옳은 것은? (사서직 2017년 출제)

> 809 문학사(文學史), 평론 History and criticism of literature
>   문학의 사조(史潮), 제파(諸派) 및 평론 등을 포함한다.
>   각국 문학사는 해당문학 아래에 분류한다.
>
> .03 중세 1150-1499
>
> .1-.8 각 문학형식의 역사
>   문학형식구분표에 따라 세분한다.
>   문학형식에 의한 각국 문학사는 해당문학 아래에 분류한다.
>
> 810 한국문학(韓國文學) Korean literature
> 820 중국문학(中國文學) Chinese literature

① 세계소설사 809.03   ② 중세문학사 809.3

③ 중국소설사 823.09   ④ 한국시의 역사 811.9

정답 156. 4   157. 2   158. 2   159. 3

해설 ③번이 정답이다. 823(중국소설) + -09(T1의 역사)

160. 다음은 KDC 제6판 본표의 일부를 발췌한 것이다. 이를 이용하여 분류한 내용으로 옳지 않은 것은? (사서직 2017년 B형 출제)

> 078 특정주제의 신문
>   001-999와 같이 주제구분한다.
>   별법: 도서관에 따라 해당주제 아래에 분류할 수 있다.

① 기독교신문 078.23   ② 교육신문 078.37

③ 서예신문 078.65   ④ 농업신문 078.52

해설 ③으로 서예신문의 분류기호는 078.64이다.

161. KDC 제6판의 별법 또는 양자택일 규정을 적용한 내용으로 옳은 것만을 모두 고른 것은? (사서직 2017년 B형 출제)

> ㄱ. 교육법: 368.037 또는 370.23
> ㄴ. 정치인의 전기: 340.99 또는 998.34
> ㄷ. 법학 서지: 016.36 또는 360.16
> ㄹ. 불교신문: 078.22 또는 220.5

① ㄱ, ㄴ   ② ㄷ, ㄹ

③ ㄱ, ㄴ, ㄹ   ④ ㄱ, ㄴ, ㄷ, ㄹ

해설 ③번으로, 법학 서지는 016.36 또는 360.26이다.

162. KDC 제6판의 개정 사항에 대한 설명으로 옳지 않은 것은? (사서직 2017년 B형 출제)

① 380 '풍속, 예절, 민속학'의 표목은 '풍습, 예절, 민속학'으로 수정되었다.

② 519.82 '포제학'의 표목은 '약재의 선별, 가공'으로 변경되었다.

③ '오락 및 경기 윤리' 196 아래에 카지노, 경마, 경륜, 복권 등을 포함하고 있는 '사행산업윤리' 196.5를 신설하였다.

④ 739.66에 전개되었던 '라플란드어'를 739.64 '핀란드어'에 통합하였고, 792.52의 표목을 '범어(梵語)'에서 '산스크리트어(범어 梵語)'로 변경하였다.

163. KDC 제6판과 DDC 제23판의 분류번호가 동일한 의미를 갖는 것끼리 연결된 것은? (사서직 2017년 B형 출제)

① KDC 320 - DDC 340
② KDC 510 - DDC 630
③ KDC 740 - DDC 420
④ KDC 860 - DDC 830

해설 ③으로, '영어'의 분류기호이다.

164. 다음은 KDC 제6판 본표와 보조표의 일부를 발췌한 것이다. 이를 이용하여 '전라도 요리'를 분류한 기호로 옳은 것은? (사서직 2017년 B형 출제)

> 594.5 요리(조리법) Cookery
> 　　　특정음식점의 요리비결법에 관한 것은 여기에 분류한다.
> .51 한국요리 Korean cookery
> .519 한국지역 요리
> 　　　지역구분표 -11에 따라 세분한다.
>
> 지역구분표　　-119 전라도

① 594.5119　　　　　　　　② 594.51119
③ 594.5199　　　　　　　　④ 594.519119

해설 ③번으로, 594.519(한국지역 요리) + 9(지역구분표의 전라도)로 조합한 것이다.

165. KDC 제6판 종교(200)의 하위 주제에 해당하지 않는 것은? (사서직 2018년 출제)

① 경학(經學)　　　　　　　② 신앙생활
③ 교회론　　　　　　　　　④ 도교(道敎)

해설 ①번으로, 경학(經學)은 철학류 아래 140의 표목이다.

정답 160. 3　　161. 3　　162. 2　　163. 3　　164. 3　　165. 1

166. KDC 제6판의 본표 일부를 발췌한 것이다. 이를 적용한 『윤리학 교육과정 비교분석』의 분류 기호는? (사서직 2018년 출제)

> 190 윤리학(倫理學), 도덕철학(道德哲學) Ethics, moral philosophy
>
> 374 교육과정 Curriculum
> 　　　교육과정 개발, 교육과정 평가, 각과교육, 이론, 경험중심과정론 및 교과서, 교과서 문
> 　　제 등을 포함한다.
> 　　　001-999와 같이 주제구분한다. 예: 수학교육과정 374.41
> 　　　별법: 도서관에 따라 각과교육 다음에 0을 부가한 후
> 　　373.1-.78과 같이 세분할 수 있다. 예: 수학교육평가 374.4107
> 　　　각급 학교의 각과 교육과정은 해당학교 아래에 분류한다.
> 　　　　예: 초등학교 사회생활과교육 375.43
>
> 375 유아 및 초등 교육 Elementary education

① 190.374　　　　　　　　　　② 374.19
③ 374.1903　　　　　　　　　④ 375.1

[해설] ②번으로, 374(교육과정) + 19(윤리학)로 조합되었다. KDC에서 3자리 분류기호 끝자리에 있는 '0'은 의미가 없는 숫자로 제거하고 사용한다.

167. KDC 제6판의 일부를 발췌한 것이다. 이를 적용하여 분류한 것으로 옳지 않은 것은? (사서직 2018년 출제)

> 340 정치학(政治學) Political sciences
> 　　.9 정치사 및 정치사정
> 980 지리(地理) Geography
> 　　　특수지리학은 해당주제 아래에 분류한다. 예: 경제지리학 320.98; 정치지리학
> 　　　340.98
> 　.2 명승안내, 여행
> 　　　특정지역의 명승안내, 여행은 해당지역에 분류한다. 예: 아시아기행 981.02
> 981 아시아지리 Geography of Asia
> 　　　지역구분표 -1에 따라 세분한다. 예: 한국지리 981.1; 중국기행 981.202
> 982 유럽지리 Geography of Europe
> 　　　지역구분표 -2에 따라 세분한다. 예: 영국지리 982.4; 독일여행기 982.502

984 북아메리카지리 Geography of North America

　　지역구분표 -4에 따라 세분한다. 예: 미국지리 984.2

989 지도 및 지도책 Maps and atlas

　　지구의 및 지리모형, 세계지도, 동반구 및 서반구 지도 등을 포함한다.

　　지역구분표에 따라 세분한다. 예: 아시아지도 989.1

　　별법: 도서관에 따라 지도는 989 대신에 M을 분류기호 앞에 붙여서 사용할 수 있다.

　　　예: 아시아지도 M981

지역구분표

　-11 대한민국(大韓民國) Korea

　-13 일본(日本) Japan

　-41 캐나다 Canada

① 대한민국지도 M981.1　　　　② 일본지도 989.13

③ 현대정치지리학 340.98　　　　④ 캐나다기행 980.241

해설 ④번으로 캐나다기행의 분류기호는 984.102(캐나다 지리 984.1 + 여행 02)이다.

168. KDC 제6판의 본표 일부를 발췌한 것이다. 이를 적용하여 분류할 경우, 별법이 적용된 것만을 모두 고르면? (사서직 2018년 출제)

016 주제별 서지 및 목록 Subject bibliographies and catalogs

　　별법: 도서관에 따라 주제별 서지 및 목록을 각 주제 아래에 분류할 수 있다. 예: 법률서

　　지 및 목록 360.26

022 도서관 건축 및 설비 Library buildings and equipments

　　별법: 도서관에 따라 549.31에 분류할 수 있다.

430 화학(化學) Chemistry

　　430.01-.09는 표준구분에 따라 세분한다.

739 기타 아시아 제어(諸語) Other Asian languages

　(.86) *필리핀어, 타갈로그어 Philippine, Tagalog languages

840 영미문학(英美文學) English and American literatures

　　별법: 도서관에 따라 미국문학은 849에 분류할 수 있다.

843 소설 Fiction

(849) 미국문학(美國文學) American literature in English

　　영국문학과 미국문학을 구분하고자 할 경우는 미국 문학을 여기에 분류할 수 있다.

　(.3) 소설

정답 166. 2　　167. 4　　168. 1

* 해당언어를 동남아시아어와 함께 분류하고자 할 경우에 별법으로 여기에 분류할 수 있다. 그렇지 않을 경우에는 796 아래의 해당언어에 분류한다.

ㄱ. 화학서지 및 목록 430.026
ㄴ. 필리핀어 739.86
ㄷ. 미국소설 843
ㄹ. 도서관 건축 022

---

① ㄱ, ㄴ

② ㄱ, ㄴ, ㄷ

③ ㄴ, ㄷ, ㄹ

④ ㄱ, ㄴ, ㄷ, ㄹ

169. KDC 제6판의 본표와 표준구분표를 적용하여 분류한 것으로 옳지 않은 것은? (사서직 2018년 출제)

① 종교역사 209

② 기술과학학회 506

③ 생명과학 연구법 470.7

④ 생활과학잡지 590.4

해설 ④번으로 590.5(590 생활과학 + -5 연속간행물 기호)이다.

170. KDC 제6판의 본표 일부를 발췌한 것이다. 이를 적용한 『소설가 박경리 전기』의 분류기호는? (사서직 2018년 출제)

---

810 한국문학(韓國文學) Korean literature
813 소설 Fiction
   .6 20세기 1910-1999
990 전기(傳記) Biography
      별법: 도서관에 따라 개인전기는 99, B 등으로 간략하게 분류할 수 있다.
(991) *아시아전기 Biography of Asia
      지역구분표 -1에 따라 세분한다. 예: 한국인총전 991.1
(998) 주제별전기 Biography by subjects
      이 주제별 전기는 990 아래에 전기서를 일괄 집중시켜 분류하고자 할 경우에 별법으로 여기에 분류할 수 있다.
      주제별 전기는 예컨대 철학가, 종교가, 예술가, 문학가 등과 같이 그 인물과 주제가 밀접한 관련을 갖고 있으므로 일반적으로는 해당주제 아래에 분류한다.

---

① 998.81 　　　　　　　　　② 991.81

③ 991.8 　　　　　　　　　　④ 813.6

해설 ①번으로 998.81(998 주제별전기 + 81 한국문학가)에 한국문학가의 전기를 일괄 집중하였다.

171. KDC 제6판 300(사회과학)의 하위주제에 해당하는 것은? (사서직 2019년 출제)

① 국가 및 정치윤리 　　　　　② 발달심리학

③ 예절 　　　　　　　　　　　④ 가정관리

해설 ③번이다. 300(사회과학의 하위주제는 다음과 같다. 310 통계자료, 320 경제학, 330 사회학, 사회문제, 340 정치학, 350 행정학, 360 법학, 370 교육학, 380 풍속, 예절, 민속학, 390 국방, 군사학

172. KDC 제6판을 적용하여 일본의 현대소설 『낯선 나날들: 무라카미류의 장편소설』을 분류할 때, 조합과정과 분류기호가 옳은 것은? (사서직 2019년 출제)

① 830(일본문학) + -3(문학형식: 소설) + -6(시대: 현대) → 833.6

② 830(일본문학) + -3(문학형식: 소설) + -6(시대: 현대) → 830.36

③ 830(일본문학) + -6(시대: 현대) + -3(문학형식: 소설) → 836.3

④ 830(일본문학) + -6(시대: 현대) + -3(문학형식: 소설) → 830.63

173. KDC 제6판의 일부를 발췌한 것이다. 이를 적용한 『한국의 교육 행정과 정책』의 분류기호는? (사서직 2019년 출제)

370 교육학(敎育學) Education
　　　370.1-.9는 표준구분에 따라 세분한다.
　　.9 교육사, 각국 교육
　　　　지역구분표에 따라 세분한다.

정답 169. 4　　170. 1　　171. 3　　172. 1　　173. 2

371 교육정책 및 행정 Policy and administration of education
    .01 교육정책의 일반이론
    .06 교육위원회
    .9 교육재정

지역구분표
  −11 대한민국(大韓民國) Korea

① 370.911　　　　　　　　　② 371.0911

③ 371.11　　　　　　　　　　④ 371.911

해설 ②번으로, 371(본표) + −09(표준구준) + −11(지역구분)로 구성되었다. 본표에 '~와 같이 지역구분한다'라는 지시가 없는데 지역 구분을 할 때는 표준구분 −09를 동반하여 지역구분을 한다.

---

174. KDC 제6판의 총류 중 주제를 언어별로 구분하기 위해 700(언어)의 항목 전개를 반영하거나 조합하도록 지시된 것만을 모두 고르면? (단, 요목까지만 적용함) (사서직 2019년 출제)

ㄱ. 020	ㄴ. 030
ㄷ. 050	ㄹ. 060

① ㄱ, ㄴ　　　　　　　　　② ㄴ, ㄷ

③ ㄷ, ㄹ　　　　　　　　　④ ㄱ, ㄹ

---

175. KDC 제6판과 DDC 제23판에서 밑줄 친 분류기호의 의미가 다른 것은? (사서직 2019년 출제)

	KDC 제6판	DDC 제23판		KDC 제6판	DDC 제23판
①	081.4	052	②	071.1	915.19
③	808.3	808.3	④	748	428

해설 ④번으로, KDC의 8은 방언(사투리)이고 DDC의 8은 물리학에서의 자기를 의미한다.

176. KDC 제6판의 일부를 발췌한 것이다. 이를 적용한 (가) 『해산물 검사』와 (나) 『중국의 전염병』의 분류기호는? (사서직 2020년 출제)

517 건강증진, 공중보건 및 예방의학
   .5 식품위생
   .58 식품검사
   .581–.583 특정식품검사
          594.1–.3과 같이 세분한다. 예: 낙농물검사 517.5825
   .6 예방의학
     일반전염병 및 접촉전염병의 예방, 위생적 관리, 위생적 검사 등을 포함한다.
   .62 지리적 분포
      지역구분표에 따라 세분한다. 예: 일본의 전염병 517.6213
594 식품과 음료
   .2 동물성 식품
   .25 유제품
   .29 해산물

지역구분표
 –12 중국

	(가)	(나)
①	517.58029	517.6212
②	517.58129	517.622
③	517.5829	517.6212
④	517.58229	517.622

177. KDC 제6판의 일부를 발췌한 것이다. 이를 적용한 『지방 간호직 시험문제집』의 분류 기호로 옳은 것만을 모두 고르면? (사서직 2020년 출제)

359 지방자치 및 지방행정
   .035 지방공무원시험
      국가공무원시험 → 350.35
   .0357 시험문제집

정답   174. 2   175. 4   176. 3   177. 4

> 001-999와 같이 주제구분한다.
>> 별법: 도서관에 따라 해당주제 아래에 분류할 수 있다.
> 512.8 간호학
>
> 표준구분표
> -07 지도법, 연구법 및 교육, 교육자료
> -077 각종 시험 대비용 교재 및 문제집, 면허증

① 359.0357005128   512.87

② 359.035705128   512.877

③ 359.0357128   512.807

④ 359.03575128   512.8077

178. KDC 제6판의 일부를 발췌한 것이다. 이를 적용한 분류기호로 옳지 않은 것은? (사서직 2020년 출제)

> 809 문학사, 평론
>> 문학의 사조(思潮)·제파(諸派) 및 평론 등을 포함한다.
>> 각국 문학사는 해당문학 아래에 분류한다.
> .05 18-19세기 1700-1899
> .06 20세기 1900-1999
> .07 21세기 2000-
> .1-.8 각 문학형식의 역사
>> 문학형식구분표에 따라 세분한다.
>> 문학형식에 의한 각국 문학사는 해당문학 아래에 분류한다.
> 810 한국문학
> .9 문학사, 평론
> 820 중국문학
> 823 소설

① 18세기의 낭만주의문학 - 809.05   ② 한국문학사 - 810.9

③ 소설사 - 809.1   ④ 중국소설사 - 823.09

해설 ③번으로, 옳은 기호는 823.09(823 + -09)이다.

179. KDC 제6판의 일부를 발췌한 것이다. 이를 적용한 『제주도 방언』의 분류기호는? (사서직 2020년 출제)

> 710 한국어
> 718 방언(사투리)
>   .1–.9 각 지방의 방언
>   지역구분표 –111–1199와 같이 세분한다.
>
> ───────────────────────
>
> 지역구분표
> –1 아시아
> –11 대한민국
> –119 전라도
> –1199 제주특별자치도

① 710.81199   ② 718.1199

③ 718.199   ④ 718.99

해설 ④번이다. 718 + 99로 조합한 것이다. 지역구분표 –111–1199와 같이 세분한다는 의미는 같은 기호 –11를 제외하고, 다른 부분 1~99를 적용한다는 뜻이다.

180. KDC 제6판의 일부를 발췌한 것이다. 이를 적용한 『행정이론 및 철학』의 분류기호는? (사서직 2021년 출제)

> 350 행정학
>   특수행정은 해당주제 아래에 분류한다. 예: 군사행정 391; 교통행정 326.31
>   350.01–09는 표준구분에 따라 세분한다.
>
> ───────────────────────
>
> 표준구분표
>   –01 철학 및 이론

① 350.1   ② 350.01

③ 351   ④ 350.001

해설 ②번이다. 본표의 지시를 따른 것이다. 이미 '0'이 사용되었으면 0을 추가하여 '00'를 사용한다.

정답   178. 3   179. 4   180. 2

181. KDC 제6판의 일부를 발췌한 것이다. 이를 적용한 『대구지역 전염병 대응』의 분류기호는?
(사서직 2021년 출제)

517.6 예방의학
    .62 지리적 분포
        지역구분표에 따라 세분한다.

지역구분표
  -1 아시아
  -11 대한민국
  -118 경상도
  -1184 대구광역시

① 517.61184　　　　　　　　② 517.621184
③ 517.62184　　　　　　　　④ 517.6201184

182. KDC 제6판 본표의 일부를 발췌한 것이다. 별법을 적용한 분류기호로 옳지 않은 것은? (사서직 2021년 출제)

326.3 교통
    .39 관광학
    .393 관광상품
        국제관광, 생태관광자원, 문화관광자원, 관광이벤트 등을 포함한다.
        별법: 도서관에 따라 001-999와 같이 주제구분할 수 있다.

① 스포츠 관광 - 326.393692　　　② 음악 관광 - 326.39367
③ 건축 관광 - 326.39361　　　　　④ 의료 관광 - 326.39351

해설 ③번으로, 옳은 기호는 326.39354(건축 주제 기호는 540임)이다.

183. KDC 제6판의 별법에 해당하는 분류기호가 아닌 것은? (사서직 2022년 출제)

① 정치지리학 : 340.98　　　　　② 경제학서지 : 320.026
③ 도서관법 : 368.002　　　　　　④ 미국 시 : 849.1

184. KDC 제6판의 900류에 대한 설명으로 옳지 않은 것은? (사서직 2022년 출제)

① 세계사 및 세계문화사 전반을 다룬 저작은 909에 분류한다.

② 특정 주제에 해당되지 않는 낱장지도나 지도책 등은 989에 분류한다.

③ 전기는 일반적으로 피전자의 주제에 분류하나, 한곳에 집중시키고자 하는 경우에는 990 아래에 분류한다.

④ 조선시대 함경도의 역사 와 같이 시대와 지역이 동시에 적용되는 경우, 시대구분을 먼저 하고 다음에 지역구분을 부가한다.

> **해설** ④번이다. 지역별 지리와 지리의 구분이 어려운 경우 또는 역사와 지리를 동시에 다룬 저작은 역사에 분류한다.

185. KDC 제6판의 문학류 분류에 대한 설명으로 옳지 않은 것은? (사서직 2022년 출제)

① 어느 한 작가에 대한 비평은 그 작가와 함께 분류한다.

② 원작품이 자국어와 외국어로 쓰인 것은 자국어 문학 아래에 분류한다.

③ 어느 한 문학가가 다른 한 문학가에게 준 영향을 다룬 저작은 영향을 받은 문학가에 분류한다.

④ 문학작품은 원칙적으로 작가의 국적에 따라 분류한다. 예를 들어, 한국인이 영어로 쓴 소설은 한국소설에 분류한다.

> **해설** ④번이다. 문학작품(예: 시, 소설 등 문학의 장르에 속하는 것)은 원칙적으로 원 작품에 사용된 국어(810~899) 아래 분류한다.

186. KDC 제6판의 본표 일부를 발췌한 것이다. 이를 적용한 『중학교에서의 프로젝트 교수법』의 분류기호로 옳은 것은? (사서직 2023년 출제)

> 371 교육정책 및 행정
> 372 학교행정 및 경영, 보건 및 교육지도
> 373 학습지도, 교육방법
>   교수이론, 교육공학, 교육기술 등을 포함한다.
>   .1 학습지도, 조직
>   .2 교수법, 지도방법
>   .21 강의식
>   .22 문답식
>   .23 토의식
>   .24 계발법

정답 181. 2　　182. 3　　183. 1　　184. 4　　185. 4　　186. 2

> .25 프로젝트(단원)법
> 374 교육과정
> 375 유아 및 초등교육
> 376 중등교육
> .5 중학교교육
> 중학교를 포함한다.
> 376.51-.54는 371-374와 같이 세분한다.

① 376.57325   ② 376.5325
③ 376.325   ④ 376.525

해설 ②번이다. 376.5(중학교 교육) + 3(371-374와 같이 세분한다는 지시에 따름) + 25(373 교육방법 아래의 프로젝트법) 순으로 조합된 것이다.

187. KDC 제6판의 본표 일부를 발췌한 것이다. 이를 적용한 분류기호로 옳지 않은 것은? (사서직 2023년 출제)

> 600 예술(藝術)
> 미술, 장식미술, 음악, 연극, 영화, 오락 등에 관한 종합저작을 포함한다. 예술에 관한 표준구분은 600.1-.9에, 미술에 관한 표준구분은 601-609에 분류한다.
> .9 예술사
> 발달, 비평 등을 포함한다. 특수분야의 예술사는 해당주제 아래에 분류한다. 예: 연극사 680.9
> .903 중세
> .91 아시아(동양)예술사
> .9103 중세
> .9104 근세
> .911-.919 아시아 각국의 예술사
> 지역구분표에 따라 세분한다. 예: 한국예술사
> 600.911
> .92 서양예술사
> 609 미술사
> 600.901-.979와 같이 세분한다. 예: 미국미술사 609.42
> 620 조각, 조형미술

① 『중세미술사』 → 600.903　　　② 『아시아근세예술사』 → 600.9104

③ 『일본미술사』 → 609.13　　　④ 『조각의 역사』 → 620.9

해설 ①번으로, 옳은 기호는 600.91030이다.

188. KDC 제6판의 본표와 조기표 일부를 발췌한 것이다. 이를 적용한 『재중한국인』의 분류기호로 옳은 것은? (사서직 2023년 출제)

> 331 사회학
> 　　.3 인구, 인구이동
> 　　.37 국제 인구이동, 이민
> 　　.371~.377 각국 이민
> 　　　　　정착국을 기준으로 지역구분표에 따라 세분한다.
> 　　　　　별법: 필요한 경우 0을 부가한 후 이민의 출발국을 지역구분표에 따라 세분할
> 　　　　　수 있다.
>
> 지역구분표
> 　-11 대한민국
> 　-12 중국

① 331.371112　　　　　② 331.371211

③ 331.3711012　　　　④ 331.3712011

해설 ④번으로, 331.3712(정착국인 중국) + 0(패싯 지시기호) + 11(출발국인 한국)

정답　187. 1　　188. 4

제4장_ 한국십진분류법(KDC) 제6판의 이해

제5장
듀이십진분류법(DDC)
제23판의 이해

DDC의 역사와 발전과정

- 멜빌 듀이(Melvi Dewey 1851-1931)가 도서의 내용을 주제에 근거한 십진분류법을 창안
- DDC의 초판은 『A Classification and Subject Index for Cataloguing and Arranging the Books and Pamphlets of a Library』라는 표제로 1876년에 발행
- 초판의 구성은 서문 8쪽, 본문 12쪽, 색인 18쪽 등으로 전체 42쪽으로서, 본표에 1,000항목, 색인에는 2,100개의 항목이 게재된 소책자 인쇄본
- DDC의 표준판이었던 15판은 1951년에 발행, 1952년 15판의 개정판 발행
- 1958년에 제16판이 상관색인을 별책으로 하여 2책 1세트로 발행. 제15판 보다는 오히려 이전의 제14판의 내용에 가깝다고 평가됨. 특히 학문체계의 변화가 두드러진 주제 항목의 분류번호는 그대로 인정하면서 하위 세목의 전개상에서 완전히 새로운 기호 배정으로 수정되었기에 "피닉스 표(phoenix schedule)"란 용어가 사용되기도 함
- 제23판은 4권으로 2011년 발행(제1권: 서론, 용어해설, 매뉴얼, 보조표, 제2권: 개요표와 본표(000~599), 제3권: 본표(600~999), 제4권: 상관색인으로 구성)
- DDC의 개발과 유지는 미의회도서관의 십진분류부(DCD : Decimal Classification Division)에서 LC 목록과 함께 DDC 번호를 부여하고 있으며, DDC 번호는 기계가독목록(MARC: Machine-readable cataloging) 서지레코드에 통합되어 컴퓨터 매체와 CIP(Cataloging-in-Publication) 데이터를 통하여 도서관에 배포

구성 및 기호법

- 듀이는 DDC의 초안 작성을 위해 많은 학자들의 분류표를 연구하였는데, 그중에는 유명한 철학자인 아리스토텔레스나 베이컨, 루크 등의 학문분류도 참고
- 해리스의 영향을 크게 받았는데, 이는 본래 베이컨의 학문체계를 거꾸로 바꾸어 배열한 것으로서, 베이컨도 듀이에게 영향을 끼침
- 학문에 의한 분류 즉, 자료의 관점이나 측면, 취급 방법 등에 따라 학문분야나 연구분야에 분류
- 총류에 있어서는 일반백과서전(030), 정기간행물(050), 신문(071-079), 일반전집(080),

일반단체의 간행물(061-068) 등을 포함하여, 어떤 자료의 범주는 첫째 형식에 의해서 구분되고, 둘째는 분류표상에 마련된 언어나 장소에 의해서 분류기호를 부여

- 순수 기호법을 이용한 십진식 전개 즉, 지식의 전체를 10개의 주류(main class)로 구분하고, 각각의 주제마다 10개의 하위 세목을 나누어 100개의 강목(divisions)으로 구분하고, 나누어진 개개의 강목을 또 다시 각각 10개씩 세목으로 나누어 1,000개의 요목(sections)으로 구분

- 계층적 구조 즉, 각 학문분야 주제들의 전개가 일반적인 것으로부터 구체적인 것들로 확장되는 계층적 분류표

- 조기성의 기법 활용 즉, 6개의 보조표를 존치하여 주제나 개념, 형식, 특성에 대해 동일한 기호를 일관성 있게 부여케 함

표목의 기능

분류상에서 표목(heading)이란 분류기호에 해당되는 주제명이나 어구(語句)를 의미. 그러므로 분류표상의 분류기호나 목록상의 표목 또는 주기(note)로서 독립된 단위를 형성하는 기입어(entry)와는 의미가 다름

- 표목은 단어(word)와 어구(phrase)로 구성되는 것으로, 전후의 유사주제와 연관지어 검색될 수 있도록 배열

- 표목이 굵은 활자 포인트로 표시된 것은 하위세목으로 차후 더욱 전개의 가능성을 보여줌을 의미

- 표목상에 두개의 주제가 사용되는 경우에는 'and'로 표시하며, 세 개 이상은 ,(comma)에 의하여 구분 표시

- 괄호(( ))속의 주제어는 앞의 주제와 동의어 또는 동격어임을 의미

주기(note)의 종류와 활용

주(註) 또는 주기(註記)란 분류표상에 표시되어 있는 표목 이외의 사항으로서, 표목을 보다

이해하기 쉽게 설명하거나 또는 필요한 사항을 추가로 보충하거나, 인용사례 등을 표시해 주는 내용들을 가리킴

- 정의주(definition note): 표목의 뜻과 범위를 구체적으로 설명해 주는 것으로서, 표목을 이해하는데 중요한 내용임
- 범위주(scope note): 한 표목의 아래에서 그 적용의 특수한 관계를 열거하고 있는 것으로 특정주제뿐만 아니라 그 아래의 종속적인 세목들에도 함께 적용되는 주.

"Class here OOO(주제)" 혹은 "Class OOO(주제) in xxx(분류기호)"로 표시

- 포함주(including note): 본표상에서 포함주기는 "including"이란 용어로 표시. 이는 표목으로는 명시되어 있지 않지만 그 항목에 해당 또는 포함되는 내용을 가리킴
- 분류지시주(class here note): 특수항목에서 "class here note" 지시를 하여, 표목에 명시되어 있지 않은 종속적인 주제를 그 항목에 분류하도록 지시하는 것
- 분류번호 지시주(class elsewhere note): 본표 상에서 "class elsewhere note"라고 표시되어 있는 지시주는 일반적으로 한 주제의 특정부분이나 또는 관련되는 주제를 다른 분류기호에 분류하도록 안내하거나, 지시하여 주는 주기를 의미.
- 상호 참조주(cross reference note): 두 개의 주제가 서로 관련성이 있거나, 혹은 주제의 관점이 서로 다를 수 있을 경우에, 두 주제 간에 상호 참조를 할 수 있도록 사용하는 주기로서, 보통 "see"로 표시됨
- 양자택일(Optional note): 하나의 주제를 두 가지 경우로 분류될 수 있는 경우에는 그 주제를 양쪽에 설치하여 도서관이나 이용자의 특성에 따라 분류자가 양자택일 할 수 있도록 배려한 주기. 본표상에서 양자택일을 할 수 있도록 표시한 문장은 대개의 겨우 "If preferred~"로 시작하기도 하고, [Options] 으로 표시하기도 함
- 보조표의 첨가주(add to - from table): 첨가주는 해당 주제 항목의 내용을 보다 충실하게 세분기호를 배정하고자 하는 목적에서 보조표나 타주제의 일부 항목을 인용하여 첨가기호를 부여하는 방법. 그 형식은 "Add 'OOO' notation 1-9 from table O to base O OO" 등 여러 가지 형식으로 표시
- 본표상의 첨가주(add to - from schedules): 어떤 주제를 세분할 때 분류표 전체의 주제를 이용하여 분류하거나, 다른 주제의 하위 세목의 내용을 인용하여 보다 전개할 수 있도록 지시하는 주. 예를 들어, "Add to base number 324.18 the numbers following 08

in notation 082-087 from table under 324.24-324.29, e.g., international organizations of religious parties 324.182"와 같이 기술

- 기존형식조합의 안내주기(number-built notes): 이미 본표나 보조표 상에서 해당 형식 등이 미리 조합되어 구성되어 있음을 주지시키거나 설명해 주는 주기. 이런 항목에서는 표목아래에, "Number built according to instruction under --- and at beginning of" Table 1 - 6이라고 제시해 줌

- 이전표목 안내주기(former heading notes): 해당 분류기호의 의미는 변동이 없는데, 이전표목과 현 표목의 유사성이 거의 없기도 하면서, 큰 차이 없이 변경된 경우에, 이전의 표목을 안내해 주는 주기. "Former heading: ○○○"으로 표시

- 재배치 안내주기(relocation Notes): 분류기호의 항목의 내용 전부 또는 일부가 타 분류기호로 이동된 내용을 안내해 주는 주기. 이 경우 옮겨진 분류기호에는, Relocated to -- 또는 [Formerly---]라는 용어를 제시

- 사용금지주(do-not-use notes): 특별한 규정으로서, 해당 주제의 상위 표준분류기호를 우선으로 채택하도록 하고, 정상적 해당 표준구분표의 기호나 부가표의 전체 기호 또는 일부를 사용하지 않도록 지시하거나, 안내하는 경우 다음과 같은 형식으로 제시

[200.1]   System, Value, Scientific principle, psychology of religion.
          Do not use for philosophy and theory ; Class in 210.

[200.12] Classification
          Do not use ; Class in 201.4

조기성의 내용과 활용

- 분류표의 조기성이란 분류기호가 어떤 주제의 항목이나 세목에서 주어지더라도 항상 동일한 주제나 관점(discipline) 및 측면(aspect), 혹은 동일한 형식의 내용에는 가능한 한 똑같은 기호를 부여하고 공통의 의미를 갖게 하여, 분류표의 조직을 단순하게 함으로써 분류표의 이해와 기억을 도와주자는 것

- DDC 본표상에 고정된 몇 가지 조기성의 사례

1) 어학의 각 국어구분과 총류의 조기성 일치

2) 어학과 문학의 조기성 일치

3) 역사[900] 주류의 지역구분과 지리의 지역구분[T2] 과의 조기성

DDC 보조표

- DDC에는 조기성의 기능을 가지고, 분류기호의 조직을 도와주는 6개의 보조표(auxT iliary table)가 있음

- 보조표의 성격은 자료의 동일한 형식과 관점 및 측면이나 논제 등에서 본표에 열거된 주제에 따라 동일한 기호를 혼합시키고자 하는 합성식의 방법을 취하여 열거식의 문제점을 보완함

- 보조표의 기호들은 단독으로는 사용될 수 없고, 반드시 분류표상의 기호들과 결합시켜야만 하기에, 기호 앞에는 dash(-) 부호로 지시함

DDC 보조표의 종류와 사용법

1. T1: Standard Subdivision(표준세구분표)

- 출판된 자료의 체제(format)나 물리적 형식(physical form), 혹은 취급 방법이 동일한 경우에는 어떤 주제라도 동일한 기호를 부여하도록 마련된 보조표

- 사용법은 언제나 원칙적으로 '0'을 한 개 수반해야 하며, 하나의 '0'이 먼저 다른 의미로 미리 사용된 경우에는 '0'을 하나 이상 여러 개가 부여되는 경우도 발생

2. T2: Areas, Historical period, Biography(지역, 시대, 전기 구분표)

- 어떤 하나의 주제나 영역이 하나의 특정지역에 국한되어져 다루어졌을 경우, 그 특정지역의 기호를 전개하기 위한 것으로 사용됨

- 해당주제의 특성상 지역구분의 기호가 필요한 경우에는 'add areas notation'이

라는 지시가 나와 있으며, 반면 이러한 지시가 표시되어 있지 않으면 표준세구분의
'09'를 기초로 하여, 지역구분의 기호를 -09 아래에 첨가시켜 사용
- 지역구분표는 동일주제에 두 번 적용할 수 있으며, 이 경우 양 지역 간에 ' 0 '을 삽입하여
  구분

3. T3: Subdivisions for the Arts, for Individual Literatures, for Specific Literary Forms (예술, 개별문학, 특수문학형식구분표. 일명: 문학형식구분표)

- 문학류(800) 내에서 각 개별문학마다 공통된 형식에 동일기호를 부여함으로서, 이해를 용
  이하게 하기 위한 구분표
- DDC 문학분야의 분류순서는 ⇨ 먼저 800주류상의 어느 나라 말의 문학인가? →
  원작에 사용된 국어의 기호를 [T6]의 국어구분표를 찾아 확인하고 → 다음은 문학의
  형식구분 [T3]의 기호를 확인한 후 → 또 개별문학의 시대구분 기호의 순서에 따라
  그 해당기호를 순차적으로 첨가
- [T3]의 문학형식구분에는 3가지의 세목구분표가 있음

3-1. T3A: Subdivisions for Works by or about Individual Authors
         (개인 문학 작품이나 개인 저자에 대한 기호를 세분하기 위한 보조표)
- 한 명의 개인저자의 작품이나 또는 개인저자에 대한 작품이나 비평서를 분류할 경우에만
  사용
- 하나의 작품에 시나 희곡과 같은 두 가지의 문학형식이 합철되어 있는 경우는 기타 지시사
  항이 없는 한, -2(드라마) 를 먼저 우선으로 취급하여 해당기호를 첨가
- [T3]중 문학형식구분표의 우선순위는, 드라마(-2) → 시(-1) → 소설(-3) → 웅변,연설
  (-5) → 서간,일기(-6) → 잡서(-8)의 순서를 따름

3-2. T3B: Subdivisions for Works by or about More than One Author
(2인 이상의 문학 작품이나 2인 이상의 저자에 대한 기호를 세분하기 위한 보조표)
- 2인 이상의 작품이나 2인 이상의 저자에 관한 문헌을 다룰 때 사용
- [T3B]의 주요세목 중에서, [-01에서 -09]의 사용은 어떤 하나의 특정문학형식에 해당되

지 않는 경우에 적용

- 특정의 문학형식을 나타내고 있는 작품의 경우는 개별문학 분류아래에 [T3B]의 [-1에서 -7]까지를 적용. 이 경우 시대구분이 분명할 경우는 문학의 810 - 890까지의 개별 문학 아래에 제시되고 있는 시대구분표를 따라 기호를 첨가함

- 장르형식 이외의 문학 잡서의 경우에는 개별 문학류의 기본기호에다 [T3B]의 (-8)을 적용

3-3. T3C: Additional Notation for Arts and Literature

   (문학작품에 대한 추가 보조표)

- 예술분야의 700.4, 791.4에서와 문학류의 808-809 등, 본표 상에서 사용의 지시가 있을 경우에만 사용할 수 있음

- 2개 국가 이상의 문학작품중 수사학(808.1 - 808.7)과 문학전집총서(808.81 - 808.87)의 경우 또는 2개 국가 이상의 문학작품의 역사서나, 서술형식 및 비평서의 경우에도 [T3B]와 [T3C] 보조표가 적용됨

4. T4: Subdivisions of Individual Languages and Language Families.   (개별언어 및 어족 공통구분표)

- 어학류(400)내에서 각국 언어의 형식이 공통된 것에는 동일한 기호를 부여하기 위해 마련된 것

- 반드시 (*) 별표시가 되어 있는 국어별 또는 어족(語族)의 하위 세목에서만 사용

- 2개국 이상의 언어사전은 표목으로 된 언어를 원칙으로 분류하며, [T4]의 (-3) 기호를 부가한 후에, 상대국 언어기호를 [T6]에서 찾아 해당기호를 첨가하여 합성시킬 수 있음

- 만일 2개국의 언어가 동일하게 표목으로 공히 사용된 경우에는, 내국인들이 그 언어를 가장 많이 배우려고 하는 보다 유용한 언어를 기본 분류표목으로 함

- 기준이 모호할 경우에는 본표상 420 - 490 중에서, 나중에 배정된 국어순위를 먼저 앞에 분류하고, -3[사전 : T4] 가운데 놓아, 나머지 국어순의 해당기호를 첨가

5. T5: Ethnic and National Groups(민족 및 국가군 구분표)

민족, 국가에 의해 특정주제가 다루어진 작품의 경우에 첨가되는 기호로서, 본표상 구분의 지시가 명시되어 있는 경우에만, 분류기호에 첨가하여 사용함

6. T6: Languages(언어구분표)

특정자료를 표기된 각국 언어에 의해 구분할 필요가 있을 때 사용하며, 분류표상에 구분의 지시가 있을 때에만 사용

제23판의 장·단점

장 점	단 점
상관색인이 있어 관련 주제를 한 번에 확인 가능 십진식 단계로 조직이 단순, 사용 편리 아라비아 숫자만의 순수기호로 국제적 활용 풍부한 조기성과 여러 보조표로 열거식의 결점 보완 새로운 주제나 키워드의 삽입용이 전개성 풍부 다양한 매체의 분류에 활용 가능 동일주제나 동일작가의 저작을 한 곳에 집중시켜 검색에 편리성 제공 국제적인 요구 반영 다양한 변화 모색(Web Dewey) 간략판 발행으로 도서관의 규모나 성격에 따라 택일 가능 LC의 DCD에서 최신성 유지	주제 구분의 불균등, 영·미 중심 전개 무한한 전개성으로 인한 긴 분류기호와 서가배열의 곤란 초래 특정 주제의 위치와 열거 순서 등에 대해 이견 제기 학문 및 주제 사이의 불균형과 불균등 문제 발생 신규 주제 삽입의 어려움 재분류 문제 발생

DDC의 특수규정

- 특정한 주제를 내포하고 있는 통계의 내용은 바로 해당주제의 분류기호를 배정하고 일반형식(-021)을 부가
- 일반적 정치사나 정치사정과 같은 주제는 정치상황 및 위치(DDC320.91-.99)에 분류하

지만, 정치학설사나 정치사상사의 경우는 정치학의 역사(320.9)에 분류

- 한 나라에서 다른 나라로 간 이민을 다룬 저작은 도착한 나라에 분류
- DDC에서 403(Dictionary & Encyclopedia)이나 413(다국어사전)의 경우, 각 지역의 도서관에서 자국의 이용자들에게 잘 알려지지 않은 언어에 분류기호를 배정. 그리고 뒤에 다 상대국의 언어를 [T6]에서 찾아 첨가
- 두개의 언어를 비교한 사전의 경우에는 이용자에게 덜 알려져 있는 언어에 분류
- DDC 문학작품의 경우, 한 저작에 둘이상의 복합형식을 취하고 있는 경우에는 다른 지시 사항이 없는 한 희곡[2]이 가장 먼저 우선하며, 다음은 시[1] → 소설[3] → 수필[4] → 연설 [5] → 서간(일기)[6] → 잡서[8]순의 형식에 따라 그 해당기호를 부여
- 개인의 작품의 경우에는 먼저 문학(8) + 언어(T6) + 문학형식(T3A) + 시대(각국 문학의 본표상에서 제시된 시대순의 기호) 순으로 첨가
- 여러 명이 저작한 작품의 경우에는 문학(8) + 언어(T6) + 문학형식(T3A) + 시대번호 + 작품의 특징에 따라, 문학보조표(T3B 나 T3C)의 순으로 첨가
- 개인작가에 의한 선집이나 합집은 개인작품과 같은 번호로 문학형식에 따라 분류
- 한 작가의 시나 희곡을 산문으로 번역하거나 또는 이야기체로 쓴 것은 그의 원서와 동일한 분류기호로 분류
- 소설형식을 빌려서 쓴 전기나 사건의 기록은, 저자가 문학자이며 소설수법이 지배적이면 전기서가 아닌 문학 아래에 분류
- 문학자 이외의 인물이 쓴 시집은 시 아래 분류하지 않고, 전기에 분류
- 우선순위를 적용할 때는 주기의 형식으로 제시된 지시 사항이나 우선순위를 설정한 보조 표의 지시를 따름

1. 다음의 DDC 23판에 의한 문학자료분류 패턴에 대한 설명에서 가장 거리가 먼 것은?

① 문학일반에 T1을 조합하는 경우가 있다.

② 수사(학)(rhetoric)에는 T3은 물론 T1과 T6과도 조합하는 경우가 있다.

③ 문학전집에는 T1 또는 T3B와 T3C를 조합하는 경우가 있다.

④ 개별문학(각국 문학)에 적용되는 일반적인 분류패싯과 조합순서는 8＋언어＋문학형식(T3A) ＋시대번호(810–890)＋표준세구분(T3B)이다.

해설 ④ 개별문학(각국 문학)에 적용되는 일반적인 분류패싯과 조합순서는 8＋언어＋문학형식(T3A)＋시대번호 (810–890)이다. '8＋언어＋문학형식(T3A)＋시대번호(810–890)＋표준세구분(T3B)'의 순은 다수의 저작의 경우에 해당한다. ① 「문학사전」의 경우로 '8＋03(T1) → 803' ② 1) 「수사학잡지」의 경우로 '808(수사학)＋005(T1) → 808.005', 2) 「French rhetoric」의 경우로 '808.04(특수 언어로 된 수사학)＋41(T6) → 808.0441', 3) 「Rhetoric history of love fiction」의 경우로 '808.3(소설로 된 수사학)＋85(T3B의 –3085에서)＋09(–102–107 아래) → 808.38509', ③ 「19세기 시 전집」의 경우로 '808.81(시 전집)＋34(T1 09034에서) → 808.81034', 「19세기 애정시집」의 경우로 '808.819(특정 사람들을 위한 특수 시)＋3543(T3C의 –3543) → 808.8193543'이며, 이 자료의 시대패싯에서 가장 후순위이기 때문에 무시한다. ④ 「Critical appraisal of 20th century science fiction」의 경우로 '809(잡문)＋38762(808.838762에서 808.8 다음의 38762) → 809.38762'이며, 이 자료에서 20세기가 과학소설보다 후순위이므로 제외한다.

2. 다음의 DDC 제23판의 발췌표에 따라 "셰익스피어 용어사전"을 분류할 경우, 가장 적합한 분류 기호는?

> 822　English drama
> 　　　Number built according to instructions under 821–828 and at beginning of
> Table 3.
> 　.3　Drama of Elizabethan period, 1558– 1625
> 　　　Number built according to instructions under 821–828 and at beginning of

정답 1. ④　　2. ④

Table 3.	
	.33 William Shakespeare

① 821.303

② 821.3303

③ 822.3

④ 822.3303

해설 ④ DDC 제23판에서 "셰익스피어 용어사전"은 셰익스피어에 대한 기본기호 822.33+-03(T1의 용어사전에 대한 기호) → 822.3303이 된다.

3. 다음은 DDC의 주분류표(主分類表)의 설명이다. 잘못된 것은?

① DDC에는 1,000개의 강목(綱目)으로써 주제를 표현하고 있다.

② DDC의 기본단위 숫자는 상위개념의 지배를 받기 때문에 각 계층의 이해가 요구된다.

③ DDC의 구성은 지식 전체를 10개의 류(類)로 구별하고 100항목의 강목으로 나누고 있다.

④ 기본단위 3숫자 다음에 .(point)를 찍고 세목을 계속 전개시키고 있다.

해설 ① 1,000개의 세목(sections)으로써 주제를 표현하고 있다.

4. 이청준의 「당신들의 천국」을 DDC 23판으로 분류할 경우 분류기호는?

① 810.13

② 811.15

③ 813.16

④ 895.73

해설 ④ 이청준의 「당신들의 천국」은 한국소설에 분류함으로, 8(문학)+-957(T6)+-3(T3) → 895.73. 여기에 시대구분기호 -3을 추가하여 895.733으로 더 세분할 수도 있다.

5. DDC 제23판의 일부를 발췌한 본표를 이용하여 Journal of education for biology를 분류할 때, 분류기호로 옳은 것은?

370	Education
	Class here basic education, public education
370.1-.9	Standard subdivisions, education for specific objectives, educational

```
                 psychology
    570    Biology
           Class here life sciences
        570.1–.9   Standard subdivisions
```

① 370.5071   ② 370.557

③ 570.71   ④ 570.715

해설 ③ 표준구분을 적용할 때에는 주제의 표현(서술)형식이 자료의 출판형식보다 우선한다.

6. 다음에서 DDC 400(언어)류의 세 번째 패싯에 사용되는 보조표는?

① T1   ② T2   ③ T3   ④ T4

해설 ④ 언어류를 분류하기 위한 보조표는 T4 언어공통구분으로, 언어류의 열거순서는 학문 – 언어 – 언어의 제요소의 순서를 택하고 있다. 그러므로 세 번째 패싯에 적용되는 보조표는 T4가 된다.

7. 다음 중 DDC와 가장 거리가 먼 것은?

① 계층적 구조를 갖는다.

② 상관식배가법에 바탕을 둔 분류법이다.

③ 주제에 의한 분류를 채택하고 있다.

④ 조기성을 광범위하게 도입하고 있다.

해설 ③ 엄밀한 의미에서 말할 때, DDC는 주제에 의한 분류보다는 학문에 의한 분류를 택하고 있다고 할 수 있다. 즉, DDC에서는 동일한 주제를 다루고 있는 자료라고 하더라도, 그 주제를 어느 관점이나 어느 측면에서 다루는가에 따라 해당학문분야나 연구분야에 분류하게 되는 것이다.

8. 다음에서 DDC 제23판 분류에서 사용하는 개념과 원칙에 대한 설명으로 가장 거리 먼 것은?

① 적용규칙(rule of application)은 어떤 주제의 여러 특성을 기호의 합성을 통해서 충분히 나타낼 수 없을 경우, 그와 같은 특성을 나타내는 기호 가운데 어느 기호를 선택해야 할지를 분류자가 자관의 환경에 맞게 결정할 수 있도록 하는 것이다.

② 삼자규칙(rule of three)은 동일한 상위 주제의 세목에 해당하는 셋 이상의 주제를 달고 있는

정답 3. 1   4. 4   5. 3   6. 4   7. 3   8. 1

문헌은 어느 한 주제를 다룬 주제들보다 더욱 완전하게 다루지 않는 한, 이 주제들을 모두 포함하는 첫 번째 상위 기호에 분류하도록 하는 것이다.

③ 선행규칙(first-of two rule)은 어떤 문헌에서 두 주제를 동등하게 다루고 있고, 서로에 대한 소개나 설명이 이루어지지 않을 경우에는 해당 문헌을 그 분류기호가 DDC에서 첫 번째로 나타나는 주제에 분류하도록 하는 것이다.

④ 열거순서(citation order)는 분류기호를 합성할 때 어떤 주제나 유(類)에 나타나는 여러 패싯이나 특성들을 어떤 순서로 결합할 것인가를 결정해 주는 것이다.

해설 ① 적용규칙은 영향관계, 인과관계의 상관관계로 기술했을 때 사용되는 규칙이다.

9. 다음에서 DDC의 장점에 대한 설명과 가장 거리가 먼 것은?

① 독창적 상관색인의 도입으로 초보자도 쉽게 업무의 접근이 가능하다.

② 조기성이 풍부하며 여러 보조표로서 열거식의 결점을 보완하고 있다.

③ 십진식 단계로 조직이 단순하고, 기억하기 용이하며 언제나 신주제를 추가할 수 있다.

④ 분류표를 지속적으로 보호하고 육성할 수 있는 영구기관이 존재한다.

해설 ③ 십진 단위의 새로운 신주제를 삽입할 여지가 부족하다. 이것을 해결하기 위해서는 유사주제(類似主題)에 첨가하든가, 아니면 해당되는 주제 아래에 부분적으로 다시 조정하거나, 전개해야 한다.

10. DDC 23판에서 "English and Old English (Anglo-Saxon) Literatures"에 해당되는 분류기호는?

① 810   ② 820   ③ 830   ④ 840

해설 ② 810 미국문학, 820 영국과 앵글로색슨 문학, 830 독일문학, 840 프랑스문학 850 이탈리아문학, 860 스페인, 포르투갈, 갈리시아문학, 870 라틴문학, 고대 이탈리아문학, 880 고대 그리스문학, 890 기타언어문학

11. 다음에서 DDC의 장단점으로 옳지 않은 것은?

① 세계 공통언어인 아라비아숫자에 기반을 둔 순수기호법을 채택하여 기호체계가 단순하고 사용하기 편하며, 서가배열을 용이하게 한다.

② 이론적으로는 무한정 확장과 세구분이 가능하며, 새로 등장한 주제나 키워드를 삽입, 배정하

기가 용이하고, 전개력도 우수하다.

③ 국내외의 다양한 편목서비스기관과 CIP Data에서 DDC 분류기호를 제공하고 있어 원용하기가 쉽다.

④ 주류의 배열체계에서 학문간 관련성이 높은 분야가 붙어 있어 접근 및 이용이 간편하다.

해설 ④ 주류의 배열체계에서 학문간 관련성이 높은 분야가 떨어져 있어 접근 및 이용의 불편함을 초래하고 있다.

12. M. Dewey의 업적으로 잘못된 것은?

① 1873년 처음으로 십진분류법을 창안하였다.

② 1876년 DDC를 발행하였다.

③ 근대도서관학의 개척자로 분류법체계에 큰 공헌을 하였다.

④ 콜롬비아대학도서관에서 장서목록을 편찬하였다.

해설 ④ 콜롬비아대학에 도서관학교를 설립하였다. 이외에 M. Dewey의 업적을 간략하게 설명하면 1) DDC 창안 2) 미국도서관협회 결성에 노력 3) 도서관 전문잡지 편집 4) 영어철자법 간소화운동 5) 도량형단위통일 운동 등을 들 수 있다.

13. DDC에서 "어떤 주제에 관한 다양한 관점들을 알파벳순으로 한 곳에 모아줌으로써 체계적 순서의 단점을 해결하기 위해" 도입한 것은?

① 고정식배가법   ② 상관식배가법

③ 상관색인   ④ 열거색인

해설 ③ 상관색인은 어떤 주제에 관한 다양한 관점들 즉, 분산된 관련항목들을 한 곳에 모아줌으로써 체계적 순서(systematic order)의 단점을 해결해 준다.

14. 다음은 DDC 제23판의 본표와 보조표 일부를 발췌한 내용이다. 다음 중 "한국의 도서관"의 분류기호로 옳은 것은?

Schedules
    026   Libraries, archives, information centers devoted to specific subjects

정답 9. ③   10. ②   11. ④   12. ④   13. ③   14. ③

```
027   General libraries, archives, information centers
     .01–.09*Geographic treatment
            Add to base number 027.0 notation 1–9 from Table 2
Table 2
  –5    Asia
  –51   China and adjacent areas
  –519  Korea
  –519 3 North Korea(People's Democratic Republic of Korea)
  –519 5 South Korea(Republic of Korea)
  –52   Japan
```

① 027.05   ② 027.051
③ 027.05195   ④ 027.0957

해설 ③ 도서관을 지역적으로 다룬 기본번호 027.0 + –5195(T2) → 027.05195가 된다.

15. DDC에서 계층구조나 표목에는 명확하게 나타나 있지 않는 순서나 구조, 종속관계, 그 밖에 문제에 관련된 정보를 제공하고 있다. 이것을 가리키는 용어는?

① 임의규정(options)   ② 보조표(tables)
③ 주기(notes)   ④ 개요표(summary)

해설 ③ 주기(notes)는 기본엔트리에서 파악하기 어려운 추가의 정보를 제공해 주는 요소로, 해당엔트리가 다루고 있는 주제의 의미와 범위, 한계를 설명하고 해석하는 데 도움을 준다.

16. DDC에서 이른바 형식류(from classes)에 해당하는 유끼리 올바르게 짝지어진 것은?

① 문학류 – 역사류   ② 언어류 – 문학류
③ 총류 – 문학류   ④ 총류 – 역사류

해설 ③ DDC에서는 일반적으로 학문 – 주제와 각 계층의 세분주제 –지리 및 시대세분 – 표현형식의 열거순서를 택하고 있다. 그러나 총류(000)와 문학류(800)의 경우는 표현형식 또는 문학형식을 열거순서상에서 상위에 두고 있다. 그리하여 이 두 유를 흔히 형식류라 한다.

17. 다음은 DDC의 개요표에 대한 설명이다. 옳지 않은 것은?

① 개요표는 분류기호와 표목을 대략적으로 파악할 수 있게 해 준다.

② 개요표는 DDC의 지적구조와 기호법상의 구조를 대략적으로 살펴보는 데 도움을 준다.

③ 개요표에는 본표에 대한 개요표와 단일단계 개요표, 2단계 개요표 등의 세 종류가 있다.

④ 어떤 유가 4페이지 이상 나타날 때 이를 대략적으로 파악할 수 있게 해 주는 것은 본표에 대한 전반적인 개요표이다.

해설 ④의 설명은 단일단계 개요표에 대한 것이다.

18. DDC 제23판의 본표와 보조표 일부를 발췌하여 「중국어권 지역의 도서관」을 분류할 때의 분류기호로 옳은 것은?

〈Schedules〉
027　　General libraries, archives, information center
　　.001–.009　Standard subdivisions
　　.01–.09　　Geographic treatment
　　　　　　　Add to base number 027.0 notation 1–9 from Table 2, e,g,,
　　　　　　　libries in France 027.044
〈Table2〉
–17　　Socioeconomic regions
–175　Regions where specific languages predominate
　　　　Add to base number –175 notation 1–9 from Table 6
–51　　China and adjacent areas
〈Table6〉
–951　Chinese

① 027.0175951　　　　　　　　② 027.051

③ 027.051951　　　　　　　　④ 027.175951

해설 ① 027.0＋175(T2)＋951(T6) → 027.0175951

정답 15. 3　　16. 3　　17. 4　　18. 1

19. 다음 중 DDC의 장점에 대한 설명으로 가장 거리가 먼 것은?

① 기호가 단순하고 국제적으로 기록과 기억이 용이하다.

② 새로운 주제의 삽입이 용이하다.

③ 서로 다른 학문분야에 분산되어 있는 동일한 주제의 여러 측면을 상관색인에 의해 한 곳에 모을 수 있다.

④ 실용적인 시스템이다.

[해설] ② DDC에서는 중요한 새로운 주제를 삽입하기가 어렵기 때문에, 기존의 주제 가운데 가장 밀접한 관계에 있는 주제에 이를 첨가하거나 혹은 그 주제 아래에 전개하도록 해야 한다.

20. 다음에서 DDC의 표준세구분(standard subdivision)에 대한 설명으로 옳지 않은 것은?

① 표준세구분은 어떤 주제에 반복적으로 나타나는 비본질적인 특성과 문헌 자체에 관련된 비주제적인 특성을 나타내준다.

② 표준세구분의 기호는 본표에 구체적인 지시가 있을 경우에만 사용한다.

③ 표준세구분의 기호는 최소한 두 자리로 구성되며, 항상 0으로 시작된다.

④ 표준세구분의 기호 앞에 붙은 붙임표(–)는 표준세구분의 기호가 단독으로 사용될 수 없음을 나타내는 것이다.

[해설] ② 표준세구분의 기호는 본표에서 사용하지 못하도록 지시하거나 중복되는 경우를 제외하고는, 해당분류기호의 전체에 상당하는 모든 주제(topic)의 분류기호에 적용할 수 있다.

21. DDC를 사용하여 둘 이상의 문학형식으로 된 작품에 대해 분류할 때, 다음 중 그 우선순위가 가장 앞선 것은?

① Drama
② Essays
③ Fiction
④ Letters

[해설] ① 둘 이상의 문학형식으로 된 작품에 대해서는 다른 지시사항이 없는 한, Drama – Poetry – Fiction – Essays – Speeches – Letters – Miscellaneous writings의 우선순위로 택한다.

22. 다음 중 DDC를 구성하는 주요부분과 가장 거리가 먼 것은?

① 본표(schedule)   ② 보조표(table)

③ 범주표(categorial table)   ④ 색인(ondex)

> **해설** ③ 범주표는 J. D. Brown의 주제분류법(SC: Subject Classification)에서 사용되고 있는 것으로, 형식, 관점, 수식 그 밖의 주제구분방법을 나타내기 위해 사용된다.

23. 다음 중 DDC의 T2 지역구분표를 추가하기 위한 패싯지시기호로 사용될 수 있는 표준세구분의 기호는?

① -024   ② -09   ③ -089   ④ -092

> **해설** ② 표준세구분의 -09 History, geographic treatment, biography의 -093-099는 특정대륙이나 국가를 다루기 위한 것으로, -09＋T2의 형식을 취하게 된다. 따라서 -09는 T2의 패싯지식기호의 역할을 하게 되는 것이다.

24. 다음 괄호 안에 들어갈 용어들이 올바른 순서로 짝지어진 것은?

> DDC의 분류기호에는 다른 여러 기호들이 함께 사용된다. 이 가운데 원괄호(( ))로 묶여진 기호는 (㉠)를 나타내며, 각괄호 ([ ])로 묶여진 기호는 (㉡)를 나타낸다.

① ㉠ 패싯지시기호 - ㉡ 미사용기호

② ㉠ 임의규정의 기호 - ㉡ 미사용기호

③ ㉠ 미사용기호 - ㉡ 패싯지시기호

④ ㉠ 미사용기호 - ㉡ 임의규정의 기호

25. 다음에서 DDC 23판의 주요 개정분야에 해당하지 않는 것은?

① 004-006   ② 200

③ 360   ④ 570

> **해설** ④ 570 생물학은 제21판의 전면개정 주제였다. DDC 23판의 주요 개정분야는 다음과 같다. 1) 표준세구분의 -06과 -08, -09에서 주로 개정 및 전개, 이치 특히, 제21판에 있었던 T7(Group of persons)을 삭제하는 대신에 T1

정답	19. ②	20. ②	21. ①	22. ③	23. ②	24. ②	25. ④

의 '–08'에서 직접 이용하도록 함. 2) 000류는 표목을 'Generalities'에서 'Computer science, information & general works'로 변경하여 컴퓨터과학의 중요성 부각. 또한 004–006은 WWW, 가상현실, markup languages 와 같은 새로운 주제를 수용하여 완전히 재구성. 3) 200류는 기독교 편향성을 줄이는 한편, 종교의 특정적 측면을 291 에서 201–209로 이치. 4) 340은 국가법률, 인권법, 정부 간 조직 부분을 개정하고, 341의 표목을 'International law'에서 'Laws of nations'로 변경. 5) 500류의 표목 'Natural sciences & mathematics'을 'Science'로 변경. 610은 갱신·확장. 6) 700류의 표목을 'The art Fine and decorative arts'에서 'Art & recreation'으로 변경 7) 900류의 표목을 'Geography & history'에서 'History, geography and auxiliary disciplines'로 변경, 930–990 의 시대구분 갱신. 8) 보조표 T2는 폴란드, 동티모르, 퀘벡 등의 지역구분 개정, 재배치하고 T5의 표목을 'Ethnic and National Groups'로 개칭하였으며 T5~T6에서는 아메리카 원주민 및 민족의 언어를 위한 규정을 확장. 9) 용어의 변화, 보조표·본표·상관색인의 개정, 구조적 변화 등이다.

26. 다음의 DDC 400류에 대한 설명 중 옳지 않은 것은?

① 411–419에는 특정언어가 아닌 언어학 일반에 관한 저작이 분류된다.

② 각 국어는 420–499에 전개된다.

③ 각국어의 전개는 T3을 활용하여 이루어지므로 패싯식분류법의 성격이 강한 주류의 하나이다.

④ 특정언어에 대해 자국우위(local emphasis)를 부여할 수 있도록 하기 위해 임의규정 (options)을 마련하고 있다.

해설 ③ 각국어의 전개에 사용되는 보조표는 T4(언어공통구분표)이다.

27. 다음의 설명문에서 옳지 않은 것은?

① DDC에서는 그 계층적 구조와 십진식 기호법의 이점을 활용하여, 상세분류 대 간략분류에 대한 기본적인 임의규정을 제공하고 있다.

② LC나 BL 등에서 제공하는 CIP(Cataloging in Publication) 데이터에 나타나 있는 구분 장치(segmentation device)를 활용하면 DDC 기호를 논리적으로 간략화 하는 데 도움이 될 수 있다.

③ 각 도서관에서는 해당 장서의 규모와 이용자의 필요성을 바탕으로 상세분류 데 간략분류에 대한 결정을 내려야 한다.

④ 간략분류는 어떤 문헌의 내용을 가능한 최대한도로 기호를 사용하여 구체적으로 표시하는 것이다.

④ 간략분류는 어떤 문헌의 내용을 가능한 최소한도의 기호를 사용하여 대략적으로 표시하는 것이다.

28. DDC에서 base number 025.46에 전 주제구분을 하는 것 중 옳지 않은 것은?

① Physics – 025.4653

② Political science – 025.4634

③ Military – 025.46355

④ Agriculture – 025.4663

② Political science는 '320'이기 때문에 025.46+320으로 025,2432가 옳은 것이고, 025.2634는 법률이다.

29. 다음 중 DDC의 계층적 구조에 대한 설명으로 가장 거리가 먼 것은?

① 계층적 구조가 반드시 기호로 표현되는 것은 아니다.

② 주류들은 다시 5개의 강, 강은 다시 5개의 목으로 분류한다.

③ 어떤 유에도 속하기 어려운 것들을 모아 총류라는 열 번째 유를 설정하였다.

④ 일반적인 것들에서 점차 구체적인 것들로 전개한다.

② 주류들은 다시 10개의 강, 강은 다시 10개의 목으로 분류한다. 즉, 주류들은 100강과 1,000목으로 구성된다.

30. 다음은 DDC 23판의 Table 3에 대한 설명이다. 옳지 않은 것은?

① 21판부터는 예술류의 700.4와 791.4, 808-809에도 지시에 따라 추가가 가능하다.

② 그 적용대상에 따라 A, B, C 세 개의 하위표로 구성되어 있다.

③ 한 저작에서 문학형식이 2개 이상일 때에는 시, 희곡, 소설, 수필, 연설, 서간, 잡문의 순으로 우선순위를 부여한다.

④ 조합식 분류이론을 수용한 보조표이다.

③ 한 저작에서 문학형식이 2개 이상일 때, 다른 지시가 없으면 희곡, 시, 소설, 수필, 연설, 서간, 잡문의 순으로 우선순위를 준수해야 한다.

26. ③   27. ④

31. 다음은 DDC 매뉴얼에 대한 설명이다. 옳지 않은 것은?

① 해한 분야를 분류하기 위한 조언을 제공하고, 주요 개정부분에 대한 심층정보를 제공해 주며 미국의회도서관 DCD의 정책과 관례에 대해 설명해 준다.

② 동일한 주제(topic)에 관한 기호들 간의 선택에 대한 지원과 복잡한 분류표의 사용에 대한 상세한 지시, 주요 개정사항에 대한 자세한 소개를 포함하는 선별적인 지침이다.

③ 사용하기 편리하도록 보조표와 본표의 기호에 따라 배열되어 있다.

④ 'standing room(立席)'같이 현재는 문헌이 충분치 않기 때문에 자체의 기호를 가질 수 없으나 장차는 문헌이 증가하여 별도의 기호를 가질 수도 있는 주제를 식별해 주기 위한 내용 등이 있다.

해설 ④ 입석과 같은 주제를 식별해 주기 위한 것은 주기로서 표현한다.

32. 다음 괄호 안에 들어갈 보조표가 올바른 순서로 짝지어진 것은?

> DDC의 400류에서 '490 기타어'의 열거순서는 4(언어)+(㉠)+(㉡)의 순서로 구성된다.

① ㉠ T6+㉡ T4   ② ㉠ T3+㉡ T6

③ ㉠ T4+㉡ T3   ④ ㉠ T6+㉡ T3

해설 ① DDC의 400류의 열거순서는 학문 – 언어 – 언어의 제요소의 순서로 구성된다. 즉, '4+T6+T4'이다.

33. 다음은 DDC 제23판의 발췌표이다. 다음의 괄호 안에 들어갈 보조표는?

> 220   Bible
> 220.53~.59   Versions in other languages
>   Add to base number 220.5 notation 3-9 from (㉠), e.g., the
>   Bible in German 220.531

① Table 2   ② Table 6

③ Table 4   ④ Table 5

34. DDC 제23판으로 둘 이상의 주제를 다룬 문헌을 분류할 때, 적용해야 할 규칙으로 옳지 않은 것은?

① 두 주제 간의 원인과 결과를 다룬 것일 경우에는 결과로 된 주제에 분류한다.

② 둘 이상의 주제를 동등하게 다룰 경우, 분류 대상 도서에서 먼저 다루어진 주제에 분류한다.

③ 동일한 상위주제에 속하는 셋 이상의 주제가 동등하게 다뤄질 경우, 이들을 포괄하는 첫 번째 상위 주제에 분류한다.

④ 독립된 두 주제를 다루고 있을 경우에는 그 중 더욱 완전하게 다루어진 주제에 분류한다.

35. DDC에서는 표준세구분(standard subdivision)의 개념을 특별한 의미로 사용하던 부분들에 대한 제1보조표를 규칙적으로 사용하도록 대체하는 작업을 추진한 바 있다. 다음에서 이를 가리키는 용어는?

① 국제화(internationalization)   ② 규칙화(regularization)

③ 양자택일(options)   ④ 패싯화(faceting)

36. DDC 제23판의 주기에 대한 설명으로 옳지 않은 것은?

① Add notes(첨가주기)의 유형으로는 보조표에서 첨가하도록 지시한 주와 본표의 전주제 또는 특정주제로부터 첨가하도록 지시한 주로 대별할 수 있다.

② Including notes(포함주기)는 독자적 분류기호를 갖는 주제로 격상될 경우를 대비하여 해당 표목 아래 포함시킨 주기이며, 일반적으로 Standard subdivisions(T1)를 적용하지 않는 것이 원칙이다.

정답 31. 4   32. 1   33. 2   34. 2   35. 2   36. 3

③ Number-built notes(전조합주기)는 분류기호를 조합할 때 사용되며 조합식 분류원리를 이해하는 데 중요한 주기이다.

④ See-also references(상호참조)는 어떤 주제와 밀접하게 관련된 주제들을 서로 참조하도록 기술한 것을 말한다.

해설 ③ Number-built notes(전조합주기)는 '기존형식조합의 안내주기'라고도 명명한다. 이 주기는 이미 본표나 보조표 상에서 해당 형식 등이 미리 조합되어 구성되어 있음을 주지시키거나 설명해 주는 주기를 일컫는다. 이런 항목에서는 표목아래에, "Number built according to instruction under ── and at beginning of" Table 1 - 6이라고 제시해 주고 있다. 그 사례를 제시하면 다음과 같다.

```
430       German and related languages
431-438 Subdivisions of German
431       Writing systems, phonology, phonetics of standard German.
            Number built accoding to instructions under 431-438
821       English poetry
              Number built according to instructions under 821-828 and at
          beginning of Table 3.
```

37. 다음 중 DDC 제23판 서문에 제시된 이른바 "3자규칙"(rule of three)에 대한 설명으로 가장 적합한 것은?

① 모두가 동일한 상위주제의 세목에 해당하는 셋 이상의 주제를 다루고 있는 문헌은 어느 한 주제가 다른 주제보다 더욱 완전하게 다루어지고 있는지의 여부에 관계없이, 이 주제들을 모두 포함하는 첫 번째 상위기호에 분류한다.

② 모두가 동일한 상위주제의 세목에 해당하는 셋 이상의 주제를 다루고 있는 문헌은 어느 한 주제가 다른 주제보다 더욱 완전하게 다루어지지 않는 한, 이 주제들을 모두 포함하는 첫 번째 상위기호에 분류한다.

③ 모두가 동일한 상위주제의 세목에 해당하는 넷 이상의 주제를 다루고 있는 문헌은 어느 한 주제가 다른 주제보다 더욱 완전하게 다루어지지 않는 한, 이 주제들을 모두 포함하는 첫 번째 상위기호에 분류한다.

④ 모두가 동일한 상위주제의 세목에 해당하는 넷 이상의 주제를 다루고 있는 문헌은 어느 한 주

제가 다른 주제보다 더욱 완전하게 다루어지고 있는지의 여부에 관계없이, 이 주제들을 모두 포함하는 첫 번째 상위기호에 분류한다.

해설 ② "삼자규칙"은 모두가 동일한 상위주제의 세목에 해당하는 셋 이상의 주제를 다루고 있는 문헌은 어느 한 주제가 다른 주제보다 더욱 완전하게 다루어지지 않는 한, 이 주제들을 모두 포함하는 첫 번째 상위기호에 분류한다는 원칙이다.

38. 다음 중 DDC의 개발과 유지, 보수에 가장 직접적으로 관련된 기구는 어느 것인가?

① ALA
② OCLC
③ Lake Placid Foundation
④ LC의 DCD

해설 ④ 미국의회도서관(LC)의 DCD는 LC의 서지레코드에 DDC 번호를 부여하는 부서로서, DDC는 DCD에서 개발, 유지, 보수하고 있다고 할 수 있다. ① ALA는 미국도서관협회의 약칭이며, ② LA는 영국도서관협회의 약칭이다. ③ Lake Placid Foundation은 DDC가 OCLC에 매각되기 전에 DDC의 출판을 담당했던 재단이다.

39. 다음 중 DDC의 표준세구분에 해당하지 않는 것은?

① 언어에 의한 구분을 지시해 주는 세구분
② 해당주제를 그 이용자들과 관련지어 주는 세구분
③ 서지적 형식을 지시해 주는 세구분
④ 전체주제를 어떤 제한된 상황에서 다루는 세구분

해설 ① DDC의 표준세구분은 그 성격에 따라, 1) 다른 학문의 기법들을 해당주제와 관련 지워주는 교육이나 연구, 철학 및 이론과 같은 세구분, 2) 해당주제를 그 이용자들과 관련 지워주는 직업으로서의 주제 등과 같은 세구분, 3) 서지적 형식을 지시해 주는 백과사전이나 정기간행물과 같은 세구분, 4) 전체주제를 어떤 제한된 상황에서 다루는 사람의 종류나 지역, 시대 등의 세구분, 5) 해당주제와 관한 특정종류의 정보를 파악해 주는 디렉토리, 통계 등과 같은 세구분, 6) 그 박의 전기나 공식과 같은 잡다한 세구분으로 나눌 수 있다.

40. 다음 중 DDC의 서문에 나타난 동일학문에 속하는 둘 이상의 주제에 대한 분류원칙에 대한 설명으로 가장 거리가 먼 것은?

① 서로 영향관계에 있는 주제를 다루고 있는 문헌은 영향을 미치는 주제에 분류한다.
② 어떤 문헌에서 두 주제가 동등하게 취급되고 있고, 서로에 대한 소개나 설명이 이루어져 있지

정답 37. 2   38. 4   39. 1   40. 1

제5장_ 듀이십진분류법(DDC) 제23판의 이해   295

않을 경우는, 그 문헌을 그 분류기호가 DDC 본표에서 첫 번째로 나타나는 주제에 분류한다.

③ 기호법에 계층구조에서 동일한 위치에 0과 1-9의 선택권이 있을 경우에는, 0으로 시작되는 세목은 피해야 한다.

④ 모두가 동일한 상위주제의 세목에 해당하는 셋 이상의 주제를 다루고 있는 문헌은 어느 한 주제가 다른 주제들보다 더욱 완전하게 다루어지지 않는 한, 이 주제들을 모두 포함하는 첫 번째 상위기호에 분류한다.

해설 ① 서로 영향관계에 있는 주제를 다루고 있는 문헌은 "적용규칙"에 따라 영향을 받고 있는 주제에 분류한다. ② 복수주제가 동등하게 취급된 경우는, "선행규칙"에 따라, 분류표상에서 앞에 오는 주제에 분류한다. ④ 모두가 동일한 상위주제의 세목에 해당하는 셋 이상의 주제를 다루고 있는 문헌은 어느 한 주제가 다른 주제들보다 더욱 완전하게 다루어지지 않는 한, "삼자규칙"에 따라, 이 주제들을 모두 포함하는 첫 번째 상위기호에 분류한다.

41. 다음의 DDC에 관한 설명이 가리키는 용어는?

> 자료의 체제, 물리적 형식 혹은 취급방법이 동일한 것에 대해서는 동일한 기호를 부여하기 위하여 마련된 보조표이다.

① Persons

② Racial, ethnic, national groups

③ Standard Subdivision

④ Subdivision of individual literatures

해설 ③ 표준세구분이다.

42. DDC 제23판에서는 어떤 문헌에 대해 몇 개의 분류기호를 부여할 수 있고, 그 각각의 기호가 모두 똑같이 유익한 것으로 판단될 경우에는, 최종적인 참고표를 사용하도록 하고 있다. 다음 중 최종적인 참고표에 제시된 우선순위와 일치하는 것은?

① 사물의 일부 – 사물의 종류 – 사물 등의 속성 – 사물 등의 재료

② 사물의 일부 – 사물의 종류 – 사물 등의 재료 – 사물 등의 속성

③ 사물의 종류 – 사물 등의 속성 – 사물의 일부 – 사물 등의 재료

④ 사물의 종류 – 사물의 일부 – 사물 등의 재료 – 사물 등의 속성

④ DDC 제23판에서 제시하고 있는 최종적인 참고표(table of last resort, 최후수단표라고도 칭함)의 우선 순위는 사물의 종류(kinds) – 사물의 일부(parts) – 사물이나 종류, 부품을 만들어내는 재료(materils) – 사물이나 종류, 부품, 재료의 속성(properties) – 사물이나 종류, 부품, 재료 내에서 이루어지는 절차(processes) – 사물이나 종류, 부품, 재료에 대한 작업(operations) – 그와 같은 작업을 수행하기 위한 수단(instrumentalities)의 순으로 되어 있다.

43. 다음 괄호 안에 들어갈 유들이 올바른 순서로 연결된 것은?

> DDC의 400과 800은 서로 조기성을 갖는데, 430과 830은 각각 (㉠)의 언어와 문학을 나타내며, 480과 880은 각각 (㉡)의 언어와 문학을 나타낸다.

① ㉠ 독일어 – ㉡ 프랑스어

② ㉠ 독일어 – ㉡ 이탈리아어

③ 독일어 – ㉡ 고대 그리스어

④ ㉠ 프랑스어 – ㉡ 고대 그리스어

44. 다음은 DDC 제23판 T1 표준세구분표의 개정내용으로 옳지 않은 것은?

① 개정 및 전개된 항목과 이치된 항목은 주로 –03과 –08, –09에 있다.

② –0286 Waste technology가 Green technology (Environmental technology)로 개정되었다.

③ –079에 있던 Organization and financial management 중 Fund raising for Festivals 는 –0681로 이치되었고, Festivals는 –074로 이치되었다.

④ –0866의 일부기호가 –0867로, 제22판의 –0922–0923의 기호가 –0925, –0926, –0927, –0928의 기호로 이치 및 신설되었다.

① 제23판 표준구분에서 개정 및 전개된 항목과 이치된 항목은 주로 –06과 –08, –09에서 이루어졌다.

정답 41. 3   42. 4   43. 3   44. 1

45. 다음은 DDC 제23판의 본표 가운데 "327.3-.9 Foreign relations of specific continents, countries, localities"에 제시된 주기의 일부이다. 이를 적용할 경우 "한국과 아프리카의 대외관계"의 분류기호로 옳은 것은?

Add to base number 327 notation 3–9 from Table 2, e.g., foreign relations of Brazil 327.81, of eastern European countries 327.47 … ; then, for relations between that nation or region and another nation or region, add 0 and to the result add notation 1–9 from Table 2, e.g., relations between Brazil and France 327.81044, …

① 327.519506   ② 327.51956

③ 327.56   ④ 327.95706

해설 ① DDC에서 "한국과 아프리카의 대외관계"는 기본기호 327＋-5195(T2의 한국에 대한 기호)＋0(주기에 따른 패싯지시기호)＋-6(T2의 아프리카에 대한 기호) → 327.5195060이 된다. 참고로 Table 2. Geographic Areas, Historical Periods, Biography 기호는 다음과 같다. -1 Areas, regions, places in general; Oceans and seas, -2 Biography, -3 Ancient world, -4 Europe, -5 Asia, -6 Africa, -7 North America, -8 South America, -9 Australasia, Pacific Ocean islands, Atlantic Ocean islands, Arctic islands, Antarctica, extraterrestrial worlds이다.

46. 다음에서 최후수단표(table of last resort)의 우선순위를 바르게 짝지은 것은?

㉠ 사물이나 종류, 부품을 구성하는 재료
㉡ 사물의 종류
㉢ 사물의 부분
㉣ 사물이나 종류, 부품, 재료의 속성

① ㉠ - ㉡ - ㉢ - ㉣   ② ㉡ - ㉣ - ㉠ - ㉢

③ ㉡ - ㉢ - ㉠ - ㉣   ④ ㉢ - ㉠ - ㉡ - ㉣

해설 ③ 최후수단표(최종참고표)의 우선순위는 1) 사물의 종류, 2) 사물의 부분, 3) 사물이나 종류, 부품을 구성하는 재료, 4) 사물이나 종류, 부품, 재료의 속성, 5) 사물이나 종류, 부품, 재료 내에서 이루어지는 절차 6) 사물이나 종류, 부품, 재료의 공정 7) 이와 같은 작업을 수행하기 위한 수단의 순으로 이루어진다.

47. DDC 23판의 양자택일(임의규정)을 적용하여 '문헌정보학서지'를 분류할 경우 옳은 분류기호는?

> 016   Bibliographies and catalogs of works on specific subjects
>   (Option: Class with the specific subject, plus notation 016 from Table 1, e.g.,
>   bibliographies of medicine 610.16)
>
> –(016) Bibliographies, catalogs, indexes
>   (Optional number, prefer 016)

① 016

② 016.02

③ 016.020

④ 020.16

해설 ④ 02(문헌정보학)+–016(T1: 서지) → 020.16이 된다.

48. 다음 중 DDC 제23판 본표에 대한 설명으로 가장 거리가 먼 것은?

① 본표를 DDC의 분류기호 순서에 따라 수록한다.

② 제1권에는 매뉴얼과 보조표 등을 수록하고 있다.

③ 제2권에는 600~900을 수록하고 있다.

④ 제4권에서 상관색인은 알파벳순으로 분류된다.

해설 ③ 제2권에는 000~599을 수록하고, 600~900은 제3권에 수록하고 있다.

49. 다음 중 둘 이상의 학문분야를 다루는 문헌을 취급할 경우 옳지 않은 것은?

① 다학문적 기호를 사용한다.

② 다학문적 문헌을 분류할 경우에는 총류는 고려하지 않는다.

③ 다학문적 기호가 부여되지 않은 문헌은 해당주제를 가장 완전하게 다루고 있는 곳에 분류한다.

④ 3개 이하의 복수주제를 다룬 자료에서 어떤 주제가 다른 주제의 하위개념일 경우에는 상위주제에 분류한다.

해설 ② 4개 이상의 다학문적 문헌의 경우에는 총류에 분류한다.

정답 45. 1   46. 3   47. 4   48. 3   49. 2

50. 다음 중 표준구분의 사용법으로 옳지 않은 것은?

① 표준구분은 원칙적으로 '0'을 사용하지만, '0'이 다른 의미로 사용될 때에는 '00'을 사용한다.

② 어떤 자료에 2개의 표준구분 기호를 부가해야 할 경우에는 일반적으로 관점기호를 우선 적용하고 물리적 형식기호를 배제한다.

③ 어느 특정한 주제에 두 개의 형식이 동등하게 적용되는 경우 주제적 성격을 지닌 내적 형식에 중점을 두며, 외적 형식은 무시한다.

④ 자체의 특정한 분류기호가 없는 주제는 표준구분을 사용해야 한다.

해설 ④ 자체의 특정한 분류기호가 없는 주제는 표준구분을 사용하지 않아야 한다.

51. 다음에서 DDC의 열거순서와 우선순위에 대한 설명으로 가장 거리가 먼 것은?

① 복수의 특성이나 패싯과 관련되는 측면에서는 동일하지만, 그 특성들을 기호를 통하여 합성할 수 있을 때에는 우선순위에 의하고 합성할 수 없을 때에는 열거순서에 따른다는 점에서 차이가 있다.

② 문학류의 열거순서는 '학문 – 언어 – 문학형식 – 시대'의 순이다.

③ 총류의 열거순서는 '학문 – 표현형식 – 언어나 장소'의 순이다.

④ 문학형식에서의 우선순위는 '드라마 – 시 – 소설 – 수필'의 순이다.

해설 ① 그 특성을 기호를 통하여 합성할 수 있을 때에는 열거순서에 의하고 합성할 수 없을 때에는 우선순위에 따른다.

52. 다음에서 DDC의 이용현황에 대한 설명으로 옳지 않은 것은?

① 미국의회도서관에서는 매년 11만 건 이상의 DDC번호를 부여한다.

② 138개국 이상에서 분류도구로 채택하고 있으며, 약 20만 개관에서 사용하고 있다.

③ 미국에서는 공공도서관, 대학도서관 및 전문도서관의 60%가 DDC를 사용하고 있다.

④ 국가서지와 MARC레코드에 사용되고 있다.

해설 ③ 미국에서는 공공도서관의 95%, 대학도서관의 25% 및 전문도서관의 20%정도가 사용하고 있다.

53. DDC의 note의 설명 중 "Including~"로 시작되는 주로써 표목의 일부분으로 표시되어 있지는 않지만, 그 항목에 해당되는 내용을 가리키는 주는?

① 범위주　　　　　　　　　　　　② 정의주

③ 첨가주　　　　　　　　　　　　④ 포함주

해설 ④ 포함주(including note)로, 이들은 표목의 일부라기보다는 종속적인 주제에 해당되는 항목으로서 포함되는 것이나, 독립적인 항목으로서는 아직 인정되지 못하고 있음을 의미한다. ① 범위주(scope note)란 한 표목의 아래에서 그 적용의 특수한 관계를 열거하고 있는 것으로 특정주제뿐만 아니라 그 아래의 종속적인 세목들에도 함께 적용되는 주(註)이다. ② 정의주(definition note)란 표목의 뜻과 범위를 구체적으로 설명해 주는 것으로서, 표목을 이해하는 데 중요한 내용이다. 만약 정의가 구체적으로 설명되어 있지 않을 경우에는 하위에 전개되어 있는 세목의 배열이나 다른 전문용어 사전을 통해 정확한 의미를 파악한 후 개념에 합당한 분류기호를 배정해야 한다. ③ 첨가주(added note)는 해당주제 항목의 내용을 보다 충실하게 세분기호를 배정하고자 하는 목적에서 보조표나 타주제의 일부 항목을 인용하여 첨가기호를 부여하는 방법이다. 그 형식은 "Add to base number 'ＯＯＯ' notation 1-9 from table Ｏ"의 형식으로 표시된다.

54. 다음은 DDC 제23판의 본표 027 General libraries, archives, information centers 아래 "027.01-.09 Geographic treatment"에 제시된 주기의 일부이다. 다음 중 괄호 안에 들어갈 가장 적합한 것은?

> Add to base number 027.0 notation 1-9 from (　　), e,g., libraries in France 027.044

① Table 1　　　　　　　　　　　② Table 2

③ Table 3　　　　　　　　　　　④ Table 4

해설 ② DDC에서 특정지역을 나타내기 위해서는, Table 2를 사용하게 된다. 지역적 취급에 대한 설명은 이미 지문에 제시되어 있고, 예시를 통해서도 확인할 수 있다.

55. DDC 제23판에 따를 경우, "한국과 유럽의 국제관계"의 분류기호는 "327.519504"가 된다. 이 기호 중 이른바 패싯지시기호(facet indicator)는?

① 0　　　　　　　② 04　　　　　　　③ 4　　　　　　　④ 5195

정답 50. 4　　51. 1　　52. 3　　53. 4　　54. 2　　55. 1

해설 ① 국제관계의 기본기호 327 + 5195(T2의 한국에 대한 기호) + 0(패싯지시기호) + 4(T2의 유럽에 대한 기호) → 327.519504가 된다. 여기서 패싯지시기호 "0"은 기호의 중복을 막기 위해 사용되는 것이다.

56. 듀이십진분류법의 장점에 해당되지 않는 항목은?

① 논리적이다.

② 무한히 전개시킬 수 있다.

③ 신축성이 풍부하다.

④ 표가 단순하기 때문에 이해와 기억하기 용이하다.

해설 ① 억지로 10구분을 한 부분들에서는 비논리적인 면이 많다. DDC의 장점으로는 1) 독창적 상관색인의 도입으로 초보자도 쉽게 업무의 접근이 가능하다. 2) 십진식 단계로 조직이 단순하고, 기억하기 용이하며 사용에 편리하다. 3) 아라비아숫자만의 순수기호로서, 국제성이 높고, 기록과 배열에 편리하다. 4) 신축성이 풍부하여, 도서관의 규모나 성격에 따라 본표나 간역표(簡譯表)중 택일 가능하다. 5) 조기성이 풍부하며 여러 보조표로서 열거식의 결점을 보완하고 있다. 6) 십진식의 구조로서 새로운 주제나 키워드의 삽입이 용이할 만큼 전개성이 무한하다. 7) 다양한 형태의 도서는 물론 동영상과 전자매체의 분류에도 통용할 수 있다. 8) 이동식의 서가배열 방법을 최초로 소개하여, 동일주제나 동일작가의 작품을 한 곳에 집중시켜 검색에 편리성을 제공하고 있다. 9) 분류표를 지속적으로 보호하고 육성할 수 있는 영구기관이 존재한다. 10) 범세계적으로 널리 채용되고 있다는 것을 들 수 있다.

57. 다음은 DDC 제23판 본표의 발췌표이다. 이를 이용하여 "한국인의 유럽이민"에 대한 분류기호로 옳은 것은?

> 325　　International migration and colonization
> .23–.29　　Emigration from specific continents, countries, localities
> Add to base number 325.2 notation 3–9 from Table 2, e.g., emigration from Japan 325.252, emigration from Japan to United States 325.2520973

① 325.25195　　　　　　　　　　② 325.2519504

③ 325.25195094　　　　　　　　④ 325.295704

해설 ③ 기본번호 325.2 + −5195(T2의 한국에 대한 기호) + −09(T1의 지역적 취급을 위한 패싯지시기호) + −4(T2의 유럽에 대한 기호) → 325.25195094가 된다.

58. 다음 중 DDC의 보조표 가운데 언어에 관련되는 보조표로만 올바르게 짝지어진 것은?

① T3 – T4

② T3 – T6

③ T4 – T5

④ T4 – T6

해설 ④ DDC의 보조표 가운데 언어에 관련되는 보조표는 T4 언어공통구분표와 T6 국어구분표이다.

59. 다음의 DDC 보조표에서 사람에 관련되는 보조표로만 올바르게 짝지어진 것은?

① T3 – T5

② T3 – T6

③ T4 – T5

④ T5 – T7

해설 ④ DDC의 보조표 가운데 사람에 관련되는 보조표는 인종민족국가군구분표(T5 Racial, ethic, national group)와 인물구분표(T7 Group of persons)이다.

60. DDC의 보조표에는 종교공통구분이 없다. 그 이유로서 가장 옳은 것은?

① DDC는 서양위주로 편찬되었기 때문에, 기독교가 주를 이루고 있는 DDC는 타종교를 분류할 때 필요한 조기성을 논할 필요가 없다.

② DDC에도 종교공통구분이 있지만 사용할 경우 매우 많은 혼란이 야기되기 때문에 사용을 자제하는 것이다.

③ DDC는 세계적 분류표이기 때문에 ⓑ를 필요로 하지 않고 있으며, 또한 DDC는 미의회도서관에서 보호육성하고 있으므로 더욱 필요 없다.

④ DDC의 주류 200에는 무려 5개의 강이 기독교로 이루어져 있으므로 DDC만이 가장 훌륭한 분류법이다.

해설 ① DDC는 서양위주로 편찬되었기 때문에, 기독교가 주를 이루고 있는 DDC는 타종교를 분류할 때 필요한 조기성을 논할 필요가 없다. 종교공통구분은 한국십진분류법에만 있는 아주 독특한 것이다.

61. 다음은 DDC 23판의 발췌표이다. 괄호 안에 들어갈 보조표로 옳은 것은?

> 059   General serial publications in other languages
>   Add to base number 059 notation 7–9 from (   ), e.g., Chinese language

---

정답 56. 1   57. 3   58. 4   59. 4   60. 1   61. 4

① Table 1   ② Table 2

③ Table   ④ Table 6

해설 ④ 059는 언어별로 분류하는 일반연속간행물 기호이기 때문에 기본기호에 T6(국어구분표)의 기호를 추가해야 한다.

62. 다음 중 DDC의 문학류의 '890 기타어문학'에서 세 번째 패싯의 기호로 사용되는 보조표는?

① T1   ② T2   ③ T3   ④ T6

해설 ③ DDC의 800류의 열거순서는 학문 – 언어 – 문학형식 – 시대의 순서로 구성된다. 890의 경우 두 번째 패싯인 각국어의 언어를 나타내기 위한 기호로 T6(국어구분표)의 기호를 적용한 후, 세 번째 패싯인 T3(문학형식구분표)의 기호를 부가한다.

63. 다음 중 DDC 23판의 중앙엔트리에 대한 설명으로 옳지 않은 것은?

① 기호법에 의한 계층구조를 벗어난 것으로 이루어지는 경우가 많다.

② 인쇄 상에서 항상 기호칼럼에 '/'라는 부호를 앞세워 표시한다.

③ 분류기호와 표목, 주기가 페이지의 중앙에 위치하는 엔트리이다.

④ 이용 가능한 구체적인 계층구조에 의한 기호법이 존재하지 않는 어떤 단일개념을 함께 구성해 n는 일정범위의 기호들을 지시해 주고 구조적으로 연결시켜 준다.

해설 ② 인쇄상에서 뒤쪽 산형 괄호(>)를 앞세워 표시한다.

64. 다음 중 DDC의 상관색인에 대한 설명으로 가장 거리가 먼 것은?

① 관련 항목을 모아 주는 기능을 한다.

② 매뉴얼 주기에 있는 용어는 상관색인에 수록되지 않는다.

③ 모든 용어가 색인에 수록되어 있는 것은 아니다.

④ 특정주제의 여러 관점을 한 곳에서 파악할 수 있다.

해설 ② DDC의 상관색인에는 색인 내에는 본표와 보조표의 표목 및 주기상의 용어나 동의어 및 유사어 등의 관련어 등이 수록되어 있다. 또한 지명과 국가원수명, 종교인물명, 학문계파의 창시자등의 개인명들도 포함하고 있다. 이와 같이 DDC 색인은 분류표상에 표기된 기본 항목은 물론 관련주제의 명사를 모두 열거하고 있으며, 도치형식에 의한 방법 또는 참조표시를 통해서라도 합당한 분류기호를 안내해 주고 있다.

65. 다음은 DDC 23판 인쇄본의 주요구성부분 중 어느 부분에 대한 설명인가?

> ㉠ 기본적으로 각 표목 아래에 알파벳순으로 세분 배열된다.
> ㉡ 다루어지는 학문분야와 함께 배열되는 주제에 대한 알파벳순 리스트이다.
> ㉢ 필요한 경우에는 도치형식과 동의어, 유사어를 망라하여 알파벳순으로 배열한다.
> ㉣ 특정주제의 여러 측면이나 관점을 한 곳에서 파악하고 확인할 수 있다.

① 개요표   ② 상관색인   ③ 본표   ④ 매뉴얼

66. DDC에서 기본적으로 언어류(Languages) 내에서 각국어의 공통적인 형식이나 특성에 대해 공통의 기호를 부여하기 위해 마련된 조기표는?

① T1   ② T2   ③ T3   ④ T4

해설 ④ Table 4(Subdivision of Individual Languages and Language Families)이다. 이 보조표는 반드시 420-490 아래에 (*) 별표시가 되어 있는 국어별 또는 어족(語族)의 하위 세목에만 사용될 수 있다.

67. 다음은 DDC의 특징에 대한 설명이다. 가장 거리가 먼 것은?

① 주제가 아닌 학문분류에 기반하고 있어 분류표 전체에 걸쳐 하향식 계층구조와 십진식 배열 체계를 유지하고 있다.

② DDC는 관점분류(aspect classification)를 지향하고 있어, 여러 자료가 동일한 주제분야를 기술하였더라도 접근 또는 관점이 다를 경우에 각각의 관점을 중시하여 분류할 수 있다.

③ 열거식 계층구조를 채택하였기 때문에 복수주제를 기호화하기가 용이하다.

④ DDC는 구조와 십진기호를 이용한 계층구조를 취하고 있다.

해설 ③ 열거식 계층구조를 채택한 DDC의 한계는 복수주제를 모두 기호화하기 어렵다는 점이다.

정답 62. 3   63. 2   64. 2   65. 2   66. 4   67. 3

68. DDC의 분류표 속성으로 옳은 것은 몇 개인지 고르시오.

십진분류표, 비십진분류표, 열거식분류표, 분석합성식분류표, 계층구조형분류표, 다차원구조형분류표, 종합분류표, 특수분류표

① 3개   ② 4개   ③ 5개   ④ 6개

해설 ② DDC의 분류표 속성으로는 십진분류표, 열거식분류표, 계층구조형분류표, 종합분류표이다.

69. DDC 제23판으로 문학작품을 분류할 경우 조합순서로 옳은 것은?

① 개인, 시대, 형식, 언어   ② 개인, 시대, 언어. 형식

③ 언어, 형식, 개인, 시대   ④ 언어, 형식, 시대, 개인

해설 ④ 특정저작의 문학작품을 분류할 때의 조합순서는 '8(학문)＋원작의 언어＋문학 형식＋시대＋기타'의 순이다.

70. DDC에서 분류기호의 합성과 가장 밀접하게 관련되는 것은?

① 목차(table of contents)   ② 열거순서(citation order)

③ 우선순위(precedence order)   ④ 우선순위표(table of precedence)

해설 ② 열거순서는 복수의 특성이나 패싯을 합성하여 배열하기 위한 순서를 나타낸다. 우선순위는 복수의 특성이나 패싯에 관련되기는 하지만, 그 특성을 기호를 통하여 합성할 수 없다는 점에서 차이가 있다.

71. 다음 괄호 안에 들어갈 것으로 옳은 것은?

DDC에서 지역구분은 어떤 하나의 주제나 영역이 하나의 특정지역에 국한되어져 다루어졌을 경우, 그 특정지역의 기호를 전개하기 위한 것으로 사용된다. 이러한 경우에, 해당주제의 특성상 지역구분의 기호가 필요한 경우에는 'add areas notation'이라는 지시가 나와 있으며, 반면 이러한 지시가 표시되어 있지 않으면 표준세구분의 (㉠)를 기초로 하여, 지역구분의 기호를 (㉠) 아래에 첨가시켜 사용할 수 있다.

① -024   ② -09   ③ -089   ④ -092

해설 ② T1의 -09(History, geographic treatment, biography)이다.

72. 다음은 DDC 23판 인쇄본의 구성에 대한 설명이다. 가장 거리가 먼 것은?

① 제1권은 서론, 용어해설(Glossary), 매뉴얼(Manual) 및 7개의 보조표(Tables)를 포함하고 있다.

② 매뉴얼은 난해한 분야의 분류작업을 위한 지침서이다.

③ 본표(Schedule)는 제2권과 제3권으로 나뉘어져 있다.

④ 본표에는 DDC기호와 그에 해당하는 주제를 나타내주는 표목, 용법 및 주기 등이 있다.

해설 ① DDC 제23판에는 6개의 보조표가 있다.

73. 우리나라에서 DDC를 사용할 경우 특정부문은 재전개해야 할 필요성이 있다. 다음에서 이것과 관계가 가장 먼 것은?

① 언어분야　　　　　　　　　② 교육분야

③ 종교분야　　　　　　　　　④ 역사분야

해설 ② 우리나라에서 DDC를 사용할 경우에 특히 언어와 문학, 종교, 역사 등의 분야에서 재전개가 필요할 것이다. 이 분야에는 이러한 필요성에 부응하기 위해 임의규정이 설정되어 있다.

74. 다음의 DDC 900류 설명 중 옳지 않은 것은?

① 900류는 역사를 나타내는 주류이다.

② 900류에서 940~999는 현대 각국의 역사로 구분하였다.

③ 910 지리는 대륙 구분만 표시되어 있고 각국의 표시는 지리구분표에 의하여 전개하도록 지시하고 있다

④ 930~990의 제2위 강목과 913~919의 제3위 요목이 완전한 조기성을 이룬다.

75. 다음에서 DDC의 구성과 관계가 없는 것은?

① Schedule　　　　　　　　② Table

③ 범위표(範圍表)　　　　　　④ 범주표(範疇表)

정답	68. 2	69. 4	70. 2	71. 2	72. 1	73. 2	74. 1	75. 4

해설 ④ 범주표는 주제분류법(Subject Classification)을 창안한 J.A. Brown의 분류표 구성으로, SC는 크게 주분류표, 범주표로 되어 있다.

76. 다음 괄호 안에 들어갈 보조표가 올바른 순서로 짝지어진 것은?

> DDC의 언어류의 "490 기타어"의 연결순서는 "4(언어)+(㉠)+(㉡)"의 순서를 취하게 된다.

① ㉠ T3 - ㉡ T4
② ㉠ T4 - ㉡ T3
③ ㉠ T6 - ㉡ T4
④ ㉠ T6 - ㉡ T3

해설 ③ 언어류(400)의 열거순서는 학문 – 언어 – 언어의 제요소의 순서를 택하고 있는데, 490의 경우는 "4+T6+T4"의 순서를 취하게 된다. 예를 들면, "한국어사전"은 "4+-957+-3 → 495.73"이 된다.

77. 다음 중 DDC 제23판의 편찬책임자는?

① J. P. Comarom
② J. S. Mitchell
③ B. A. Custer
④ C. A. Cutter

해설 ② DDC 제23판의 편찬책임자는 J. S. Mitchell이며, Julianne Beall, Rebecca Green, Giles Martin, Michael Panzer 등도 편찬에 참여하였다.

78. 다음 중 DDC 제23판에 따를 경우, "한국어로 된 일반전집"의 기호로 옳은 것은?

① 080.957
② 080.519
③ 089.519
④ 089.957

해설 ④ 한국어가 독립적으로 된 일반전집의 기호가 없기 때문에, 기타언어전집의 기호 089+-957(T6) → 089.957이 된다.

79. DDC에서 어학과 문학은 거의 완벽한 조기성을 이루고 있다. 그러나 이 중 예외가 되는 분류기호는?

① 410과 810
② 410과 890
③ 490과 810
④ 예외가 없다.

해설 ① 410은 언어학이고 810은 미국문학으로 조기성이 없다.

80. 다음의 DDC 특성 설명 중 가장 거리가 먼 것은?

① DDC는 계층적 분류표로 학문이나 주제의 관계를 구체적인 것부터 시작하여 점차 일반적인 것으로 전개한다.
② 10개의 주류(main classes), 100개의 강(divisions), 1,000개의 목(sections)으로 구성되어 있다.
③ 계층적 구조가 반드시 기호로만 표시되는 것은 아니다.
④ 구조에 의한 계층구조이기 때문에 전체에 적용되는 것은 무엇이든 그 일부에도 적용된다.

해설 ① DDC는 계층적 분류표로 학문이나 주제의 관계를 나타내기 위하서, 일반적인 것부터 시작하여 점차 구체적인 것으로 전개한다. ③ 예를 들어, 본표에서 뒤쪽산형괄호(〉)를 앞세워 중앙부분에 기록되는 중앙엔트리(centered entry)를 들 수 있다.

81. 다음 중 DDC 23판과 KDC 6판 항목의 내용이 다른 것은?

① 100
② 300
③ 400
④ 800

해설 ③ DDC 23판에서 400은 어학이고, KDC 6판에서는 자연과학이다.

82. DDC의 단점과 거리가 먼 것은?

① 어학과 문학, 사회과학과 역사가 분리되어 사용이 편리하다.
② 전개성이 무한한 반면 극히 세부적인 주제의 경우, 10자 이상의 긴 분류번호를 갖는 경우가 있다.
③ 학문분류상 어학(400)과 문학(800), 사회과학(300)과 역사(900)가 분리되어 있다는 점이다.
④ 학문성장에 따른 주류 편성의 불균형과 강목의 배열이 합리적이지 못한 부분이 있다.

정답 76. 3   77. 2   78. 4   79. 1   80. 1   81. 3   82. 1

83. DDC 제23판의 주류(main classes)들의 대부분은 이른바 "0의 사용규칙"에 따라 표준세구분과 합성하기 위해서는, 무의미하게 추가된 두 개의 0을 합성에 앞서 삭제해야 한다. 다음 중 그와 같은 규칙이 적용되지 않는 주류들로 올바르게 짝지어진 것은?

① 000 - 300
② 000 - 300 - 700
③ 200 - 300 - 700
④ 200 - 900

해설 ② 주류 중 총류(000)는 표준세구분과 함께 사용할 의미를 갖는 기호가 존재하지 않을 뿐만 아니라 003-006에는 이미 시스템 및 컴퓨터과학에 관한 주제를 부여하고 있기 때문에 일반적인 0의 사용규칙을 적용할 수 없다. 사회과학류(300)의 경우는 301-307에 이미 사회학에 대한 주제를 부여하고 있기 때문에 일반규칙을 적용할 수 없다. 예술류(700)의 경우는 701-709를 예술류의 대부분을 차지하고 있는 미술 및 장식예술의 표준세구분으로 국한시키고 있기 때문에 일반규칙을 적용할 수 없다.

84. 다음에서 분류기호의 합성방법으로 옳지 않은 것은?

① 표준세구분표 참조
② 표준세구분표 이외의 보조표 참조
③ 매뉴얼 주기 참조
④ 패싯 지지자 이용

해설 ③ 분류기호를 합성하는 방법으로는 보조표 사용과 본표의 다른 부분으로부터 합성, 본표의 부가표 이용, 패싯지시자 이용 등이 있다.

85. 다음은 어학과 문학과의 조기성에 대한 설명이다. 옳지 않은 것은?

① 420~490은 820~890과 완전한 조기성이 있다.
② DDC에서는 어학과 문학에서 영국어, 영국문학, 미국어, 미국문학으로 구별을 갖게 하였다.
③ 국어구분표는 본표에서 일정 주제를 언어별로 세분할 경우에도 적용될 수 있다.
④ 어학은 각 국어에 의한 구분이고, 문학에서의 1차 구분은 원저작의 국어 구분에 의한다.

해설 ② 410은 언어학(Linguistic)이고, 810은 미국문학(American literature in English)으로 조기성이 없다.

86. 다음 (   )안에 들어갈 용어들이 바르게 짝지어진 것은?

> DDC는 장서수가 많지 않은 소규모의 도서관을 위해 간략판을 (㉠   )년 처음 발행하였다. 간략본은 통상 (㉡   )권 이하의 장서를 소장한 도서관을 위한 분류표인데, 23판에 대응하는 DDC 간략판은 (㉢   )이다.

① ㉠ 1894 – ㉡ 3만 – ㉢ 14판   ② ㉠ 1894 – ㉡ 2만 – ㉢ 14판

③ ㉠ 1895 – ㉡ 2만 – ㉢ 15판   ④ ㉠ 1895 – ㉡ 3만 – ㉢ 16판

해설 ③ 1895년 2만권 이하의 장서를 소장한 도서관을 위한 분류표인데, 23판에 대응하는 DDC 간략판은 2012년에 발행된 15판이다.

87. 다음의 DDC 단점에 대한 설명에서 가장 거리가 먼 것은?

① 영미본위의 분류표이다.

② 비리적이다.

③ 구분이 균등하지 않다.

④ 신축성이 부족하다.

해설 ④ DDC는 신축성이 풍부하여 도서관의 성질에 따라서 세분표를 사용하거나 간략표를 사용할 수 있다. ① DDC는 특히 800류와 900류가 영미중심으로 전개되어 있다. ② 400류와 800류, 300류와 900류가 서로 분리되는 등 비논리적인 부분이 있다.

88. 다음의 설명이 가리키는 구분표는?

> 이 구분표는 민족, 국가에 의해 특정주제가 다루어진 작품의 경우에 첨가되는 기호로서 본표상 구분의 지시가 명시되어 있는 경우에만, 분류기호에 첨가하여 사용하게 된다.

① T2   ② T4   ③ T5   ④ T7

해설 ③ [T5] 민족, 국가군 구분표(Ethnic, National groups)이다. 보조표 [T5]는 국어구분표 [T6]과 같이 420-490의 본표상에 명시되어 있는 전통적인 언어순위에 기준하게 됨으로, 배열상 유사한 부분이 많이 나타난다.

정답	83. 2	84. 3	85. 2	86. 3	87. 4	88. 3

89. DDC에서 어학과 총류와의 조기성 설명 중 가장 거리가 먼 것은?

① 420에서 2는 영어를 말하고 032에서도 영어를 말한다.

② DDC 어학의 강(綱) 모두 각국어로 분류된다.

③ 어학과 총류의 조기성은 분류표에 고정된 조기성 기호라 할 수 있다.

④ 총류 중 일반전집은 080의 목은 각국어로 분류된다.

해설 ② 어학의 강목(綱目)과 총류 030, 050, 080의 요목은 완전한 조기성을 이루고 있다.

90. 다음에서 DDC가 처음 출판된 당시 구성으로 옳은 것은?

① 서문 10면, 본문 20면, 색인 20면 등 50면으로 구성되었다.

② 서문 2면, 본문 12면, 색인 18면 등 42면이고 본표는 100항목이다.

③ 본표 1,000항목, 색인에는 2,100항목으로 전체는 42면이었다.

④ 본표 1,000항목, 색인 2,000항목으로 전체 42면으로 구성되었다.

해설 ③ DDC 초판은 서문 8면, 본문 12면, 색인 18면으로 전체 42면으로 구성되어 있으며, 본표는 1,000항목, 색인에는 2,100항목이 포함되었다.

91. 다음 중 도서관과 관련된 Dewey의 업적과 관련이 없는 것은?

① ALA 결성의 주도적 역할

② Boston Athenaeum 장서목록의 편찬

③ Columbia 대학의 도서관학교 설립

④ Library Journal의 편집에 참여

해설 ② Boston Athenaeum 장서목록을 편찬한 사람은 C. A. Cutter이다.

92. DDC 제23판에 따를 경우, 다음 중 "영어의 비속어(卑俗語)"의 분류기호로 옳은 것은?

① 415   ② 417   ③ 425   ④ 427

해설 ④ 영어의 기본기호 42 +−7(T4의 역사적, 지역적 변형 및 현대의 비자연적 변형에 대한 기호) → 427이 된다.

93. 다음의 지문에서 설명하는 것을 가리키는 조기표는?

> 이들 기호는 주로 490과 890 항목을 세분하거나, 본표에서 일정 주제를 언어별로 세분할 경우
> 등 많은 곳에서 적용된다.

① Table 3   ② Table 2

③ Table 6   ④ Table 5

해설 ③ Table 6은 어떤 주제가 해당주제의 특정 언어적 측면을 다루고 있을 때 해당언어를 나타내기 위해 사용되는 것으로, 특히 490과 890의 두 번째 패싯의 중요한 구성요소가 된다.

94. DDC 간략판에 대한 설명이다. 옳지 않은 것은?

① DDC 간략판은 특수도서관, 전문도서관에서 많이 사용하고 있다.

② DDC 간략판은 1894년 초판을 발행하였다.

③ DDC 간략판은 DDC 완전판의 2/5의 분량정도이다.

④ DDC 간략판은 장서수 2만권 이하의 소규모 도서관에서 사용되고 있다.

해설 ① DDC의 간략판은 학교도서관이나 소규모 도서관을 위하여 간행한 것이다. 9판까지는 Full Edition(완전판)의 축소판이었으나, 10판부터는 완전판을 참고할 필요 없이 소규모 도서관에서 사용하도록 독립된 판으로 만들었다.

95. 다음의 DDC 특성에 대한 설명에서 옳지 않은 것은?

① DDC의 경우에는 반드시 그런 것은 아니지만 기호법에 의해 계층구조가 표현되는 경우가 많다.

② 학문이나 주제의 관계를 나타내기 위해서, 구체적인 것들로부터 시작하여 점차 일반적인 것
   들로 전개하게 된다.

③ 경우에 따라서는 동일한 주제의 자료가 분류표상에서 둘 이상의 곳에 나타날 수도 있다.

④ 본표에서는 사용법과 기호합성에 대해 비교적 명확하고 간략한 지시사항을 수록하고 있다.

해설 ② DDC는 일반적인 것들로부터 시작하여 점차 구체적인 것들로 전개하고 있다.

정답 89. 2   90. 3   91. 2   92. 4   93. 3   94. 1   95. 2

96. 다음 중 DDC에 대한 설명으로 옳지 않은 것은?

① DDC에서는 많은 부분에 조기성의 방법을 도입하였다.

② 국립중앙도서관, 국회도서관 등을 위해 간략판을 발행하고 있다.

③ 새로운 주제를 적당한 위치에 삽입하는 것이 어렵다.

④ 어문학, 종교, 역사, 지리 등의 분야는 지나치게 영미 중심으로 되어 있다.

해설 ② DDC 간략판은 학교도서관이나 지역의 중소규모 도서관을 위하여 발행하고 있다.

97. 다음의 DDC 초판에 대한 설명에서 가장 거리가 먼 것은?

① 1876년에 발행되었다.

② Amherst College에서 발행하였다.

③ Melvil Dewey가 창안하였다.

④ 고정식배가법(fixed location)을 택하였다.

해설 ④ 고식배가법이 아닌 상관식배가법(relative location)을 택하고 있다.

98. 다음은 DDC 간략판을 분류도구로 채택하기에 적합한 도서관에 대한 설명이다. 가장 거리가 먼 것은?

① 다양한 자료를 소장하고 있으나, 상세한 분류표를 필요로 하지 않는 소규모 공공도서관에 유용하다.

② 독립된 조직단위로 운영되는 단과대학도서관이나 특정주제전문도서관에 유용하다.

③ 장서 2만권 이하의 소규모 도서관에 유용한 분류표이다.

④ 특정주제 분야의 장서가 상대적으로 적은 대규모 도서관에 유용하다.

해설 ④ 대규모 도서관이더라도 특정주제 분야의 장서가 상대적으로 적을 경우, 그 분야에 한정하여 간략판을 채택하면 편리하다.

99. 다음 중 DDC의 일반적인 열거순서가 바르게 짝지어진 것은?

① 학문 – 지리 및 시대 세분 – 주제와 각 계층의 세분 – 표현형식

② 학문 – 주제와 각 계층의 세분 – 지리 및 시대 세분 – 표현형식

③ 주제와 각 계층의 세분 – 학문 – 표현형식 – 지리 및 시대 세분

④ 주제와 각 계층의 세분 – 학문 – 지리 및 시대 세분 – 표현형식

100. 듀이십진분류표의 보조표에 대한 설명 중 가장 거리가 먼 것은?

① T1은 보조기호이기 때문에 결코 단독 또는 주된 번호로 사용될 수 없다.

② T1의 –06은 학회, 협회, 국제기관, 정부기관, 민간단체 등의 역사, 헌장, 규정, 회원목록, 경영보고서를 분류할 때 적용하는 기호이다.

③ 편 자료에 2개의 표준세구분 기호를 부가해야 할 경우에는 일반적으로 관점기호를 우선 적용하고 물리적 형식기호를 배제하는 것이 원칙이다.

④ 문학작품 자체나 관련저작을 분류할 때 대상 자료가 2인 이상의 저작이면 T3A, 개인저작이면 T3B를 적용한다.

해설 ④ 대상 자료가 개인이면 T3A, 2인 이상의 저작이면 T3B를 적용한다.

101. 다음은 DDC 주기사항에 대한 설명이다. 옳지 않은 것은?

① 분류기호안내주기, 보라참조 등을 포함주기라 한다.

② 포함주기는 'including'이란 용어로 표시된다.

③ 개정주기는 본표와 보조표의 불규칙성 또는 변경사항을 설명해 주는 주기이다.

④ 매뉴얼 참조주기는 이탤릭체로 표기된다.

해설 ① 분류기호안내주기, 보라참조 등은 설명하는 주기이다.

102. DDC 23판으로 '성경'을 분류할 때, 옳은 분류기호는?

① 210   ② 220   ③ 230   ④ 240

해설 ② 210 종교철학 및 이론, 220 성서, 230 기독교, 240 기독교도덕 및 헌신신학, 250 기독교의식 및 지역교회, 260 사회 및 조직신학, 270 기독교역사, 지리, 전기, 280 기독교교파, 290 기타종교

정답	96. 2	97. 4	98. 4	99. 2	100. 4	101. 1	102. 2

103. 다음의 DDC 제23판의 물리적 특성에 대한 설명에서 옳지 않은 것은?

① 인쇄형식과 CD-ROM 형식으로 배포되고 있다.

② 인쇄형식 제1권은 서언과 서문, 서론, 보조표, 매뉴얼 등으로 구성되어 있다.

③ 인쇄형식 제2권은 DDC의 개요표와 본표 000–599를 수록하고 있다.

④ 인쇄형식 제3권은 DDC의 본표 600–999를 수록하고 있다.

해설 ① DDC 23판은 인쇄형식과 전자형식(WebDewey 2.0)으로 배포되었다.

104. DDC 제23판에서, 한국어에 해당하는 T6의 기호는?

① –1   ② –957   ③ –51   ④ –591

해설 ② 한국어에 대한 –957이다. ① –1은 인도–유럽어, ③ –51은 이탈리아어, ④ –591은 루마니아어이다.

105. 분류자가 주제만 알고 분류기호를 모르는 경우에 쉽게 찾을 수 있도록 M. Dewey가 처음으로 만든 것은?

① heading   ② Index entry

③ 인용색인   ④ 상관색인

해설 ④ 「상관색인(相關索引) Relative Index」은 M. Dewey가 처음으로 창안한 것으로 DDC의 큰 특징 중 하나이다. 상관색인은 본표의 분류항목, 주(註)의 설명어 및 예 등에서 사용된 모든 주제어를 알파벳순서에 의하여 배열하였다. 분류자가 주제만 알고 분류기호를 모르는 경우에 쉽게 찾을 수 있으며, 적당한 명사를 찾을 수 없을 때는 동의어나 유사어 등을 통하여 쉽게 찾을 수 있다. 그러나 비록 상관색인에서 분류기호를 확인하였더라도 꼭 본표에서 확인을 해야 한다.

106. 다음 괄호 안에 들어갈 보조표가 올바른 순서로 연결된 것은?

> DDC의 문학류의 "890 기타어문학"의 열거순서는 "8(문학)+(㉠)+(㉡)+문학시대구분"의 순서를 취하게 된다.

① T3 – T4	② T4 – T3
③ T3 – T6	④ T6 – T3

해설 ④ DDC의 언어류(800)의 열거순서는 학문 – 언어 – 문학형식 –시대의 순서를 택하고 있는데, 890의 경우는 "8 + T6 + T3 + 시대구분(period table)"의 순서를 취하게 된다. 따라서 "한국소설"은 "8 + –957 + –3 → 895.73" 이 된다.

107. DDC의 문학형식구분(Subdivision for the Arts, for Individual Literatures, for Specific Literary Forms)의 세목과 분류기호의 연결이 잘못된 것은?

① –1 poetry

② – drama

③ –3 fiction

④ –4 satire and humor

해설 ④ 800 문학 부분은 그 형식에 따라 공통구분이 마련되어 있는데, 그 구분은 T3A와 T3B에 따르면, –1 poetry, –2 drama, –3 fiction, –4 essays, –5 speeches, –6 letters, –8 miscellaneous writings로 되어 있다.

108. 다음은 제23판의 본표 가운데 "327.3–.9 Foreign relations of specific continents, countries, localities"에 제시된 주기의 일부이다. 다음 중 괄호 안에 들어갈 보조표는?

Add to number 327 notation 3–9 from (㉠), e,g, foreign relations of Brazil 327.81, of eastern European countries 327.47, … ; then, for relations between that nation or region and another nation or region, add 0 and to the result add nation 1–9 from (㉠) e,g, relations between Brazil and France 327.81044, between Brazil and Arab world 327.810174927

① Table 2	② Table 3
③ Table 4	④ Table 6

해설 ① 특정국가의 대외관계를 나타내기 위해서는, T2(Geographic areas, Historical periods, Biography)를 사용한다.

정답 103. 1   104. 2   105. 4   106. 4   107. 4   108. 1

109. 다음 중 DDC 제23판에서 제시하고 있는 이른바 최종적인 참고표에서 첫 번째 우선순위를 갖는 것은 어느 것인가?

① 사물의 종류(kinds)

② 사물의 일부(parts)

③ 사물이나 종류, 부품을 만들어 내는 재료(materials)

④ 사물이나 종류, 부품, 재료의 속성(properties)

해설 ① DDC 제23판에서 제시하고 있는 최종적인 참고표의 우선순위를 사물의 종류(kinds) – 사물의 일부(parts) – 사물이나 종류, 부품을 만들어내는 재료(materials) – 사물이나 종류, 부품, 재료의 속성(properties) – 사물이나 종류, 부품, 재료 내에서 이루어지는 절차(processes) – 사물이나 종류, 부품, 재료에 대한 작업(operation) – 그와 같은 작업을 수행하기 위한 수단(instrumentalities)으로 되어 있다.

110. 다음 중 DDC 400(언어)류의 "490 기타언어"에서 두 번째 패싯의 기호로 사용하기에 가장 적합한 보조표는?

① T1

② T2

③ T3

④ T6

해설 ④ DDC의 언어류(400)의 열거순서는 학문 – 언어 – 언어의 제요소의 순서를 택하고 있는데, 490의 경우는 두 번째 패싯인 각국어의 언어를 나타내기 위한 기호로 T6의 기호를 적용하게 된다.

111. 다음 중 DDC 제23판의 새로운 특징과 가장 거리가 먼 것은?

① 다수의 새로운 토픽들과 특정분야의 중요한 부분을 갱신하였다.

② 전 세계 이용자와의 상호소통을 통해 분류기호를 공지하였다.

③ 사람의 집단(groups of people)에 대한 표현을 점검하였다.

④ 표준세구분표은 거의 개정하지 않았다.

해설 ④ 표준세구분표의 상당부분을 개정하였다.

112. 다음은 DDC 제23판의 [T3] 예술·개별문학·특수문학형식구분표[약칭: 문학형식구분](Subdivisions for the Arts, for Individual Literatures, for Specific Literary Forms)에 대한 설명이다. 가장 거리가 먼 것은?

① 문학분야의 분류순서는 먼저 800주류상의 어느 나라 말의 문학인가? → 원작에 사용된 국어의 기호를 [T6]의 국어구분표를 찾아 확인하고 → 다음은 문학의 형식구분 [T3]의 기호를 확인한 후 → 또 개별문학의 시대구분 기호의 순서에 따라 그 해당기호를 순차적으로 첨가시킨다.

② 문학형식구분은 개별 문학(810-890)의 세구분의 지시기호에 따라 본표상에 별표(*) 표시가 기재되어 있는 경우에만 보조기호를 첨가시켜 사용할 수 있다.

③ [T3]의 문학형식구분에는 3가지의 세목구분표가 있는데, 보조표 [T3A]는 한 명의 개인저자의 작품이나 또는 개인저자에 관한 작품이나 비평서를 분류할 경우에만 사용된다. 그리고 보조표 [T3B]와 [T3C]는 2인 이상의 작품이나 2인 이상의 저작에 관한 문헌을 다룰 때 사용되는데, 특히 [T3C]는 예술분야의 700.4, 791.4과 문학류의 808-809등, 본표 상에서 사용의 지시가 있을 경우에만 사용할 수 있다.

④ [T3]의 문학형식구분은 문학의 주류 전체분야의 모든 기호에 적용할 수 있는데 –7은 편지에 적용하는 기호이다.

해설 ④ [T3]의 –7은 공란으로 비어 있다. [T3]의 문학형식구분은 –1 Poetry, –2 Drama, –3 Fiction, –4 Essays, –5 Speechs, –6 Letter, –7 [　], –8 Miscellaneous writings이다.

113. DDC 제23판에 따를 경우, 다음 중 "경영학 서지"의 분류기호로 옳은 것은?

① 016.6

② 016.65

③ 016.650

④ 016.320

해설 ② "경영학서지"는 주제별서지의 기본번호 016＋650(본표의 000–999에서 경영학의 기호) → 016.65가 된다. 여기에서 소수점 이하의 "0"은 의미가 없는 기호이므로 생략된다.

114. DDC Entry의 기능으로 옳지 않은 것은?

① 기호칼럼

② 상관색인

③ 주기

④ 표목

정답 109. 1　　110. 4　　111. 4　　112. 4　　113. 2　　114. 2

115. DDC 어학류와 문학류를 비교한 것으로 가장 거리가 먼 것은?

① 다른 류에 비하여 조기성이 높다.

② 문학류는 강목의 순위를 문학일반, 미국문학, 영국문학, 독일문학, 불문학 순으로 두었다.

③ 어학류는 강목의 순위를 언어학, 영어, 독어, 불어, 이태리어 순으로 두었다.

④ 어학류와 문학류는 KDC에서는 한국실정에 맞게 한국어 위주로 배정하였다.

116. 다음은 DDC 제23판의 주요 개정분야이다. 가장 거리가 먼 것은?

① 000 총류는 표목을 Generalities에서 Computer science, information & general works로 변경하였다.

② 341의 표목을 International law에서 Laws of nations로 변경하였다.

③ 500 자연과학의 표목을 Natural science and mathematics에서 Technology로 변경하였다.

④ 900 역사 및 지리의 표목이 Geography & history에서 History, geography, and auxiliary disciplines로 변경되었다.

117. 다음의 임의규정(양자택일)에 대한 설명으로 옳지 않은 것은?

① 공식적 방법이 아닌 다른 방법으로 분류하려는 도서관을 위한 규정이다.

② 모든 항목에 적용되는 임의규정은 해당항목의 맨 앞에 나타난다.

③ 영어권 이용자들을 위한 표준기호를 제공한다.

④ 하나의 주제를 두 가지 이상의 경우로 분류될 수 있는 경우에 사용된다.

② 모든 항목에 적용되는 임의규정은 해당항목의 맨 뒤에 나타난다.

118. 다음은 DDC 제23판에 따라 분류한 것이다. 해당주제와 분류기호의 연결이 옳은 것은?

① German essays – 833
② German speeches – 835
③ German letters – 837
④ German poetry – 832

② DDC Table 3A. Subdivisions for Works by or about Individual Authors(개별문학작품에 대한 세구분기호는 다음과 같다. –1 Poetry, –2 Drama, –3 Fiction, –4 Essays, –5 Speeches, –6 Letters, –8 Miscellaneous writings.

119. 다음 DDC 기본엔트리 중 기호칼럼에 대한 설명으로 가장 거리가 먼 것은?

① 보조표의 기호는 항상 붙임표(–)를 앞세워 완전형으로 기호칼럼에 표시된다.
② 본표의 분류기호 중 주류와 강, 목을 나타내는 처음 세 자리는 맨 처음에 단 한번만 표시된다.
③ 분류기호는 언제나 최소한 세 자리를 유지하며, 세 번째와 네 번째 자리 사이에는 소수점을 찍는다.
④ 원괄호(( ))는 해당류가 다른 곳으로 재배치되었거나 더 이상 사용하지 않는 기호의 경우에 부가한다.

④는 곽괄호([ ])에 대한 설명이다. 원괄호(( ))는 임의규정(양자택일)에 대해 부가하는 기호이다.

120. 다음은 DDC의 창안과정 및 초판발행에 대한 설명이다. 가장 거리가 먼 것은?

① 초판은 서문, 주류표 및 강목표, 주제색인, 사용법에 대한 해설 등 44페이지로 구성된 소책자이다.
② 해리스의 영향을 받았다.
③ 단순하고 유연성을 갖춘 기호를 사용함으로써 체계적 순서를 기계화하였다.
④ 미국도서관협회에서 DDC를 공식적으로 발행하였다.

④ DDC의 초판은 1876년에 Amherst 대학에서 「A Classification and Subject Index for Cataloging and Arranging the Books and Pamphlets of a Library」라는 표제로 발행되었다. 구성은 서문 8쪽, 본문 12쪽, 색인 18쪽 등으로 전체 42쪽으로서, 본표에 1,000항목, 색인에는 2,100개의 항목이 게재된 소책자 인쇄본이었다. 표제지에는 Dewey의 이름이 보이지 않으나, 그 이면에 'Copyrighted 1876. Melvil Dewey'라고 기록되어 있다.

정답 115. 2   116. 3   117. 2   118. 2   119. 4   120. 4

121. DDC에서 각괄호([ ])로 표시된 기호가 의미하는 것은?

① 미사용기호　　　　　　　　　　② 보조표의 기호

③ 임의규정(options)의 기호　　　　④ 중앙엔트리(centered entry)의 기호

해설 ① DDC에서는 분류기호의 재배치(relocation) 등으로 더 이상 사용하지 않는 기호가 있는데, 이러한 기호들은 각괄호 안에 표시된다.

122. 다음 중 DDC 23판의 표준세구분과 KDC 6판의 표준구분표의 의미가 서로 다른 기호는?

① -07　　　　　　② -08　　　　　　③ -03　　　　　　④ -01

해설 ② DDC 23판의 -08은 사람에 대한 그룹(Groups of peoples)을 나타내는 데 비해, KDC 6판의 -08은 총서, 선집, 전집을 나타낸다.

123. 다음은 DDC 웹버전(WebDewey)에 대한 설명이다. 가장 거리가 먼 것은?

① 제20판이 나온 1989년부터 CD-ROM 형태의 전자본(Electronic Dewey Decimal Classification: EDDC)을 출판하였다.

② WebDewey는 인쇄본과 같은 계층적인 구조를 볼 수 없다.

③ 2000년 이후부터 WebDewey가 DDC 개정의 주정보원으로 완전한 개정사항을 분기별로 발표하고 있다.

④ 2011년 발간된 제23판의 내용도 웹버전으로 접속할 수 있으며 이용자 인터페이스가 더 쉬워진 WebDewey 2.0을 선보이고 있다.

해설 ② WebDewey에서도 인쇄본과 마찬가지로 계층적인 구조를 볼 수 있다

124. 다음의 괄호 안에 들어갈 가장 적절한 조기표?

> DDC의 (　)은(는) 기본적으로 특정 언어로 된 문학작품이나 문학에 관련된 문헌들을 분류하기 위해 마련된 조기표이다.

① T5　　　　　　② T2　　　　　　③ T3　　　　　　④ T7

125. 다음은 DDC의 주(註)를 설명한 것으로 옳은 것은?

> 한 표목의 아래에서 그 적용의 특수한 관계를 열거하고 있는 것으로 특정주제뿐만 아니라 그 아래의 종속적인 세목들도 함께 적용되는 주

① 정의주 ② 범위주
③ 예시주 ④ 포함주

126. DDC 제23판을 적용한 분류에서 보조표 사용으로 옳지 않은 것은?

① 최명희의 혼불: 895.7 + T3A + 시대
② 브라질의 철도운송: 385 + T1 + T2
③ 노르웨이어 문법: 439.82 + T4
④ 무라카미 하루키 문학전집: 895.66 + T5

해설 ④ T5(민족 및 국가군 구분표)는 민족, 국가에 의해 특정주제가 다루어진 작품의 경우에 첨가되는 기호로서, 본표상 구분의 지시가 명시되어 있는 경우에만 분류기호에 첨가하여 사용하게 된다.

127. 다음의 DDC Table 2(제2보조표)에 대한 설명에서 옳지 않은 것은?

① T2는 단독으로 사용되거나 유강목 자리에 위치할 수 없다.
② T2는 어떤 하나의 주제나 영역이 지역 또는 시대에 국한되어져 다루어졌거나 전기를 다루었을 때, 이들의 기호를 전개하기 위한 것으로 사용된다.
③ 해당주제의 특성상 지역구분의 기호가 필요한 경우에는 'Add to base number OOO notation 3-9 from Table 2'라는 지시가 나와 있다.
④ 제19판부터 별도의 보조표로 정착되었다.

정답 121. 1   122. 2   123. 2   124. 3   125. 2   126. 4   127. 4

④ T2가 별도의 보조표로 정착된 것은 17판부터이다.

128. 다음에서 DDC의 기호 가운데 뒤쪽산형괄호(〉)로 표시된 기호의 의미는?

① 미사용기호

② 임의규정(options) 기호

③ 재배치기호

④ 중앙엔트리 기호

④ 중앙엔트리(centered entry)는 계층구조에 의한 기호법이 존재하지 않는 어떤 단일개념을 함께 구성해 주는 일정범위의 기호들을 지시해 주고 구조적으로 연결시켜 주는 것이다.

129. 다음은 DDC 23판의 발췌표이다. 괄호 안에 들어갈 보조표로 옳은 것은?

> 027   General libraries, archives, information centers
>   .01-.09Geographic treatment
>   Add to base number 027.0 notation 1~9 from (   ), e.g., libraries in France
>   027.044

① Table 1   ② Table 2

③ Table 4   ④ Table 6

② 특정지역의 도서관을 나타내기 위해서는, T2(지역구분표)의 기호를 추가한다.

130. 다음은 DDC의 분류규칙의 예이다. 이에 해당하는 분류규칙을 고르시오.

> 「사립학교 교사의 전문자격」은 371.02(사립학교)가 아닌 371.12(전문자격)를 분류기호로 선택 하여야 한다.

① 삼자포괄규칙   ② 제로규칙

③ 선행규칙   ④ 적용규칙

② 어떤 자료를 분류했을 때 복수의 분류기호가 모두 적합한 것으로 판단될 경우에는, 0을 수반하는 세구분과 1~9로 시작하는 세구분(細區分) 가운데 후자를 우선적으로 선택해야 하는 규칙 즉, 제로규칙이다.

131. 다음은 DDC 제23판의 본표 일부를 발췌한 내용이다. 이를 사용하여 「Migration from Vietnam to Korea: a sociological study」를 분류할 경우 가장 적합한 분류기호는?

> 304.8   Movement of People
> .83-.89 Migration
>   Add to base number 304.8 notation 3-9 from Table 2, e.g., migration to Australia 304.894: then and add 0 and to the result add notation 1-9 from Table 2 for the place of origin, e.g., migration from United States to Australia 304.894073

① 304.8519597   ② 304.85190597

③ 304.8597519   ④ 304.85970519

② 304.8(사람들의 이동)+-519(T2: 베트남)+0(패싯지시기호)+597(T2: 한국) → 304.851905597이다.

132. DDC의 표준세구분에서 "주제를 종합적이고도 포괄적으로 편집한 자료에 사용되며 편람, 도표, 통계, 상품목록 등의 형식으로 된 자료들도 여기에 포함시킨다". 이것을 나타내는 기호와 이름은?

① -01. Philosophy and theory   ② -02. Miscellany

③ -03. General special   ④ -04. Serial publication

133. DDC 제23판으로 분류할 때, 보조표의 사용이 옳지 않은 것은?

① 개인저자의 한국소설: 895.7(한국문학)+(T3A 소설)

② 법률가인명록: 340(법률)+(T1 인명록)

③ 성서(한국어판): 220.5(현대번역본 성서)+(T4 한국어)

④ 정치철학사전: 320(정치학)+(T1 철학)

③은 220.5(현대판 성서 및 번역서)+-957(T6 한국어) → 220.5957이다.

128. 4   129. 2   130. 2   131. 2   132. 2   133. 3

134. 다음은 DDC 23판의 발췌표이다. 괄호 안에 들어갈 보조표로 옳은 것은?

> 220　　Bible
> 　.5　　Modern versions and translations
> 　.53–.59 Versions in other languages
> 　　　　　Add to base number 220.5 notation 3–9 from (　), e.g., the Bible in
> 　　　　　German 220.531

① Table 1　　　　　　　　② Table 2
③ Table 4　　　　　　　　④ Table 6

해설 ④ 220.53–.59는 기타 언어로 된 성서에 해당하며, 언어별로 분류하도록 되어 있다. 따라서 기본번호에 T6(국어구분표)의 기호를 추가하게 된다. 아래에 제시된 DDC 23판 본표의 발췌표를 참고하여, 다음의 질문에 답하시오.([221] ~[223]).

135. 다음에서 800 – 820 – 822 – 822.3으로 이어지는 구조를 가리키는 용어는?

① array　　　　　　　　② chain
③ citation order　　　　　④ facet

해설 ② chain(연쇄구조)로, 분류표상에서 분류의 단계별로 이어지는 구조를 일컫는다.

136. 다음 중 821 – 822 – 823 – 824로 이어지는 구조를 가리키는 용어는?

① array　　　　　　　　② chain
③ citation order　　　　　④ focus

해설 ① array(배열구조)로, 문헌분류에서 대등한 수준의 동위류 또는 등위류(coordinate class)의 집합을 일컫는다.

137. 위의 분류표에서 822.33은 "학문 – 언어 – 문학형식 – 시대"의 순서로 패싯들을 배열하여 이루어진 합성된 분류기호라 할 수 있다. 이와 같은 순서를 가리키는 용어는?

① array　　　　　　　　② chain
③ citation order　　　　　④ precedence order

138. 다음 중 DDC의 000 총류에서 택하고 있는 일반적인 열거순서로 옳은 것은?

① 학문 – 주제와 각 계층의 세분주제 – 지리 및 시대세분 – 표현형식

② 학문 – 표현형식 – 언어나 장소

③ 학문 – 주제와 각 계층의 세분주제 – 표현형식

④ 학문 – 지리 및 시대세분 – 표현형식

139. 다음 중 DDC에서 분산될 수 있는 어떤 특정주제의 여러 측면을 함께 모을 수 있도록 해 주는 것은?

① auxiliary table　　　　　　　② manual

③ phoenix　　　　　　　　　　④ relative index

140. 다음 중 Table 3의 기호와 문학형식의 연결이 옳지 않은 것은?

① -1 – Poetry　　　　　　　② -2 – Drama

③ -3 – Essays　　　　　　　④ -6 – Letters

정답	134. 4	135. 2	136. 1	137. 3	138. 2	139. 4	140. 3

141. 다음의 발췌표에 의해 「성인교육 백과사전」을 분류한다면 그 분류기호는?

> 374   Adult education
>   .001-.008 Standard subdivisions
>   .013-.009 Vocational, moral, ethical, character education; ──

① 374.003　　　　　　　　　② 374.03

③ 374.05　　　　　　　　　　④ 374.005

해설 ① 성인교육의 기본기호 374＋-"0"(본표에 지시된 패싯지시기호)＋-03(T1의 백과사전에 대한 기호) →
374.003이 된다.

142. DDC의 분류표 체계 중 가장 큰 단점은?

① 구미위주로 되어 있기 때문에 동양관계의 문헌분류에는 부적당하다.

② 구분방법이 일정하지 못하고 강의 배열이 비논리적이다.

③ 분류기호가 너무 길어서 숫자배열에 혼동이 온다.

④ 어학과 문학, 사회과학과 역사가 분리되어 있다.

해설 ④는 분류표의 체계 중의 모순점을 말하고 있고, 나머지 ①~③은 일반적인 단점을 설명한 것이다.

143. 다음 괄호 안에 들어갈 100구분이 올바른 순서로 연결된 것은?

> DDC 23판의 300 사회과학에서 320은 정치학, 330은 (㉠), 340은 (㉡), 350은 행정학
> 및 군사학, 370은 (㉢)에 해당한다.

① ㉠ 경제학 – ㉡ 교육학 – ㉢ 법학

② ㉠ 경제학 – ㉡ 법학 – ㉢ 교육학

③ ㉠ 법학 – ㉡ 교육학 – ㉢ 경제학

④ ㉠ 법학 – ㉡ 경제학 – ㉢ 교육학

해설 ② DDC 23판에서 300류는 310 일반통계, 320 정치학, 330 경제학, 340 법률학, 350 행정학 및 군사학,
360 사회문제 및 복지, 370 교육학, 380 상업, 통신, 교통, 390 풍속, 예절, 민속학으로 구성된다.

144. 다음은 DDC 웹버전(WebDewey)의 장점에 대한 설명이다. 가장 거리가 먼 것은?

① DDC 분류기호와 LCSH(미국의회도서관 주제명표목표)가 하이퍼링크되었다.

② OCLC Forest Press에 의한 업데이트 됨으로 신속한 갱신이 가능하다.

③ 버튼을 여러 개 사용하지만 보조표, 본표, 주기, 용어 등을 검색할 수 있다.

④ 서점에서 사용하는 BISAC(Book Industry Standards and Communications) 주제명표목 (subject headings)과 DDC 기호를 매핑(mapping)시켜, 서점들과의 연계를 도모하고 있다.

해설 ③ 버튼 하나로 보조표, 본표, 주기, 용어 등의 검색이 가능하다.

145. DDC 제23판에서 음악에 해당하는 분류기호는?

① 720   ② 780   ③ 750   ④ 770

해설 ② 780이다. ① 720은 건축술, ③ 750은 회화, ④ 770은 사진술, 컴퓨터 아트, 영화, 비디오를 나타내는 기호 이다.

146. 다음은 어떤 용어에 대한 정의이다. 이것을 지칭하는 용어는?

> 분류기호를 합성할 때 어떤 주제나 유에 나타나는 패싯이나 특징을 어떤 순서로 결합할 것인가를 결정해 주는 순서이다.

① 패싯화(faceting)   ② 규칙화(regularization)

③ 열거순서(citation order)   ④ 우선순위(precedence order)

해설 ③ 열거순서는 패싯의 배열순서를 말하는 것으로, DDC에서는 이에 대한 지시사항을 주기에 명시하고 있다.

147. 다음 중 DDC 제23판의 표준세구분의 기호와 조기성을 갖는 유(類)와의 연결이 옳지 않은 것은?

① -01 – 100   ② -07 – 370

③ -05 – 050   ④ -08 – 080

해설 ④ 표준세구분 -08은 Groups of peoples이고, 본표 080은 General collections로 조기성이 없다.

정답 141. 1   142. 4   143. 2   144. 3   145. 2   146. 3   147. 4

148. DDC의 지역구분표(T2)의 기호 가운데서 현대국가의 지역구분을 나타내는 기호에 해당하지 않는 것은?

① -3   ② -4   ③ -5   ④ -9

해설 ① -3은 고대세계를 나타내기 위해 사용된다. -1은 지리적으로나 개념적으로는 연결되어 있으나 물리적으로는 분산되어 있는 지역들을 나타내는 일반적 성격에 기초한 지역구분에 사용된다. -2는 전기적 자료표현에 사용되며, 현대국가의 지역구분은 -4와 -9로 표현된다.

149. 다음은 DDC 제23판 중 본표의 개정사항을 설명한 것이다. 옳지 않은 것은?

① 500류에서는 510 천문학 분야에 신설된 항목이 많으며, 580 식물학, 590 동물학 분야에서도 개정이 이루어졌다.

② 600 기술과학에서는 610 의료 및 건강 분야에 신설된 항목이 가장 많으며, 이어 640 가정학과 660 화학공학의 순으로 변경사항이 많았다.

③ 700류에서는 790 스포츠 분야에 신설된 항목이 가장 많았다.

④ 800류에서는 808 수사학과 809 비평문학이론 분야와 891 동인도 및 894 우랄 알타이문학에 신설된 항목이 많다.

해설 ① 510은 천문학이 아니라 수학이다. 500류에서는 510 수학 분야에 신설된 항목이 많으며, 580 식물학, 590 동물학 분야에서도 개정이 이루어졌다.

150. 다음 중 DDC 23판의 T1에서 -06이 나타내는 것은?

① education, research, related topics

② encyclopedias, concordances

③ historical, geographical, persons treatment

④ organizations and management

해설 ④ T1에서 -06은 Organization and management이다.

151. M. Dewey가 분류표를 창안한 곳은?

① 뉴욕대학   ② Amherst대학

③ 인도국립대학   ④ 하버드대학

해설 ② 1873년 Amherst대학에서 처음으로 십진분류법인 DDC를 창안하였고 1876년 발표되었다. 1887년에는 콜롬비아대학 교내에서 세계최초 도서관학교인 The School of Library Economy를 창설하여 정규교육기관에서 교육할 수 있는 계기도 마련하였다.

152. DDC 23판의 T3 문학형식구분에서 시를 나타내기 위한 기호는?

① -1   ② -2   ③ -3   ④ -4

해설 ① T3 문학형식구분은 다음과 같다. -1 시, -2 희곡, -3 소설, -4 수필, -5 연설, -6 일기, 서간, -8 잡저이다.

153. 다음에서 주(note)의 뜻으로 옳지 않은 것은?

① 기입의 본체와 대조사항 다음의 정보를 의미한다.

② 목록이나 서지기입에서 대조사항 다음에 총서명, 목차, 서지정보와 같은 부차적인 정보를 기술한 것을 말한다.

③ DDC에서 사용하고 있는 주의 종류는 Definition(정의주), Scope note(범위주), 범주표 등이 있다.

④ 표목 이외의 사항으로써 표목을 설명하거나 필요한 사항을 보충하거나 인용 등을 표시한 것이다.

해설 ③ DDC에서 사용하고 있는 주(Note)에는 정의주, 범위주, 예시주, 포함주, 지시주가 있다. 범주표 (Categorical Table)은 주제분류법(Subject Classification)에 있는 것으로 주제가 다루어진 형식·방법 관점 등에 따라서 세분할 필요가 있을 경우에 「.0-.980」까지의 숫자를 사용하고 있다.

154. 다음 중 DDC 23판에서 2개 이상의 주제 분류방법으로 옳지 않은 것은?

① 3개 이상의 주제가 포함된 경우에는 포괄하는 상위항목에 분류한다.

② 각 주제가 독립적인 복수의 자료에서 저자가 강조한 주제에 분류한다.

③ 복수주제가 동등하게 취급되었거나 단순비교인 경우에는 분류표상 선행하는 주제에 우선 분류한다.

④ 한 자료에 취급된 복수의 주제가 영향관계에 있을 때는 영향을 미친 쪽에 분류한다.

해설 ④ 한 자료에 취급된 복수의 주제가 영향관계에 있을 때는 영향을 받는 쪽에 분류한다.

정답 148. 1   149. 1   150. 4   151. 2   152. 1   153. 3   154. 4

155. DDC 제23판의 표준세구분표에서 -06은 무엇을 나타내는가?

① 사전, 백과사전   ② 역사, 지역, 전기

③ 조직, 경영관리   ④ 특수 주제

해설 ③ Table 1 Standard Subdivisions은 다음과 같다.
-01 Philosophy and theory, -02 Miscellany, -03 Dictionaries, encyclopedias, concordances, -04 Special topics, -05 Serial publications, -06 Organization and management, -07 Education, research, related topics, -08 Groups of people, -09 History, geographic treatment, biography.

156. DDC에서 패싯지시기호로 사용되는 것은?

① 0   ② 1   ③ 6   ④ 7

해설 ① '0'을 삽입하여, 특정주제의 양국 간의 관계를 다룰 때 지역구분을 해 준다.

157. DDC 제23판을 적용하여 다음과 같이 분류하였다면, 이때 적용된 분류규칙은?

> "Wooden built-in furniture"가 684.104(Wooden furniture)가 아닌 684.16(Cabinets built-in furniture)에 분류되었다.

① rule of application   ② first of two rule

③ rule of three   ④ rule of zero

해설 ④ rule of zero(제로규칙)이란 어떤 자료를 분류한 결과, 복수의 분류기호가 모두 적합할 것으로 생각될 경우에는 '0'을 수반하는 세구분과 '1-9'로 시작하는 세구분 가운데 후자를 우선적으로 선택하는 규칙이다. ① rule of application(적용규칙)은 어떤 자료가 2개 주제(대상, 요소)의 상관관계(영향, 인과)를 기술한 경우에 영향을 받은 주제 또는 결과에 해당하는 주제에 분류해야 한다는 규칙이다. ② first of two rule(선행규칙)은 어떤 자료가 복수의 주제를 다루었을 경우에 분류표상에 선치된 주제를 기호화하는 규칙이다. ③ rule of three(3자포괄규칙)은 자료에 취급된 3개 또는 그 이상의 주제가 상위주제의 세목일 때는 이들을 포괄하는 첫 번째 상위주제에 분류해야 한다는 규칙이다. 이외에 table of last resort(최후수단표)란 위에서 상술한 규칙을 적용할 여지가 없거나 판단하기 어려울 경우를 대비하여 마련된 것이다. 즉, 어떤 자료에 다수의 분류기호를 부여할 수 있고, 그 각각의 기호가 모두 동등하게 유익하여 다른 규칙을 적용할 여지가 없을 때 결정할 수 있도록 규정한 일종의 우선순위를 말한다.

158. DDC 제23판의 보조표의 번호와 내용이 옳은 것을 모두 고른 것은?

T1	T3B
㉠ -04 Special topics	㉣ -4 Essays
㉡ -06 Miscellany	㉤ -6 Speeches
㉢ -07 Education, research, related topics	㉥ -7 Letters

① ㉠ - ㉡ - ㉣   ② ㉠ - ㉢ - ㉣
③ ㉡ - ㉤ - ㉥   ④ ㉢ - ㉣ - ㉥

159. 다음은 DDC 제23판 중 본표의 개정사항을 설명한 것이다. 옳지 않은 것은?

① 000 컴퓨터과학, 정보, 총류에서의 개정내용의 주제는 대부분 003-006 컴퓨터과학에 관한 내용들이다.

② 100 철학 및 심리학에서의 개정내용의 주제는 심리학과 윤리학에서 집중적으로 이루어졌다.

③ 20 종교에서의 개정내용의 주제는 기타 종교에서 이루어졌다.

④ 400 언어에서의 개정내용의 주제는 개정분야는 언어 분야와 440 프랑스어에서 주로 이루어졌다.

해설 ④ 400 언어에서의 개정내용의 주제는 개정분야는 언어 분야와 430 독일어에서 주로 이루어졌다.

160. DDC의 기호 가운데 뒤쪽산형괄호(〉)로 표시된 기호는 다음 중 어느 것에 해당하는가?

① 미사용기호

② 임의규정(options)의 기호

③ 재배치기호

④ 중앙엔트리(centered entry)의 기호

해설 ④ 중앙엔트리는 계층구조에 의한 기호법의 존재하지 않는 어떤 단일개념을 함께 구성해 주는 일정범위의 기호들을 지시해 주고 구조적으로 연결시켜 주는 것으로, 뒤쪽산형괄호를 앞세워 표시한다.

정답 155. 3   156. 1   157. 4   158. 2   159. 4   150. 4

161. 다음 중 DDC에 마련되어 있는 색인을 가리키는 용어로 가장 적합한 것은?

① 상관색인
② 인용색인
③ 조합색인
④ 열거색인

해설 ① 상관색인(relative index)은 본문에 나타난 용어의 소재만을 표시하는 열거색인과는 달리 서로 관계있는 주제에 있어서는 어느 한 주제 아래에서도 다른 주제나 용어를 제시하여 검색을 용이하도록 하는 것이다.

162. DDC의 주류의 대부분은 '0의 사용규칙'을 적용하여 표준세구분과 합성하기 위해서는, 무의미하게 추가된 두 개의 0을 삭제해야 한다. 다음에서 그와 같은 규칙이 적용되지 않는 주류들로만 연결된 것은?

① 000 – 300 – 700
② 000 – 200 – 300 – 700
③ 200 – 700
④ 200 – 300 – 700

해설 ② 000류는 표준세구분과 함께 사용할 의미를 갖는 기호가 존재하지 않기 때문에, 200류는 201-209까지를 종교의 특수측면을 다루기 위한 표준세구분으로 사용하기 때문에, 300류는 301-307에 이미 사회학에 대한 주제를 부여하였기 때문에 700류는 701-709에 미술 및 장식예술의 표준세구분으로 국한시키고 있기 때문에 일반규칙을 적용할 수 없다.

163. 다음에서 DDC 엔트리의 기호칼럼에 대한 설명으로 옳지 않은 것은?

① 보조표의 기호는 항상 붙임표(–)를 앞세워 완전형으로 기호칼럼에 표시된다.
② 본표의 분류기호 가운데 주류와 강, 목을 나타내는 처음 세 자리는 기호칼럼에는 맨 처음에 단 한 번만 표시된다.
③ 분류기호는 십진식으로 전개되고 언제나 최소한 세 자리를 유지하게 되며, 세 번째 자리와 네 번째 자리 사이에는 소수점을 찍는다.
④ 해당기호가 다음 페이지로 이어질 때는 기호칼럼에 연속되는 기호가 반복적으로 표시된다.

해설 ④ 해당기호가 다음 페이지로 이어질 때는 기호칼럼이 아닌 페이지의 상단에 반복적으로 표시되며, 이후의 기호칼럼에는 이를 제외한 나머지 자리만이 표시된다.

164. 다음에서 소규모도서관을 위해 발행되는 DDC를 가리키는 용어는?

① Abridged edition
② Expanded edition
③ International edition
④ Web edition

해설 ① 장서 2만권 이하의 소규모도서관의 편의를 위해 1895년 초판이 발행된 이후, 제23판에 대응하는 간략판은 15판으로 2012년에 발행되었다.

165. 다음에서 DDC 표준세구분표의 성격과 설명이 바르게 연결된 것은?

① 다른 학문의 기법들을 해당주제와 관련지어 주는 세구분 – 교육이나 연구, 경영 관리, 철학 및 이론 등
② 해당주제를 그 이용자들과 관련지어 주는 세구분 – 백과사전이나 정기간행물 등
③ 서지적 형식을 지시해 주는 세구분 – 직업으로서의 주제, 특정 직업에 종사하는 사람들을 위한 주제 등
④ 해당주제에 관한 특정종류의 정보를 파악해 주는 세구분 – 사람의 종류나 지역, 시대 등에 의한 경우 등

해설 ① 다른 학문의 기법들을 해당주제와 관련지어 주는 세구분은 교육이나 연구, 경영 관리, 철학 및 이론 등이다. ② 해당주제를 그 이용자들과 관련지어 주는 세구분은 직업으로서의 주제, 특정 직업에 종사하는 사람들을 위한 주제 등이다. ③ 서지적 형식을 지시해 주는 세구분은 백과사전이나 정기간행물 등이다. ④ 해당주제에 관한 특정종류의 정보를 파악해 주는 세구분은 디렉터리나 상품 목록, 통계 등이다.

166. 「한영사전」을 DDC 23판으로 분류한 경우 옳은 것은?

① 423.701
② 423.703
③ 495.7321
④ 495.2173

해설 ③ 언어(400) + 한국어(957) + 사전(3) + 영어(21) → 495.7321이 된다.

167. 다음 중 DDC의 '490 기타어'에서 두 번째 패싯의 기호로 사용되는 보조표는?

① T1
② T2
③ T3
④ T6

정답 161. 1　162. 2　163. 4　164. 1　165. 1　166. 3　167. 4

④ DDC의 400류의 열거순서는 학문 – 언어 – 언어의 제요소의 순서로 구성된다. 490의 경우 두 번째 패싯인 각국어의 언어를 나타내기 위한 기호로 T6(국어구분표)의 기호를 적용하게 된다.

168. 다음 중 DDC의 문학류의 "890 기타어문학"에서 두 번째 패싯의 기호로 사용하기에 가장 적합한 보조표는 어느 것인가?

① T1   ② T2   ③ T3   ④ T6

④ 800 문학류의 열거순서는 학문 – 언어 – 문학형식 – 시대의 순서를 택하고 있는데, 890의 경우 두 번째 패싯인 각국어의 언어를 나타내기 위한 기호로 T6의 기호를 적용하게 된다.

169. DDC 제23판의 우선순위(preference order)에 대한 설명으로 옳은 것은?

① 특정주제가 둘 이상의 특성을 갖고 있으나 기호의 합성을 통해 이들을 모두 나타낼 수 없을 때 그 중 어느 것을 선택하도록 하는 것이다.
② 특정주제에 나타나는 여러 가지 패싯이나 특성들을 결합하는 순서를 정한 것이다.
③ 두 주제를 동등하게 다루고 있을 경우 분류표 상에서 앞선 기호에 분류하도록 한 것이다.
④ 특정주제를 분류표 상에서 공식적으로 채택한 방식과는 다른 방식으로 분류할 수 있도록 한 것이다.

②는 조합순서 ③은 선행규칙 ④는 양자택일에 대한 설명이다.

170. 다음 중 DDC의 열거순서(citation order)와 우선순위(preference order)에 대한 설명으로 옳지 않은 것은?

① 열거순서는 여러 패싯이나 특성들의 결합 순서를 결정한다.
② 주기를 통해 우선순위 대한 지시사항을 지시한다.
③ 패싯이나 특성들을 기호를 통하여 합성할 수 없을 때에는 우선순위에 따른다.
④ '학문 – 표현형식 – 언어나 장소'가 문학류의 열거순서이다.

④는 총류의 열거순서를 설명하는 것이다.

171. 다음 중 DDC 제23판의 문학형식구분(T3)에 대한 설명으로 옳지 않은 것은?

① 그 적용대상에 따라 A와 B, C 세 개의 하위표로 구성되어 있다.

② 전적으로 800 문학에만 적용되는 보조표이다.

③ 어느 한 저자와 그 저자의 모든 작품에 대해서는 단 하나의 문학시대만을 사용해야 한다.

④ 언어의 경우는 저작가 작품을 쓰거나 저술한 언어에 저자를 분류해야 한다.

해설 ② DDC의 문학형식구분은 원래 특정언어로 된 문학작품이나 문학에 관련된 문헌들을 분류하기 위한 보조표였으나, 제21판부터는 이 보조표를 예술류의 700.4와 791.4, 808~809에도 지시에 따라 추가할 수 있도록 하고 있다.

172. DDC는 장서 2만권 이하의 소규모 도서관이나 학교도서관을 위해 간략판을 발간하였다. 이 간략판에서 사용하는 보조표가 아닌 것은?

① 국어구분   ② 문학형식구분

③ 언어공통구분   ④ 지리구분

해설 ① DDC 간략판에서는 국어구분을 사용하지 않는다.

173. DDC 제23판에서 한국(남한)에 해당하는 T2의 기호는?

① -1   ② -51   ③ -5195   ④ -957

해설 ④ DDC 제23판의 T2에서 한국(남한)에 대한 기호는 -5195이고, 한국(북한)에 대한 기호는 -5193이다.

174. 다음의 DDC [T4] 개별언어 및 어족의 세구분표(약칭: 언어공통구분표, Subdivisions of Individual Languages and Language Families) 가운데서 언어학습을 위한 교재류를 분류하는 데 가장 적합한 기호는?

① -1   ② -2   ③ -5   ④ -8

해설 ④ -8은 표준언어의 학습교재 자료나 또는 문법중심의 전형적 교재의 경우 사용되고 있다. 한편 문법에 관한 포괄적인 작품과 서술적 문법에 관한 경우에는 -5를 사용한다. 참고로 Table 4. Subdivisions of Individual Languages and Language Families의 기호는 다음과 같다. -01-09 Standard subdivisions and special

정답   168. 4   169. 1   170. 4   171. 2   172. 1   173. 3   174. 4

topics of subdivisions of individual languages and language families, −1 Writing systems, phonology, phonetics of the standard form of the language, −2 Etymology of the standard form of the language, −3 Dictionaries of the standard form of the language, −5 Grammar of the standard form of the language, −7 Historical and geographic variations, modern nongeographic variations, −8 Standard usage of the language (Prescriptive linguistics)이다.

175. 다음 DDC 23판 300 사회과학의 분류기호 가운데서, 해당분류기호의 내용이 KDC 6판의 내용과 동일한 것으로만 바르게 짝지어진 것은?

① 330 − 350

② 330 − 370

③ 350 − 370

④ 350 − 380

해설 ③ DDC의 350은 Public administration & military science, 370은 Education으로 각각 KDC의 350 행정학, 370 교육학과 동일하다.

176. 베이컨은 학문의 분류를 역사, 시학, 철학으로 분류하였다. 다음에서 M. Dewey가 행한 학문의 분류 중 가장 거리가 먼 것은?

① DDC의 큰 특징은 베이컨의 학문분류를 칸트의 이성론에서 찾아 합리성과 간결성을 특징으로 한다.

② Dewey는 순베이컨식으로 역시 해리스의 학문분류체계를 따랐으며, 해리스가 역사 아랫부분에 둔 부록을 총류로 배열하여 맨 위로 가져 왔다.

③ Dewey는 역베이컨식으로 된 W.T. Harris의 분류체계인 과학(철학 포함), 예술, 역사로 분류하였다.

④ Dewey는 학문을 과학, 예술, 역사 순으로 분류하고 맨 위에 총류를 추가하여 역베이컨식을 따랐다.

해설 ② Bacon의 분류는 역사(기억), 총류(상상), 과학(오성), Harris의 분류는 과학, 철학, 종교 사회학, 언어학, 자연과학, 유동기술, 미술, 문학, 역사, 총류순으로 분류하였고, DDC는 해리스가 맨 밑에 배열한 총류를 맨 앞으로 배열하였다.

177. 다음은 DDC 제23판의 본표의 발췌표이다. 괄호 안에 들어갈 가장 적합한 보조표는?

> 059   General serial publications in other languages
>   Add to base number 059 notation 7–9 from (   ), e.g., Chinese–language
>   erial publications 059.951

① Table 2   ② Table 3
③ Table 4   ④ Table 6

해설 ④ DDC의 059는 기타 언어로 된 일반정기간행물에 해당하며, 언어별로 분류하도록 되어 있다. 따라서 기본 기호에 국어구분표(T6. Languages)의 기호를 추가하게 된다. 이는 주기에 포함된 예, "Chinese–language…"를 통해서도 알 수 있다.

178. 다음은 DDC의 조기성 중 역사와 지리에 대한 설명이다. 옳지 않은 것은?

① 910은 지리·기행, 920은 전기, 930은 고대사이다.
② 913에서 919까지 제3위 요목과 930~990까지 제2위 강목은 조기성이 있다.
③ 914~919까지는 각국의 지리로 배정하였다.
④ 970의 제2위 강목인 7과 917의 제3위 요목의 7은 북미를 말한다.

해설 ① 910은 지리 및 여행, 920은 전기, 계보학 및 휘장, 930은 고대세계사이다.

179. 다음 괄호 안에 들어갈 유들이 올바른 순서로 짝지어진 것은?

> DDC 23판의 100구분표(강목표)에서 화학의 분류기호는 (㉠), 화학공학의 분류기호는 (㉡)에 해당한다.

① ㉠ 530 – ㉡ 540   ② ㉠ 530 – ㉡ 620
③ ㉠ 530 – ㉡ 660   ④ ㉠ 540 – ㉡ 660

해설 ④ 화학(Chemistry & allied sciences)은 540, 화학공학(Chemical engineering)은 660에 해당한다.

정답 175. 3   176. 2   177. 4   178. 1   179. 4

180. 다음 중 DDC에서 학문에 의한 주제(main classes)와 거리가 먼 것은?

① 000   ② 100   ③ 300   ④ 900

해설 ① DDC에서는 지식을 9종의 기본적인 유로 구분하여 이를 100에서부터 900에 배열하고 있다. 그러나 000 총류(Generalities)는 다양한 주제 또는 형식을 포함하고 있는 것으로 관련된 학문으로 간주될 수 없다.

181. 다음 중 DDC의 주제배열과 가장 관련이 깊은 것은?

① Amepere의 분류

② Aristoteles의 분류

③ Bacon의 분류

④ Wundt의 분류

해설 ③ DDC의 주제배열은 Harris의 분류표의 주류배열에 기초를 두고 있으며, Harris의 분류표는 Bacaon의 학문부류의 역순으로 이루어져 있다.

182. DDC 23판에서 다음의 괄호 안에 들어갈 표목들이 올바른 순서로 짝지어진 것은?

> DDC의 100류는 110 (㉠), 120 Epistemology, causation, humankind, 130 Parapsychology & occultism, 140 Specific philosophical schools, 150 (㉡), 160 (㉢), 170 Ethics, 180 Ancient, medieval, eastern philosophy, 190 Modern western philosophy로 구성되었다.

① ㉠ Metaphysics – ㉡ Psychology – ㉢ Philosophical logic

② ㉠ Metaphysics – ㉡ Philosophical logic – ㉢ Psycho logy

③ ㉠ Philosophical logic – ㉡ Psychology – ㉢ Metaphysics

④ ㉠ Psychology – ㉡ Philosophical logic – ㉢ Metaphysics

해설 ① DDC의 100류는 형이상학 – 인식론, 인과관계론, 인간론 – 심리학과 심리주의 – 특정 철학파 – 심리학 – 철학적 논리 – 윤리학 – 고대, 중세, 동양철학 – 현대 서양철학으로 구성되었다.

183. 다음은 M. Dewey의 문헌정보학과 관련된 주요업적을 설명한 것이다. 가장 거리가 먼 것은?

① 시카고주립도서관의 관장직을 역임하였다.

② ALA의 발전에 기여하였다.

③ 도서관학분야 최초의 잡지인 Library Journal의 창간을 주도하였다.

④ 1887년 세계최초의 문헌정보학 교육기관인 도서관학교(School of Library Economy)를 개설하였다.

해설 ① 시카고주립도서관의 관장직이 아니라 뉴욕주립도서관의 관장직을 역임하였다.

184. 다음은 표목에 대한 설명이다. 가장 거리가 먼 것은?

① 목록에서는 목록기입이 첫머리에 있는 낱말, 성 또는 구, 절로써 배열의 기준이 되는 것이다.

② 목록에서 표목은 단어와 어구로 구성되어 유사주제가 전후에서 검색될 수 있도록 배열된다.

③ 분류에서는 표목을 분류기호에 해당되는 주제명이나 어구를 의미한다.

④ 표목에 사용되는 두 용어는 and에 의해 분리되며, 셋 이상은 and와 or에 의하여 분리된다.

해설 ④ 표목에 사용되는 두 용어는 and에 의해 분리되며, 세 용어 이상은, (Comma)에 의하여 분리된다. ( )안의 용어는 앞의 용어와 동의어임을 표시한다. 예를 들어 429 (Anglo-Saxon(Old English)의 경우이다.

185. 다음 중 DDC의 언어공통구분 가운데 문법에 대한 포괄적인 저작과 기술문법(記述文法)을 분류하는 데 가장 적합한 기호는?

① -1　　　　　② -2　　　　　③ -5　　　　　④ -8

해설 ③ -5는 문법에 관한 포괄적인 저작과 아울러 어느 한 언어의 특정시기의 언어나 문법현상을 있는 그대로 객관적으로 기술하는 기술문법(descriptive cataloging)에 대한 기호이다.

186. 다음에서 DDC의 기호합성법이 아닌 것은?

① 매뉴얼의 지시사항 이용　　　　　② 조표 이용

③ 본표의 부가표 이용　　　　　④ 패싯지시자 이용

해설 ① 매뉴얼의 지시사항은 분류자가 참고하는 자료이다.

정답	180. 1	181. 3	182. 1	183. 1	184. 4	185. 3	186. 1

187. 다음의 DDC 특성 설명 중 가장 거리가 먼 것은?

① 학문에 의한 분류이다.

② 자료들을 고정식배가법에 의해 서가에 배열토록 한다.

③ 십진식에 의한 전개방식이다.

④ 조기성을 도입하였다.

해설 ② 장서의 증가에 따라 자료들을 상관식배가법에 의해 서가에 배열토록 하였다.

188. 다음 중 DDC 23판의 표준세구분 기호와 조기성을 갖는 주제를 연결한 것으로 옳지 않은 것은?

① -01 - 100

② -03 - 030

③ -04 - 040

④ -09 - 900

해설 ③ -04만 조기성이 없다.

189. DDC의 단점이 아닌 것은?

① 800 류에서 동일저자의 작품들이, 한 곳에 모여지지 않고, 문학형식에 따라 작품들이 서로 분산되어 지는 경우가 발생한다.

② 개정분류와 재배치는 반드시 학문의 보조를 맞추는 데 필요하지만, 도서관 현장에서는 상당한 어려움이 수반되는 점이 따른다.

③ 구미지역 이외의 아시아 국가에서 범용하기에는 어려운 부분이 많다.

④ 분류기호가 아라비아숫자만으로 구성되어 있기 때문에 국제적이며 단순하고 기억하기 쉽다.

해설 ④는 장점에 해당한다.

190. DDC 23판을 이용하여 '영국수필'을 분류하려 한다. 가장 적합한 분류기호는?

① 803

② 813

③ 814

④ 824

해설 ④ 82(영국문학)+-4(T3B: 수필) → 824

191. 다음 중 엔트리와 구조의 내용으로 가장 거리가 먼 것은?

① 기호칼럼의 분류기호 및 표목은 구조상의 위치에 따라 다양한 활자가 사용된다.

② 중앙엔트리는 기호법이 존재하지 않는 어떤 개념의 일정범위의 기호들을 구조적으로 연결해 준다.

③ 엔트리는 분류기호칼럼, 표목, 주기로 구성된다.

④ 주기는 고정되어 있어 추가가 불가능하다.

192. 다음 중 DDC에서 난해한 분야를 분류하기 위한 조언과 주요 개정부분에 대한 심층정보를 제공해 주고, 미국의회도서관 DCD의 정책과 관례에 대해 설명해 주는 부분을 가리키는 용어는?

① 매뉴얼　　　　　　　　　　② 보조표
③ 본표　　　　　　　　　　　④ 임의규정

해설 ① DDC 매뉴얼의 특성은 1) 난해한 분야를 분류하기 위한 조언과 주요 개정부분에 대한 심층정보 제공 2) 미국의회도서관 DCD(Decimal Classification Division)의 정책과 관례에 대한 설명 3)동일한 주제(topic)에 관한 기호들 간의 선택 지원 4) 사용에 편리하도록 본표와 보조표의 기호에 따라 배열 5) 표목의 용어들은 본표와 보조표의 동일한 기호에 관련된 용어들과 일치함 등이다.

193. DDC 23판에서 윤리학(ethics)에 해당하는 분류기호는?

① 140　　　　　　② 150　　　　　　③ 160　　　　　　④ 170

해설 ③ DDC 23판에서 100 철학 및 심리학, 110 형이상학, 120 인식론, 인과관계론, 인간론, 130 심리학과 심주의, 140 특정 철학파, 150 심리학, 160 철학적 논리, 170 윤리학, 180 고대, 중세, 동양 철학, 190 현대 서양철학을 가리킨다.

194. DDC 제23판과 KDC 제6판의 특징을 비교한 설명으로 옳지 않은 것은?

① DDC는 경영학을 기술과학의 강목에 배정하고 있으나 KDC는 사회과학분야에 배정하고 있다.

② DDC와 KDC 모두 컴퓨터과학을 총류(000)에 배정하고 있다.

③ DDC와 KDC는 모두 종교공통구분표를 설정하여 각 종교에 공통적으로 적용하도록 하고 있다.

④ DDC에는 인쇄판 이외에 웹버전이 있다.

정답 187. 2　　188. 3　　189. 4　　190. 4　　191. 4　　192. 1　　193. 3　　194. 3

195. 다음의 DDC 특성 설명에서 옳지 않은 것은?

① 학문에 의한 분류법이기 때문에 동일한 주제를 다루는 자료일지라도, 그 주제를 다루는 관점이나 측면에 따라 달리 분류되어 진다.

② 경우에 따라서는 동일한 주제의 자료가 분류표상에서 둘 이상의 곳에 나타날 수도 있다.

③ 상황적 분류표라고도 한다.

④ 상관색인은 동일주제가 학문적 측면에 따라 분산된 관련항목을 한 곳에서 확인할 수 있도록 한다.

해설 ③ 측면적 분류표(aspect scheme)라고도 한다.

196. 다음 중 DDC 23판에서 2개 국어사전(bilingual dictionaries)의 제1차적인 분류 기준으로 사용되는 것은?

① 분류되는 국가에서 더 많이 사용되는 언어

② 표목(entry word)으로 사용되는 언어

③ 분류표상에 앞에 나오는 언어

④ 이용자에게 더 도움이 되는 언어

해설 ② DDC에서는 2개 국어사전에 대해, 원칙적으로 표목으로 사용되는 언어를 일차적인 분류기준으로 사용한다. 다만 두 개 언어가 모두 표목으로 나타나는 경우에는, 이용자에게 더 많은 도움이 되는 언어(사용정도가 적은 언어)에 분류한다. 판단이 어려울 경우에는 본표의 420-490에서 뒤에 오는 언어에 분류한다.

197. DDC의 기호 가운데 원괄호(( ))로 표시된 기호는 다음 중 어느 것인가?

① 패싯지시기호(facet indicator) ② 중앙엔트리(centered entry)의 기호

③ 미사용기호 ④ 임의규정(options)의 기호

해설 ④ 임의규정(options)은 어떤 분류항목에 대해 도서관에 따라 본표의 기본적인 전개와는 다른 방식으로 분류할 수 있도록 하는 것으로, 임의규정의 기호는 원괄호 안에 표시된다.

198. DDC의 주류 중 400대 어학류의 강목 중 총류와 조기성이 없는 부분은?

① 420, 470, 480

② 410, 470, 490

③ 410, 460, 480

④ 410, 470, 480

해설 ④ 어학의 강목 중 410 Linguistic, 470 Latin & related Italic Languages, 480 Classical Greek & related languages만은 총류와 조기성이 없다.

199. 다음 중 DDC 제22판에 대응하는 간략판은 몇 판인가?

① 제11판

② 제12판

③ 제13판

④ 제14판

해설 ④ DDC는 통상 2만 권 이하의 장서를 소장한 소규모도서관의 편의를 위해 간략판(Abridge edition)을 발행하고 있는데, 1894년에 간략판 1판이 발간된 후 2판은 1912년, 3판은 1921년, 4판은 1929년, 5판은 1936년, 6판은 1945년, 7판은 1953년, 8판은 1959년, 9판은 1965년, 10판은 1971년, 11판은 1979년, 12판은 1990년, 13판은 1997년, 14판은 2004년, 15판은 2012년에 출간되었다. 이 중 10과 11판은 완전판과 같은 해에 발간되었고, 12판부터는 완전판이 출간된 다음 해에 출판되었다. 이와 같이 제22판(2003)에 대응하는 간략판은 제14판(2004)이다.

200. 다음 중 DDC 23판의 Table 사용이 옳지 않은 것은?

① T1은 001~999와 사용한다.

② T3는 800과 사용한다.

③ T4는 400과 사용한다.

④ T5는 900과 사용한다.

해설 ④ T5는 민족 및 국가 구분의 경우 첨가하되, 본표에서 사용지시가 있을 때만 사용한다.

201. 다음의 DDC를 사용하여 지역구분할 때의 설명으로 가장 거리가 먼 것은?

① 지역구분 –01은 특정대륙, 국가, 지방을 포함하지 않고 일반적인 지역, 장소, 지방의 주제를 다룬 자료에 첨가된다.

② 지역구분 –02는 지리, 지역, 장소에 관계없는 사람의 전기에 사용된다.

③ 아무런 지시가 없는 주제에 지역구분할 경우에는 지역구분을 할 수 없다.

④ 지역구분은 본표에서 지역구분하라는 지시가 있을 때 사용한다.

해설 ③ DDC에 의한 지역구분의 사용법은 다음과 같다. 1) 지역구분은 본표에서 지역구분을 하라는 지시가 있을

정답 195. 3   196. 2   197. 4   198. 4   199. 4   200. 4   201. 3

때 사용한다. 그 표시는 Add area notation 1~9 from Table 2로 되어 있다. 2) 아무 지시가 없는 주제에 지리구분할 경우에는 표준구분 -09를 부가하여 「09 + 지역구분」기호를 사용한다. 3) 한 주제의 역사를 표시하는 분류기호(780.9)만 분류표에 있고, 지역구분하라는 지시가 없어도 지리구분이 필요한 경우에는 대륙구분부터 붙여서 지역구분한다. 예를 들면 780 음악 780.9 지역적이고 역사성이 있는 음악일 때, 프랑스 음악의 역사는 780.944, 스페인 음악의 역사는 780.946이 된다.

202. 다음은 DDC 제23판의 본표 일부를 발췌한 것이다. 이를 바탕으로 각 문항의 자료를 분류할 때 옳은 것은?

325   International migration and colonization
       Standard subdivisions are added for international migration and colonization together, for international migration alone

       Including population transfers
[.094-.099] Specific continents, countries, localities in modern world
       Do not use: class in 325.4- 325.9
.1   Immigration
.2   Emigration
[.209 3-.209 9] Specific continents, countries, localities
     Do not use: class in 325.23-325.29
.23-.29   Emigration from specific continents, countries, localities
       Add to base number 325.2 notation 3~9 from Table 2, e.g., emigration from Japan 325.252, emigration from Japan to United States 325.2520973

① 「European Migrations in the 20th Century」 - 325.094

② 「History of International Migrations」 - 325.09

③ 「Korean Emigrations to the United States」 - 325.235190

④ 「Migration from Canada to Korea」 - 327.25190971

해설 ①은 분류가 불가하고 ③의 경우 올바른 기호는 325.2 51909730이며 ④의 경우 올바른 기호는 325.297105 190이다.

203. DDC의 기초이론이 된 분류법은?

① 베이컨분류법   ② 해리스분류법

③ 칸트분류법   ④ 콩트분류법

해설 ② 해리스분류법이다. DDC의 주류(主類)의 배열순서는 W.T. Harris의 분류 중 종류(generalities)만을 상위에 위치하고, 잔여 9개류의 순서를 그대로 따서 십진법을 적용한 것이다. 한편 F. Bacon의 이론을 계승하여 주제순서를 거꾸로 바꾸어 분류체계를 세웠기 때문에 역베이컨식이라고도 한다.

204. 다음에서 DDC 분류항목의 구성 체계 및 배열구조에 대한 설명으로 옳지 않은 것은?

① 상위 3단계 요약(top three levels summaries)은 본표 제2권의 앞부분에 위치하면서 000-999를 요약하였다.

② 2단계 요약(two-level summaries)은 본표 제2~3권의 각 유강목, T2의 시작부분 아래에 있다.

③ 상위 3단계 요약은 주류(first summary), 강목(second summary), 요목(third summary)의 순으로 구성되었다.

④ DDC에서 분류항목의 구성 체계 및 배열구조는 내부 주기(note)에 해당한다.

해설 ④ DDC에서 분류항목의 구성 체계 및 배열구조는 내부 목차에 해당한다.

205. 다음의 DDC 제23판 특징에서 옳지 않은 것은?

① 주제에 기반하고 있어 분류표 전체에 걸쳐 하향식 계층구조와 십진식 배열체계를 유지한다.

② 접근 또는 기술한 관점이 다를 경우 각각의 관점을 중시하여 분류할 수 있기 때문에 분류자의 선택의 폭이 넓고 관점에 따른 군집력이 강하다.

③ 요약은 상위 3단계요약, 2단계 요약, 1단계 요약의 3가지 유형이 존재한다.

④ 저자가 복수주제를 동등한 비중으로 취급하였거나 분류자가 그것의 경중을 판단하기 어려울 경우 오분류와 비군집화의 개연성이 높아진다. 이를 방지하기 위해방지하기 위해 적용규칙, 선행규칙, 삼자포괄규칙, 제로규칙을 마련하고 있다.

해설 ① DDC는 주제가 아닌 학문분류에 기반하고 있어 분류표 전체에 걸쳐 하향식 계층구조와 십진식 배열체계를 유지한다.

정답 202. 2   203. 2   204. 4   205. 1

206. DDC 초판 발행연도와 23판의 발행연도를 바르게 짝지은 것은?

　① 1885년 – 1996년　　　　　　　② 1876년 – 2000년

　③ 1876년 – 2003년　　　　　　　④ 1876년 – 2011년

207. 다음과 같은 DDC 제23판의 개정된 보조표에 대한 내용에서 가장 거리가 먼 것은?

　① T1에서는 특수집단의 전기를 –0925~–0928에 신설하였다.

　② T2에서는 고대 세계 및 특히 이탈리아, 스위스, 스웨덴, 핀란드, 터키, 인도네시아, 베트남 및 캐나다의 지역구분을 확장하였다.

　③ T3에서는 –3082 전기소설, –308768 역사개변소설을 추가하였다.

　④ T4에서는 두 종류의 세목(–0188, –803)이 신설되었다.

　해설　④ T4에 신설된 세목은 –0188 Corpus linguistics, –803 Translating materials on specific subjects, –804 Translating literature(belles–letters) and rthtoric, –823 Punctuation이다.

208. 다음은 DDC 주기사항에 대한 설명이다. 옳지 않은 것은?

　① 기호나 표목에 명확하게 나타나 있지 않은 순서나 구조, 종속관계, 그 밖의 문제에 관련된 추가의 정보를 제공한다.

　② 난해한 분야를 분류하기 위한 조언을 제공하고, 주요 개정부분에 대한 심층정보를 제공해 준다.

　③ 문헌을 정확하게 분류하는 데 있어, 분류기호와 표목과 같이 중요한 역할을 한다.

　④ 매뉴얼 참조주기는 'See Manual at …'라는 어구로 시작된다.

　해설　② 난해한 분야를 분류하기 위한 조언을 제공하고, 주요 개정부분에 대한 심층정보를 제공해 주며 미국의회도서관 DCD의 정책과 관례에 대해 설명해 주는 것은 매뉴얼이다.

209. 다음의 설명에서 옳지 않은 것은?

　① 각괄호는 공백의 기호에 한해 사용한다.

　② 분류기호가 항상 최소한 세 자리를 유지하는 것은 아니다.

③ 분류기호의 세 번째와 네 번째 사이에는 소수점을 찍는다.

④ 표목칼럼의 표목들은 주제가 구체화될수록 들여 적는다.

해설 ② KDC와 DDC의 분류기호는 항상 세 자리를 유지해야 한다. 그러므로 자리수를 맞추기 위하여 세 번째 자리에 의미가 없는 '0'을 첨부하여 끝나기도 한다.

210. 다음은 DDC T3(문학형식구분표)에 대한 설명이다. 옳지 않은 것은?

① 개인저작 또는 다수인의 저작에서 문학형식이 2개 이상일 경우, 다른 지시가 없으면 시(-01), 희곡(-02), 소설(-03), 수필(-04), 연설(-05), 서간(-06), 잡문(-08)의 순으로 우선순위를 준수해야 한다.

② 특히 소설의 경우는 자전 및 전기소설(-3082), 역사 및 시대소설(-3081), 모험소설(-3087), 애정소설(-3085) 및 심리, 가상형식, 사회소설(-3083)의 순으로 우선순위를 준수해야 한다.

③ T3C는 표현된 관점의 우선순위를 테마와 주제, 요소, 특징, 인물의 순으로 규정하고 있다.

④ 본표의 809.8 및 T3C(-8-9) 아래는 인물의 우선순위를 연령, 성, 장애인·환자·천재, 직업과 종교집단, 민족·국적, 특정대륙·국가·지역 거주자, 특정지방 거주자의 순으로 규정하고 있다.

해설 ① 개인저작 또는 다수인의 저작에서 문학형식이 2개 이상일 경우, 다른 지시가 없으면 희곡(-02), 시(-01), 소설(-03), 수필(-04), 연설(-05), 서간(-06), 잡문(-08)의 순으로 우선순위를 준수해야 한다.

211. 다음에서 DDC에 직접적으로 영향을 미친 Harris의 분류체계가 바르게 연결된 것은?

① 사학 – 이학 – 시학   ② 이학 – 사학 – 시학

③ 이학 – 시학 – 사학   ④ 시학 – 사학 – 이학

212. 다음은 DDC 23판 T1의 성격의 내용을 설명한 것이다. 옳지 않은 것은?

① 다른 학문분야의 기법들을 해당주제에 적용하기 위한 세구분으로는 -01, -028, -068, -071, -072 등이 있다.

② 어떤 주제와 그 이용자를 연계하는 세구분으로는 -023과 -024가 있다.

③ 자료에 수록된 정보의 서지적 형태를 지시해 주는 세구분으로는 -02과 -04가 있다.

④ 주제에 관한 정보의 종류를 식별하기 위한 세구분으로는 -021, -022, -025, -027 등이 있다.

정답 206. 4   207. 4   208. 2   209. 2   210. 1   211. 3   212. 3

해설 ③ 자료에 수록된 정보의 서지적 형태를 지시해 주는 세구분은 −03 사전과 −05 연속간행물이다. −02 잡저는 자료의 주제를 포괄적이면서도 개괄적으로 편집한 편람, 도표, 연표, 통계, 목록, 명부, 특허와 상표, 법령집 등에 사용하는 기호이다. −04 특수주제는 어떤 주제 분야나 특정한 분류항목을 특별히 세분하기 위한 보조기호로서, 본표에 부가지시가 있어야만 사용할 수 있다.

213. 다음 중 DDC의 T4 언어공통구분표를 사용하여 분류하기에 적합하지 않은 것은?

① 410   ② 420   ③ 440   ④ 460

해설 ① 410은 언어학으로 T4의 적용과는 관계가 없다. T4 언어공통구분표는 언어류의 개별언어와 어족을 나타내는 420부터 490의 주요기호에 부여된다.

214. DDC의 표준세구분에서 어떤 특정영역과 주제에 대하여 일반적으로 적용되는 특수개념을 위하여 마련된 기호는?

① −04   ② −05   ③ −03   ④ −06

해설 ① −04는 어떤 특정 영역과 주제에 대하여 일반적으로 적응되는 특수개념을 위하여 마련된 기호이다. 이 기호는 본표에 특별하게 지시된 경우에만 사용한다.

215. DDC의 보조표 중 지리구분 할 때 사용되는 지시주는?

① 범위주(scope note)   ② Area
③ Add from schedules   ④ Add area notation

해설 ④ Add area notation이다. ①은 한 표목의 아래에서 그 적용의 특수한 관계를 열거하고 있는 것으로 특정주제뿐만 아니라 그 아래의 종속적인 세목들도 함께 적용되는 주(註)이다. ③은 주(note)의 일종으로 지시를 나타낼 때 사용되며 명칭은 본표첨가주이다.

216. 다음은 DDC의 800 문학에서 택하고 있는 일반적인 열거순서이다. 바르게 나열된 것은?

① 학문 − 주제와 각 계층의 세분주제 − 지리 및 시대세분 − 표현형식
② 학문 − 문학형식 − 언어나 장소 − 시대

③ 학문 – 주제와 각 계층의 세분주제 – 문학형식 – 시대

④ 학문 – 언어 – 문학형식 – 시대

해설 ④ 800 문학에서의 열거순서는 일반적인 주제와는 달리, 학문 – 언어 – 문학형식 – 시대의 열거순서를 택하고 있다.

217. 다음 중 DDC의 발행연도가 바르게 짝지어진 것은?

① 초판 1876년, 14판 1942년 　　　　② 10판 1918년, 11판 1922년

③ 15판 1951년, 15판 개정판, 1952년 　④ 16판 1958년, 23판 2011년

해설 ② 10판은 1919년 발행하였다. 그 외의 발행 년은 다음과 같다. 2판 1885년, 3판 1888년, 4판 1891년, 5판 1894년, 6판 1899년, 7판 1911년, 8판 1913년, 9판 1915년, 12판 1927년, 13판 1932년, 17판 1965년, 18판 1971년, 19판 1979년, 20판 1989년이다. 20판 이후 약 7년마다 개정되고 있다.

218. DDC의 개정을 위하여 편집상 도움을 주는 기관은?

① 국제도큐멘테이션연맹 　　　　② 십진분류편집정책위원회

③ 국제십진분류법개정편집위원회 　④ 국제종합서지목록위원회

해설 ② 십진분류법편집정책위원회(Decimal Classification Editorial Policy Committee)에 의하여 편집상 도움을 받는다. 이 위원회는 DDC를 사용하는 도서관들을 대표하며 분류표 발전에 관련된 문제를 논의하기 위하여 보통 1년에 두 번 회의를 소집한다. 본표와 보조표, 색인의 실제적인 편집은 Forest Press에서 담당하고 LC(미의회도서관분류) 목록카드에 DDC 번호를 부여하는 것은 Forest Press의 Decimal Classification Division이다. 1988년에 Forest Press가 OCLC로 통합되었다. 현재 DDC의 개정작업은 LC에서 책임을 지고 육성, 보호하고 있다.

219. 다음의 T1에 대한 설명에서 옳지 않은 것은?

① T1을 적용할 때는 본표에 부가지시가 없어도 모든 주제에 적용할 수 있는 것이 일반원칙이다.

② 어떤 자료에 2개의 표준세구분 기호를 부가해야 할 경우에는 일반적으로 물리적 형식기호를 우선 적용하고 관점기호를 배제하는 것이 원칙이다.

③ T1에 있는 2자리 기호는 방법, 관점, 표현형식, 물리적 형태 또는 매체의 순으로 우선순위를 규정하고 있다.

④ 자료의 주제가 본표에서 독자저인 분류기호를 가지지 못하거나 포함주 등의 형태로 주기에 나타날 경우에는 추가해서는 안 된다.

정답 213. 1　　214. 1　　215. 4　　216. 4　　217. 2　　218. 2　　219. 2

해설 ② 어떤 자료에 2개의 표준세구분 기호를 부가해야 할 경우에는 일반적으로 관점기호를 우선 적용하고 물리적 형식기호를 배제하는 것이 원칙이다.

220. DDC 23판의 문학형식구분에는 세목구분표가 몇 개 있는가?

① 1   ② 2   ③ 3   ④ 5

해설 ③ [T3]의 문학형식구분에는 3가지의 세목구분표가 있다. 보조표 [T3A]는 한 명의 개인저자의 작품이나 또는 개인저자에 관한 작품이나 비평서를 분류할 경우에만 사용된다. 그리고 보조표 [T3B]와 [T3C]는 2인 이상의 작품이나 2인 이상의 저작에 관한 문헌을 다룰 때 사용되는데, 특히 [T3C]는 보조표 [T3B]와 동시 예술분야의 700.4, 791.4과 문학류의 808-809등, 본표 상에서 사용의 지시가 있을 경우에만 사용할 수 있다.

221. "결혼을 주제로 한 20세기 이태리 희곡 전집"을 DDC로 분류할 경우 그 순서가 바르게 짝지어진 것은?

① 결혼 – 20세기 – 이태리 – 희곡 – 전집

② 이태리 – 희곡 – 20세기 – 결혼 – 전집

③ 이태리 – 희곡 – 20세기 – 전집

④ 전집 – 결혼 – 이태리 – 20세기 – 희곡

해설 ② 일반도서관에서 분류한다면 ③번, 이태리 – 희곡 – 20세기 –전집까지만 하면 되지만 이것은 객관식 문제이므로 ②번이 더 타당하다 하겠다

222. 다음은 DDC 제23판 본표의 일부를 발췌한 것이다. 괄호 안에 들어갈 보조표로 옳은 것은? (사서직 2016년 출제)

> 746.7 Rugs
>   .751-.758 Styles from specific Asian countries and localities other than southeast Asia
>   Add to base number 746.75 the numbers following –5 in notation 51-58 from (　), e.g., Chinese rugs 746.751

① Table 2   ② Table 4

③ Table 5   ④ Table 6

해설 ① Table 2(지역, 시대, 전기 구분표)다.

223. DDC 제23판의 분류기호에 따를 때, 해당 주제와 분류기호의 연결이 옳은 것만을 모두 고른 것은? (사서직 2016년 출제)

> ㄱ. 독일어로 된 수필(2인 이상 저자 작품) → 834
> ㄴ. 영어로 된 미국소설(2인 이상 저자 작품) → 823
> ㄷ. 스페인어로 된 서간문(2인 이상 저자 작품) → 856
> ㄹ. 고대영어로 된 문학작품(2인 이상 저자 작품) → 829

① ㄱ, ㄴ   ② ㄱ, ㄹ

③ ㄴ, ㄷ   ④ ㄷ, ㄹ

해설 ② T3B(2인 이상의 문학 작품이나 2인 이상의 저자에 대한 기호를 세분하기 위한 보조표)에 의하면 언어 다음에 수필은 -4, 서간문은 -6을 부가한다. 그 외 시는 -1, 드라마(희곡)는 -2, 소설 -3, 연설문 -5, 유머 및 풍자 -7, 잡저는 -8을 부가한다.

224. 다음은 DDC 제23판을 이용하여 분류한 결과이다. 각 분류기호의 밑줄 친 '5'의 의미는? (사서직 2017년 출제)

> 05<u>5</u>   4<u>5</u>0   8<u>5</u>0   914.<u>5</u>   94<u>5</u>

① Italian 또는 Italy

② Serial publication

③ Speeches

④ Grammar

해설 ① 이탈리아어 또는 이탈리아를 나타나는 기호를 조기성을 갖고 있다.

정답 210. 3   221. 2   222. 1   223. 2   224. 1

225. DDC 제23판을 이용하여 '일제 강점기에 2인 이상의 한국인 저자가 쓴 단편소설'을 분류할 때, 분류 순으로 바르게 나열한 것은? (사서직 2017년 출제)

ㄱ. 문학	ㄴ. 일제 강점기	ㄷ. 단편소설	ㄹ. 소설	ㅁ. 한국어

① ㄱ → ㄹ → ㄷ → ㅁ → ㄴ   ② ㄱ → ㄹ → ㄷ → ㄴ → ㅁ

③ ㄱ → ㅁ → ㄹ → ㄷ → ㄴ   ④ ㄱ → ㅁ → ㄹ → ㄴ → ㄷ

226. 다음은 DDC 제23판의 일부를 발췌한 것이다. 이를 이용하여 분류한 내용으로 옳지 않은 것은? (사서직 2017년 출제)

499 Non-Austronesian languages of Oceania, Austronesian languages, miscellaneous languages

      Add to base number 499 the numbers following –99 in notation 991–999 from Table 6; then to the number for each language listed below add further as instructed at beginning of Table 4, e.g., grammar of Maori 499.4425

499.211 Tagalog

499.442 Maori

499.92 Basque

499.95 Sumerian

Table 4

  –3 Dictionaries of the standard form of the language

  –5 Grammar of the standard form of the language

Table 6

  –992 11 Tagalog

  –994 42 Maori

  –999 2 Basque

  –999 3 Elamite

  –999 4 Etruscan

  –999 5 Sumerian

① Tagalog 문법 499.2115　　　　② Basque 사전 499.923

③ Elamite 사전 499.93　　　　　④ Etruscan 문법 499.945

해설　④번으로 올바른 기호는 499.955(499 + T6의 -95 + T4의 -5)이다.

227. 다음은 DDC 제23판 본표의 일부를 발췌한 것이다. 괄호 안에 들어갈 Table 명칭으로 옳은 것은? (사서직 2017년 출제)

> 155.457 Children by ethnic and national group
> 　　　　Class here ethnopsychology
> 　.457 001-.457 009 Standard subdivisions
>
> 　.457 1-.457 9 Specific ethnic and national groups
> 　　　　　　Add to base number 155.457 notation 1-9 from (　　　),
> 　　　　　　e.g., Japanese children 155.457956, Japanese-American
> 　　　　　　children 155.457956073

① Languages

② Ethnic and National Groups

③ Geographic Areas, Historical Periods, Biography

④ Subdivisions of Individual Languages and Language Families

해설　② T5민족 및 국가군 구분표이다.

228. 다음은 DDC 제23판의 분류과정을 예시한 것이다. 밑줄 친 ㉠과 ㉡에 해당하는 보조표를 바르게 연결한 것은? (사서직 2017년 B형 출제)

> Child psychology for parents
> 　→ 155.4(child psychology) + ㉠ -085(parents) = 155.4085
> French folk music
> 　→ 781.62(folk music) + ㉡ -41(French) = 781.6241

정답　225. 3　　226. 4　　227. 2　　228. 1

	㉠	㉡			㉠	㉡
①	Table 1	Table 5		②	Table 1	Table 6
③	Table 5	Table 5		④	Table 5	Table 6

229. 다음은 DDC 제23판과 KDC 제6판의 지역구분 내용의 일부이다. 해당 기호와 내용을 바르게 연결한 것만을 모두 고른 것은? (사서직 2017년 B형 출제)

기호	DDC	제23판(T2)	KDC 제6판(지역구분표)
ㄱ.	-2	Biography	유럽
ㄴ.	-3	Ancient world	아프리카
ㄷ.	-5	Asia	남아메리카
ㄹ.	-7	North America	오세아니아, 양극지방
ㅁ.	-9	Australasia	해양

① ㄱ, ㄴ, ㄷ
② ㄱ, ㄷ, ㄹ
③ ㄴ, ㄹ, ㅁ
④ ㄷ, ㄹ, ㅁ

230. DDC 제23판의 본표 일부를 발췌한 것이다. 밑줄 친 ㉠과 동일한 의미를 갖는 KDC 제6판의 분류기호는? (사서직 2018년 출제)

600 Technology (Applied sciences)
<u>610</u> Medicine and health
㉠
620 Engineering and allied operations

① 410
② 420
③ 510
④ 520

해설 ③번으로, 의학이다.

231. DDC 제23판의 일부를 발췌한 것이다. 이를 적용한 『Public libraries in Japan』의 분류기호는? (사서직 2018년 출제)

> 027 General libraries, archives, information centers
>   .4 Public libraries
>   [.409 3-.409 9] Specific continents, countries, localities
>   Do not use; class in 027.43-027.49
>   .42 Library outreach program
>   .43-.49 Specific continents, countries, localities
>   Add to base number 027.4 notation 3-9 from Table 2,
>   e.g. public libraries in France 027.444
>
> ---
>
> Table 2
>   -51 China and adjacent areas
>   -519 Korea
>   -52 Japan

① 027.40952 ② 027.452

③ 027.4952 ④ 027.52

해설 ②번으로, 027.4(공공도서관) + -52(일본 지역번호)로 조합되었다.

232. DDC 제23판에서 동일 학문에 속하는 둘 이상의 주제를 다루는 자료를 분류할 때의 설명으로 옳지 않은 것은? (사서직 2019년 출제)

① 기호법의 계층구조상 동일한 위치에 있는 '0'과 '1 - 9' 가운데 선택할 경우, '0'으로 시작되는 세목에 분류한다.

② 두 주제를 동등하게 다루고 있는 자료의 경우, 분류표상 앞에 위치한 주제에 분류한다.

③ 영향이나 인과관계를 다루고 있는 자료의 경우, 영향을 받은 주제 또는 결과에 해당하는 주제에 분류한다.

④ 동일한 상위주제의 세목에 해당하는 셋 이상의 주제를 다루고 있는 자료의 경우, 어느 한 주제를 더 완전하게 다루고 있지 않는 한 이 세목을 포괄하는 첫 번째 상위주제에 분류한다.

정답 229. 1   230. 3   231. 2   232. 1

233. DDC 제23판을 적용하여 다음을 분류할 때, 분류표에 배치된 기호의 순서대로 바르게 나열한 것은? (사서직 2019년 출제)

ㄱ. 스페인어 기초 문법
ㄴ. 제주도방언연구
ㄷ. 독일어 어원 연구
ㄹ. 바르셀로나 지방의 방언 연구
ㅁ. 일본어 문법 해설

① ㄱ → ㄹ → ㄷ → ㅁ → ㄴ
② ㄱ → ㄹ → ㅁ → ㄴ → ㄷ
③ ㄷ → ㄱ → ㄹ → ㅁ → ㄴ
④ ㄷ → ㄱ → ㄹ → ㄴ → ㅁ

해설 ③이다. 스페인어 기초 문법 465, 제주도방언연구 495.707, 독일어 어원 연구 432.07, 바르셀로나 지방의 방언 연구 467.07, 일본어 문법 해설 495.65이다.

234. DDC 제23판의 일부를 발췌한 것이다. 이를 적용하여 물리학자의 전기인 『퀴리부인의 발자취』의 분류기호로 옳은 것만을 묶은 것은? (사서직 2019년 출제)

530 Physics
    .02 Miscellany
    .1 Theories and mathematical physics
    .4 States of matter
920 Biography, genealogy, insignia
    Class biography of people associated with a specific subject with the subject, plus notation 092 from Table 1, e.g., biography of chemists 540.92
    (Option B: Class individual biography in 92 or B; class collected biography in 92 or 920 undivided)
    (Option C: Class individual biography of men in 920.71; class individual biography of women in 920.72)

① 530.092, 92, 920.72
② 530.92, 92, 920.71
③ 530.92, B, 920.72
④ 530.092, B, 920.71

①번으로, 본표 + 표준구분, 선택 B, 선택 C를 적용한 분류기호이다.

235. DDC 제23판의 일부를 발췌한 것이다. 이를 적용한 『한국어 속담(Korean proverbs)』의 분류기호는? (사서직 2020년 출제)

> 390 Customs, etiquette, folklore
> 398 Folklore
>   .9 Proverbs
>   Class here folk aphorisms
>   Add to base number 398.9 notation 1–9 from Table 6,
>   e.g., French proverbs 398.941
>
> ---
>
> Table 6
> –41 French
> –956 Japanese
> –957 Korean

① 398.9057　　　　　　② 398.90957

③ 398.957　　　　　　④ 398.9957

④번으로, 398.9 + –957로 조합하였다.

236. DDC 제23판의 일부를 발췌한 것이다. ㉠, ㉡에 들어갈 Tables(보조표)로 옳은 것은? (사서직 2020년 출제)

> 331.6 Workers by ethnic and national origin
>   .62 Immigrants and aliens
>   .620 9 History, geographic treatment, biography
>   Class here immigrant and alien workers in specific areas, e.g.,
>   immigrant workers in Canada 331.620971
>   .623–.629 Immigrants and aliens from specific continents, countries,
>   localities
>   Add to base number 331.62 notation 3–9 from (㉠) for place of
>   origin, e.g., immigrant workers from Korea 331.62519
>   .63 Native-born workers by ethnic group

233. 3　　234. 1　　235. 4　　236. 1

.631–.639 Native-born workers of other ethnic groups
Add to base number 331.63 notation 1–9
from (ⓛ), e.g., Korean Americans 331.63957

	㉠	ⓛ		㉠	ⓛ
①	Table 2	Table 5	②	Table 2	Table 4
③	Table 5	Table 4	④	Table 5	Table 2

해설 ①번으로, T2 지역구분표와 T5 민족 및 국가군 구분표이다.

237. DDC 제23판을 적용하여 분류한 조합과정과 분류기호이다. 적용된 ㉮ ~ ㉲ Table의 종류가 다른 것은? (사서직 2021년 출제)

Spanish Grammar → 46 + ㉮(-5) = 465
Phonology of Portuguese → 469 + ㉯(-15) = 469.15
French-English Dictionary → 44 + ㉰(-3) + ㉱(-21) = 443.21

① ㉮   ② ㉯   ③ ㉰   ④ ㉱

해설 ④번으로, 언어구분표이다. ①, ②, ③은 민족 및 국가구분표를 적용하였다.

238. DDC 제23판의 일부를 발췌한 것이다. 이를 적용한 『미중외교(미국과 중국의 국제관계)』의 분류기호는? (사서직 2021년 출제)

327 International relations
.3–.9 Foreign relations of specific continents, countries, localities
Class here foreign policy
Add to base number 327 notation 3–9 from Table 2; then, for relations
between that notation or region and another nation or region, add 0 and
to the result add notation 1–9 from Table 2

Table 2.

```
-5 Asia
-51 China and adjacent areas
-7 North America
-73 United States
```

① 327.7351

② 327.73051

③ 327.07351

④ 327.073051

해설 ②번이다. DDC에서 "미중외교"는 기본기호 327 + -73(T2의 미국에 대한 기호) + 0(주기에 따른 패싯지시 기호) + -51(T2의 중국에 대한 기호) → 327.73051이 된다.

239. DDC 제23판의 분류규정에 대한 설명 중 옳은 것만을 모두 고른 것은? (사서직 2021년 출제)

ㄱ. 자료가 주제의 이론과 응용을 함께 다룬 경우에는 이론에 분류한다.
ㄴ. 자료가 복수 주제를 동등하게 다룬 경우에는 분류표상 선치하는 주제에 분류한다.
ㄷ. 한 국가의 통치자(왕, 황제, 대통령, 수상 등)에 대한 공식적인 기록은 그 국가의 역사에 분류한다.
ㄹ. 단일 주제를 다룬 자료에서 관점이 2개 이상일 때, 특별히 저자가 강조한 관점이 없으면 분류표에서 규정한 학제적 기호에 분류한다.

① ㄱ, ㄴ

② ㄷ, ㄹ

③ ㄱ, ㄴ, ㄷ

④ ㄴ, ㄷ, ㄹ

해설 ④이다. 자료가 주제의 이론과 응용을 함께 다룬 경우에는 응용에 분류한다.

240. DDC 제23판을 적용하여 2020년에 한국어로 출판된 개인시집을 분류할 때, 조합과정이 옳은 것은? (사서직 2021년 출제)

① 895.7(Korean literature) + -1 (Table 3A: Poetry)
   + 5 (PERIOD TABLE: 2000-)

② 895.7(Korean literature) + 5 (PERIOD TABLE: 2000-)
   + -1 (Table 3A: Poetry)

정답 237. 4   238. 2   239. 4   240. 1

③ 895.7(Korean literature) + -1 (Table 3B: Poetry)

  + 5 (PERIOD TABLE: 2000-)

④ 895.7(Korean literature) + 5 (PERIOD TABLE: 2000-)

  + -1 (Table 3B: Poetry)

해설 ①번이다. 개인의 작품의 경우에는 먼저 문학(8) + 언어(T6) + 문학형식(T3A) + 시대(각국 문학의 본표상에서 제시된 시대순의 기호) 순으로 부가한다.

241. DDC 제23판과 KDC 제6판의 강목에 대한 주제 연결이 옳지 않은 것은? (사서직 2022년 출제)

	분류기호	DDC 제23판	KDC 제6판
①	510	Mathematics	의학
②	540	Chemistry	건축, 건축학
③	550	Physics	기계공학
④	570	Biology	화학공학

해설 ③번으로, 분류기호 550은 DDC에서는 지구과학, KDC에서는 기계공학이다.

242. DDC 제23판의 일부를 발췌한 것이다. (가), (나)에 들어갈 보조표는? (2022년 출제)

808 Rhetoric and collections of literary texts from more than two literatures
  .8 Collections of literary texts from more than two literatures
    .801-.803 Collections displaying specific features
        Add to base number 808.80 notation 1-3 from (가), e.g., collections of literature featuring classicism 808.80142, on death 808.803548
809 History, description, critical appraisal of more than two literatures
  .01-.05 Literature from specific periods
        Add to base number 809.0 the numbers following -090 in notation 0901-0905 from (나), e.g., history of 18th century literature 809.033

	(가)	(나)		(가)	(나)
①	Table 3B	Table 1	②	Table 3B	Table 2
③	Table 3C	Table 1	④	Table 3C	Table 2

해설 ③번으로, T3C 문학작품에 대한 추가 보조표와 T1 표준세구분표이다.

243. DDC 제23판의 일부를 발췌한 것이다. 이를 적용한 『남아프리카에 거주하는 한국어 사용자들에 대한 사회적 연구』의 분류기호는? (사서직 2022년 출제)

305 Groups of people
    .7 Language groups
          Add to base number 305.7 notation 1–9 from Table 6, e.g., English-speaking
          people 305.721; then add 0 and to the result add notation 1–9 from Table 2
    .8 Ethnic and national groups
    .81–.89 Specific ethnic and national groups
          Add to base number 305.8 notation 1–9 from Table 5

Table 2
  –68 Republic of South Africa and neighboring southern African countries
Table 5
  –957 Koreans
Table 6
  –957 Korean

① 305.7680957

② 305.7957068

③ 305.8680957

④ 305.8957068

해설 ②번으로, 305.7(본표) + 957(T6) + 0(패싯 지시기호) + 68(T2) 순으로 조합.

244. DDC 제23판과 KDC 제6판에 따라 분류할 때 밑줄 친 부분을 기호화할 수 없는 것은? (사서직 2022년 출제)

① DDC 제23판 : 박경리 소설 전집

② DDC 제23판 : 영국 소설 비평

③ KDC 제6판 : 20세기 영미 소설

④ KDC 제6판 : 1990년대 한국 단편소설

해설 ①번으로, '전집'을 표현하는 보조기호 자체가 없다.

정답 241. 3   242. 3   243. 2   244. 1

245. DDC 제23판으로 『프랑스의 의학대학 디렉토리』를 분류할 경우, 분류기호의 조합 과정이 옳은 것은? (사서직 2023년 출제)

① 610(의학) + -025(T1: directory) + -44(T2: France)

② 610(의학) + -0711(T1: higher education) + -44(T2: France)

③ 610(의학) + -025(T1: directory) + -0711(T1: higher education) + -44(T2: France)

④ 610(의학) + -0711(T1: higher education) + -025(T1: directory) + -44(T2: France)

246. DDC 제23판의 본표와 보조표 일부를 발췌한 것이다. 이를 적용한 분류기호로 옳은 것은? (사서직 2023년 출제)

```
636 Animal husbandry
    .003–.006 Standard subdivisions
    .008–.009 Standard subdivisions
    .08 Specific topics in animal husbandry
    .081 Selection, showing, ownership marks
    .082 Breeding
    .083 Care, maintenance, training
    .084 Feeding
    .7 Dogs
       .7001–.7009 Standard subdivisions
                   Notation from Table 1 as modified under
                   636.001–636.009
    .701–.708 Specific topics in husbandry of dogs
              Add to base number 636.70 the numbers
              following 636.0 in 636.01–636.08
    .8 Cats
    .8001–.8009 Standard subdivisions
                Notation from Table 1 as modified under
                636.001–636.009
    .801–.808 Specific topics in husbandry of cats
              Add to base number 636.80 the numbers
              following 636.0 in 636.01–636.08
```

> Table 1. Standard Subdivisions
> -03 Dictionaries, encyclopedias, concordances
> -04 Special topics
> -05 Serial publications
> -06 Organizations and management
> -08 Group of people
> -09 History, geographic treatment, biography

① 『애견 훈련시키기』 → 636.7083

② 『월간 고양이 : 반려동물 전문잡지』 → 636.805

③ 『고양이 사료 먹이는 법』 → 636.80084

④ 『인류와 함께한 반려견의 역사』 → 636.8009

해설 ①번이다. ② 『월간 고양이 : 반려동물 전문잡지』 → 636.8005, 『고양이 사료 먹이는 법』 → 636.8084, 『인류와 함께한 반려견의 역사』 → 636.7009가 옳은 분류기호이다.

제6장
현대 주요 분류법의 이해

브리스(Bliss)의 서지분류법(BC: Bibliographic Classification)

- 1902년 초안을 만들어, 1912년 미국 Library Journal 지에 발표
- 1940년부터 1953년까지 4권으로 발행된 분석합성식 분류법
- DDC, EC, LCC와 함께 서양의 4대 분류표에 포함
- 랑가나탄에 영향을 끼침
- 개정판은 28권으로 발행 예정이며, 2020년 현재 15권까지 발간
- 분류의 위치를 선택할 수 있는 양자택일 방법 채택
- 주류체계는 총류에 해당하는 선행류(Anterior Classes)를 2-9에 선치시킨 다음에 각 주류를 알파벳 대문자 순으로 배열
- 주제배열은 학문분류에 기초하여 4개 그룹(철학, 과학, 역사, 기술과 예술)으로 대별의 순서에 점진성의 원칙 적용
- 분석합성식 원리를 수용하여, 5개 공통패싯(Form, Time, Place, Languages, Ethnic)을 이용하여 복수주제 또는 복합주제를 모두 기호화할 수 있음
- 주류는 알파벳 대문자, 형식구분은 숫자, 장소구분은 알파벳 소문자를 사용ㅎ하는 혼합기호법 채택

브라운(Brown)의 주제분류법(SC: Subject Classification)

- 동일한 주제자료는 취급방법에 따라 분산되지 않고, 동일 장소에 집결시키는 것을 원칙으로 함
- 취급된 관점이 달라도 동일한 주제를 한 곳에 집결시켜, 개가서고에서의 브라우징의 편의성 제고
- 군집 방식은 주제 내 합성과 주제간 합성, 범주표를 활용
- 분류의 단순성과 논리성 및 실용적 방법을 주장한 영국 도서관인에 의해 만들어진 유일한 분류표
- 초판 1906년, 개정판 1914년, 제3판 1939년 조카 스테와트가 발행
- 주류를 총 11개로 구성하고 배열은 물질과 역학(총류, 물리학), 생명(생물학, 민족학, 의학,

실용생물학, 가정학), 정신(철학, 종교, 사회과학, 정치학), 기록(언어, 문학, 역사, 지리, 전기) 순으로 자연과학을 상위에 존치

- 기호법은 알파벳 대문자 1자, 그리고 000 - 999의 아라비아 숫자 3자, 범주표(.0-.980)를 사용하며, 또한 주제의 합성을 위해서는 연결기호 +를 사용하여 아주 복잡한 혼합기호의 형태로 구성
- 단점은 지속적인 개정이 이루어지지 않고 있는 점과 기호법이 복잡하고, 또한 색인을 이용할 때 범주표의 색인도 함께 참고하여야 됨으로 업무상 이중적인 복잡성을 주고 있는 점

커터(Cutter)의 전개분류법(EC: Expansive Classification)

- 커터는 1875년에 사전체목록규칙(Rules for Dictionary Catalog)을 발표 또한 1880년에 는 커터저자기호표(Cutter's Alfabetic-Order Table)를 발표하여 도서관계에 공헌
- 전개분류표는 1891년에 지식의 전 분야를 포함하는 각각의 표가 제1표로부터 제7표에 이르기까지 장서수의 증가량에 따라 점차로 전개하여 사용하도록 구성
- 제1표는 소규모 도서관용이고 최후 제7표는 대도서관용으로 적합
- EC는 1부와 2부로, 전체표가 7표로 구성. 제1부(제1표 - 제6표)는 1891 ~ 1893년에, 제2부(제7표)는 1896년부터 작성되기 시작하였으나 1903년에 커터(Cutter)가 사망하여 1911년까지 부분적으로 발표되었으나 제7표는 현재까지 미완성인 상태로 남아 있음
- EC의 분류체계는 주제의 진화(進化)론적 순위 배열에 따르기 때문에, 세계 4대 분류법(DDC, EC, SC, LC)중에서 가장 논리적인 분류표로서 평가됨
- EC의 주류구성은 전반적으로 콩트(Anguste Comte), 스펜서(Herbert Spencer)와 같은 과학 사상가들과 칸트(Immanuel Kant), 헤겔(Georg Wilhelm Friedrich Hegal)과 같은 철학자들의 학문분류에 영향을 받았으며, 그 중 특히 세목의 구분을 위한 전개에서는 콩트의 학문분류 체계에 크게 영향을 받음
- EC에 사용되는 분류기호는 알파벳 대문자와 소문자 및 숫자로 이루어지는데, 이는 EC의 형식구분이나 지리구분 및 제 7표에서는 특수세구분으로 사용
- EC는 구조원리로 보면 열거식분류표이고, 기호법은 혼합기호를 사용하는 분류표임
- EC는 다음과 같은 조기성 보조분류표를 구비

· 일반형식구분: DDC의 표준세구분표(Standard subdivision)의 기능과 같은 것으로, 본표상의 기호와 결합하여 모든 주제에 공통적으로 사용될 수 있는 조기성 기호

· 지리구분: 11에서 99까지 두 자리 숫자를 지리구분 기호로 사용. 지리구분은 E(Biography), F(History), G(Geography) 등에 주로 사용하며, 그 외의 모든 주제에도 필요에 따라서 지리구분 기호를 사용할 수 있음

· 시대구분: 시대구분은 제7표의 F(history)와 G(geography) 아래에서 전개

· 어학과 문학의 세구분: 제5표와 제6표에서는 문학서를 각국 문학으로, 그리고 언어를 각 나라의 국어로 구분하기 위하여 X(Language), Y(Literature)에 지리구분기호를 붙이고 각국의 문학에서는 문학의 형식에 따라 D(Drama), F(Fiction), P(Poetry)의 기호를 사용하여 각국나라 문학의 기호 다음에 붙여 씀

- EC의 색인은 1893년 제6표가 발행되면서, 제1표부터 6표까지 알파벳순에 의한 공통색인이 만들어졌으나, 제7표의 본표가 미완성 되면서 안타깝게도 색인조차 효력을 상실케 됨

- 장점은 주류체계의 배열이 학문적이며 논리적 ; 기호의 조기성이 풍부 ; 보조표의 사용으로 분석합성식의 기법을 도입 ; 도서관의 성격이나 장서량의 규모에 따라 알맞는 분류표를 택일할 수 있음 ; 전개성이 무한

- 단점은 제7표가 미완성됨에 따라 총색인도 아직 미완성 ; 기호체계가 복잡하여 읽고, 기억하고, 배가하기가 곤란 ; 주제 간 구분의 불균형

미국 의회도서관분류법(LCC: Library of Congress Classification)

1. 역 사

- 미국 의회도서관(LC: Library of Congress)은 1800년 4월 설립

- 제3대 대통령이었던 제퍼슨(T. Jefferson)의 개인문고 6,700권을 베이컨의 학문분류에 기초하여 44개 항목의 주제분류표로 시작

- 1897년에 현재의 신축건물로 이전한 LC는 150만권 이상의 장서를 조직하기 위해, EC를 참고로 당시의 도서관계의 지도자였던 핸슨(J.C.M. Hanson)과 마텔(C. Martel)의 지도 하에 각각의 전문가들에 의해 주류별로 분담시켜 작성

- LCC는 21개의 주제로 나누어, 현재 49권 이상의 분책형태로 발행되고 있는 세계 최대의

열거식 분류표인 동시에 일반분류표이고 분책단위로 말한다면 특수분류표라 칭할 수 있음
- 최신 정보는 웹버전 'Classification Web(LCC)'과 LCSH(Library of Congress Subject Heading)를 통해 거의 매일 업데이트 됨

2. 구 성

- LCC는 기본적으로 열거식 분류표로서, 복수의 개념이나, 파셋 측면을 포괄하는 복합주제로 본표상에 영문 대문자로 열거
- LCC의 주류배열

A General works	M Music and books on music
B Philosophy. Psychology. Religion	N Fine arts
C Auxiliary science of History	P Language and Literature
D History of Europe,Asia,Africa,Australia etc.	Q Science
E-F History: America	R Medicine
G Geography. Anthropology. Recreation	S Agriculture
H Social sciences	T Technology
J Political science	U Military science
K Law	V Naval science
L Education	Z Library science,Bibliography

- 새로운 학문의 미래 추가 설정이나, 분류표의 전개성 여분을 위하여 알파벳 문자 중에서 다섯 개의 대문자 I, O, W, X, Y는 공기호로 남겨 둠

3. 보조표

- 전 주제에 공통적으로 사용할 수 있는 조기성기호를 별도로 마련하지 않고, 각 주제마다 독자적인 형식구분과 지리구분을 각각 본표에다 열거
- 보조표는 DDC나 다른 분류표와는 달리 기본번호에 추가되는 것이 아니라, 본표에 열거되어 있는 어느 일정범위의 기호 가운데에서 특수한 기호로 정확히 지시하기 위하여 사용
- 보조표는 색인 바로 앞의 본표의 맨 끝에 있으면서 어떤 유(類)나 하위류 전체에 적용되는 일반보조표(auxiliary table)와 본표 내의 그 표가 적용되는 기호범위의 전후에 있는 내부표(internal table)를 제시

4. 색인

- 분류표 전체에 대한 종합색인은 없음
- 과거에는 미국의회도서관 주제명표목표(Subject Heading Used in the Dictionary of Library of Congress)가 LCC의 종합색인의 역할을 대신
- 1974년 이후는 쩐 15권으로 발행된 LC의 분류총색인(Combined Indexes to Library of Congress Classification)을 이용
- 현재는 LC주제명표목표의 각 표목에는 그에 상응하는 LCC번호가 첨부되어 있기 때문에 LCC의 총 색인대신으로 활용

5. 기호법

- 혼합기호법을 채택 즉, 주류마다 1개의 알파벳 대문자를 적용하고 있으며, 그 하위류에 2-3개의 알파벳 대문자(E, F, Z에는 적용되지 않음), 그리고 세목 이하에서는 1-9999의 정수(整數), 또한 각 도서의 세구분을 위한 기호에 1개의 대문자와 아라비라 숫자로 구성된 커터기호(Cutter number)를 부여
- LC 기호법의 중요한 특징은 주류(1차구분), 강목(2-3차 구분)에서는 계층구조를 형성하고 있으나, 세목(4차 구분) 이하는 계층구조를 정확하게 표현하지 못함. 그러나 분류기호가 간결해지고 서가배열이 용이함

6. 장·단점

장 점	단 점
실용성 우수 효율적 조합의 필요성 최소화 각 분야의 주제전문가들에 의해 유지·갱신 수시 개정되므로 최신성 유지	범위주(scope note) 취약 기호의 배분과 용어가 미국 편중 분류표에 열거되지 않은 복합주제나 복수의 요소를 가진 저작의 분류 곤란 기호의 구성체계가 비논리적 조기성 부족 혼합기호의 사용으로 기호가 복잡하며, 커터기호의 사용으로 국제적인 선택을 제한

국제십진분류법(UDC: Universal Decimal Classification)

1. 역사

- 라퐁테인(H. LaPontaine)과 오트렛(P.M.G Otlet)이 DDC 제5판(1894년)을 저본으로 하여 발간한 준열거식 분류표
- 1905~1907년에 완전 국제판인 초판 발간
- 간략판은 17개 언어로 출판되었고, 우리나라에서는 1973년 한국과학기술정보센터 (KORSTIC, 현재명: 한국과학기술정보연구원(KISTI))가 출판
- 현재 UDC는 총 61,000개 항목으로 구성된 기계가독형 MRF(Master Reference File, 국제적인 데이터베이스) 13판(2020년)에 근거하여 표준판과 3~4배 분량인 분야별 확장판을 발간
- FID/CCC(Central Classification Committee)와 전문별 국제분류위원회(FID/Central Classification Committee)가 중심이 되어 UDC의 간행, 개정증보, 보급발전 등을 도모하다, 현재는 UDC Consortium에서 유지 관리
- UDC는 "Expanded Dewey"라고도 칭함
- 도서뿐만 아니라 연속간행물의 논문기사 및 버티칼 파일 등의 고도로 특수화된 주제 분야까지 분류 가능

2. 구성

- 분류명사가 열거된 주 분류표와 보조분류표 그리고 이들의 합성을 도와주는 조합기호(組合記號)로 구성. 구성과 기호법은 DDC의 기초를 따라, 십진식에 의하여 기호가 계층적으로 전개.
- 주 분류표(主分類表)는 UDC는 DDC와 마찬가지로 아라비아 숫자를 사용하여 10진식의 체계로 전개. UDC의 유, 강, 목에서는 아라비아 숫자 세 자릿수를 쓰기는 하되, 끝 자릿수가 의미 없는 0 일 경우는 이를 빼고 기록
- 보조분류표: 보조분류표에 나와 있는 기호는 단독으로 사용될 수 없으며, 주 분류기호(主分類記號)를 상세히 세분할 때 부가하여 사용하는 조합기호. 이 보조분류표에는 각 분류항목에 공통적으로 부가하여 사용할 수 있는 7개의 공통보조기호(common auxiliaries)와

특정주제 내에서 어느 위치에서나 상황에 따라 사용할 수 있는 3개의 고유보조기호 (special auxiliaries)가 있음

- 공통보조기호: 주 분류 및 고유보조기호에 공통적으로 사용할 수 있는 것으로 언어, 형식, 장소, 인종·민족 및 국적, 시(時), 문자 및 번호, 관점, 사람 등의 보조기호. 한 개의 주분류기호에 여러 개의 공통보조기호가 동시에 부가될 경우에 그 조합의 순서는 관점.00..., 장소(...), 시간 "...", 형식(0...), 언어=... 순서로 부가

  ① 언어보조기호 =

  분류하고자 하는 자료에 사용된 언어를 나타내기 위해 사용되는 보조기호로 연결기호 (=) 다음에 00-93까지의 숫자를 부여

  ② 형식보조기호 (0...)

  자료의 특성 또는 형식에 따라서 구분짓기 위해 사용되며 원괄호(( )) 속에 01-09의 숫자를 부여

  ③ 지리(장소)보조기호 ((...))

  자료의 지리적 특성을 나타내기 위해 사용되며 원괄호(( )) 속에 각 지역에 해당되는 숫자를 부여. 특히 지역별 관점을 강조시키려면 장소 보조기호를 주분류기호 앞에 표기

  ④ 인종·민족 및 국적보조기호 (=)

  자료의 인종, 민족, 국적을 구별하기 위한 것으로(=) 기호를 사용

  ⑤ 시대(時)의 보조기호 "..."

  자료에서 다루고 있는 특정시대를 나타내기 위해 사용되며 " "기호 속에 연대숫자를 넣어 사용

  ⑥ 문자, 번호보조기호 A/Z, *

  UDC의 주 분류표에는 일부 예외를 제외하고는 개별적인 세목이 없기 때문에 자료의 내용에 나타나는 고유명사의 일부문자나 번호(숫자, 이는 분류표상의 기호가 아님)를 차용하여 분류기호로 사용. 문자(A/Z)의 경우는 해당명사 전체나 약칭을 그대로 UDC 기호 다음에 부가하고, 숫자의 경우에는 *를 앞세워 기재

  ⑦ 관점보조기호 .00

  자료에서 다루고 있는 특정주제에 관한 관점이나 시각을 나타내기 위해 .00기호를 사용

  ⑧ 사람(人의)·재료보조기호 -05 ; -03

자료에서 다루고 있는 사람의 여러 특성을 표현하고자 할 경우(-05 사용)나 대상물의 구성 재료를 표현하고자 할 경우(-03 사용)에 사용

- 고유보조기호(固有補助記號): 주분류표의 특정주제를 보다 더 세분하기 위해 일부 해당 주제에 대해서만 공통적으로 적용되는 보조표. 고유보조기호에는 .0 (point naught) - (hyphen) ' (apostrophe)의 3개가 있다. 〈 .0 〉은 자연과학이나 응용과학에서 많이 적용되고 〈 - 〉은 인문예술 및 사회과학에서 많이 사용, 그리고 〈 ' 〉어퍼스트라피는 화학 및 화공업분야에서 한정 사용

- 조합기호(組合記號): 자료의 내용이 2개 이상의 복합주제로 되어 있을 경우에는 각 주제의 기호와 기호를 연결시켜 조합된 복합기호로 부여. 이러한 경우에 사용하는 조합기호로는 2개의 부가기호와 3개의 상관기호가 있다.

① 부가기호(符加記號) + /

둘 이상의 복합주제가 아무런 관계나 영향 없이 독립적으로 되어 있을 때 사용하는 것으로 첨가기호 + 와 연속기호 / 가 있다. 첨가기호 + 는 독립된 복수주제를 결합하기 위한 기호로서, 'and'의 의미로 사용됨

② 상관기호(relation sign) : :: [ ]

둘 또는 그 이상의 주제가 상호관계에 있을 때 즉 서로 영향, 작용, 원인, 결과, 목적, 용도, 수단, 비교, 대조 등의 관계에 있는 경우에 사용하며, : (colon)기호와 ::(double colon), [ ] (square bracket)기호가 있다.

: (colon)은 관련된 주제의 전후 순서를 고정할 수 없을 경우에 사용

:: (double colon)은 전후순서가 일정하여 고정적일 때 사용

[ ] (square bracket)은 복합기호중 어느 한편이 극히 종속적이고 부차적일 경우에 사용

3. 분류기호의 조합 및 배열순서

하나의 주분류에 여러 개의 공통보조분류를 추가할 경우, 그 순서는 "관점-지리-시대-형식-언어"의 순서로 함. 또한 동일개념에 둘 이상의 고유보조분류가 설정되어 있을 경우에는 적용범위가 좁은 쪽을 우선적으로 채택. 따라서 .0 과 - 가 있을 경우에는 .0을 사용

4. 장·단점

장 점	단 점
• 국제적 일반분류표로서 전 세계 자료의 정리를 일원화할 수 있음 • 복합주제의 표현을 가능케 하여, 현재 인터넷상의 메타데이터 및 주제게이트웨이 등의 다양한 검색이 가능 • 기호가 간결하고 신축성과 전개성이 풍부 • 과학·기술부분의 전개가 상세한 것으로, 온라인 검색환경에서도 적합한 분류표 • 국제적인 관리기구인 UDCC에서 계속적인 분류표의 보호와 육성을 도모 • UDC에서는 간략판, 웹버전 등 다양한 형태로 보급하고 있어 선택의 기회가 양호 • 분류표의 보호 및 육성기관이 확실하여 미래 학문 변화에 대비 가능	• 다양한 보조기호를 사용함으로써 DDC에 비하여 분류기호가 간결하지 못하고, 서가상의 배열과 검색이 단순하지 못함 • 현재의 학문체계와 일치하지 않는 부분이 많으며, 신주제의 삽입여지가 부족 • 본표 구성상 DDC의 요목(1000구분)까지를 기초로 했던 관계로 항목의 전개가 미약 • 분류항목의 배열이 서구중심으로, 아시아 분야의 항목 전개가 부족 • 분류체계의 개정 제안과 절차가 반드시 심의과정을 거쳐야 하므로, 신중성은 있으나 신속성이 부족하여, 최신성이 부족

콜론 분류법(CC : Colon Classification)

1. 역 사

- 랑가나단(Shiyali Ramamrita Ranganathan)에 의해 창안된 분류법

- 1892년 인도에서 태어나 마드라스대학(University of Madras)에서 수학을 전공하였고, 1924년 영국 런던으로 건너가 런던대학 도서관 학교를 다니면서 도서관학을 연구

- 당대를 대표하던 DDC, EC, UDC, SC, LCC 등의 분류법이 특정 주제의 구성요소 뿐만 아니라 복합주제를 다면적으로 표현하지 못한다는 인식에서 출발하여 신주제의 삽입이 용이하고, 복합주제의 다면적 기호화가 가능하며, 각 주제를 정밀하게 세분, 전개할 수 있는 분류표의 개발에 착수

- 각각의 주제를 분석하고, 여러 가지 기호로서 다시 해당 주제와 주제들을 합성시켜 배열해 가는 조직의 분석합성식분류표를 만듦

- 각각의 패싯(facet, 面 또는 관점)에서 분석된 요소들을 결합할 때 하나하나의 주제를 패싯별로 분석하기 때문에 '패싯분류표'라고 별칭을 붙임
- CC는 1933년에 초판이 만들어진 이후 2판(1939년), 3판(1950년), 4판(1952년), 5판(1957년), 6판(1960년)의 개정이 있었으며, 1987년에 M. A. Gopinatth의 개정에 의해 제7판의 1권 본표가 간행
- 제7표는 자유 조합식의 분류표로서, 본표만 개정되고, 색인이 준비되지 못한 미완성임

2. 구성

- 주류배열은 자연과학 분야를 인문과학이나 사회과학 분야 보다 상위에 두고, 기초과학(A B C G H I J K) 속에 기술과학(D E F L M)등을 접근시켜 놓음
- 연속적인 체제로 각각의 주제영역들은 기본주제(Basic subject)를 먼저 배열시키고, 강조되는 분야의 주제를 가운데로 중심(Main subject)에 배열하고, 다음은 규범류(Canonical class)의 순서로, 또 그 다음은 기본범주(Fundamental category)의 순서로 세분 표시
- CC(제7판)의 제1권 본표는 A(서론 : Introduction), B(초보자 가이드 : Guidance to the Beginner), C(일반규칙 : General Rules), D(일반세목 및 공통세목 : General divisions and common isolates), E(특수세목 : special isolates)으로 구성됨. 그러나 F(색인), G(고전분류표), H(고전분류표의 색인)은 아직 간행되지 않음
- 기본주제의 구성과 배열

1 Communication Science	J Agriculture
2 Library and Information Science	K Zoology
3 Book Science	L Medicine
4 Mass Communication	M Useful arts
5 Exhibition technique	N Fine arts
6 Museology / Museum technique	O Literature
7 System Research, Systemology	P Linguistics
8 Management Science	Q Religion
A Natural Science	R philosophy
B Mathematics	S Psychology

C Physics	T Education
D Engineering	U Geography
E Chemistry	V History
F Chemical technology	W Political Science
G Biology	X Economics(Macro-economics)
H Geology	Y Sociology
I Botany	Z Law

- 보조분류표는 기본기호에 부가되는 보조기호의 표로는 전체주제에 적용되는 공통구분기호(common isloate)와 특정주제에만 적용되는 특수구분기호(special isolate)가 설정되됨. 공통구분기호에는 언어구분기호(space isolates)와 시대구분표(Time isolates), 지리구분표(Space isolates)가 있음

3. 기호법

- 기본주제의 기호법: 기본주제에 배정된 기호법은 다음 5가지 유형으로 나누어짐

① 23의 알파벳 소문자(i, l, o를 제외한 a-z)

② 10개의 아라비아 숫자(0-9)

③ 26개의 알파벳 대문자(A-Z)

④ 원괄호로 묶은 숫자(( ))

⑤ 지시기호(indicator digit), 붙임표, (-), 별표(*)

- 공통세목과 특수세목의 기호법: 6가지 유형으로 구성

① 23의 알파벳 소문자(i, l, o를 제외한 a-z)

② 10개의 아라비아 숫자(0-9)

③ 26개의 알파벳 대문자(A-Z)

④ 그리스문자(△ Delta) : Mysticism(신비론)에만 사용

⑤ 3개의 전치기호(* " ←)

⑥ 11개의 서수적 지시기호(& ' . : :, - = → + ( ))

- 구분기호(device): CC 7판에서는 불필요하게 중복된 열거를 피하고 분류담당자들에게 자율권을 부여하기 위해 연대기호표(chronological device), 지리구분기호표

(geographical device), 주제기호표(subject device), 알파벳순기호표(alphabetical device), 열거순기호표(enuᵇmeration device), 파솃기호표(Facet device), 간초(間稍:Gap device), 고전구분기호표(古典 : Classic device), 그룹기호표(Group device), 복합기호표(Mixed notation device), 상 기호표(相:Phase device), 섹터기호표(Sector devoce), 주제구분표(Subject device), 중복구분표(重複:Super imposition device) 등 14개의 구분기호표를 마련함

4. 사용법

- CC의 사용은 무엇보다 먼저 다섯 가지의 기본범주가 뜻하는 의미와 관점을 명확하게 이해하고, 자료가 지니는 주제의 성격을 논리적으로 면밀히 분석하여, 패싯마다 공식적인 연결기호를 앞에 표시하여 합성시켜야 하는 방법
- 다섯 기본범주의 내용: CC는 각 기본적 주제 아래에 주제분석의 수단으로서, 패싯(facet)별로, 세목(isolate)을 나열하고, 분류할 때에 자료의 주제를 5가지의 패싯(관점)으로 분석하여,
각각의 패싯 앞에다 지정된 연결기호를 부가시켜 조합하도록 함
- 5개의 기본범주(fundamental categories)와 연결기호

기본범주	의 미	패싯기호	연결기호
Time	시간 : 시대구분	[T]	'(apostrophe)
Space	공간 : 지리구분	[S]	.(dot)
Energy	기능 : 활동, 작용, 공정 등	[E]	:(colon)
Matter	소재 : 사물	[M]	;(semi-colon)
(property)	: 특성	[MP]	
(method)	: 방법	[MM]	
(material)	: 재료	[MMt]	
Peronality	개성 : 본질적 속성	[P]	,(comma)

- 5개의 기본범주의 열거순서는 [P], [M], [E], [S], [T] 임

5. 장·단점

장 점	단 점
• 분류학자들의 연구대상 • 분석 합성식으로 정보검색이 효율적 • 다주제의 합성이나 복합성을 다면적 기호화로 표현 가능 • 본표상에서 하위주제(세목)를 패싯형태로 열거함으로서 분류표의 방대함을 면함 • 다면적 분석합성식으로 다양한 기호의 조합이 용이	• 분류표를 이해함에 많은 시간과 훈련 요구 • 주제배열이 혼란스럽고 용어와 규칙들을 이 해하기가 곤란 • 미완성 분류표 • 조합기호의 다양성과 기호자체의 복잡 • 주제와 연결부호의 조합 시 일관성의 결함으로 쓰거나, 읽고, 기억하기에 부적합 • 분류표가 개정될 때마다 기호와 패싯의 내용이 달라져 실무상 복잡성 초래 • 패싯공식이 제시되지 않은 2차 기본주제가 많아 기호조합에 상당한 혼란 초래

1. 미국의회도서관 분류법의 본표의 구성체계가 아닌 것은?

① 서문 – 각 주류표의 역사적 배경과 주제 범위를 설명

② 개괄표 – 각각의 주류표 아래에 전개된 하위류, 가령 L 아래의 La, Lb, Lc등과 같은 문자의 리스트

③ 주류표 – 보조표에 해당하는 각 주류표의 전체적인 내용을 담고 있다.

④ 보유란 – 각 주류표의 마지막에 개정사항을 상세하게 기술하고 있다.

해설 ③ 주류표는 본표에 해당하는 각 주류표의 전체적인 내용을 담고 있다.

2. 다음 중 DDC와 UDC에 대한 설명으로 옳지 않은 것은?

① DDC는 본표와 보조표, UDC는 본표와 범주표로 구성되어 있다.

② DDC에서는 최소한 세 자리 수의 아라비아숫자로 나타내지만, UDC에서는 의미 없는 '0'을 사용하지 않는다.

③ UDC의 주류 구성은 대체로 DDC의 체계를 따르고 있지만 언어와 문학을 하나의 주류에 통합하였다.

④ UDC는 DDC와 마찬가지로 순수하게 아라비아숫자만을 사용하여 십진식의 체계로 전개되어 있다.

해설 ④ UDC는 분류명사가 열거된 주 분류표와 보조분류표 그리고 이들의 합성을 도와주는 조합기호로 구성되어 있다. 구성과 기호법은 DDC의 기초를 따라, 십진식에 의하여 기호가 계층적으로 전개된다. 오늘날 UDC는 FID(Federation International de Documentation; International Federation for Information and Documentation) 공인의 각종 판이 언어별로는 20여개 언어로 출판되고 있으며, 주제 범위별로는 완전상세판(full edition; 15~20만 항목), 중간판(medium edition; 약 5만 항목 또는 상세판의 30%), 간략판(abridged edition; 상세판의 10%) 및 특정주제판(special subject edition; 관련 주제를 발췌한 것) 등이 출판되고 있다.

정답 1. ③　　2. ④

3. 다음 중 CC에서 기본주제에 사용하는 기호법과 가장 거리가 먼 것은?

① 그리스문자(delta)

② 23개 알파벳 소문자

③ 10개 아라비아숫자

④ 26개 알파벳 대문자

해설 ① 그리스문자(delta)는 공통세목과 특수세목에 사용하는 기호법이다. ② CC에서는 i, l, o를 제외한 23개의 알파벳소문자를 분류기호로 사용한다.

4. 다음 중 미국의회도서관분류법(LCC)에 대한 설명으로 가장 거리가 먼 것은?

① Cutter의 전개분류법(EC)의 영향을 받았다.

② 알파벳 대문자와 아라비아숫자 등 혼합기호법을 채택하고 있다.

③ 미국과 캐나다의 공공도서관에서 가장 널리 사용하는 실용적인 분류표이다.

④ 분류표 전체에 걸쳐 조기성이 부족하다.

해설 ③ 미국 공공도서관의 95% 이상이 DDC를 채택하고 있으며, LCC는 50만 권 이상의 대규모도서관에서 62% 이상이 채택하고 있는 것으로 알려지고 있다.

5. 다음 중 UDC에 대한 설명으로 옳지 않은 것은?

① 원래 도서, 정기간행물 기사를 포함하는 모든 출판물을 수록할 세계서지에 대한 하나의 분류 색인을 편찬하려는 목적으로 개발된 것이다.

② UDC는 대표적인 준열거식 분류법이다.

③ 기본적으로 구성과 기호법은 DDC를 바탕으로 하고 있다.

④ 십진식으로 구성되어 DDC와 같이 세 자리를 채우기 위해 형식적으로 무의미한 '0'이나 '00' 이 부가되기도 한다.

해설 ④ UDC의 유, 강, 목에서는 아라비아숫자 세 자릿수를 쓰기는 하되, 끝 자릿수가 의미 없는 「0」일 경우는 이를 빼고 있다. 즉, DDC에서는 300(사회과학), 330(경제학)으로 나타내지만, UDC에서는 각각 3과 33으로만 기록하고 있다.

6. 다음의 SC(Subject Classification)에 대한 설명으로 옳지 않은 것은?

① 1906년 Brown이 DDC가 지나치게 미국 위주로 구성되었다는 불평에 자극을 받고서 만든 분류표이다.

② SC는 세계 4대 분류표 중 하나이며, 이외에 DDC, UDC, CC 등이 있다.

③ 같은 주제는 원칙적으로 한 곳에 집중되었기 때문에 주제분류법이라 하나 동일주제는 동일 장소에 소장된 자료를 구별하기 위하여 범주표가 필요하게 되었다.

④ SC는 분류의 단순성과 논리성 및 실용적 방법을 주장한 영국 도서관인에 의해 만들어진 유일한 분류표이다.

해설 ② 세계 4대 분류표는 DDC, EC, SC, LC이다.

7. 다음 중 CC의 구성에 대한 설명으로 옳은 것은?

① 주제를 구성요소로 기본단위표의 조립에 의해 구성된다.

② 주제의 구성요소로 되어 있는 기본단위표를 분석하여 양분한 개개의 주제로 구분한다.

③ 여타의 분류법과 마찬가지로 주제에 대하여 분류표가 주어져 있으므로 명사적이든 형용사적이든 대상 주제를 유추한다.

④ CC는 주제와 명사와 ;(세미콜론)으로 명사와 보조형용사를 :(콜론)으로 연결하기 때문에 콜론이라 한다.

해설 ① CC는 주제와 주제를 :(콜론)으로 연결하여 분류기호를 조직한다.

8. 다음 중 CC에 대한 설명으로 가장 거리가 먼 것은?

① 1987년에 7판이 발행되었다.

② S. R. Ranganathan에 의해 고안된 분류법이다.

③ 대표적인 열거식 분류표이다.

④ 기본주제를 '자연과학 – 인문과학 – 사회과학'의 순서로 배열하여 자연과학을 상위에 분류하고 있다.

해설 ③ 대표적인 분석합성식 분류표이다.

정답 3. 1   4. 3   5. 4   6. 2   7. 1   8. 3

9. 일반적인 십진분류법에서 서지(書誌) 및 도서관은 대개 총류에 배정되었다. 미국의회도서관분류법에서는 어디에 배정하였는가?

① A   ② H   ③ L   ④ Z

해설 ④ 미국의회도서관분류법(Library of Congress Classification)의 주류배열은 다음과 같다.

A	General works	M	Music and books on music
B	Philosophy. Psychology. Religion	N	Fine arts
C	Auxiliary science of History	P	Language and Literature
D	History of Europe, Asia, Africa, Australia etc.	Q	Science
E-F	History: America	R	Medicine
G	Geography. Anthropology. Recreation	S	Agriculture
H	Social sciences	T	Technology
J	Political science	U	Military science
K	Law	V	Naval science
L	Education	Z	Library science, Bibliography

10. 다음 중 자료분류표와 편찬자가 잘못 짝지어진 것은?

① BC - H.E. Bliss

② EC - Charless Armi Cutter

③ CC - S. R. Ranganathan

④ SC - Kornald von Gesner

해설 ④ SC는 J. D. Brown이 편찬하였고, Gesner는 학문전체를 예술과 과학을 포함하는 철학적 기반으로 생각하여 예비적 철학 지식과 실체적 과학지식으로 크게 두 가지로 대분하였다. 1548년에 라틴어, 그리스어, 히브리어로 된 「세계서지」(Bibliotheca Universalis)를 발간하였다.

11. 다음 중 콜론분류법(CC)에 대한 설명과 가장 거리가 먼 것은?

① 알파벳대문자, 알파벳소문자, 아라비아숫자, 그리스 문자, 기타 특수문자 등 다양한 분류기호를 사용하는 혼합기호법을 채택하고 있다.

② 본표는 기본주제와 합성주제, 복합주제들의 각 주제와 이들을 배열하기 위해 열거순서(패싯배열식)로 구성된다.

③ Meccano-set라는 조립식 장난감에서 기본적인 아이디어를 얻었다고 한다.

④ 학문적인 측면에서는 높은 평가를 받고 있는 반면, 실제적으로는 인도를 제외한 국가에서는 이 분류표를 채택하고 있는 도서관이 거의 없다.

해설 ② 콜론분류법은 복합주제의 다면적 기호화를 가능하게 함으로써 각 도서들에 포함된 복합적인 단일주제 혹은 이중적 주제들을 자유롭게 표현할 수 있도록 조직하였다. 다시 말하면, 각각의 주제를 분석하고, 여러 가지 기호로서 다시 해당주제와 주제들을 합성시켜 배열해 가는 조직의 분석합성식분류표로 만들어진 것이다. 각각의 패싯(facet, 面 또는 관점)에서 분석된 요소들을 결합할 때 하나하나의 주제를 패싯별로 분석하기 때문에 '패싯분류표'라고 별칭을 붙이기도 한다.

12. 다음 중 콜론분류법(CC)의 기본범주와 패싯지시기호가 바르게 연결되지 않은 것은?

① Personality - (inverted comma)

② Space - . (full stop)

③ Energy - : (colon)

④ Matter - ; (semicolon)

해설 ① Personality의 패싯지시기호는 ,(comma)이다.

13. 다음 중 UDC를 가리키는 명칭과 가장 거리가 먼 것은?

① Classification Internationale Decimale

② The Brussels Expansion of Dewey

③ The Expanded Dewey

④ Abridged Edition of Dewey

해설 ④ Abridged Edition of Dewey는 DDC의 간략판을 일컫는 것이다.

정답 9. 4   10. 4   11. 2   12. 1   13. 4

14. 다음 중 UDC의 주제(主題)는 몇 개의 구분(區分)으로 되어 있는가?

① 9개 부분

② 10개 부분

③ 11개 부분

④ 12개 부분

해설 ② UDC는 DDC와 마찬가지로 아라비아숫자를 사용하여 10진식의 체계로 전개된다. 즉, 지식의 전체를 1에서 9까지와 총류를 포함하여, 10개의 주류(main classes)로 구분한 다음 각각의 주류를 점진적으로 10구분하여 세분하는 계층적 구조를 지니고 있다. 하지만 UDC의 유, 강, 목에서는 아라비아숫자 세 자릿수를 쓰기는 하되, 끝 자릿수가 의미 없는 「0」일 경우는 이를 빼고 있다.

15. UDC의 표의 구성과 내용, 기호법에 대한 설명으로 옳지 않은 것은?

① 원래 세계서지라는 서지편찬을 목적으로 개발된 분류표이며, 대표적인 준열거식분류표로 인정되고 있다.

② DDC 제6판을 주로 참고하였기 때문에 십진식에 의한 전개나 주류 및 강목의 구성체계, 계층구조 등의 면에서 유사한 점이 많다.

③ 분류기호가 십진식이나 DDC에서 세 자리를 채우기 위해 형식적으로 부가되는 주류나 강의 무의미한 '0' 이나 '00'은 부가되지 않는다.

④ 보조표에는 모든 주제에 공통적으로 사용되는 공통보조기호와 특정주제에서만 사용되는 특수(고유)보조기호가 사용된다.

해설 ② DDC 제5판을 주로 참고하였기 때문에 십진식에 의한 전개나 주류 및 강목의 구성체계, 계층구조 등의 면에서 유사한 점이 많다.

16. 1974년 이전 LCC에서 종합색인의 역할을 대신한 것을 고르시오.

① 의회도서관 총목록

② 회도서관 분류총색인

③ 의회도서관 주제명표목표(LCSH)

④ LCC 개괄표

해설 ③ LCC는 종합색인이 존재하지 않는다. 과거에는 LCSH가 종합색인의 역할을 대신하였으나, 지금은 1974년에 간행된 「An Index to the Library of Congress Classification」 등이 총색인으로 활용되고 있다.

17. 다음 중 Mills가 말하는 준열거식분류표(semi-enumerative classification)에 해당하는 것은?

① CC   ② DDC

③ UDC   ④ LCC

해설 ③ 준열거식 분류표는 그 기본적 논리적 체계가 열거식 구조이지만, 실제적으로는 분석합성식을 보다 많이 적용하고 있다. 다시 말하면 분류표 본표에는 많은 주제어가 논리적 순서에 따라 자세히 열거되어 있으나, 동시에 여러 보조표와 결합을 위한 부호(;) 등이 마련되어 열거식보다 분석하고 다시 합성시키게 되는 분류기호가 주어진다. 이에 논리적 관점에서 분석이 완전치 못한 면을 다시 합성의 방법으로 결합시켜 완성하고자 고안된 것이다. 대표적인 예로는 UDC를 들 수 있다.

18. 다음에서 설명하는 것은?

- 비십진분류법이며 세계 최대의 열거식 분류표인 동시에 일반분류표이다.
- 각 주류표는 수정, 보완하는 책임자가 다르고 수시로 개정되기 때문에 특수분류표의 성격을 가지고 있다.
- 혼합기호를 사용하기 때문에 복잡하며, 본표에 포함된 카터기호는 국제적 사용을 제한한다.

① 국제십진분류법(UDC)   ② 콜론분류법(CC)

③ 브리스의 서지분류법(BC)   ④ 의회도서관분류법(LCC)

해설 ④ 의회도서관분류법(LCC)의 특징이다. 전개식 분류법(EC)의 기본구조를 채택하되 장서의 규모와 특수성을 고려하여 마텔 및 핸슨의 책임 하에 개요를 만들고 1904년 까지 수정과정을 거쳐 그 분류체계를 확정하였다.

19. 분류법에 대한 설명으로 옳지 않은 것은?

① EC는 지식의 전 분야를 주제의 진화순서에 따라 구성하고 있으며, LCC 및 NDC에 많은 영향을 끼쳤다.

② CC는 주제를 구성하는 요소들을 패싯형태로 분석한 다음 해당기호를 조합하는 분석합성식 분류법이다.

③ SC는 취급된 관점이 다르더라도 같은 주제를 같은 장소에 집중시킬 수 있는 분류법이며, 자연과학이 상위에 배정되어 있다.

④ BC는 1~9까지의 아라비아숫자로 주류구분을 하고 하위구분은 알파벳 대문자를 사용하는

정답 14. 2   15. 2   16. 3   17. 3   18. 4   19. 4

혼합기호법을 택하고 있다.

해설 ④ BC는 블리스(H. E. Bliss)가 1936년에 「서지분류법의 체계」(A System of Bibliographic Classification)를 발표함으로써 체계를 확립하였다. 이 분류법의 개요는, 총류에 해당하는 선행류(Anterior Classes)를 1~9까지 배정하여 선치한 다음에, 알파벳 대문자의 순으로 배열하였다. 이러한 주제배열은 학문분류에 기초하였으며, 양자택일이 폭넓게 채용되었고, 주제의 조합방식도 도입되었다. 기호시스템은 알파벳 대문자, 숫자, 부호로 구성된 혼합기호법을 채택하였다.

20. KDC의 일반형식구분과 DDC의 표준세구분(Standard Subdivision)에 해당하는 것을 UDC에서는 무엇이라고 일컫는가?

① 공통보조기호 ② 언어보조기호
③ 첨가기호(+) ④ 형식보조기호

해설 ① UDC에서는 공통보조기호(Common Auxiliaries)라고 칭한다.

21. 다음 중 UDC의 주제에 대한 기호로서 현재 사용되지 않고 있는 번호는?

① 0 ② 1 ③ 3 ④ 4

해설 ④ UDC의 주류 구성은 논리적 면에서, DDC의 체계를 그대로 따르고 있다. 하지만 1962년 개정판에서는 「4」 언어, 언어학이 「8」 문학과 통합되어 「4」가 공기호로 남아 있다.

22. 다음 중 미국의회도서관분류법(LCC)의 주류배열의 순서가 올바르게 연결된 것은 어느 것인가?

① General Works – Philosophy, Psychology, Religion – History & Geography – Social Sciences – Fine arts – Sciences – Library Sciences, Bibliography

② General Works – History & Geography – Social Sciences – Philosophy, Psychology, Religion – Fine arts – Sciences – Library Sciences, Bibliography

③ General Works – Philosophy, Psychology, Religion – Social Sciences – History & Geography – Fine arts – Sciences – Library Sciences, Bibliography

④ General Works – Sciences – Philosophy, Psychology, Religion – History & Geography – Social Sciences – Fine arts – Library Sciences, Bibliography

해설 ① LCC의 주류배열은 A: 특정주제에 한정되지 않는 분야, B: 우주에 대한 인간의 이론과 정신, C－G: 인간의 사회생활, 환경의 영향, 사고의 기록 등, H－L: 인간의 경제적 및 사회적 발전, M－P: 인간의 미적 활동, Q－V: 이공계 영역, Z: 서지, 도서관학의 순서로 이루어져 있다. 그러나 새로운 학문의 미래 추가 설정이나, 분류표의 전개성 여분을 위하여 알파벳 문자 중에서 다섯 개의 대문자 I, O, W, X, Y는 공기호로 남겨 두고 있다.

23. 다음의 SC에 대한 설명에서 옳지 않은 것은?

① SC는 브라운(J. D. Brown)이 1894년 도서관 장서의 개가제 실시를 위하여 만들었다.

② 세계 4대 분류표 중 하나이다.

③ Quinn－Brown System은 장서량이 급격하게 증가하는 도서관의 경우에 적당하다.

④ 주제분류법은 동일한 주제자료는 취급방법에 따라 분산되지 않고, 동일 장소에 집결시키는 것을 원칙으로 한다.

24. LCC에서 E－F가 나타내는 것은 무엇인가?

① General Works
② Philosophy, Psychology. Religion
③ History: America
④ Political Science

해설 ③ LCC에서 General Works는 A에 배정하였고 Philosophy, Psychology. Religion B에, History: America는 E－F, Political Science는 J, Law는 K에 배정하였다.

25. 다음에서 주제분류법에 대한 설명으로 옳지 않은 것은?

① 기호법이 복잡하다.

② 영국 도서관인에 의해 만들어진 유일한 분류표이다.

③ 자연과학을 상위에 두고 분류하였다.

④ 동일한 주제자료라도 취급방법에 따라 분산된다.

해설 ④ 주제분류법(Subject Classification)은 1906년 브라운(James Duff Brown)이 '동일한 주제자료는 취급방법에 따라 분산되지 않고, 동일 장소에 집결시키는 것을 원칙'으로 삼아 발간하였다. 그는 인간의 지식을 물질과 힘(matter and force), 생명(life), 정신(mind), 기록(record) 4가지로 구분하고, 물질과 힘이 우주의 원동력으로 존재함으로써 생명이 생기며, 생명은 활동의 원천인 정신을 형성하고, 정신은 활동의 결과인 기록을 만들어낸다고 하는 논리를 근본원리로 삼았다. SC는 랑가나탄의 CC분류법이나 블리스의 BC분류법과 마찬가지로 자연과학 상위의 주류

정답 **20. 1**   **21. 4**   **22. 1**   **23. 3**   **24. 3**   **25. 4**

체계를 가지고 있다.

26. 다음 중 영향관계 표시가 옳은 것은?

① Brunet – Harris – LCC
② Bacon – Harris – DDC
③ Qundt – Cutter – NDC
④ Cutter – Brown – UDC

27. 현재 LCC에서 분류표에 대한 종합색인 역할을 하는 것은?

① 미국 의회도서관 주제명표목표
② 미국 의회도서관 분류 총색인
③ 미국 의회도서관 총목록
④ LCC 분류전개표

해설 ② LCC에는 각 분책별로 각권에 상관색인(相關索引)은 있으나 종합색인은 없다. 그 이유는 법률구분(K)이 완성되지 않았기 때문이다. 그래서 과거에는 미국 의회도서관 주제명표목표가 LC의 종합색인 역할을 대신하고 있었지만, 1974년부터는 U.N. Historical Document Instiute가 간행한 전 15책으로 간행된 「LC 분류 총색인」이 종합색인 역할을 감당하고 있다.

28. 다음 중 「Adjustable Classification」과 관계가 깊은 것은?

① DDC
② UDC
③ CC
④ SC

해설 ④ J. D. Brown은 도서관장서의 개가제 실시를 위하여 1894년 퀸(J. H. Quinn)과 공동으로 Quinn – Brown System이라고 불리는 "독자의 직접 서가접근을 위한 도서관장서의 분류시스템"(「Classification of Books for Libraries in Which Readers are Allowed Access to Shelves」)이라는 분류표를 창안하였다. 그리고 1897년에 도서관의 분류와 배열을 위한 편람인 「Adjustable Classification」이라는 저서를 발표하였다.

29. 다음 중 서지분류법(BC)에 대한 설명으로 가장 거리가 먼 것은?

① H. E. Bliss에 의해 고안되었다.
② 기호가 간결하다.
③ 범주표(categorical)를 사용하여 분석합성식의 기법을 도입하고 있다.
④ 학문 및 지식의 분류에 근거하여 주류를 배열하였기 때문에 학구적이다.

해설 ③ 서지분류법에서 사용하는 보조표는 체계보조표(systemic auxiliary table)이며, 범주표는 주제분류법 (SC)에서 사용하는 보조표이다.

30. 다음에서 패싯 분석(facet analysis)에 기초를 두고 있는 분류법은?

① CC   ② DDC
③ LCC   ④ SC

해설 ① Ranganathan의 콜론분류법(Colon Classification)은 이른바 분석합성식분류법의 대표적 예로서, 패싯 분석을 기초로 주제의 분석이 이루어지게 된다.

31. UDC에서 언어보조기호로 사용되는 기호는?

① " "   ② (=)   ③ +   ④ =

해설 ④ 언어보조기호는 = 이며, 어떤 주제를 표현하는 언어(言語)나 기호형식(記號形式)을 표시하기 위해 사용된다. ① " " 은 자료에서 다루고 있는 특정시대를 나타내기 위해 사용되며 " "기호 속에 연대숫자를 넣어 사용한다. 이때 연대는 서기로 표시한다. ② (=)는 자료의 인종, 민족, 국적을 구별하기 위한 기호이다. 인종, 민족을 나타내는 기호는 언어보조기호와 동일하며, 국적을 나타내는 기호는 지리(장소)보조기호와 동일한 기호 즉, 원괄호(( )) 속에 각 지역에 해당되는 숫자를 부여하여 사용한다. ③ +는 둘 이상의 복합주제가 아무런 관계나 영향 없이 독립적으로 되어 있을 때 사용하는 것으로, 'and'의 의미로 사용된다.

32. 다음의 국제십진분류법(UDC)에 대한 설명에서 옳은 것은?

① 정보검색을 위한 서지분류보다 자료의 서가배열을 지향한다.
② 모든 출판물을 기호로 변환할 필요가 없으므로, DDC에 비하여 실용성이 높다.
③ UDC의 보조표는 DDC와 달리 단독으로 사용할 수 있다.
④ 하나의 분류시스템으로 인류의 지식정보를 체계화하고 모든 출판물의 서지통정을 지향한다.

해설 ④ 정답이다. ① 자료의 서가배열보다 정보검색을 위한 서지분류를 지향한다. ② 모든 출판물을 기호로 변환해야하므로, 많은 보조기호를 사용할 수밖에 없다. 따라서 DDC에 비하여 복잡하고 실용성도 떨어진다. ③ DDC와 마찬가지로 단독으로 사용할 수 없다.

정답 26. 2   27. 2   28. 4   29. 3   30. 1   31. 4   32. 4

33. 분류표와 그 유형의 연결이 옳지 않은 것은?

① LCC - 비십진식 - 열거식 - 계층구조형

② DDC - 십진식 - 열거식 - 계층구조형

③ BC - 비십진식 - 분석합성식 - 계층구조형

④ CC - 비십진식 - 분석합성식 - 다차원구조형

34. 다음은 UDC 발간의 궤적을 간추린 것이다. 옳지 않은 것은?

① 1905년~1907년: 총 33,000항목과 2,500페이지에 달하는 방대한 규모의 UDC 초판(완전 국제판)인 「Manual du Repertiore Bibliographique Universel Bibliographique」이 발간되었다.

② 1927~1933년: 제2의 국제판인 「Classi- fication Decimale Universelle」이 출판되었다.

③ 1933~1952년: 총 12권으로 구성된 제3판(독일어 완전판)인 「Dezimal Klassifikation Deutsche Ausgabe」이 간행되었다.

④ 1995년: UDC의 중간판(개정 제3판)을 번역·발간하였다.

해설 ③ 1933~1952년에는 총 10권으로 구성된 제3판(독일어 완전판)인 「Dezimal Klassifikation Deutsche Ausgabe」이 간행되었다. ④ 1995년: UDC의 중간판(개정 제3판)을 번역·발간하였다.

35. 다음 중 CC(콜론분류법)와 관련된 설명으로 옳은 것은?

① 대표적인 열거식 분류표이다.

② 초판 발행 당시, 기본 주제를 39개로 방대하게 구성하였다.

③ 제2판에서부터, 5가지의 패싯을 기본범주로 채택, 복합주제를 기호화할 수 있게 하였다.

④ 마지막으로 발간된 제7판이 인도에서 가장 범용되고 있다.

해설 ③ 정답이다. ① 대표적인 분석, 합성식(패싯방식) 분류표이다. ② 초판은 26개의 기본 주제로 구성되어 있었으며, 39개의 기본주제를 채택한 것은 제5판이다. ④ 인도에서 가장 범용되는 것은 제6판이다.

36. CC, LCC, EC, SC, BC의 구성을 설명한 것으로 가장 적합한 것은?

① 문자와 숫자, 부호 등을 결합한 혼합기호를 사용한다.

② 아라비아숫자를 제외한 모든 기호만을 사용한다.

③ 문자만을 사용하여 주제를 분류한다.

④ 비십진분류표는 소규모 도서관에 적합하다.

37. 다음의 UDC에 관한 설명으로 가장 거리가 먼 것은?

① 복합주제를 표현할 수 있는 분석, 합성적인 방식을 문헌분류에 도입한 것은 분류사상(分類史 上) 매우 의의 있는 일이라고 할 수 있다.

② UDC는 주류의 배열은 0~9까지의 10개 부문의 주류로만 구성되어 있으며, 십진식에 의하여 기호가 계층적으로 전개된다.

③ UDC는 범세계적인 서지분류를 위한 목적으로 창안된 것으로써 분석합성의 방법이 열거식 분류표보다 많기 때문에 준열거식분류표라고 할 수 있다.

④ UDC는 DDC를 기초로 확대개편하고 조합기호를 첨가하여 DDC보다 더욱 세밀하게 자료를 분류하였기 때문에 "Expanded Dewey"라고도 불리운다.

해설 ② UDC는 분류명사가 열거된 주 분류표와 보조분류표 그리고 이들의 합성을 도와주는 조합기호(組合記號)로 구성되어 있다. 그리고 구성과 기호법은 DDC의 기초를 따라, 십진식에 의하여 기호가 계층적으로 전개된다.

38. 다음 중 분석합성식분류표(analytico-synthetic classification scheme)와 가장 밀접한 분류표는?

① DDC

② LCC

③ UDC

④ CC

해설 ④ Ranganathan이 창안한 CC(Colon classification)는 모든 주제를 분류표에 열거하는 대신에, 기본주제와 공통구분표, 특수구분표만을 분류표에 나열하고 이들의 합성에 의해 그 주제를 표현하게 되는 이른바 분석합성식분류표 또는 패싯분류표다.

정답 33. 3　　34. 3　　35. 3　　36. 1　　37. 2　　38. 4

39. 다음에서 Colon 분류법이라는 명칭을 얻게 된 이유로 옳은 것은?

① 기능(E) 패싯기호, 연결기호(colon)를 사용

② focus 용어 사용

③ 상관색인 사용

④ 조기성 보조표 사용

40. 다음 중 UDC에 대한 설명으로 옳지 않은 것은?

① 과학기술분야에 특히 강점을 갖고 있다.

② 십진법을 적용하고 있어 기호가 융통성이 있고 전개성을 갖는다.

③ 분석합성식 분류원리를 도입한 분류표로 CC의 개발에 큰 영향 미쳤다.

④ 개정작업이 신속하게 이루어지고 있어 새로운 학문의 수용이 용이하다.

해설 ④ UDC는 개정에 대한 제안과 그 수용과정이 복잡하고 까다로워 개정이 신속하게 이루어지기 어렵다는 문제점을 갖고 있다.

41. 다음 중 통칭 서양의 4대 분류법에 해당하지 않는 것은?

① LCC

② CC

③ EC

④ SC

해설 ② 일반적으로 말하는 서양의 4대 분류법은 SC(주제분류법), EC(전개분류법), DDC(듀이십진분류법), LCC(미국의회도서관분류법)을 말한다.

42. 다음 중 콜론분류법(CC)의 장점과 가장 거리가 먼 것은?

① 서가배열과 정보검색 양면에서 유용한 분류표이다.

② 분석합성식 문헌분류이론을 바탕으로 한 학술적으로 가치가 높은 분류표이다.

③ 기본주제와 패싯배열식만을 열거하고 있어 분류표 자체가 아주 간단하다.

④ 기호법이 비교적 간단하여 실제적으로 적용하는 데 많은 도움이 된다.

해설 ④ 콜론분류법에서는 알파벳대문자, 알파벳소문자, 아라비아숫자, 그리스문자, 기타 특수문자 등 다양한 분류기호를 사용하는 혼합기호법을 채택하고 있어, 기호 자체가 복잡하다.

43. 다음은 주제분류법(SC: Subject Classi- fication)에 대한 설명이다. 옳지 않은 것은?

① SC는 범위주(scope note)가 마련되어 있어 주제가 다루어진 형식이나 방법, 관점 등에 따라서 세분할 필요가 있을 경우에 사용토록 지시하고 있다.

② 분류의 단순성과 논리성 및 실용적 방법을 주장한 영국 도서관인에 의해 만들어진 유일한 분류표이다.

③ SC의 주류의 배열은 세계 3대 분류표(DDC, EC, CC)가 정신과학을 상위에 배열한 것과 달리, 자연과학을 가장 상위에 배열하고 있다.

④ SC는 혼합기호법으로 주류에 알파벳 대문자 24자인 A – X(Y, Z는 공기호)의 한 자리 숫자를 주류로 설정하고, 이어 각 주류는 문자 다음에 000~999까지의 세 자리 숫자를 사용하고 있다.

[해설] ① 범위주(scope note)는 DDC에서 사용하는 주기의 하나이다. SC는 본표상에 형식구분이나 공통세목이 표시되어 있지 않고, 대신 범주표(Categorial Table)가 마련되어 있어 주제가 다루어진 형식이나 방법, 관점 등에 따라서 세분할 필요가 있을 경우에 「.0 – .980」까지의 숫자를 사용토록 지시하고 있다.

44. 다음에서 Colon 분류법의 5가지 패싯기호로 옳지 않은 것은?

① E   ② N   ③ T   ④ S

45. 다음 중 전개분류법에 대한 설명으로 옳지 않은 것은?

① 주제를 이론적으로 배열하였다.

② 주류의 구성은 베이컨식을 따랐다.

③ 주류의 체계가 학문적이며 논리적이다.

④ 열거식 분류법의 단점을 극복하기 위한 조기성 보조표를 채택하였다.

[해설] ② 주류의 구성은 역베이컨식을 따랐다.

46. 다음은 Ranganathan이 말하는 분류의 3단계이론이다. 옳은 것은?

① 개념추출 – 언어화단계 – 기호화단계

② 개념추출 – 색인화단계 – 기호화단계

[정답] 39. 1   40. 4   41. 2   42. 4   43. 1   44. 2   45. 2   46. 1

③ 주제분석 - 색인추출 - 정보화단계

④ 주제분석 - 개념추출 - 정보화단계

해설 ③ Quinn-Brown System은 장서량이 급격하게 증가하는 도서관의 경우에는 부적당하다.

47. LCC는 각 분책별로 각 권에 상관색인이 포함되어 있지만 종합색인은 없다. 그 이유는?

① 분류표가 완성되지 않았기 때문이다.

② 분류표에서 굳이 종합색인을 찾을 이유가 없기 때문이다.

③ 분류표 구성 자체가 종합색인을 필요로 하지 않기 때문이다.

④ LCC는 각 분책별로 상관색인이 포함되어 있기 때문이다.

48. 다음은 SC의 기호법에 대한 설명이다. 가장 관계가 먼 것은?

① 주제가 다루어진 형식이나 방법·관점 등에 따라 세분할 때 필요한 범주표가 있다.

② 주류에 알파벳 대문자 24자인 A-X(Y, Z는 공기호)의 한 자리 숫자를 주류로 설정한다.

③ 각 주류에서는 문자 다음에 '.0 - .980'까지의 세 자리 숫자를 사용하고 있다.

④ 주제의 합성이 필요할 경우에는 연결기호 [+]를 사용한다.

해설 ③ 각 주류는 문자 다음에 000-999까지의 세 자리 숫자를 사용하고 있다. '.0 - .980'까지의 세 자리 숫자는 범주표에서 사용하는 숫자이다.

49. 다음은 EC에 대한 평가이다. 가장 거리가 먼 것은?

① BC, LCC, NDC 등의 분류표에 영향을 미쳤다.

② EC는 미완성 분류표이기 때문에 사용도가 적고 사용률도 점점 적어지고 있다.

③ EC는 미완성 분류표이지만 세계 4대분류표의 하나이기 때문에 국제도서관연맹에서 보호육
   성하고 있다.

④ EC는 본표가 아직 완성되지 않았기 때문에 색인을 제1표부터 제7표까지 종합하지 않고 분리
   된 채 있으므로 종합색인은 없다.

해설 ③ 전개분류법(Expansive Classification)의 분류체계는 가장 논리적인 우수한 분류표이기는 하지만, 가장 상세하게 전개된 제7표를 미완성으로 남겨 둔 채 저자가 사망함으로써 현재는 거의 사용되지 않는 분류표이다. 그러므로 분류표를 보호육성하는 기관은 없다. 그러나 EC는 그동안의 열거식 분류표의 단점을 극복하고, 조기성 보조표를 채택함으로써, 현대식 분류표의 면모를 갖추었으며, 동시에 도서관마다 자관의 장서나 이용자의 규모에 따라 적절히 선택하여 제1표에서 7표의 분류표를 적용할 수 있도록 편의를 제공함으로써, 분류 역사상에서 연구적인 가치가 충분하다고 사료된다. 또한 EC의 논리적인 체계는 미국의회도서관 분류법에도 많은 영향을 끼치었다.

50. 다음에서 열거식분류표보다 분석결합방식을 더 많이 적용하였으며, 보조표와 다양한 특수문자를 사용 하고 있는 분류표는?

① UDC   ② DDC   ③ KDC   ④ LCC

해설 ① UDC는 기본구조가 열거식이지만 분석합성식의 원리는 대폭 수용한 분류표이다. 보조분류표에 나와 있는 기호는 단독으로 사용될 수 없으며, 주 분류기호(主分類記號)를 상세히 세분할 때 부가하여 사용하는 조합기호이다. 이 보조분류표에는 각 분류항목에 공통적으로 부가하여 사용할 수 있는 8개의 공통보조기호(common auxiliaries)와 특정주제 내에서 어느 위치에서나 상황에 따라 사용할 수 있는 3개의 고유보조기호(special auxiliaries)가 있다.

51. 다음 중 UDC의 개발과정에서 IIB가 DDC를 채택하게 된 주요 이유와 가장 거리가 먼 것은?

① 십진식분류법은 언어를 초월하여 그 의미를 어느 나라에서나 동의적으로 이해될 수 있기 때문이다.
② DDC는 전세계적으로 널리 보급되어 있기 때문이다.
③ DDC는 그 분류에 있어 매우 이론적이며 논리적이기 때문이다.
④ DDC의 분류기호가 국제적으로 널리 이해할 수 있는 아라비아숫자로 되어 있기 때문이다.

해설 ③ DDC는 이론적인 분류표라기보다는 실제적이고 실용적인 분류표이기 때문이다.

52. 국제십진분류법에서 '미술, 사진, 음악, 오락, 스포츠'는 주류 어디에 배정하였는가?

① 2   ② 4   ③ 6   ④ 7

해설 ④ UDC의 주류배열은 다음과 같다. 0. 일반사항, 총기(總記) 1. 철학, 형이상학, 심리학, 논리학, 윤리학 2. 종교, 신학 3. 사회과학 4. [공란]. 5. 수학, 자연과학 6. 응용과학, 의학, 공학, 농학 7. 미술, 사진, 음악, 오락, 스포츠 8. 언어 및 문학 9. 지리, 전기, 역사

정답	47. 1	48. 3	49. 3	50. 1	51. 3	52. 4

53. 국제서지학회가 창설된 연도는?

① 1851   ② 1876

③ 1887   ④ 1895

해설 ④ 1895년 브뤼셀에서 국제서지학회가 창설되었다. ① 1851은 듀이가 출생한 연도이며 ② 1876은 DDC 초판이 발행된 연도이다. ③ 1887년은 듀이가 콜롬비아 대학교 내에 세계 최초의 도서관학교인 The School of Library Economy를 창설한 해이다.

54. 카터의 전개분류법(EC)에 관한 설명을 고르시오.

① 신학을 최상위 주제로 배치하였고, 후에 프랑스 분류법의 기초가 되었다.

② 분류 기호와 도서기호를 서가배열, 목록배열, 대출과 반납에 사용한 최초의 분류법으로 인정받고 있다.

③ DDC 분류체계에 결정적인 영향을 미쳤다.

④ 프랑스 철학자인 콩트의 3단계 지식진보법칙을 참고하여 모든 지식을 주제의 진화순서에 따라 배치하였다.

해설 ④가 정답이며, ①번은 노데의 분류법에 관한 설명, ②번과 ③번은 해리스의 분류법에 관한 설명이다.

55. 다음의 UDC 이용도에 관한 설명에서 가장 거리가 먼 것은?

① UDC는 과학(科學), 기술(技術)분야의 도서관에서 아주 유용한 분류법이다.

② UDC는 복합주제를 표현할 수 있는 분석, 합성적인 분류표이며 팸플릿, 레포트, 정기간행물의 요구에 기초를 두고 있다.

③ 한국, 일본 등 동양에서는 거의 사용하지 않는다.

④ UDC는 전 세계적으로 널리 사용되고 있는 분류법이다.

해설 ③ 우리나라에서는 주로 과학기술분야 도서관에서 사용하고 있으며, 일본에서는 국립기관, 민간기업체, 단체 등 약 230여개 기관에서 사용되고 있다.

56. 다음은 UDC의 장점을 설명한 것이다. 옳지 않은 것은?

① 십진법을 적용하여 기호가 간결하고 융통성과 전개성이 있다.

② 분석합성식의 원리를 도입하여 복합주제를 상세하게 표현할 수 있다.

③ 국제서지학회에서 각국의 개정의사를 경청하여 계속적인 분류표의 보호육성을 도모하고 있다.

④ 과학기술부분이 상세할 뿐 아니라 서지분류에는 현재 분류표 가운데 가장 적합하다.

해설 ③ 국제서지학회가 아니라 국제도큐멘테이션연맹이다.

57. 다음 중 전개분류표(EC)에 대한 설명으로 옳지 않은 것은?

① C. A. Cutter에 의해 고안되었다.

② 제1표부터 제7표까지 7개의 표가 있다.

③ 주제의 구분과 배열에 진화의 순서를 따르는 것을 원칙으로 하였다.

④ DDC의 주류배열에 직접적인 영향을 미친 바 있다.

해설 ④ C. A. Cutter가 고안한 전개분류표(EC: Expansive Classification)는 DDC가 이미 제4판을 발행한 상태인 1891년에 발표되었으며, LCC의 주류배열에 영향을 미친 바 있다.

58. 다음 중 LCC에 대한 설명으로 가장 거리가 먼 것은?

① 주류의 순서는 어떤 특정의 주제에도 한정되지 않은 총류를 제일 처음에 배정하였다.

② LCC는 종합적이며 세계적 분류표가 되기 위한 의도적 분류표이다.

③ LCC에는 주류를 나타내는 기호로써 문자를 사용하고 있기 때문에 DDC에 비해 많은 주류를 갖고 있다.

④ LCC는 도서관 장서를 기준으로 만들어졌기 때문에 표면적으로 기호의 불균형적인 배분, 즉 사회과학, 특히 역사가 대부분을 차지한다.

해설 ② LCC는 21개의 주제로 나누어, 현재 49권 이상의 분책형태로 발행되고 있는데, 이는 세계 최대의 열거식 분류표인 동시 일반분류표이다. 하지만 주제 분류표를 개정하거나 보완할 경우 분책마다 책임자가 다르고 또 개정주기도 서로 다르기 때문에 분책단위로 말한다면 일련의 특수분류표라 칭할 수 있다.

정답 53. 4   54. 4   55. 3   56. 3   57. 4   58. 2

59. 다음에서 EC의 단점으로 옳지 않은 것은?

① 제2부 제7표가 현재까지 미완성이다.

② 분류표가 현재까지 미완성됨에 따라 총색인도 아직 미완성이다.

③ 기호체계가 혼합기호이므로 기억하고, 배가하기에 어렵다.

④ 주제 구분의 균형이 잘 맞고 있다.

해설 ④ 일부 주제 구분의 균형이 맞지 않는 곳이 있다. 예를 들면, 경제 8면, 동물학 88면 등이다.

60. 다음은 주요 분류법에 관한 설명이다. 옳은 것으로만 짝지어진 것은?

> ⊙ BC는 Bliss가 고안한 분류법으로 모든 지식을 주제의 진화순서에 따라 구성하고 있으며, 분석 합성식 원리를 수용하여 CC의 탄생에 영향을 주었다.
> ⓒ Bacon의 분류법은 지식을 논리적인 체계에 따라 분류한 최초의 서지학적 분류법이며 Harris 분류법에 영향을 주었다.
> ⓒ Naude 분류법, Edwards 분류법, 영국박물관도서관 분류법은 신학을 최상위 주제로 배치하였다.
> ⓔ EC는 6개의 독립적인 표로 구성되어 있어, 장서 수에 따라 표를 선택할 수 있으며, NDC 주류체계 구성에 영향을 주었다.

① ⓒ, ⓔ
② ⓒ, ⓔ
③ ⊙, ⓒ, ⓔ
④ ⓒ, ⓒ, ⓔ

해설 ② ⊙ 주제의 진화순서에 따라 구성한 것은 H. Spencer의 분류법이다. 그는 제1구분에 수학, 추상역학 등으로 추상성을 추구한 과학을, 제2구분에 구체역학, 물리학, 화학 등으로 추상성과 구체성을 겸한 학문을, 제3구분에 천문학, 지질학, 생리학, 심리학, 사회학 등으로 구체성을 추구한 과학을 포함하여 학문분류를 논리학, 수학, 기계학, 물리학, 화학, 천문학, 지질학, 생물학, 심리학과 사회학으로 제시하였다. ⓒ 논리적 체계에 따라 분류한 최초의 서지학적 분류법은 K. Gesner의 분류법이다. 그는 학문전체를 예술과 과학을 포함하는 철학적 기반으로 생각하여 예비적 철학 지식과 실체적 과학지식으로 크게 두 가지로 대분하였다.

61. 다음의 분류표 중 서로 관계가 없는 것은?

① DDC
② SC
③ BC
④ UDC

해설 ② SC는 동일한 주제자료는 취급방법에 따라 분산되지 않고, 동일 장소에 집결시키는 것을 원칙으로 삼아, 일명 "주제"분류표라고 불리며, 바로 그것이 다른 분류표와 다른 점이다.

62. CC의 분류기호 중 개성을 나타내는 패싯기호는?

① [T]　　　　　　　② [S]　　　　　　　③ [E]　　　　　　　④ [P]

해설 ④ 콜론분류법은 인도의 S. R. Ranganathan이 창안한 것으로 분석합성의 기법을 도서분류법에 본격적으로 도입한 최초의 것이다. 기본범주는 5개의 패싯으로 ① [T]는 시간, ② [S]는 공간, ③ [E]는 기능, ④ [P]는 개성을 나타내는 기호이다.

63. 다음 중 LCC에 대한 설명으로 옳지 않은 것은?

① 주제를 세분전개 할 수 있도록 보조표가 풍부하다.

② 일반 분류표에 해당한다.

③ 세계 최대의 열거식 분류표이다.

④ 혼합기호를 사용하고 있다.

해설 ① LCC는 기본적으로 열거식 분류표로서, 복수의 개념이나, 파셋 측면을 포괄하는 복합주제로 본표상에 열거되고 있다. 그래서 기호합성의 기회가 비교적 적다. 형식구분이나 다양한 공통구분의 본표상 각 주기 하단 별도로 열거되고 있다. 본래 LCC는 미국의회도서관의 장서구성에 따른 자료분류만을 위하여 고안된 비십진분류표로서 알파벳 문자와 아라비아숫자를 함께 구성하고 있는 혼합기호표이다.

64. 다음 중 주제분류법을 제창한 사람은?

① 랑가나단　　　　　　　② 브라운

③ 블리스　　　　　　　　④ 카터

65. 다음 중 미국의회도서관분류법(LCC)의 단점에 해당하지 않는 것은?

① 실용성은 높은 반면 이론적 기초가 부족하다.

② 분류표 전체에 걸쳐 조기성이 유지되지 못하고 있어, 분류표가 너무 방대하다.

정답 59. 4　　60. 2　　61. 2　　62. 4　　63. 1　　64. 2　　65. 4

③ 기호의 배분이나 용어 등 여러 면에서 미국중심적이어서, 기타의 도서관에서는 그대로 사용하기가 불편하다.

④ 전체분류표를 통합관리하기가 어려워 분류표의 개정과 최신성 유지에 어려움이 많다.

[해설] ④ LCC는 필요에 따라 각 주제별로 전문가들에 의해 수시개정이 이루어질 수 있기 때문에 최신성의 유지가 용이하다는 장점을 가지고 있다.

66. 다음 중 UDC에서 사용하고 있는 공통보조표가 아닌 것은?

① 관점공통보조표　　　　　　② 형식공통보조표

③ 장소공통보조표　　　　　　④ 체계공통보조표

[해설] ④ 체계공통보조표(systematic auxiliary schedules)는 Bliss의 서지분류표(BC)에 제공되어 있는 공통세구분표를 일컫는 용어이다.

67. LC, DDC, UDC, CC의 공통점은?

① 십진분류표　　　　　　　② 열거식분류표

③ 일반분류표　　　　　　　④ 특수분류표

[해설] ③ 일반분류표란 각 분야의 주제를 포괄적으로 배정한 분류표를 말하며 특수분류표란 전문도서관이나 특수도서관을 위한 분류표이다.

68. 현대 자료분류법에 관한 설명으로 바르게 짝지어진 것은?

　㉠ UDC　　㉡ LCC　　㉢ CC　　㉣ KDC　　㉤ DDC

ⓐ 랑가나단이 마드라스대학의 도서관장으로 임용되면서 구상한 분류법
ⓑ 모든 주제를 21개로 대별하여 49권 이상의 분책형태로 발행되는 최대의 열거식 분류표인 동시에 일반분류표에 속한다.
ⓒ 복수주제의 기호화가 가능한 분석합성식 원리를 도입하여 주제의 다면적 표면이 가능하다.
ⓓ 조기표는 총 8가지가 있다.
ⓔ 십진분류법편집정책위원회와 십진분류과가 주어진 역할을 충실하게 수행하기 때문에 일관성과 최신성이 유지되고, 조기성이 풍부하고 신축적이며 상관색인이 우수하다.

① ㉠ - ⓐ   ② ㉡ - ⓑ

③ ㉢ - ⓓ   ④ ㉣ - ⓔ

69. 다음의 분류법 중 사대(四大) 분류표에 해당되지 않는 것은?

① Brown의 주제분류법(SC)

② Cutter의 전개분류법(EC)

③ M. Dewey의 십진분류법(DDC)

④ 국제십진분류법(UDC)

해설 ④ UDC는 국제서지학회(IIB)가 세계 각국의 모든 도서와 연속간행물 등의 주제를 모아서 세계적인 서지를 작성하기 위하여 만든 것이다.

70. 가나단은 CC를 창안하는 과정에서 기본류를 배치할 때 구체성의 감소순으로 나열하였다고 한다. 다음 중 구체성이 가장 낮은 기본류는 어느 것인지 고르시오.

① 생물학   ② 물리학

③ 의학   ④ 화학

해설 ② 물리학, 화학, 생물학, 지질학, 의학 순이다.

71. 다음 중 분류표에 대한 설명으로 옳지 않은 것은?

① UDC는 하나의 주류에 어학과 문학이 배치되어 있다.

② CC의 기호시스템은 알파벳 소문자 및 대문자, 아라비아숫자, 삽입구, 지시기호 등으로 구성된 혼합기호법을 채택하고 있다.

③ LCC는 새로운 학문의 첨가를 위하여 5개의 알파벳 대문자(I, O, W, X, Y)를 공기호로 남겨두었다.

④ DDC는 베이컨의 학문분류 체계의 영향을 받았다.

해설 ④ DDC는 해리스의 영향을 많이 받았다.

정답 66. 4   67. 3   68. 2   69. 4   70. 2   71. 4

72. 다음에서 국제십진분류법을 많이 취급하는 도서관의 자료구성은?

① 과학기술계통의 장서를 많이 소장하고 있다.

② 법률학, 경제학, 사회학 계통의 장서를 많이 소장하고 있다.

③ 문학, 어학류, 장서를 많이 소장하고 있다.

④ 소장 자료에 관계없이 도서관에 널리 사용되고 있다.

해설 ① UDC는 불란서, 이태리, 스페인, 포르투갈 등지에서, 특히 과학기술계통의 대학도서관에서 많이 사용되고 있다.

73. 다음 중 UDC의 완전 국제판이 발행된 연도는?

① 1876년　　　② 1895년　　　③ 1899년　　　④ 1905년

해설 ④ 1905년 「Manuel du Repertoire Biliographique Universel」이란 서명으로 불어로 간행되었다. ① 1876년은 DDC가 초판의 발행연도이며, ② 1895년은 UDC의 발행의 계기가 된 IIB의 국제회의가 Brussels에서 개최된 해이고, ③ 1899년은 UDC 국제판의 작업에 착수한 해이다.

74. 다음 중 UDC에서 분류표에 연속적으로 배정된 주제의 첫 번째 기호와 마지막 기호를 연결시키기 위해 사용하는 보조기호는?

① +　　　　　② /　　　　　③ =　　　　　④ [ ]

해설 ② 연속기호(/)는 독립주제가 분류표에 연속적으로 배정되어 있을 때 첫 기호와 마지막 기호를 연결시키기 위해 사용하는 기호이다.

75. 다음 중 미국적 성향이 가장 강한 분류표는?

① BC　　　　　　　　　　② CC

③ LCC　　　　　　　　　④ UDC

해설 ③ LCC는 원래 미국의회도서관의 분류를 위해 작성된 분류표로서 미국적 성격이 강하다고 할 수 있다.

76. 다음의 UDC에 대한 설명으로 가장 거리가 먼 것은?

① 일반분류표
② 열거식분류표
③ 십진식분류표
④ 표준분류표

해설 ② UDC는 열거식분류표라기보다는 준열거식분류표에 해당한다.

77. 다음에서 LC, DDC, UDC, CC의 공통점은?

① 일반분류표
② 열거식분류표
③ 패싯식분류표
④ 특수분류표

해설 ① 일반분류표(general classification scheme)는 지식의 전 주제 분야를 망라적으로 체계화한 분류표를 말한다. LCC, DDC, UDC, KDC, NDC, CC 등 현대의 주요 분류표는 그들이 채택한 기호법, 표시방식, 체계, 구조면에서 대부분이 일반분류표에 해당된다. 일반분류표는 모든 정보 자료를 다루고 있는 공공도서관이나 대학 및 학교 도서관에서 채택되고 있다. ④ 특수분류표(special classification scheme)는 특히 농학, 의학, 특허등의 주제별 자료나 지도, 음반, 신문기사 등의 특별한 유형의 자료를 분류하는 데 유용한 분류표이다. 주로 전문도서관에서 채택되며, 대학도서관의 경우는 종합대학 내의 단과대학이나 특정대학에 적용된다.

78. 다음 중 CC의 5개 기본범주(fundamental categories)에 해당하지 않는 것은?

① personality
② material
③ matter
④ time

해설 ② CC의 5개 기본범주 personality(개성), matter(소재), energy(기능), space(공간), time(시간)을 말하며, 기본범주의 열거순서는 P, M, E, S, T이다.

79. 다음의 괄호 안에 들어갈 가장 적합한 것들로 바르게 짝지어진 것은?

미국의회도서관분류법(LCC)의 주류배열은 (㉠)이 개발한 (㉡)의 주류배열을 참고로 하였다.

① ㉠ H. E. Bliss – ㉡ Bibliographic Classi- fication
② ㉠ J. D. Brown – ㉡ Subject Classification

정답 72. 1   73. 4   74. 2   75. 3   76. 2   77. 1   78. 2   79. 4

③ ㉠ M. Dewey – ㉡ Dewey Decimal Classi- fication

④ ㉠ C. A. Cutter – ㉡ Expansive Classi- fication

해설 ④ LCC는 기본적으로 열거식 분류표로서, 복수의 개념이나, 파셋 측면을 포괄하는 복합주제로 본표상에 열거되고 있다. 그래서 기호합성의 기회가 비교적 적으며, 형식구분이나 다양한 공통구분은 본표의 각 주기 하단에 별도로 열거되고 있다. 또한 비십진분류표로서 알파벳 문자와 아라비아숫자를 함께 구성하고 있는 혼합기호표이다. LC의 주류는 카터가 개발한 EC의 주류체계를 많이 참고로 하였다.

80. CC의 기본범주 중 기능의 의미를 가진 패싯은?

① T ② S ③ E ④ P

해설 ③ E는 기능 패싯으로 활동이나 작용, 공정 등을 나타내며, 연결기호는 :(Colon)을 사용한다.

81. 다음은 LCC의 단점을 설명한 것이다. 옳지 않은 것은?

① 미국 의회도서관용 분류표이므로 미국 위주로 되어 있다.

② 주류의 구성이 전체적으로 서로 조화를 이루고 있지 못하며, 전개의 순서에 있어서도 불합리한 곳이 있다.

③ 기호와 문자를 사용하는 혼합기호이기 때문에 복잡하다.

④ 조기성 풍부하다.

해설 ④ 조기성이 부족하다. ①~③ 이외에도 보편성이 없어서 큰 도서관에서만 사용 가능하다는 단점이 있다.

82. 다음은 SC의 설명이다. 옳지 않은 것은?

① SC는 자연과학을 다른 주제의 배열보다 하위에 배치하여 중세자료 중심적 분류표가 되도록 하였다.

② 범주표를 이용하여 분석합성식의 방법을 사용하였다.

③ 단점으로 볼 때 기호법이 복잡하고 색인을 이용할 때 범주표의 색인도 참고해야 되므로 복잡하다.

④ 주제부여상에서 알파벳 한 글자와 세분이 필요할 시 .0~.980까지 세분하고 주제는 합성할 경우 +기호를 사용한다.

해설 ① 주제분류법((Subject Classification)의 주제배열은 무엇보다도 자연과학 분야의 주제를 다른 주제보다 상위에 배치시켜 독창성을 갖고 있다. 또한 동일한 주제를 그 취급되어진 관점에 상관없이 한 곳으로 집중하도록 한 방침을 택하고 있으며, 아울러 범주표를 이용함에 있어서 분석합성식의 방법을 채택하였던 점이 높이 평가되고 있다.

83. 다음 중 UDC에 대한 설명으로 옳지 않은 것은?

① 과학기술분야를 취급하는 도서관에 유용한 분류표이다.

② 인종·민족 및 국적보조표는 (=)이다.

③ DDC 5판을 저본으로 만들어져 주류 및 강목이 DDC와 비슷하다.

④ IFLA 외에 5개의 단체가 모여서 만든다.

해설 ④ UDC는 현재 FID/CCC(Central Classification Committee)가 중심이 되어 UDC의 간행, 개정증보, 보급발전 등을 도모하고 있다.

84. 다음은 Colon Classification에 대한 설명이다. 옳지 않은 것은?

① S. R. Ranganathan이 창안한 분류법이다.

② 주제와 주제를 Colon 즉 ':(콜론)'으로 연결하여 분류기호를 조직하였기 때문에 Colon Classification이라 한다.

③ 주제를 다방면으로 분석하여 기호화함으로써 모든 주제가 갖고 있는 특성을 전부 표현할 수 있는 분류법으로 이를 분석합성식분류법이라 한다.

④ CC의 구성은 주분류표, 보조표, 색인으로 구성되어 있고 사용되는 기호는 알파벳 대문자·소문자로 되어 있으므로 분석합성식분류법이라 한다.

해설 ④의 구성은 주분류표(Main class), 보조표, 색인으로 되어 있으며 사용되는 기호는 알파벳 대문자·소문자와 아라비아숫자 부호로 되어 있다.

85. 다음 중 UDC에서 사용하는 분류기호에 대한 설명으로 가장 거리가 먼 것은?

① 아라비아숫자를 사용한다.

② DDC에 비하여, 전반적으로 기호의 길이가 훨씬 짧아지게 된다.

③ 합성기호를 많이 사용하게 된다.

④ 광범위한 주제나 학문분야를 나타낼 경우는 짧은 기호를 사용하지만, 더 세분된 주제로 갈수

정답 80. 3   81. 4   82. 1   83. 4   84. 4   85. 2

록 더 긴 기호를 사용하게 된다.

② UDC는 주제와 강에 있어서는 DDC보다 분류기호의 길이가 훨씬 짧다. 그러나 대부분의 경우 합성에 의해 분류기호를 작성하기 때문에, 그 길이가 길어지게 된다.

86. 다음의 괄호 안에 들어갈 것들로 바르게 짝지어진 것은?

> (㉠)의 세계서지통정(Universal Bibliographic Control)의 아이디어를 바탕으로 개발된 (㉡)은 현재 국제도큐멘테이션(FID)에 의해 개정과 관리가 이루어지고 있으며, 특히 과학기술 분야에 장점을 가지고 있는 분류표이다.

① ㉠ H. E. Bliss – ㉡ Bibliographic Classi- fication

② ㉠ La Fontaine Otlet – ㉡ Universal Decimal Classification

③ ㉠ C. A. Cutter – ㉡ Library of Congress Classification

④ ㉠ M. Dewey – ㉡ Dewey Decimal Classi- fication

87. Ranganathan이 말하는 분류의 3단계 가운데 최고의 단계로서, 다른 단계에 절대적 영향을 미치는 단계는?

① 기호단계   ② 아이디어단계

③ 언어단계   ④ 의미단계

② 아이디어단계에서는 각 주제가 기본주제로 분석되어, 그 일반적인 구조가 설계되고, 그 주제 간의 관계와 순서가 결정되는 단계이기 때문이다.

88. 다음에서 C. A. Cutter와 관련이 없는 것은?

① 주제분류법인 SC(Subject Classification)를 발표하였다.

② 1876년에 사전체목록편찬규칙을 발표하였다.

③ 저자번호표인 Two-figure Author Table과 Three-figure Author Table을 작성하였다.

④ 전개분류법인 EC(Expansive Classification)를 발표하였다.

① SC는 J. D. Brown이 발간하였다.

89. 음 중 콜론분류법(CC)의 기본범주, 패싯기호, 연결기호를 옳지 않게 연결한 것을 고르시오.

① Personality – [P] – , (comma)

② Energy – [E] – : (colon)

③ Space – [S] – . (dot)

④ Time – [T] – = (equal sign)

해설 ④ Time – [T] – '(apostrophe)이다.

90. 다음에서 UDC와 가장 거리가 먼 것은?

① IIB   ② FID

③ La Fontaine   ④ CRG

해설 ④ CRG(Classification Research Group)는 분류의 이론과 실제를 연구하기 위해 영국의 사서들이 구성한 비공식집단으로 UDC와는 직접적으로 관련이 없다. ①, ② IIB(국제서지학회)는 UDC의 계획을 세워 그 업무를 수행한 기관으로, 후에 FID(국제도큐멘테이션연맹)으로 명칭이 변경되었다. ③ La Fontaine과 Otlet은 UDC를 완성한 사람들이다.

91. 다음에서 EC와 가장 관계가 깊은 기관은?

① Amherst College   ② Boston Athenaeum

③ British Library   ④ Library of Congress

해설 ② 전개분류법(Expansive Classification)은 카터가 Boston Athenaeum 도서관에서 완성한 분류표이다.

92. 다음 중 저자기호표가 포함된 분류표는?

① DDC   ② UDC

③ EC   ④ CC

해설 ③ EC는 동일한 주제를 가진 도서를 구분하기 위하여 함께 사용할 저자기호표와 같이 고안되었는데, 이를 Cutter의 저자기호표라 한다.

정답	86. 2	87. 2	88. 1	89. 4	90. 4	91. 2	92. 3

93. 다음 괄호 안에 들어갈 내용으로 옳은 것은?

> UDC의 장소공통보조표는 DDC의 (　)에 상당하는 보조표로, 자료의 지리적 특성을 기호로 나타내기 위해 사용된다.

① T.1　　　　② T.2　　　　③ T.3　　　　④ T.4

해설 ② UDC의 장소공통보조표는 DDC의 T2(지역구분표)에 해당하는 보조표로, 주제에 대한 분류기호 다음에 (　)를 사용하여 해당보조표의 기호를 추가하게 된다.

94. 다음 중 주요 분류표와 보조표의 연결이 잘못된 것은?

① DDC – 보조표(table)

② EC – 일반형식구분과 지리구분, 시대구분

③ LCC – 표준구분표(standard subdivision)

④ UDC – 보조분류표와 조합기호

해설 ③ LCC는 열거식분류표의 대표적인 유형으로, 분류표 전반에 공통적으로 적용되는 별도의 보조표는 마련되어 있지 않다.

95. 다음은 EC의 지리구분에 관한 설명이다. 가장 거리가 먼 것은?

① 지리구분은 11에서부터 99까지를 주요지방과 국가로 배정하고 나머지는 십진법으로 적용한다.

② 지리구분에서 66이 중국이며 본표에서 E가 Biogra phy, F가 History일 때 "중국의 전구"의 분류는 E66, F66은 중국역사이다.

③ 본표에서 모든 주제의 지방구분에 사용되며 한 지방의 모든 주제를 일괄할 필요가 있을 경우에는 류의 기호보다 앞세워 사용한다.

④ 본표에서 F, 지리구분에서 30이 유럽이고 39가 프랑스라면 F39는 프랑스 역사가 된다.

해설 ② EC에서 본표의 모든 주제는 지방구분에서 사용되며 한 지방의 모든 주제를 일괄할 필요가 있을 경우에는 류의 기호보다 앞서서 사용하기 때문에 중국의 전기는 E66이 아니라 66E가 되며 중국역사 역시 F66이 아니라 66F가 된다.

96. Subject Classification에서 복합주제는 어떤 논리연산자를 사용하는가?

① ×   ② ÷   ③ +   ④ −

해설 ③ 주제의 합성을 표시하기 위하여 연산기호 +를 사용하므로 주제를 더욱 세밀하게 표현할 수 있다. 예를 들어, 'Heart and Sound'는 200+300으로 합성한다.

97. 다음의 괄호 안에 들어갈 이름을 순서대로 바르게 연결한 것은?

> 콜론분류법은 인도의 도서관학자 (　)가 창안하였으며, 주류의 배열은 (　)의 학문분류를 바탕으로 하고 있다.

① S. R. Ranganathan − A. M. Ampere   ② S. R. Ranganathan − F. Baon
③ A. M. Ampere − C. A. Cutter   ④ F. Baon − A. M. Ampere

98. 다음은 CC 제7판에 기초한 기본범주에서 패싯기호와 연결기호에 대한 설명이다. 옳은 것은?

> ㉠ [P]는 주제를 형성하는 본질적 속성을 나타내는 패싯기호로서 comma(,)를 사용하며 해당 분류기호 앞에 부여한다.
> ㉡ [M]은 주제를 형성하는 물질의 주요 소재나 사물의 원재료를 지칭하는 패싯기호로서 colon(:) 을 사용한다.
> ㉢ [E]는 기능(활동 작용, 공정 등)을 나타내는 패싯기호이며, 연결기호는 colon(:)을 사용한다.
> ㉣ [S[는 지리구분을 의미하고 모든 주제에 적용할 수 있으며, 연결기호는 semi-colon(;) 이다.
> ㉤ [T]는 시대구분을 의미하고 모든 주제에 적용할 수 있으며, 연결기호는 apostrophe(')이다.

① ㉠, ㉡, ㉢   ② ㉠, ㉢, ㉤
③ ㉡, ㉢, ㉣   ④ ㉡, ㉣, ㉤

해설 ② 기본범주의 순서는 ,[P];[M]:[E].[S]'[T](Personality-Matter-Energy-Space-Time)로 꼭 암기해야 할 사항이다.

| 정답 | 93. 2 | 94. 3 | 95. 2 | 96. 3 | 97. 2 | 98. 2 |

99. 다음에서 S.R. Ranganathan과 관계있는 분류법으로 옳은 것은?

① 분석합성식 분류법을 창안하였다.

② 서양학문의 전통적인 열거식분류법을 창안하였다.

③ 전개분류표인 EC를 창안하였다.

④ Ranganathan이 「Memoris of Libraries」에서 콜론 분류법을 발표하였다.

해설 ① 분석합성식 분류법을 창안하였다. ③ EC는 C. A. Cutter가 창안하였다. ④ 「Memoris of Libraries」은 E. Edwards의 저서로, 그는 영국근대도서관의 발전에 큰 공헌을 한 사람이다.

100. UDC에서 보조분류표에 나와 있는 기호는 단독으로 사용될 수 없다. 한 개의 주분류기호에 여러 개의 공통보조기호가 동시에 부가될 경우에 그 조합의 순서가 올바른 것은?

① [장소(...),] – [시간 "..."] – [형식(0...)] – [언어=...] – [관점.00....,]의 순으로

② [시간 "..."] – [형식(0...)] – [언어=...] – [관점.00....,] – [장소(...),]의 순으로

③ [관점.00....,] – [장소(...),] – [시간 "..."] – [형식(0...)] – [언어=...]의 순으로

④ [언어=...] – [관점.00....,] – [장소(...),] – [시간 "..."] – [형식(0...)]의 순으로

101. 다음 중 UDC의 단점으로 옳지 않은 것은?

① 자료를 서가에 배열하기 위한 것이므로 분류표의 양이 방대하다.

② 개정제안 및 과정이 신속하지 못하고 그 절차가 까다롭다.

③ 분석합성과 보조기호의 결합으로 기호가 길고 복잡하다.

④ DDC의 제3위 목(section)까지 기초로 하였기 때문에 비과학적이며 실제적인 면에서도 시대에 뒤떨어져 있다.

해설 ① UDC는 도서분만 아니라 연속간행물의 논문기사 및 버티칼 파일 등 고도로 특수화된 주제 분야까지 분류할 수 있는 서지분류를 목적으로 한 분류표이다.

102. UDC에는 여러 가지의 보조기호가 있다. 다음에서 관점보조기호는?

① /   ② =   ③ +   ④ .00

103. 국제십진분류법에 대한 설명으로 옳은 것은?

① 1927~1933년 제2의 국제판인 Classification Decimale Universelle이 출판되었다.

② 영국, 프랑스, 스페인, 일본이 각각 자국어로 지침서를 출판하였고 1997년에 한국어 버전이 간행되었다.

③ 국제십진분류법 순수 패싯분류시스템으로 하나의 위치에 모든 패싯을 열거한다.

④ 본표는 서문, 개괄표, 개요표, 주류표, 보조표, 색인, 보유란 등 총 7개 부분으로 구성되어 있다.

104. 다음 중 국제십진분류법(UDC)에서 상관기호 콜론(:)의 기능은?

① 출판형식의 기능

② 특정주제의 특수한 관점의 표시기능

③ 개념 간의 계층관계를 표현하는 기능

④ 상호 관련을 지닌 둘 이상의 주제를 연결하는 기능

105. 다음에서 UDC의 단점과 가장 거리가 먼 것은?

① 분류항목의 배열이 서구중심으로, 아시아 분야의 항목 전개가 부족하다.

② 분류체계의 개정 절차가 신속하여, 최신성이 있다.

③ 본표 구성상 DDC의 요목(1000구분)까지를 기초로 했던 관계로 항목의 전개가 미약하다.

④ 다양한 보조기호를 사용함으로써 DDC에 비하여 분류기호가 간결하지 못하고, 서가상의 배열과 검색이 단순하지 못하다.

정답 99. 1   100. 3   101. 1   102. 4   103. 1   104. 4   105. 2

106. 다음 중 국제서지학회의 설립목적을 설명한 것으로 가장 거리가 먼 것은?

① 각국어로 된 모든 주제의 소지를 만드는 것이다.

② 도서출판에 관련된 모든 방법을 표준화하는 것이다.

③ 출판된 문헌을 저자와 분류의 완전한 카드목록인 「세계서지색인」을 편찬하는 것이다.

④ 세계 각국의 모든 주제에 관한 도서, 연속간행물, 기타 인쇄자료 등 전 세계적인 자료를 정리하기 위하여 1910년 국제십진분류법의 불어판을 발간하였다.

해설 ④ 1910년이 아니라, 1905년 국제십진분류법(Classification Decimale Universelle)을 불어판으로 발간하였다.

107. 다음 중 DDC의 표준세구분(standard subdivisions)에 해당하는 UDC의 보조표는?

① 어공통보조표
② 형식공통보조표
③ 장소공통보조표
④ 관점공통보조표

해설 ② UDC에서는 주제가 표현된 형식을 표시하기 위해 형식공통보조표를 마련하였다.

108. Ranganathan은 문헌분류를 3개의 수준에서 개념화하고 있다. 다음 중 가장 거리가 먼 것은?

① 아이디어단계
② 언어단계
③ 의미단계
④ 기호단계

해설 ③ Ranganathan은 분류를 세 개의 수준, 즉 아이디어단계(idea plane), 언어단계(verbal plane), 기호단계(notational plane)로 구분하여 설명하고 있다.

109. 다음 중 LCC의 작성에 가장 큰 영향을 미친 분류표는?

① CC
② DDC
③ EC
④ SC

해설 ③ C. A. Cutter에 의해 작성된 전개분류법(Expansive Classification)은 특히 주류의 배열에 있어서 LCC에 큰 영향을 주었다.

110. 다음의 CC 기본범주에서 활동이나 작용, 공정, 문제 등을 나타내는 것은?

① Time   ② Space

③ Energy   ④ Personality

해설 ③ Energy([E])는 활동이나 작용, 공정, 문제 등의 기능을 나타낸다.

111. 현재 UDC의 관리를 맡고 있는 국제기구는 다음 중 어느 것인가?

① DRTC   ② FID

③ IIB   ④ OCLC

해설 ② UDC는 국제서지학회(IIB: Institute International de la Bibliographie)가 계획한 것으로, 현재 국제도큐멘테에션연맹(FID: Federation International de la Documentation)으로 명칭이 변경되었다. FID/CCC (Central Classification Committee)가 중심이 되어 UDC의 간행, 개정증보, 보급발전 등을 도모하고 있다.

112. 다음 중 CC의 장점에 대한 설명으로 옳지 않은 것은?

① 견실한 분류이론을 바탕으로 하는 학문적 연구가치가 매우 높은 분류표이다.

② 열거식분류표에 비해 분류표 자체가 매우 간단하다.

③ 전 세계 여러 나라의 많은 도서관에서 채택하고 있는 실용적인 분류표이다.

④ 분석합성식의 패싯배열식이 지시되어 있어 기호의 합성이 용이하다.

해설 ③ CC는 이론적 면에서는 높은 평가를 받고 있으나, 인도의 도서관을 제외하면 실제로 이를 채택하고 있는 도서관은 거의 없다.

113. 다음 중 분류표의 편찬자와 분류표의 명칭이 바르게 연결되지 않은 것은?

① J. D. Brown – Subject Classification

② H. E. Bliss – Bibliographic Classification

정답	106. 4	107. 2	108. 3	109. 3	110. 3	111. 2	112. 3	113. 4

③ La Fontaine Otlet - Universal Decimal Classi- fication

④ C. A. Cutter - Library of Congress Classi- fication

해설 ④ 카터가 개발한 것은 Expansive Classification(전개분류법)이다.

114. 다음에서 LCC에 가장 큰 영향을 미친 분류법은?

① CC
② DDC
③ KDC
④ EC

해설 ④ EC를 참고로 의회도서관의 조건과 실용성을 고려하여 새로운 분류표를 작성하였다.

115. 다음의 EC 조기성에 관한 질문으로 옳지 않은 것은?

① EC에는 조기성이 없다.

② EC에는 조기성이 있다.

③ DDC의 표준구분 같은 형식구분이 있다.

④ 제7표의 .(point)는 합성장치가 아니라 분리장치이다.

해설 ① EC에는 DDC의 표준세구분과 같은 형식의 조기성 기호가 있다. 보조표 중 형식구분의 구성은 제1표에서 제5표까지는 알파벳문자로 구성되어 있고 제6표와 제7표에는 숫자를 사용하며 제7표에서 사용되는 .(point)는 단지 분리장치일 뿐이다.

116. 다음 중 SC의 범주표(Categorial Table)에 대한 설명으로 가장 거리가 먼 것은?

① 본표상에 형식구분이나 공통세목을 갖고 있다.

② SC는 알파벳 대문자 1글자, 000~999의 세숫자, 범주표(.0~.980)을 사용한다.

③ 주제가 방법·관점 등에 따라서 세분할 필요가 있을 경우에 「.0~.980」까지 숫자를 사용한다.

④ 범주표에는 쉽게 색인하기 위하여 알파벳순색인이 있다.

해설 ① SC본표에는 형식구분이나 공통세목이 없으며, 주제의 합성을 위하여 +기호를 사용한다.

117. EC의 일반형식구분 중 제5표에서 제6표의 주류배열에서 사용하지 않는 기호는?

① D Dictionary   ② E Encyclopedia

③ I Index   ④ .9 Collection

해설 ④ EC에서 사용하는 일반형식구분은 다음과 같다.

1) 제5표에서 제6표까지 사용된 형식구분

D: Dictionary E: Encyclopedia I: Indexes M: Museums P: Periodicals Q: Quotations R: Reference book
S: Societies

2) 제7표에서 사용한 형식구분

.1: Theory .2: Bibliography .3: Biography .4: History .5: Dictionary, Encyclopedia
.6: Year Books, Directories .7: Periodicals .8: Societies .9: Collection

118. LCC에서 장래 장서의 증가에 대비하여 공기호로 남겨 둔 것은?

① I, O, W, X, Y   ② A, B, C

③ E, F, G   ④ I, B, W

119. 다음은 콜론분류법의 기본범주에서 사용하는 패싯기호와 연결기호이다. 이 관계가 바르게 짝지어진 것은?

① 개성 – P – ,(comma)   ② 소재 – E – :(colon)

③ 기능 – M – ;(semi-colon)   ④ 공간 – T – '(apostrophe)

120. 다음은 LCC의 장점을 설명한 것이다. 옳지 않은 것은?

① 세계 최대의 열거식 분류표로서, 대규모 도서관의 서가분류에 적당하다.

② 기호문자와 숫자를 사용하는 혼합기호이기 때문에 복잡하다.

③ 필요에 따라 전문가에 의하여 분책별로 수시로 개정할 수 있다.

④ 분책별로 간행하여 전문도서관에서 이용하기에 편리하다.

해설 ②는 LC의 단점이다. 장점으로는 ①, ③, ④ 이외에도 전개가 쉽고 많은 양을 분류할 수 있다는 것을 들 수 있다.

정답 114. 4   115. 1   116. 1   117. 4   118. 1   119. 1   120. 2

121. UDC에서 주제의 시기나 시간적 측면을 구분하기 위해 사용되는 기호는?

① =   ② " "   ③ +   ④ /

해설 ② UDC의 보조분류표에는 각 분류항목에 공통적으로 부가하여 사용할 수 있는 8개의 공통보조기호와 특정 주제 내에서 어느 위치에서나 상황에 따라 사용할 수 있는 3개의 고유보조기호가 있다. 공통보조기호는 다음과 같다. [언어보조기호 =], [형식보조기호 (0...)], [지리(장소)보조기호 (...)], [인종·민족 및 국적보조기호 (=)], [시대(時)의 보조기호 "..."], [문자, 번호보조기호 A/Z, *], [관점보조기호 .00], [사람 : 재료보조기호 05 ; −03]이다. 또한 고유보조기호에는 「.0」(point naught) 「−」(hyphen) 「'」(apostrophe)의 3개가 있다. 〈.0〉은 자연과학이나 응용과학에서 많이 적용되고, 〈−〉은 인문예술 및 사회과학에서 많이 사용된다. 그리고 〈' 〉아포스트로피는 화학 및 화공업분야에서 한정 사용된다.

122. 다음 중 국제십진분류법에 가장 많은 영향을 준 분류표는?

① DDC   ② BC
③ LCC   ④ CC

해설 ① 1896년초 IIB(국제서지학회)의 주창자였던 벨기에 법률가 라퐁테인(H. LaPontaine)과 오트렛(P.M.G Otlet)은 학술연구의 국제화를 예견하고 국제적인 서지, 색인, 초록을 편성하기 위하여 문헌카드를 수집하였다. 그러나 기존의 제 분류표를 검토한 결과, 문헌카드의 주제별 분류와 배열에 부적당하다는 결론을 내리고 새로운 분류표를 작성하기로 결정하였다. 다만 기존의 분류표 중에서 가장 대중성이 높았던 DDC 제5판(1894년)을 저본으로 하여 확대 개편하고, 이에 조합기호를 첨가하여 더욱 세밀하게 구성하기로 결정하였다.

123. 다음 중 UDC에서의 「=」는 무엇을 나타내는 보조기호인가?

① 민족, 국민성기호   ② 언어구분기호
③ 연속기호   ④ 합성기호

124. 다음 설명에 부합하는 분류법은?

> 이는 1897년 카터의 자문을 받아 구상된 것으로 카터의 EC를 기본 구조로 채택하여 장서의 규모와 특수성을 고려하여 독자적 분류표로서 완성되었다. 2009년 기준, 주제를 21개로 대별하여 49권 이상의 분책 형태로 발행되는 세계 최대의 열거식 분류표이다.

① 마텔 및 핸슨에 의해 개요가 만들어졌으며 이후 수정을 통해 완성된 LCC이다.

② 최초의 합성식 분류원리를 도입하여 복수주제의 기호화가 가능한 UDC이다.

③ 특정주제의 구성 요소 및 합성 주제를 다면적으로 표현하기 위한 목적으로 개발된 CC이다.

④ 본표 및 보조표에 타 분류법에서 찾을 수 없는 요약을 기술하고 있는 DDC이다.

해설 ① 설명에 해당하는 분류법은 미국 국가도서관을 대표하는 미의회도서관에서 발행한 LCC(Library of Congress Classification)로, 정부와 의회에 각종 참고자료를 제공할 목적으로 편찬되었다.

125. UDC에서 동일한 가치가 있는 개념을 2개 이상의 UDC 번호로 결합시키는 기호는?

① :　　　　　② .(point)　　　　　③ +　　　　　④ (=)

해설 ① :는 연결기호 가운데서 가장 중요한 상관기호(Relation sign)로, 동일한 가치가 있는 개념을 2개 이상의 UDC번호로 결합시키는 기호이다. ② .(point)는 아무런 의미가 없다. ③ +는 첨가기호(addition sign)로, 2개 이상의 번호가 일반적으로 합동된 개념이나 상이(相異)한 국면에 있는 동일한 주제를 나타낼 때 사용한다. ④ (=)는 민족과 국민성구분기호이다. UDC 주분류표의 특정주제를 보다 더 세분하기 위해 일부 해당주제에 대해서만 공통적으로 적용되는 고유보조기호가 있다. 이 고유보조기호에는 「.0」(point naught) 「–」(hyphen) 「'」(apostrophe)의 3개가 있다. 〈.0〉은 자연과학이나 응용과학에서 많이 적용되고, 〈–〉은 인문예술 및 사회과학에서 많이 사용된다. 그리고 '(어퍼스트라피)는 화학 및 화공업 분야에만 한정 사용된다.

126. 주제분류법(SC)은 어떤 주제를 다루는 형식이나 관점 등에 따라서 세구분할 수 있는 별도의 표를 마련하고 있다. 다음 중 이 표를 가리키는 용어는?

① 조기표(mnemonic table)　　　　　② 보조표(auxiliary table)

③ 범주표(categorial table)　　　　　④ 형식구분표(from division)

해설 ③ 범주표는 동일주제를 한 곳에 모으는 주제분류법이 갖는 특징적인 표로, 동일주제에 대한 다양한 관점을 표현하기 위한 것이다.

127. 다음 중 콜론분류법(CC)에 대한 설명으로 가장 거리가 먼 것은?

① S. R. Ranganathan에 의해 고안되었다.

② A. M. Ampere의 학문분류의 영향을 받고 있다.

③ 분석합성식 분류표의 대표적인 유형이다.

④ 인문과학을 상위에 분류하고 있는 분류표이다.

정답 121. 2　　122. 1　　123. 2　　124. 1　　125. 1　　126. 3　　127. 4

④ 콜론분류법은 기본주제를 자연과학-사회과학의 순서로 배열하여, 자연과학을 상위에 분류하고 있는 대표적인 분류표의 하나이다.

128. 다음에서 CC의 기본범주는 몇 개의 Facet으로 나누어지는가?

① 3개   ② 5개   ③ 7개   ④ 9개

② CC의 주류배열은 자연과학 분야를 인문과학이나 사회과학 분야 보다 상위에 두고 있는데, 기초과학(A B C G H I J K) 속에 기술과학(D E F L M)등을 접근시켜 놓고 있다. 그리고 CC는 연속적인 체제로 각각의 주제영역들은 기본주제(Basic subject)를 먼저 배열시키고, 그리고 강조되는 분야의 주제를 가운데 중심(Main subject)에 배열하고, 다음은 규범류(Canonical class)의 순서로, 또 그 다음은 기본범주(Fundamental category)의 순서로 세분 표시하고 있다. CC는 각 기본적 주제 아래에 주제분석의 수단으로서, 패싯(facet)별로, 세목(isolate)을 나열하고 있는데, 분류할 때에 자료의 주제를 5가지의 패싯(관점)으로 분석하여, 각각의 패싯 앞에다 지정된 연결기호를 부가시켜 조합하도록 하고 있다. 이 경우 각각의 패싯은 하위의 세목을 isolate-isolate focus-focus(foci 복수)라고 한다.

129. 다음에서 EC의 장점과 가장 거리가 먼 것은?

① 주류체계의 배열이 학문적이며 논리적이고 기호의 조기성이 풍부하다.

② 도서관 현장의 실무를 전혀 반영하지 못하고 있다.

③ 열거식분류표의 일부 문제성을 보완하기 위한 보조표의 사용으로 분석합성식의 기법을 도입하고 있다.

④ 도서관의 성격이나 장서량의 규모에 따라 알맞은 분류표를 택일할 수 있도록 하였다.

② 도서관 현장의 실무를 잘 반영하고 있다.

130. 다음은 EC의 구성을 설명한 것이다. 가장 거리가 먼 것은?

① EC는 분류기호로 대두자(大頭字)와 소두자(小頭字) 및 숫자로 구성되어 있다.

② EC는 알파벳문자를 사용하여, 장서가 증가함에 따라서 분류표를 전개하여 제1표에서 제7표까지 사용하도록 구성되어 있다.

③ EC는 문자를 사용하는 분류표이기 때문에 DDC의 기호보다 길게 구성되어 있다.

④ 분류기호는 EC의 형식구분이나 지리구분 및 제7표에서는 특수세구분으로 사용되고 있다.

해설 ③ EC에서 사용되는 분류기호는 대두자(Capital Letter)와 소두자(Small Capital Letter), 숫자(형식구분, 지리구분)로 구성되어 있으며, EC본표상의 기호는 대부분 알파벳문자를 사용하고 있다. 그러나 F의 역사, G의 지리항목은 숫자를 사용하고 있으며 EC는 A~Z까지 문자를 사용하기 때문에 아라비아숫자를 사용하는 DDC 기호보다 짧은 면은 있으나 DDC의 아라비아숫자만큼 단순치 않고 복잡하다.

131. 다음 중 EC와 관계있는 사람은?

① Bacon
② Brown
③ Cutter
④ Horne

해설 ③ 커터(C. A. Cutter)는 1860년부터 모교인 Harvard Divinity School 도서관에서 근무를 시작하여 1893년까지 봉직하였다. 그는 Boston Athenaum의 도서관장직을 역임하던 중, 1881~1893년까지 12년 동안 *American Library Journal*의 편집을 담당하였다. 1887~1889년 미국도서관협회(ALA)의 총재직도 수행하였고, 그는 이미 1875년에 「사전체목록규칙」(Rules for Dictionary Catalog)을 발표하였고, 1880년에 「커터저자기호표」(Cutter's Alfabetic-Order Table)와 함께 1891년에 「전개분류표」(Expansive Classification)를 발표하여 도서관계에 크나큰 공헌을 하였다.

132. 다음 중 LCC에 대한 설명으로 옳지 않은 것은?

① LCC는 혼합기호이다.
② 분류기호 중 Z는 서지, 도서관학이다.
③ LCC는 DDC 5판을 기본으로 하였다.
④ 학문의 전개확장을 위해 I, O, W, X, Y는 공기호로 남겨 두었다.

해설 ③ LCC는 EC를 참고하였고, DDC 5판을 기본으로 한 것은 UDC이다.

133. 다음의 EC 일반형식구분에 관한 설명으로 가장 거리가 먼 것은?

① D는 Dectionary이며 E는 Encyclopedias이다.
② I는 Indexes이고 M은 Museums이며 P는 Periodicals이다.
③ Q는 Quotations이고 R은 Reference book이며, S는 Societies이다.
④ 제7표의 일반형식구분은 .1은 Theory .2는 Biblio graphy .4는 History .9는 Dictionaries이다.

정답 128. 2 　129. 2 　130. 3 　131. 3 　132. 3 　133. 4

④ 제7표의 일반형식구분은 다음과 같다. .1 Theory, Philosophy .2 Bibliography .3 Biography .4 History .5 Dictionaries, Encyclopaedias .6 Year Books, Directories .7 Periodicals .8 Societies .9 Collection이다.

134. 미국 의회도서관 분류표 중 제일 먼저 분류표를 발간한 부분은?

① 사회과학　　　　　　　　　　② 미국정치

③ 미국역사　　　　　　　　　　④ 유럽사

③ 미국 의회도서관 분류표는 각 전문분야별로 전문가가 담당하여 발간한 결과, 1901년 미국역사부분이 첫 번째로 출간되었다.

135. 다음에서 미국의회도서관의 필요성을 제일 먼저 주장한 사람은?

① 게리　　　　　　　　　　　　② 듀이

③ 리버모어　　　　　　　　　　④ 워싱톤

① 1800년 미국 의회도서관은 개관 당시 도서 964책, 지도 9매가 있었으며 분류는 자요의 크기순 배열이었다. 1789년 게리의원을 중심으로 의회도서관의 필요성이 제기되었고, 1800년 리버모어의 동의로 도서관이 설립되기에 이르렀다.

136. 다음 중 CC의 가장 중요한 단계는?

① 기호단계　　　　　　　　　　② 언어단계

③ 의미단계　　　　　　　　　　④ 착상단계

④ 착상단계이다. CC의 사용은 무엇보다 먼저 다섯 가지의 기본범주가 뜻하는 의미와 관점을 명확하게 이해하고, 자료가 지니는 주제의 성격을 논리적으로 면밀히 분석하여, 패싯마다 공식적인 연결기호를 앞에 표시하여 합성시켜야 하는 방법이다.

137. 다음 중 자연과학을 상위에 배열하고 있는 분류표는?

① DDC　　　　　　　　　　　　② EC

③ SC　　　　　　　　　　　　　④ UDC

J. D. Brown에 의해 작성된 주제분류법(SC: Subject Classification)은 다른 분류표들이 정신과학을 상위에 배열하는 데 비하여 자연과학을 상위에 배열하였다. 또한 CC와 BC도 과학 상위의 배열을 채용하였다.

138. 다음 중 UDC에 가장 밀접한 영향을 미친 것은?

① DDC 제3판   ② DDC 제4판
③ DDC 제5판   ④ CC 제2판

UDC는 DDC 제5판(1894)을 기초로 하여 이루어졌다.

139. 다음의 분류표에서 다른 학문적 분류표들과는 달리 동일한 주제를 다루어지는 측면에 관계없이 한 곳에 배당하는 것은?

① DDC   ② EC
③ SC   ④ CC

현대의 대부분의 분류표는 동일주제라 하더라도 그 다루어지는 측면에 따라 본표의 여러 곳에 분산하는 이른바 학문적 분류를 택하고 있으나, 주제분류법(SC)만 '동일한 주제는 한 곳에 모으는 방식'을 채택하고 있다.

140. 다음 중 UDC(국제십진분류법)에서 사용하고 있는 보조기호가 아닌 것은?

① 관점보조표   ② 공통형식기호
③ 시대보조기호   ④ 체계보조표

체계보조표(Systematic auxiliary Schedules)란 Bliss의 서지분류표에 있는 공통세목표를 말한다.

141. 다음 중 UDC에서 문자, 번호 보조기호로 사용되는 것은?

① /   ② " "   ③ +   ④ A/Z, *

UDC의 주 분류표에는 일부 예외를 제외하고는 개별적인 세목이 없기 때문에 자료의 내용에 나타나는 고유명사의 일부문자나 번호(숫자, 이는 분류표상의 기호가 아님)를 차용하여 분류기호로 사용한다. 문자(A/Z)의 경우는 해당명사 전체나 약칭을 그대로 UDC 기호 다음에 부가하고, 숫자의 경우에는 *를 앞세워 기재한다.

정답 134. 3   135. 1   136. 4   137. 3   138. 3   139. 3   140. 4   141. 4

142. 다음에서 국제서지학회의 변천과정으로 옳은 것은?

① 국제도큐멘테이션연맹 → 국제도큐멘테이션학회 → 국제서지학회

② 국제도큐멘테이션연맹 → 국제서지학회 → 국제도큐멘테이션학회

③ 국제도큐멘테이션학회 → 국제도큐멘테이션학회 → 국제서지학회

④ 국제서지학회 → 국제도큐멘테이션학회 → 국제도큐멘테이션연맹

해설 ④ 1895년 브뤼셀에서 국제서지학회(Institute Inter- national de la Bibliographie: IIB)가 창설되었다. 그 후 IIB는 1931년에 국제도큐멘테이션학회(The Institute International Documentation: IID)로 개칭되었으며, 1937년 국제도큐멘테이션연맹(Federation International de Documentation: FID)으로 명칭이 변경되었다.

143. 다음에서 처음으로 UDC 완전판(full edition)이 발행된 해는?

① 1905년　　　　　　　　　② 1895년

③ 1899년　　　　　　　　　④ 1901년

144. 다음의 분류법에서 유형상으로 구분할 경우 CC와 가장 거리가 먼 것은?

① 십진식분류법　　　　　　② 일반분류법

③ 종합분류법　　　　　　　④ 패싯식분류법

해설 ① CC는 분석합성식 내지 패싯식분류법의 대표적인 유형으로, 모든 학문분야와 주제를 다루는 종합분류법 내지 일반분류법이다. CC의 전개는 십진식과는 무관하다.

145. 다음 중 혼합기호를 사용하는 대표적인 분류표는?

① DDC　　　　　　　　　　② CC

③ NDC　　　　　　　　　　④ UDC

해설 ② 분류기호의 종류에는 숫자(아라비아숫자 또는 로마숫자), 문자(알파벳, 한글 등), 부호(+ / ( ) : =) 등이 있다. 이들 가운데 숫자 또는 문자 등 한가지만으로 구성되는 기호를 순수기호(pure notation)라고 하며, 두 가지 이상으로 구성되는 기호를 혼합기호(mixed notation)라고 한다. KDC, DDC, NDC 등은 아라비아숫자만을 쓰는 순수기호이고, EC, SC, LCC, CC 등은 문자 내지 문자와 숫자, 그리고 임의의 기호를 혼합하여 쓰는 기호체계를 사용한다.

146. 다음 중 LCC의 장점과 가장 거리가 먼 것은?

① 각 분류표가 해당분야의 주제전문가에 의해 유지되고 갱신된다.

② 도서관자료의 구성에 근거한 실용적이고 현실적인 분류표이다.

③ 풍부한 범위주기(scope note)를 갖추고 있어 분류표의 이해에 도움이 된다.

④ 대규모 대학도서관과 연구도서관에 적합한 분류표이다.

해설 ③ LCC는 DDC에 비해 범위주기가 부족하다는 단점이 있다.

147. UDC의 공통보조기호 중 인종·민족·국민성을 나타내기 위한 보조기호로 사용되고 있는 것은?

① ( )　　　　② =　　　　③ (0)　　　　④ (=)

148. 다음 중 전개분류법(EC)의 장점과 가장 거리가 먼 것은?

① 도서관의 규모에 따라 적합한 수준의 표를 선택적으로 사용할 수 있다.

② 기호의 조기성이 고려하고 있다.

③ 보조표의 도입을 통해 열거식분류표의 문제점을 보완하고 있다.

④ 순수기호법을 택하고 있어 읽고, 기억하고, 배가하기가 용이하다.

해설 ④는 단점의 하나이다. 전개분류표는 알파벳대문자와 아라비아숫자 등이 다양한 기호를 사용하는 혼합기호법을 채택하고 있어, 기호체계가 복잡하여 읽고, 기억하고, 배가하기가 어렵다는 단점을 가지고 있다. 이외에도 EC의 분류체계는 가장 논리적인 우수한 분류표이기는 하지만, 가장 상세하게 전개된 제7표를 미완성으로 남겨 둔 채 저자가 사망함으로써 현재는 거의 사용되지 않는 분류표이다. 또한 경제는 8면, 동물학은 88면 등 일부 주제 구분의 균형이 맞지 않는 곳이 있다는 단점이 있다.

149. UDC를 적용하여 분류할 경우, '17 + 18 + 19'와 같은 의미의 분류기호는?

① 17::19　　　　　　　② 17*19

③ 17=19　　　　　　　④ 17/19

정답 142. 4　　143. 1　　144. 1　　145. 2　　146. 3　　147. 3　　148. 4　　149. 4

150. 다음 중 CC의 주류배열에 가장 큰 영향을 미치고 있는 학문분류는?

① Amepere의 학문분류
② Aristoteles의 분류
③ Bacon의 학문분류
④ Kant의 학문분류

해설 ① CC(콜론분류법)은 수학자 A. M. Ampere의 학문분류를 따르고 있다. Ampere는 학문을 우주론과 정신과학으로 나누었는데, 「Essai sur la Philosophie des Sciences」에서 기초과학 다음에 실용기술과 응용과학을 배치한 바 있다. Ranganthan은 이에 따라 자연과학, 인문과학, 사회과학의 순서를 택하고 있다.

151. 다음에서 CC, DDC, LCC, UDC의 공통점은 무엇인가?

① 각 분야의 주제를 총망라한 것으로 일반분류표에 속한다.
② 문자와 숫자를 조합한 조합합성식 분류표이다.
③ 아라비아숫자를 사용하여 10진식 배열을 한 십진분류표이다.
④ 각 분야의 주제를 총망라한 것으로 특수도서관이나 전문도서관에 필요하도록 만든 특수 특수분류표이다.

152. 다음 중 자료분류법과 창안(편찬)자의 연결이 옳지 않은 것은?

① Bibliotheca Universalis – Konrad von Gesner
② Bibliographic Classification – H. E. Bliss
③ Expensive Classification – C. A. Cutter
④ Subject Classification – S. R. Ranganathan

해설 ④ Subject Classification는 J. D. Brown이다. S. R. Ranganathan은 Colon Classification을 창안하였다.

153. 다음에서 UDC(국제십진분류법)와 관계없는 것은?

① Cutter
② FID
③ Fontaine
④ IIB

해설 ① C. A. Cutter는 전개분류법(EC)을 1891년에 발표한 사람이다.

154. 「Expanded Dewey」란 무엇인가?

① DDC의 영향을 받은 UDC를 일컫는 말이다.

② UDC의 간략판을 말한다.

③ DDC를 발표한 Dewey의 전기를 말한다.

④ 「Expanded Dewey」라는 말은 Dewey가 해리스의 분류의 영향을 받았기 때문에 해리스 분류법을 말한다.

155. 다음의 분류표 가운데 미완성인 채로 남아 있는 것은?

① Bibliographic Classification

② Expansive Classification

③ Library of Congress Classification

④ Subject Classification

해설 ② C. A. Cutter가 고안한 전개분류표(Expansive Classi- fication)는 제1표부터 제6표는 완성되었으나 가장 상세하게 전개된 제7표는 미완성됨에 따라 총색인도 아직 미완성이다.

156. 다음 중 UDC의 장점에 대한 설명으로 옳지 않은 것은?

① 아라비아숫자에 의해 십진식의 체계로 구성되므로 기호의 융통성과 전개성이 있다.

② FID의 국제분류위원회(Central Classification Committee)가 중심이 되어 UDC의 간행, 개정증보, 보급발전 등을 도모하고 있다.

③ 분류항목의 배열이 동서양간의 균형을 유지하고 있어 사용하기에 편리하다.

④ 분석합성식의 분류원리가 도입된 최초의 분류표이다.

해설 ③ UDC는 분류항목의 배열이 서구중심이기 때문에 동양부문의 전개가 미약하다.

157. LCC는 차후의 발전에 대비하기 위해 주류를 배정하지 않고 있다. 다음에서 공기호가 아닌 것은?

① L   ② O   ③ W   ④ Y

해설 ① LCC에서는 I, O, W, X, Y를 공기호로 남겨 두었다.

정답	150. 1	151. 1	152. 4	153. 1	154. 1	155. 2	156. 3	157. 1

158. 국제십진분류법에서 "..." 기호가 나타내는 것은?

① 관직기호
② 사람구분기호
③ 시대구분기호
④ 언어구분기호

159. 다음에서 CC의 개발에 가장 큰 영향을 미친 분류표는?

① BC
② DDC
③ LCC
④ UDC

해설 ④ 주패싯식분류표 또는 준열거식 분류표로 일컬어지고 있는 UDC는 합성의 요소를 담은 주 분류표와 보조분류표인 공통보조표, 조합기호 설정 등으로 CC에 많은 영향을 주었다.

160. 다음 중 UDC 제3위 숫자(目)다음에 오는 .(point)는 무슨 의미인가?

① 십진분법상 숫자배열을 위해 세 자리마다 .(point)를 찍는다.

② 구성과 기호법 DDC를 기초로 하였기 때문에 .(point)를 찍는다.

③ 준열거식분류표이기 때문에 조합기호와의 합성을 위해 .(point)를 사용한다.

④ .(point)는 분류기호를 보기 쉽게 하기 위한 시각적 효과 외에는 아무런 의미가 없는 그냥 .(point)일 뿐이다.

161. 국제십진분류법(UDC)에 대한 설명으로 옳지 않은 것은? (사서직 2016년 출제)

① 완전판, 중간판, 간략판, 특정 주제판, CD-ROM, 웹버전 등으로 출시되고 있어 선택의 여지가 많아 다양한 요구에 부응할 수 있다.

② 서가배열을 위한 분류보다는 서지에 수록될 정보를 보다 정확하고 상세하게 분류하기 위한 목적에서 고안되었다.

③ 분류기호를 부여한 후 이를 배열하기 위한 순서(filing order)를 별도로 제시하고 있다.

④ 기본주제의 배치원리는 암페르(A.M. Ampere)의 학문배열을 따르며, 주류 배열 순서를 자연과학, 인문학, 사회과학 순으로 배정하였다.

해설 ④ 주류 배열순서는 인문학, 사회과학, 자연과학, 예·체능, 어문학, 지리·전기·역사 순으로 배정하였다.

162. 각 분류표에 대한 설명으로 옳은 것만을 모두 고르면? (사서직 2019년 출제)

> ㄱ. NDC와 DDC의 주류 순서는 동일하다.
> ㄴ. CC의 5개 기본범주 중 Energy는 활동, 작용, 공정 등을 나타낸다.
> ㄷ. UDC는 H. La Fontaine과 P. Otlet이 개발한 분류표로 현재는 UDC Consortium에 의해 관리되고 있다.
> ㄹ. LCC는 각 권의 분류표가 주제전문가에 의해 개발되고 있어 범위주기가 DDC에 비해 더 상세하게 제시되어 있다.

① ㄱ, ㄴ   ② ㄴ, ㄷ

③ ㄷ, ㄹ   ④ ㄴ, ㄷ, ㄹ

해설 ②번이다. NDC의 주류 배열은 EC에 기초하여 DDC의 모순점을 제거하였다. LCC는 실용성이 뛰어나지만 범위주는 DDC에 비해 뒤떨어진다.

163. 콜론분류법(CC)에서 각 패싯을 나타내는 5개의 기본범주(fundamental categories)에 포함되지 않는 것은? (사서직 2020년 출제)

① Personality   ② Form

③ Space   ④ Time

해설 ②번으로, 5개의 기본범주(fundamental categories)는 Peronality(개성), Matter(소재), Energy(기능), Space(공간), Time(시간)이다.

164. UDC에 대한 설명으로 옳은 것만을 모두 고르면? (사서직 2020년 출제)

> ㄱ. 주류는 0 ~ 9로 구성되어 있다.
> ㄴ. 현재 UDC 주류 4는 공기호로 남아있다.
> ㄷ. 사회과학과 경제학의 분류기호는 각각 3, 330이다.
> ㄹ. 한 개의 주분류에 여러 개의 공통보조분류를 동시에 부가할 경우
>   그 순서는 '지리 - 시대 - 언어 - 형식' 순이다.

① ㄱ   ② ㄱ, ㄴ

③ ㄱ, ㄴ, ㄷ   ④ ㄱ, ㄴ, ㄷ, ㄹ

정답 158. 3   159. 4   150. 4   161. 4   162. 2   163. 2   164. 3

165. 국제십진분류법(UDC)에 대한 설명으로 옳지 않은 것은? (사서직 2022년 출제)

① 'Expanded Dewey'라는 별칭을 가지고 있다.

② 순수기호법을 적용하는 DDC보다 기호체계가 복잡하다.

③ 과학기술분야가 매우 상세하게 전개되어 있다.

④ 콜론분류법(CC)의 분석합성식 원리에 영향을 받아 초판이 발간되었다.

해설 ④번으로, CC는 각각의 주제를 분석하고 여러 가지 기호로서 다시 해당 주제와 주제들을 합성시켜 배열해 가는 최초의 분석합성식 분류표이다.

166. LCC에 대한 설명으로 옳은 것만을 모두 고르면? (사서직 2023년 출제)

> ㄱ. 비십진식으로 전개력이 뛰어나기 때문에 대규모 도서관에 적합하다.
> ㄴ. 현존하는 최대 열거식 분류표로서, 문자와 숫자로 구성된 혼합기호를 사용하였다.
> ㄷ. 전개식 분류법(EC)의 주류를 참고로 작성되었다.
> ㄹ. 합성식 분류원리를 도입함으로써 혼합주제의 기호화가 가능하다.
> ㅁ. 인간의 미적 및 예술적 활동은 H ~ L에 구분하고 있다.

① ㄱ, ㄴ, ㄷ   ② ㄱ, ㄴ, ㄹ

③ ㄱ, ㄷ, ㅁ   ④ ㄴ, ㄹ, ㅁ

정답 165. 4   166. 1

제7장
청구기호의 이해

청구기호란?

　도서관 장서를 서가 상에 배열하기 위해서는 자료내용의 주제를 분류기호(classification number)로 바꾸어 이들을 그룹화하고, 동일한 분류기호의 다수 자료들은 도서기호(book number)에 의해 배열의 순차를 지정해 주어야 한다. 이러한 도서기호는 일반적으로 저자기호(author mark)와 저작기호(work mark, title mark) 등을 조합해서 청구기호(call number, call mark, shelf mark)를 구성하게 된다. 또한 청구기호에는 도서관 운영에 따라 자료 관리 상 또는 이용의 효율성을 위해 필요에 따라 별치기호(location mark)가 부가되기도 한다.

청구기호의 개념과 기능

- ALA 도서관 및 정보학 용어집에서는 "청구기호는 도서관의 장서 중에서 찾고자 하는 특정 자료를 식별하고 배가위치를 표시하는 일련의 기호"라고 정의
- 문헌정보학 용어사전에서는 "청구기호는 이용자가 도서를 청구하는 번호이며, 분류번호 다음에 도서기호 또는 저자기호"로 구성
- 청구기호의 기능은 분류기호와 도서기호 및 서가 상의 배가위치를 이용자에게 제시함으로서 이용자가 저자, 서명, 발행사항 등을 모르더라도 동일 주제 자료에 한 번에 접근할 수 있거나, 동일 저자의 관련 저작들을 모두 검색할 수 있도록 장서와 이용자를 연결시켜주는 매개체 역할을 담당

청구기호의 필요성

- 도서관 서고의 서가배열 상 일정순서를 지정해 주기 위하여
- 동일한 주제의 분류기호가 많을 경우 각 저자간의 정확한 식별을 위하여
- 반납되어 지는 도서의 서가상의 제자리를 정확하게 찾기 위하여
- 이용자 도서청구 시 검색의 시간단축을 위하여
- 별도 공간의 실 배치 또는 보존 서가자료의 정확한 통계관리 운영을 위하여

- 동일저서의 판차 또는 복본의 식별을 위하여
- 연속발행서적의 권·호차 또는 신구 간행년도의 식별을 위하여
- 번역서의 사용된 언어식별 구분을 위하여
- 신간서적의 추가배열의 위치와 신구 관련저서의 동시검색을 위하여

청구기호의 구성 체계

R
627.29
최17ㄷ
-4=6

→ 별치기호(location mark) -4단계
→ 분류기호(classification number) -기본적 1단계
→ 도서기호(book number): 저자기호(author mark) + 서명기호(title mark) -기본적 2단계
→ 부차적기호: 판차 + 번역자, 권호차, 복본, 간행년도 등의 기호표시 -3단계

- 별치기호: 일반서고상의 장서 배열과는 별도로 자료의 내용별 또는 형태별이나 이용목적을 감안하여 운영관리상 다른 장소나 서가에 분리 배치하기 위한 기호
- 분류기호: 도서관에서 사용하는 분류법에 의거하여 자료의 주제와 또는 형식을 아라비아 숫자 또는 문자와 아라비아 숫자를 조합하여 기호화한 것
- 도서기호: 똑같은 분류기호를 지닌 다수의 책들을, 다시 순차적인 배열을 위해 부여해 주는 기호. 도서기호에는 대부분 저자기호와 저작(작품)기호 등을 합성
- 부가적기호: 개재 저작의 차별화를 식별해 주기 위해 저작의 번역자나, 판차의 구별, 또는 복본표시, 계속되는 발행년의 표시구분 등 부가적 정보를 나타내는 기호
① 번역자기호: 원저자와의 구별을 위해 저작기호 옆에 부가
② 판차기호: 본문의 내용을 수정하거나, 개정, 보완, 증보 등으로 변경될 경우 도서기호 오른쪽 옆 또는 도서기호의 다음 행에 아라비아 숫자로 판차를 표시
③ 발행년도 표시: 계속 발간되는 연감, 연보, 백서와 지속 발간되는 회의자료 등에 그 발간되는 출판년도나 개최년 및 종간년을 표시
④ 복본기호: 동일한 내용의 책이 입수된 경우, 복본의 표시를 부가. 일반적으로 copy의(c)나 등호(=)기호로 표시
⑤ 권호기호: 연속간행물이나 총서, 전집 등의 연속되는 권·호차의 표시를 부여하는 경우, 보

통 대쉬 기호인(-) 뒤에, 또는 v. 나 n. 문자 뒤에 권·호차 수를 표기

⑥ 전기서 표시: 전기서의 경우 본 저자와 피전기자의 식별을 위해 표시해 주는 기호

별치기호의 종류와 기호

1. 장서 관리상의 별치

- 본관, 분관, 연구실 자료: 관리상 맞는 적절한 별치기호
- 고문헌이나 귀중자료: 일반적으로 우리나라 한적본(韓籍本)은 1910년, 중국본은 1911년, 일본서 화본(和本)은 1867년 이전에 간행된 자료를 칭함. 별치기호는 'O'(old book) 또는 '고'(고문헌, 고서), 그리고 'C(curiosity) 또는 '귀'(귀중서), '희'(희귀서) 등 사용
- 기록문서 자료(archival document): 기관명 등을 별치기호로 사용
- 개인의 기증 및 기념문고: 'XXX 문고'

2. 장서 이용상의 별치

- 참고도서: 'R'(reference)'나 또는 '참'(참고도서) 사용
- 연속간행물: 'S'(serials), 'P'(periodicals), 'G'(government), 'M'(magazine) 또는 '연'(연속간행물), '축'(축차간행물), 정부(정부간행물), '정'(정기간행물) 등 사용
- 학위논문: 'TD'(thesis and dissertation)나 'T' 또는 '석', 'D' 또는 '박' 등 사용
- 향토자료: 'L'(local collection) 또는 '향' 사용
- 아동자료: 'J'(juvenile)나 'C(child)' 또는 '아'(아동도서) 사용
- 지정도서(reserve book): 'Res'(reserve book), 'T'(text book) 혹은 '지'(지정도서), '과'(과제도서), '기'(기본도서) 등 사용

3. 장서 형태상의 별치

- 대 · 소형도서: 'L'(extra large size), 'Q'(quarto), 'S'(small), 'M'(miniature) 또는 '대'(대형본), '소'(소형본)의 기호 사용
- 지도자료: 'M'(map) 또는 '지'(지도) 등의 약자를 부여하고, 다음에 자료의 형태에 따라 약

자를 추가. 예를 들면, 지도책은 'MA'(atlas) 지구의는 'MG'(globe) 등으로 구분

- 악 보: 'M'(music), 'S'(score) 또는 '악'(악보) 등 사용

- 비도서자료: 별치기호는 KCR4나 AACR2R에 제시되어 있는 자료의 유형(GMD: General Material Designation)과 특정자료유형(SMD: Specific Material Designation)을 참고로 하여 부여할 수 있음.

- 이용 빈도가 높은 소설: 'F'(fiction) 기호 사용

도서기호 선정 시 유의사항

도서기호의 기능은 동일한 분류기호의 저작이 다수일 경우, 그 각각의 저작을 하나씩 차별화 시켜 서가상에서 순차적 배열이 될 수 있도록 위치를 결정해 주는 역할이며, 도서기호를 부여 하는 목적은 정확한 배가위치를 결정하는데 있으므로, 개개의 자료를 차별화함에 가능한 간결 하고 단순할수록 효과적이므로 다음의 사항에 유념할 것

- 자관의 도서관 성격이 일반도서관으로서 대규모도서관인가, 작은 도서실인가, 아니면 전 문도서관인가를 먼저 판단
- 자관의 장서량 규모가 어느 정도인가 파악하여, 분류기호를 아주 정밀하게 또는 간략하게 부여할 것인가 등을 분석
- 도서관 이용의 편리 면에서 대출도서의 소요시간은 물론 개가제, 폐가제의 자료 제공의 방 식이나 서비스 방식 고려
- 전체 장서의 주제 전문성 또는 형태적인 특성 분석
- 도서관 서고내의 서가배치 및 보관시설 등의 형태와 공간적 여유 문제 등 분석

도서기호법의 종류

1. 저자기호법

- 동일 분류기호내의 도서를 저자명의 음순(가나다순, 알파벳순)으로 배열하는 방법
- 여기서 말하는 저자명은 작품의 책임을 맡고 있는 개인명 또는 단체명, 때로는 서명을 가

리키며 기본표목(main headings 또는 기본기입)에 해당하는 것으로 표목을 선정할 때는 AACR2R의 표목선정의 기본원칙을 적용

- 저자기호법에도 정밀성과 간략성의 여러 가지 종류의 방법이 있는데, ① 저자 성씨의 머리글자와 숫자를 조합하는 방식 ② 저자의 두문자와 서수의 조합방식 ③ 저자명의 두문자만을 사용하는 방식 등이 있음

- 저자 성씨의 머리글자와 숫자를 조합하는 방식. 이에 속한 저자기호표는 저자의 성의 머리글자와 숫자를 조합하고 있는 일람표로서 음순 배열을 가능케 하며, 박봉석의 「성별기호표」; 고재창의 「한국저자기호표」; 이춘희의 「동서저자기호표」; 장일세의 「한국인저자기호표」와 「동양서저자기호표」; 정필모의 「한국문헌기호표」; 국립중앙도서관의 「동양서저자기호표」; 박준식의 「영미저자기호표」; Charles A. Cutter 의 저자기호표 등이 있음

- 저자명의 두문자와 서수의 조합에 의한 방식은 저자명의 두문자 1~2자와 수입순의 숫자를 조합한 기호로 구성함. 이 방법은 저자기호표를 필요로 하지 않고 단순한 기호로 개별화가 되는 간편한 것으로, 이에 해당하는 저자기호표의 종류로서는 리재철의 「한글순 도서기호법」; William Stetson Merrill의 'The Merrill Book Numbers'; LC의 Cutter Table 등이 있음

- 저자명의 두문자만을 사용하는 방식은 저자명의 두문자 1~2자로 기호를 부여하는 방법으로 가장 간단한 방법

2. 입수순 기호법

- 동일한 분류기호내의 도서가 접수되는 순서에 따라 입수순 일련번호를 부여해 가는 가장 간단한 방법
- 기호가 단순하고 더구나 개개 도서마다 개별화가 완전하기 때문에, 열람 업무나 장서점검 등의 운영 면에서 효율성이 높음
- 이용 면에서는 동일주제 또는 동일저자의 작품이 한 곳에 집중될 수가 없으므로 검색의 효율이 떨어지는 결점이 크므로 이용자가 직접 도서를 찾는 개가제에서의 채용은 부적당

3. 년대순기호법

- 동일한 분류기호 내에서 도서가 출판된 발행년대 순에 따라 도서를 배가하기 위한 방법

- 많은 도서기호법 중에서 자료의 배열 상 가장 쉽게 최신성을 파악할 수 있다는 유리점 때문에, 학문의 진전 속도가 빠른 과학과 기술분야의 자료를 취급하는 전문도서관에 적당한 도서기호법
- 이에 해당하는 연대순기호표에는 리재철의 「새 연대순 도서기호법」 ; Walter S. Biscoe의 'Chronological Arrangement on Shelves' ; James Duff Brown의 「Subject Classification」 ; Shiyali Ramamrita Ranganathan의 「Colon Classification」 등이 있음

Cutter-Sanborn의 세자리수 저자기호표 사용법

- 표에서 저자의 성을 찾고 그에 따른 저자의 기호를 확인한 후에 저자 성의 첫번째 대문자와 확인한 숫자를 조합하여 저자기호를 구성
- 저자의 이름에 정확하게 부합되는 표목이 없을 경우는 바로 앞 표목의 숫자를 사용
- 동일 분류기호 아래에 서로 다른 두 저자가 동일 저자기호를 갖고 있을 경우에는 아라비아 숫자 1에서 9까지의 중간 숫자인 5를 부가. 필요에 따라 부가할 수 있는 양측 공간이 있기 때문임
- 배가 목적을 위해서는, 특정분류 안에서의 Cutter-Sanborn 숫자는 세자리수를 기준으로 하고 네 번째 자리수는 소수점 이하의 숫자로 간주하여 배열하도록 유의. 예를 들면, B322, B3225, B323, B3234 등의 순서로 하며 B322, B323, B3225, B3234의 순이 아님
- 저작기호(work mark)는 동일 저자의 서로 다른 저작들을 구별하기 위하여 사용되며, 서명의 첫 글자에서 소문자로 취하며 관사(a, an, the)는 제외
- Mc, M' 및 Mac로 시작되는 이름은 모두 Mac로 취급
- 동일한 사람의 모든 전기서를 서가에 함께 배가하기 위하여, 전기서의 저자기호는 저자가 아니라 피전자의 이름으로부터 취함. 이 경우 저작 기호는 서명이 아니라 저자의 성의 첫 문자임

리재철의 「한글순도서기호법」 (제5표: 완전형가표) 사용법

- 한글순도서기호법 제5표(완전형가표)

자음기호	모음기호	
	초성이 'ㅊ'이 아닌 글자	초성이 'ㅊ'인 글자
ㄱ ㄲ 1		
ㄴ 19		
ㄷ ㄸ 2		
ㄹ 29		
ㅁ 3	ㅏ　　　　2	
ㅂ ㅃ 4	ㅐ(ㅑ ㅒ)　3	ㅏ(ㅐ ㅑ ㅒ)　2
ㅅ ㅆ 5	ㅓ(ㅔ ㅕ ㅖ)　4	ㅓ(ㅔ ㅕ ㅖ)　3
ㅇ 6	ㅗ(ㅘ ㅙ ㅚ ㅛ)　5	ㅗ(ㅘ ㅙ ㅚ ㅛ)　4
ㅈ ㅉ 7	ㅜ(ㅝ ㅞ ㅟ ㅠ)　6	ㅜ(ㅝ ㅞ ㅟ ㅠ ㅡ ㅢ)　5
ㅊ 8	ㅡ(ㅢ)　7	ㅣ　6
ㅋ 87	ㅣ　8	
ㅌ 88		
ㅍ 89		
ㅎ 9		

- 저자기호의 기본기호는 문자와 숫자로 이루어짐. 문자는 대상어의 첫 자를 그대로 채택하고, 숫자는 대상어의 둘째 자를 자음(초성)과 모음(중성)으로 분석하여 각각 표의 기호로 바꾸어 이를 합성. 예: 리73 리재철
- 저자명이 외자(단음절)일 경우에는 문자기호 다음에 콤마(,)를 붙이고 자음(초성)만을 숫자화. 콤마가 있는 기호는 없는 기호 앞에 배열. 예: 허,1 허균
- 저자기호를 부여한 결과 기존자료와 동일한 기호를 갖게 되는 경우에는 나중에 입수된 자료의 저자기호에 보통 5부터 시작하는 임의의 숫자를 추가하여 각각을 개별화
  예: 이7 이지석(기존자료) ; 이75 이지철(두 번째 입수자료) ; 이77 이지함(세 번째 입수자료)
- 동일 분류항목내에서 같은 저자의 여러 저작이 모여 그의 구분이 필요할 경우에는, 기본기호 다음에 서명의 첫 자를 부차적 기호(副次的記號)로 부기하여 이를 개별화. 부차적 기호로서

의 문자기호는 표제 등의 대상요소를 각기 한음절로 압축시켜 표상하되, 기본기호의 초성자음에 기본모음 ㅏ ㅑ ㅓ ㅕ ㅗ ㅛ ㅜ ㅠ ㅡ ㅣ 만을 결합한 기본 음절만을 취하고 다시 그것들이 중복될 경우에 가서 받침 중 모음(형태상의) 중모음+받침을 점차로 더 첨가하여 개별화

　　예: 박75그 금삼의 피 / 박종화 ; 박75다 다정불심 / 박종화 ; 박75대 대춘부 / 박종화 ; 박75달 달과 구름과 사상과 / 박종화 ; 박75서 세종대왕 / 박종화

- 개인의 전기서(傳記書) 또는 비평서 등은 피전자명 또는 피비평자명을 기본기호의 대상어로 삼아 기호화하고, 한 피전자에 대해 두 사람 이상의 저작이 있을 경우에는 표제 대신 그 저작의 저자명의 첫 자를 부차적 기호로 삼아 개별화

　　예: 박74저 (전기) 박정희 / 전목구 편저 ; 김,1기 백범 김구 평전 / 김삼웅 지음

- 판차가 있을 경우에는 저작기호 다음에 판차를 숫자화 하여 기재하고, 앞서 들어온 판이 서명 등의 부차적 기호를 갖지 아니하였을 경우에는 그 다음 들어온 새판에 대하여 기본기호 다음에 '가'란 문자기호를 삽입시켜 판차기호를 부여. 서명을 기본표목으로 채택한 경우에는 출판사의 첫 자를 저작기호로 사용하고 그 뒤에 판차를 기재하며, 판차보다 출판년도를 표시하는 것이 바람직한 것은 판차 대신 출판년도를 기재

　　예: 한18교2 교육학개론, 제2판 / 한기언 ; 국64ㄱ7 국어사전 / 금성출판사, 제7판 ; 황
　　　　56가 2009년 제9회 황순원문학상 수상작품집 / 박민규 외
2009

- 권차, 권호 및 복본기호는 도서기호의 다음 행에 부여. 권차는 숫자화 하고 권호는 대쉬(-), 복본기호는 그 두 번째 이하 들어온 것에 대하여 '2'부터의 숫자 앞에 등호(=)를 앞세워 기록

　　예: 이12 이광수문학전집, 제5권 / 이광수 ;
　　 5
교66하 교육행정학연구, 제28권 3호(2010, 10) / 한국교육행정학회
28-3
조82지 지장자치론 / 조창현(2번째 복본인 경우)
=2

1. 다음은 분류기호의 필수적인 조건에 대한 설명이다. 가장 거리가 먼 것은?

① 통용성을 극대화하기 위해서는 특수한 지역이나 계층 또는 문화권에서만 통용되도록 해야 한다.

② 신축성이란 분류기호에는 새로운 주제의 삽입을 위한 여지가 준비되어 있어야 한다는 것이다.

③ 계층이란 특정주제의 종속관계나 동위관계를 유, 강, 목, 세목 등의 순서로서 명확하게 나타 나내는 것을 의미한다.

④ 조기성이란 분류기호를 가능한 기억하거나 외우기 쉽도록 하기 위해 동일한 기호가 언제나 동일한 의미를 지니도록 부여하는 것이다.

해설 ① 통용성이란 가능하면 국제적으로 널리 사용되는 것이 좋다는 것을 의미하는 것이다.

2. 다음 중 청구기호에 포함될 수 없는 것은?

① Acquisition number ② Author mark

③ Classification number ④ Work mark

해설 ① 은 등록번호로 도서관에서 수집한 자료의 등록순서를 나타내는 번호이다. 청구기호는 별치기호(location mark)와 분류기호(classification number), 도서기호(book number) 및 판차기호 또는 권차기호나 복본기호와 같은 여러 가지의 부차적기호로 구성되고 있다. 그러나 일반적으로 청구기호라 할 때는 도서관의 장서 중에서 절대다수를 차지하는 일반 단행본 도서에 부여하는 기본적 1단계인 분류번호와 2단계인 도서기호의 두 가지를 지칭하는 것으로, 양자는 청구기호를 구성하는 가장 기본적 요소의 최소단위가 되는 것이다. 필요에 따라서는 3단계인 부차적 기호와 4단계인 별치기호가 추가되기도 한다. 도서기호는 저자기호(author mark)에서명기호(work or title mark)를 더하여 구성한다. 부차적기호는 판차+번역자, 권호차, 복본, 간행년도 등의 기호표시이다.

3. 다음은 Cutter-Sanborn 저자기호표의 사용법에 대한 설명이다. 가장 거리가 먼 것은?

① Cutter-Sanborn표에서 당해저자의 성의 첫머리 몇 글자를 찾아내어 거기에 쓰인 첫 글자 다음에 오는 숫자를 적는다.

② 동일한 저자의 서로 다른 책을 구별하기 위해서는 서명의 최초의 키워드에서 한 글자를 채택하여 이를 기호에 추가하도록 한다.

③ 어떤 성명에 꼭 알맞은 번호가 없을 경우에는 바로 다음의 번호를 사용한다.

④ 두 명의 저자가 동일한 번호를 갖게 되는 경우에는 숫자를 하나 더 추가하는 것이 좋은데, 5를 채용하는 것이 좋다.

해설 ③ 저자의 이름에 정확하게 부합되는 표목이 없을 경우에는 바로 앞 표목의 숫자를 사용한다.

4. 다음의 저자기호법에 대한 설명으로 옳지 않은 것은?

① 기호를 부여하는 방법이 아주 간단하여 사용하기에 편리하다.

② 동일저자의 저작을 한 곳에 모으면서 개별화할 수 있다는 장점이 있다.

③ 원칙적으로 기본저록(수입)의 표목으로 채택된 개인저자나 단체저자 등의 저자명을 기호화한다.

④ 전기 자료는 피전자의 이름을 기호화한다.

해설 ① 저자기호법을 사용하여 도서기호를 부여할 때, 동일저자기호가 부여될 경우 이를 개별화하기 위한 방법이 아주 복잡하다는 문제가 있다.

5. 다음에서 문헌을 서가에 배열할 때, 문헌의 증가에 따라 해당문헌의 주제와 유사한 자료가 한 곳에 모일 수 있도록 문헌을 이동할 수 있게 하는 배가법을 가리키는 용어는?

① 서가중심배가법 　　　② 상관식배가법
③ 고정식배가법 　　　④ 수입순배가법

해설 ② 고정식배가법(fixes location)은 문헌의 서가상 배열이 주제와 관계없이 문헌의 형태나 수입순에 따라 배가되는 것으로, 자료의 위치가 한 번 정해지면 변경되지 않는다. 이와는 달리, 상관식배가법(relative location)은 주제의 관련성에 따라 부단히 이동되는 이동식배가법(movable location)이다.

정답 1. 1　　2. 1　　3. 3　　4. 1　　5. 2

6. 별치기호의 성격과 유형에 관한 설명으로 틀린 것은?

① 자료의 유형 또는 소장위치를 결정하는 것으로 분류기호 상단에 영문자 혹은 한글 두문자로 부여된다.

② 학위 논문의 경우 TD, T, D, 학, 석, 박 등의 별치기호를 부여하여 나타낼 수 있다.

③ 아동도서의 경우는 별치기호로 J, S, 아동 등을 부여하여 유형을 나타낸다.

④ 대·소형자료는 청구기호에 따라 배열할 경우 공간 손실이 많을 경우 L, S를 부여하여 별치할 수 있다.

해설 ③ 아동도서의 경우 별치기호로 'J(Juvenile), C(Child), 아동' 등을 부여 한다.

7. 다음에 제시 된 청구기호에 대해 옳지 않은 것을 고르시오.

$$R \rightarrow ①$$
$$020.3 \rightarrow ②$$
$$한17E \rightarrow ③$$
$$v2. \rightarrow ④$$
$$c.3$$

① 별치기호　　　　　　　　② 분류기호

③ 저자기호　　　　　　　　④ 판차기호

해설 ④는 권호기호이다.

8. 다음 괄호 안에 들어갈 약어들이 올바른 순서로 짝지어진 것은?

KDC 제6판의 서설에서는 분류기호를 문자로 대치하여 사용할 수 있는 예들을 설명하고 있는데, 920 기를 (㉠), 813, 823, 833 등의 각국소설을 (㉡), 아동소설을 (㉢)(으)로 하는 것 등을 들 수 있다.

① ㉠ B - ㉡ F - ㉢ A　　　　② ㉠ B - ㉡ F - ㉢ J

③ ㉠ B - ㉡ L - ㉢ C　　　　④ ㉠ B - ㉡ R - ㉢ C

해설 ② 전기는 Biology의 약자인 B, 소설은 Fiction의 약자인 F, 아동소설은 Juvenile의 약자인 J를 사용한다. 도서관에 떠라 아동소설을 JF, 아동그림책을 JE로 구분하기도 한다.

9. 다음의 「한글순도서기호법(제5표)」을 적용하여 '공지영 장편소설 도가니'의 도서기호를 부여했을 때 올바른 것은?

자음기호			모음기호			
			초성이 'ㅊ'이 아닌 글자		초성이 'ㅊ'인 글자	
ㄱ	ㄲ	1	ㅏ	2	ㅏ(ㅐㅑㅒ)	2
ㄴ		19	ㅐ(ㅑㅒ)	3	ㅓ(ㅔㅕㅖ)	3
ㄷ	ㄸ	2	ㅓ(ㅔㅕㅖ)	4	ㅗ(ㅘㅙㅚㅛ)	4
ㄹ		29	ㅗ(ㅘㅙㅚㅛ)	5	ㅜ(ㅝㅞㅟㅠ ㅡ ㅢ)	5
ㅁ		3	ㅜ(ㅝㅞㅟㅠ)	6	ㅣ	6
ㅂ	ㅃ	4	ㅡ(ㅢ)	7		
ㅅ	ㅆ	5	ㅣ	8		
ㅇ		6				
ㅈ	ㅉ	7				
ㅊ		8				
ㅋ		87				
ㅌ		88				
ㅍ		89				
ㅎ		9				

① 도12ㄱ   ② 도15ㄱ

③ 공76ㄷ   ④ 공78ㄷ

해설 ④ 표목으로 채택된 저자명이나 서명의 첫 자(음절)를 그대로 채기한 다음에 둘째 자의 자음(초성)과 모음(중성)을 기호화하고, 그 뒤에 서명의 첫 자음을 부가한다. 따라서 저자의 성인 '공' / 저자의 이름 '지'를 기호화하면 초성이 ㅊ이 아니기 때문에, ㅈ→'7', ㅣ → '8' / 서명인 '도가니'의 첫 자음 'ㄷ', 따라서 공78ㄷ이 올바른 도서기호이다.

10. 다음 중 저자기호법의 장점과 가장 거리가 먼 것은?

① 기호의 구성방법이 간단하다.   ② 기호의 전개방법이 무한하다.

③ 동일저자의 조직을 한 곳에 모을 수 있다. ④ 도서의 배가가 조직적이다.

정답 6. 3   7. 4   8. 2   9. 4   10. 1

11. 다음의 리재철 새 연대순도서기호법에 관한 설명으로 잘못된 것은?

① 모든 자료의 분류에 일률적으로 연대기호를 직접 적용한다.

② 문자로 된 기호를 사용하지 않는다.

③ 분류 시에는 저자기호법에 따라 서명을 대상으로 일단 자모순 도시기호를 배정한 후 연대기호를 덧붙인다.

④ 비스코, 메릴, 랑가나단과는 다른 독특한 도서기호법이다.

해설 ① 리재철 새 연대순도서기호법의 특성은 다음과 같다. 1) 비스코나 메릴이나 랑가나단의 것과는 달리 전혀 문자기호를 혼합하지 않고 숫자기호만으로 기본기호인 연대기호를 구성하여 동서와 양서의 편목 시 청구기호를 타자하는 데 용이하게 하였다. 2) 모든 분류항목에 일률적으로 연대기호를 직접 적용하는 것이 아니고, 전기와 인물평, 족보, 세록, 가문의 인물지, 단체나 기관 등의 조직체에 관한 도서, 개인의 문학 및 예술작품, 철학자와 사상가의 철학적 논리, 1900년보다 이전에 나온 도서 및 그의 영인본, 신판, 번역서, 주해서, 연속간행물 등을 위한 분류항목에서는 종래의 저자기호법에 따라 인물명이나 조직체명이나 서명을 대상으로 일단 자모(字母)순 도서기호를 매긴 다음에 연대기호를 덧붙여서 부여한다.

12. 전개분류법(Expansive Classification)을 창안하여 이를 저자기호법에 연결시킨 사람은?

① Brown   ② Cutter

③ Sanborn   ④ Merrill

해설 ② EC의 명칭에서 전개(Expansive)의 뜻은 지식의 전 분야를 포함하는 각각의 표가 제1표로부터 제7표에 이르기까지 장서수의 증가량에 따라 점차로 전개하여 사용하도록 구성되어 있음을 나타낸다. 제1표는 소규모 도서관용이고 최후 7표는 대도서관용으로 적합하다.

13. 연속간행물을 별치할 경우 적합한 별치기호끼리 묶어놓은 것은?

① L, Q   ② O, C

③ R, T   ④ S, P

해설 ④ 신문, 잡지, 연감, 연보, 및 정부기관에서 간행하는 각종 자료와 학회, 협회, 대학, 연구기관, 기업 등에서 간행하는 기관지 등은 서지사항이나, 발행빈도 및 그 이용방법이나 관리방식이 일반도서와 상이하기 때문에, 별도의 자료실에 소장하는 것이 바람직하다. 일반적으로 'S'(serials), 'P'(periodicals), 'G'(government), 'M'(magazine) 또는 '연'(연속간행물), '축'(축차간행물), 정부(정부간행물), '정'(정기간행물) 등의 별치기호를 부여하고 있다.

14. 다음 중 우리나라에서 최초로 사용된 저자기호표는?

① 고재창의 한국저자기호표

② 국립중앙도서관의 동양서저자기호표

③ 박봉석의 성별기호표

④ 이춘희의 동서저자기호표

해설 ③ 박봉석의 성별기호표는 1947년 「조선십진분류표」(KDCP)의 권말에 발표된 것으로, 한국인의 320여 개 성(姓) 중에서 중요한 100개의 성을 선택하여 가나다순으로 배열하고 00~99까지의 2숫자를 부여한 저자기호표이다.

15. 다음 중 청구기호를 구성하는 최소단위는?

① 도서기호 + 저자기호

② 분류기호 + 별치기호

③ 분류기호 + 도서기호

④ 분류기호 + 저작기호

16. 도서기호법 중에서 도서를 저술한 저자의 성명을 문자와 숫자로써 간략하게 기호화하는 방법을 지칭하는 용어는?

① 문헌기호법

② 수입순 도서기호법

③ 연대순 도서기호법

④ 저자기호법

해설 ④ 저자기호법은 수입순기호법이나 연대(年代)기호법과는 달리 그 도서를 저술한 저자의 성명을 문자와 숫자로써 간단하게 기호화하는 방법이다.

17. 다음 중 입수순도서기호법의 장점과 가장 거리가 먼 것은?

① 기호의 결정이 간단하다.

② 도서의 배열과 점검이 용이하다.

③ 도서의 상호 간의 관계에 따라 기호가 부여되므로, 이용자에게 편리하다.

④ 신착도서를 배열하기 위해 이미 배열된 도서의 서가위치를 이동할 필요가 없다.

정답 11. 1   12. 2   13. 4   14. 3   15. 3   16. 4   17. 3

해설 ③ 도서의 상호 간의 관계에 따라 기호가 부여하는 상관적배가법에 따르는 도서기호법은 저자기호법과 연대순기호법이다.

18. 다음 중 분류기호의 필수적인 조건이 아닌 것은?

① 단순성   ② 간결성

③ 종속성   ④ 조기성

해설 ③ 분류기호의 필수적인 조건은 단순성(simplicity)과 간결성(brevity), 신축성(flexibility), 계층성(hierarchy), 조기성(mnemonics), 통용성(currency)이다.

19. 음의 배가위치를 나타내는 일련의 기호시스템에 대한 설명에서 가장 거리가 먼 것은?

① 이용자–도서관–목록시스템–자료실–서가자료를 직접적으로 연결, 매개한다.

② 신착자료의 배가위치 및 반납자료의 재배가위치를 결정하는 기준 중 하나이다.

③ 이용자에게 서가접근이나 대출청구의 편의성을 제공한다.

④ 자료의 성격과 유형, 공간(자료실)별 소장처, 자료실 내에서의 서가위치, 특정 서가상의 배가 위치를 결정하는 유일한 수단이다.

해설 ② 신착자료의 배가위치 및 반납자료의 재배가위치를 결정하는 유일한 기준이다.

20. 카터-샌본 3자리 저자기호표에 대한 설명 중 옳지 않은 것은?

① 동일한 분류기호 하에서 저자기호가 동일할 때 숫자 '5'를 사용하여 저자기호를 조정한다.

② 저작기호 부여시 서명이 연대나 연도순으로 시작될 때에는 연도를 영어로 읽어서 첫 자를 표기한다.

③ 자서전의 경우엔 피전자를 저자기호화하고 저자를 저작기호로 간주한다.

④ 개정판의 경우 저자기호 뒤에 판차기호를 부기한다.

해설 ④ 개정판의 경우 저작기호 뒤에 판차기호를 부기한다.

21. '이것'의 특징이 아닌 것은?

> '이것'은 대상 자료의 주제를 분석하여 분류기호로 변환하고 개별화 수단으로서의 도서기호 등을 부여함으로써 배가위치를 나타내는 일련의 기호시스템이다.

① 이용자에게 특정 자료의 검색기능과 인접자료의 브라우징 기능을 동시에 제공한다.

② 동일한 자료의 복본일지라도 동일하게 갖고 있을 수 없다.

③ 장서를 점검할 때 등록번호와 함께 동일한 자료인지를 식별하는 최후의 수단이다.

④ 특성상 신착자료의 배가위치 및 반납자료의 재배가위치는 결정하기 어렵다.

해설　④ 이것은 청구기호로, 신착자료의 배가위치 및 반납자료의 재배가위치를 결정하는 유일한 기준이다.

22. 일반적으로 별치기호는 자료의 내용이나 형태의 특수성, 이용목적에 따라 별도의 장소에 배치하기 위해 부여된다. 다음 중 별치기호를 부여해야 할 자료로 적합하지 않은 것은?

① 귀중도서　　　　　　　　　② 문학전집

③ 연속간행물　　　　　　　　④ 참고자료

해설　② 별치기호를 사용하는 대표적인 유형으로는 참고자료와 정기간행물(연속간행물), 학위논문, 고서, 비도서자료, 아동도서, 향토자료, 대소형자료, 기념문고, 소설이나 전기 등이 있다.

23. 알파벳을 10개의 부분으로 나누고 그 숫자는 다시 각각 10개의 부분인 100개로 세분하여 십진식으로 전개하였으며 저자기호법 가운데 널리 사용되는 저자기호법은?

① Brown 저자기호법

② Cutter-Sanborn 저자기호법

③ Merrill 저자기호법

④ Ranganathan 저자기호법

해설　② Cutter-Sanborn의 세 자리수 저자기호표의 구성은 저자의 성에 대한 두문자를 한 자로 하고 아라비아숫자 세 자를 결합하는 것을 원칙으로 하였다. 그러나 사용빈도가 적은 문자는 1에서 9까지 한 단위숫자로 또는 11에서 99까지 두 단위숫자로 전개하였다.

정답　18. 3　　19. 2　　20. 4　　21. 4　　22. 2　　23. 2

제7장_ 청구기호의 이해

447

24. 자료의 별치기호 부여방법 중 합리적인 이용을 위해 별치하는 자료가 아닌 것은?

① 귀중도서
② 향토자료
③ 연속간행물
④ 참고도서

해설 ① 귀중도서이다. 별치기호의 대상이 되는 자료의 구분을 살펴보면 다음과 같다. 1) 관리상 별치: 본관자료, 분관자료, 연구실 자료, 개가제 도서와 폐가제 도서, 귀중도서 2) 이용상 별치: 참고도서, 연속간행물, 향토자료, 아동도서, 학습참고서 3) 형태상 별치: 대형 도서, 소형 도서 4) 기타: 이용 빈도가 높거나 순회문고용 도서로 구분할 수 있다.

25. 다음에서 학문의 발전 속도가 빠른 과학기술분야의 자료에 적합한 기호법은?

① 분석합성식 기호법
② 수입순기호법
③ 연대순기호법
④ 저자기호법

26. 다음은 한글순도서기호법 제5표(완전형가표)에 대한 사용법을 설명한 것이다. 옳지 않은 것은?

① 저자기호의 기본기호는 문자와 숫자로 이루어진다. 문자는 대상어의 첫 자를 그대로 채택하고, 숫자는 대상어의 둘째 자를 자음(초성)과 모음(중성)으로 분석하여 각각 표의 기호로 바꾸어 이를 합성한다.

② 저자기호를 부여한 결과 기존자료와 동일한 기호를 갖게 되는 경우에는 나중에 입수된 자료의 저자기호에 보통 5부터 시작하는 임의의 숫자를 추가하여 각각을 개별화한다.

③ 저자명이 외자(단음절)일 경우에는 문자기호 다음에 자음(초성)만을 숫자화 한다.

④ 동일 분류항목 내에서 같은 저자의 여러 저작이 모여 그의 구분이 필요할 경우에는, 기본기호 다음에 서명의 첫 자를 부차적 기호(副次的記號)로 부기하여 이를 개별화한다. 부차적 기호로서의 문자기호는 표제 등의 대상요소를 각기 한음절로 압축시켜 표상하되, 기본기호의 초성자음에 기본모음 ㅏ, ㅑ, ㅓ, ㅕ, ㅗ, ㅛ, ㅜ, ㅠ, ㅡ, ㅣ 만을 결합한 기본 음절만을 취하고 다시 그것들이 중복될 경우에 가서 받침, 중모음(형태상의), 중모음+받침을 점차로 더 첨가하여 개별화한다.

해설 ③ 저자명이 외자(단음절)일 경우에는 문자기호 다음에 콤마(,)를 붙이고 자음(초성)만을 숫자화 한다. 콤마가 있는 기호는 없는 기호 앞에 배열한다.

27. 다음 설명 중 옳지 않은 것은?

① 도서기호의 기능은 동일한 분류기호의 저작이 다수가 발생하게 되는 경우, 그 각각의 저작을 하나씩 차별화시켜 서가상에서 순차적 배열이 될 수 있도록 위치를 결정해 주는 역할을 의미한다.

② 별치기호는 저록이나 기입의 배열위치를 결정하며 검색의 수단인 검색어가 된다.

③ 연도기호는 연감이나 연보, 백서, 연차보고서 등의 연차적인 발행자료의 출판연도나 개최연도를 나타내는 기호이다.

④ 저작기호는 동일주제에 관해서는 저자의 여러 저작물을 구별하기 위해 보통 저자기호 뒤에 부가적으로 기입하여 서가상의 위치를 정해 주는 기호이고, 보통 표제의 첫 단어의 첫 번째 문자를 붙인다.

해설 ② 별치기호 또는 소재기호의 표시는 이용자에게 접근과 이용의 편의성을 도모하는 동시에 장서관리 및 서고관리 계획에도 중요한 의미를 지닌다.

28. 다음에서 장서와 이용자를 연결시켜주는 매개체 역할을 담당하는 것은?

① 도서기호   ② 분류기호

③ 저자기호   ④ 청구기호

해설 ④ 청구기호는 분류기호와 도서기호 및 서가 상의 배가위치를 이용자에게 제시함으로서 이용자가 저자, 서명, 발행사항 등을 모르더라도 동일주제 자료에 한 번에 접근할 수 있거나, 동일 저자의 관련 저작들을 모두 검색할 수 있도록 장서와 이용자를 연결시켜주는 매개체 역할을 한다.

29. 다음의 별치기호에 관한 설명으로 가장 거리가 먼 것은?

① 문헌분류 시 별치의 종류가 많으면 복잡해지는 수가 있으므로 별치기호를 신중히 사용해야 한다.

② 별치기호 부여방법은 분류번호 앞에 별치기호를 부가하여 별치하는 방법이다.

③ 자료이용의 효율성을 위하여 별치기호는 어느 도서관이나 동일하게 부여하여야 한다.

④ 자료의 특수한 형태, 이용대상과 이용방법의 특수성, 이용빈도 및 자료의 특별한 보관의 필요 등에 따라 일반자료와는 별도로 취급할 필요가 있는 자료에 부가한다.

정답 24. 1   25. 3   26. 3   27. 2   28. 4   29. 3

③ 별치기호는 분류기호 상단에 자료의 유형을 표시하는 것으로, 알파벳 대문자 또는 한글의 첫 문자로 부여하게 된다. 별치기호 또는 소재기호의 표시는 이용자에게 접근과 이용의 편의성을 도모하는 동시에 장서관리 및 서고관리 계획에도 중요한 의미를 지닌다. 별치기호법은 도서관마다 각기 차이는 있으나, 도서관의 전체적인 운영관리 측면에서 몇 가지 목적에 따라 편성하게 된다. 예를 들면, 1) 장서관리상 2) 장서이용상 3) 장서형태상 4) 기타 이용 빈도가 높은 장서나 순회문고용 도서 등을 대상으로 별치한다.

30. 다음은 무엇을 설명한 것인가?

> 1885년 발표된 것으로 각 연대를 알파벳 문자와 아라비아숫자로 결합시켜 기호화한 것으로 DDC 13판 및 Cutter의 Expansive Classification에도 수록되어 있다.

① 듀이의 연대순 도서기호법　　　　② 랑가나단의 연대순 도서기호법

③ 브라운의 연대순 도서기호법　　　④ 비스코의 연대순 도서기호법

31. 다음 중 표목의 두문자 알파벳 한 자와 숫자를 결합하는 방식으로 창안된 도서기호법은?

① Brown 저자기호법　　　　　　　② Cutter 저자기호법

③ Merrill 저자기호법　　　　　　　④ Olion 저자기호법

② Cutter의 저자기호표에는 1886년에 정식으로 발간된 '두 숫자 저자기호표'와 이것의 결점을 보완하여 1901년에 발표한 '세 숫자 저자기호표'가 있다. 한편 1880년 Charles Ammi Cutter가 발행한 「Alphabetic – Order Table」를 Kate G. Sanborn이 1895년 개정발행하면서 서명을 「Cutter-Sanborn Three-Figure Author Table」로 명명하였다. 그 후 1969년 Ether M. Swift와 Paul K. Swanson에 의해 개정 발행된 이래 세계 각국으로 널리 보급되어 사용되고 있다.

32. 청구기호에서 도서기호를 결정하는 기준이 되는 것은?

① 기본(기입)표목　　　　　　　　② 목차

③ 저자　　　　　　　　　　　　　④ 서명

① 기본(기입)표목이란 한 자료를 일관되게 식별하고 인용하는 형식으로 제시되는 표목이다. 즉, KORMARC 1XX 태그에 기입하는 개인명과 단체명, 회의명, 통일서명이 기본표목이 된다.

33. 다음 중 연대기호법의 작성자에 해당하지 않는 사람은?

① Biscoe   ② Brown

③ Cutter   ④ Ranganathan

해설 ③ Cutter가 작성한 저자기호법으로는 「C. A. Cutter's Two-Figure Author Table」과 「C. A. Cutter's Three-Figure Author Table」이 있다. 또한 Sanborn과 함께 「Cutter-Sanborn Three-Figure Author Table」를 작성하였다.

34. 다음 괄호 안에 들어갈 가장 적합한 용어로 바르게 짝지어진 것은?

> (㉠)는 도서관의 장서 가운데 특정자료를 식별하고, 배가위치를 표시하는 일련의 기호로, (㉡)와 (㉢)를 포함한다.

① ㉠ 분류기호 – ㉡ 도서기호 – ㉢ 저자기호

② ㉠ 분류기호 – ㉡ 저자기호 – ㉢ 도서기호

③ ㉠ 청구기호 – ㉡ 도서기호 – ㉢ 저자기호

④ ㉠ 청구기호 – ㉡ 분류기호 – ㉢ 도서기호

해설 ④ 청구기호(call number)는 분류기호 다음에 도서기호 또는 저자기호 등을 추가하여 구성된다.

35. 다음 괄호 안에 들어갈 약어들이 올바른 순서로 짝지어진 것은?

> KDC 제6판 서설에서는 별치기호에 대해 언급하고 있는데, 대표적인 유형으로는 참고도서를 나타내(㉠), 아동도서를 나타내는 (㉡), 연속간행물을 나타내는 (㉢) 등이 있다.

① ㉠ R – ㉡ C – ㉢ P   ② ㉠ R – ㉡ C – ㉢ S

③ ㉠ R – ㉡ J – ㉢ P   ④ ㉠ R – ㉡ T – ㉢ P

해설 ③ 참고도서는 Reference의 약어인 R, 아동도서는 Juvenile의 약어인 J, 연속간행물은 Periodicals의 약어인 P를 사용하도록 하고 있다.

정답 30. 4   31. 2   32. 1   33. 3   34. 4   35. 3

36. 다음 괄호 안에 들어갈 약어들이 올바른 순서로 짝지어진 것은?

> KDC 제6판 서설에서는 별치기호에 대해 언급하고 있는데, 대표적인 유형으로는 동장서(東裝書)를 나타내는 (㉠) 또는 (㉡), 대형도서를 나타내는 (㉢)또는 (㉣), 지도를 나타내는 M 등이 있다.

① ㉠ D – ㉡ F – ㉢ K – ㉣ E   ② ㉠ D – ㉡ K – ㉢ F – ㉣ E

③ ㉠ E – ㉡ D – ㉢ K – ㉣ F   ④ ㉠ K – ㉡ F – ㉢ E – ㉣ D

해설 ② 동장서(東裝書)는 Dong Jang의 약어인 D 또는 Koso의 약어인 K, 대형도서는 Folio의 약어인 F 또는 Extra large의 약어인 E를 사용하도록 하고 있다. 지도는 Maps의 약어인 M이다.

37. 다음 중 청구기호의 기능과 정의에 대한 설명으로 옳지 않은 것은?

① 자료의 유형구분, 관내에서의 실별위치, 실내에서의 서가위치, 특정서가에서의 배가위치를 결정하는 수단이다.

② 이용자 – 도서관 – 목록시스템 – 자료실 – 서가 – 자료를 간접적으로 연결하는 매개기호이다.

③ 폐가제도서관의 경우 이용자에게 대출청구의 편의성을 제공한다.

④ 동일저자의 저작들은 분산되어 검색될 수 있다.

해설 ④ 동일저자의 저작들이 한 곳에서 검색될 수 있게 한다.

38. 분류기호의 조건에 대한 설명으로 옳은 것은?

① 여러 기호를 함께 사용하는 혼합기호법이 단순성에 적합하다.

② 기호의 형태가 단순해야 하기 때문에 문자기호보다 숫자기호를 선호한다.

③ 조기성에 따라 기호는 가능하면 국제적으로 널리 사용되는 것이 좋다.

④ 계층성에 따라 기호에는 새로운 주제의 삽입을 위한 여지가 준비되어 있어야 한다.

해설 ② '기호의 형태가 단순해야 하기 때문에 문자기호보다 숫자기호를 선호한다.'는 단순성에 대한 옳은 설명이다. ① 한 종류의 기호만을 사용하는 순수기호법이 단순성에 적합하다. ③은 통용성에 대한 설명이다. ④는 신축성에 대한 설명이다.

39. 「새 연대순도서기호법」의 용례에 관한 설명으로, 빈칸에 들어갈 용어가 바르게 나열된 것을 고르시오.

> 도서의 목록기입에서 채기하는 발행연도를 아라비아숫자로 통일하여 1900년대의 것은
> (㉠)를, 2000년대의 것은 (㉡)를 기호화한다. 다만 양서는 기호 말미에 (㉢)를 추가하여
> 동양서와 구별한다.

① ㉠ 마지막 2자리 – ㉡ 마지막 3자리 – ㉢ a
② ㉠ 마지막 2자리 – ㉡ 마지막 3자리 – ㉢ A
③ ㉠ 마지막 3자리 – ㉡ 마지막 2자리 – ㉢ c
④ ㉠ 마지막 3자리 – ㉡ 마지막 2자리 – ㉢ C

해설 ① 도서의 목록기입에서 채기하는 발행연도를 아라비아숫자로 통일하여 1900년대의 것은 마지막 2자리를, 2000년대의 것은 마지막 3자리를 기호화한다. 다만 양서는 기호 말미에 'a'를 추가하여 동양서와 구별한다.

40. 다음의 도서기호법 중 최초로 만들어진 것은?

① J. D. Brown의 「Subject Classification」
② W. S. Merrill의 「The Merrill Book Numbers」
③ S. R. Ranganathan의 「Colon Classification」
④ 이춘희의 「동서저자기호표」

해설 ① 1906년에 발행된 「주제분류법」안에는 연대기호표가 있는데, 본표는 각 출판연대를 알파벳 소문자 2개의 글자를 결합시켜서 기호화하였으며 필사본에 한하여 대문자 2개의 글자로 표시하였다. ② 1912년 메릴은 세 개의 표로 구성된 도서기호표를 만들었다. 제1표는 인명, 지명, 서명(書名)을 자모순으로 배열하기 위하여 두 숫자로 구성된 '저자기호표'이고, 제2표는 정기간행물의 표제를 자모순으로 놓기 위하여 두 숫자로 구성된 '정기간행물기호표'이며, 제3표는 십진식으로 된 '연대순 도서기호표'이다. 이 가운데 저자기호표는 저자의 성(姓)을 가능한 한 간략하게 하여 A~Z까지 알파벳순으로 배열하고 그에 대응하는 숫자를 01~99까지 배정한 간단한 숫자기호법이다. ③ 1933년에 발행된 「콜론분류법」안에는 '도서기호용 연대기호표'(Chronological Table for Book Number)라는 도서기호법이 있다. 이 표는 판을 거듭하면서 수정·보완되어 현재 7판까지 발행되었다. 제7판에서는 그 전개의 폭을 더 넓혀서 B.C. 9999년부터 A.D. 3099년까지 기호화하였는데, 한 문자의 단위를 기원전은 1000년간, 기원후는 100년간으로 전개하였다. ④ 이춘희의 「동서저자기호표」는 1960년 동양서 정리를 위해 편찬된 도서기호표로, 동서에 표시될 가능성이 있는 저자명 약 3,600항목을 선정하여 사용빈도에 따라 어순을 배정하였다. 제1표 ㄱ~ㅇ, 제2표 ㄴㄷ, 제3표 ㄹㅁㅂ,

정답 36. 2   37. 4   38. 2   39. 1   40. 1

ㅁㅂ, 제4표 ㅅㅈ, ㅊㅇ, 제5표 ㅊㅎ~ㅋㅌㅍ 순으로 배열하고 각각의 짝 지은 행(行)사이에 111~999(0이 들어가는 숫자는 제외)의 숫자를 차례로 배정한 표로서 'Cutter-Sanborn의 Three-Figure Author Table'과 유사한 배열법을 지닌 열거식 저자기호표이다.

41. 다음에서 한국순도서기호법에 대한 설명이 아닌 것은?

① 표에서 대표모음으로 안 나온 모음은 그 뒤에 오는 대표모음기호를 사용한다.

② 저자명이 외자(단음절)일 경우에는 문자기호 다음에 콤마(,)를 붙이고 자음(초성)만을 숫자화 한다. 콤마가 있는 기호는 없는 기호 앞에 배열한다.

③ 판차는 숫자화하여 그 저작의 표제기호 다음에 부여한다.

④ 권차, 권호 및 복본기호는 도서기호의 다음 행에 부여한다. 권차는 숫자화 하고 권호는 대쉬(-), 복본기호는 그 두 번째 이하 들어온 것에 대하여 '2'부터의 숫자 앞에 등호(=)를 앞세워 기록한다.

해설 ① 표에 모든 모음이 제시되었으므로 대표모음 자체가 없다.

42. 다음 중 수입순기호법의 장점으로 옳지 않은 것은?

① 고정식 배가법이다.　　　　　　② 기호에 대한 결정이 간단하다.

③ 도서의 배열과 점검하는 것이 쉽다.　　④ 자료의 개별화가 쉽지 않다.

해설 ④ 개개 도서마다 개별화가 완전하기 때문에, 열람업무나 장서점검 등의 운영 면에서 효율성이 높다.

43. 다음에서 Cutter-Sanborn에 적용하여 저자기호를 완성할 때 옳은 것은?

The precess of Human's ability / by Susan Martin and Roy Taier

① M***p　　　　　　　　　② M***t

③ R***p　　　　　　　　　④ S***p

해설 ① 공저자의 저작인 경우, 표에서 첫 번째 저자의 성을 찾고 그에 따른 저자의 기호를 확인한다. 다음에 저자 성의 첫 번째 대문자와 확인한 숫자를 조합하여 저자기호를 구성한다. 저작기호는 동일 저자의 서로 다른 저작들을 구별하기 위하여 사용된다. 이것은 서명의 첫 글자에서 소문자로 취하며 관사는 제외한다.

44. 다음에서 청구기호의 순서가 바르게 나열된 것은?

① 별치기호 – 분류기호 – 저자기호 – 판차기호 – 권기호 – 복본

② 별치기호 – 저자기호 – 분류기호 – 판차기호 – 복본 – 권기호

③ 분류기호 – 별치기호 – 판차기호 – 저자기호 – 권기호 – 복본

④ 저자기호 – 별치기호 – 분류기호 – 판차기호 – 권기호 – 복본

45. 브라운의 연대순 도서기호법은 실제로 몇 년까지 사용할 수 있는가?

① 675년   ② 676년

③ 758년   ④ 2125년

해설 ④ 1906년에 발행된 「주제분류법」 안에는 Brown의 연대기호표가 있는데, 본표는 각 출판연대를 알파벳 소문자 2개의 글자를 결합시켜서 기호화하였으며 필사본에 한하여 대문자 2개의 글자로 표시하였다. 이 도서기호법은 1450년부터 알파벳 소문자 두자 aa로 시작하여 좌측의 문자는 매 26년마다, 우측의 문자는 매 1년마다 알파벳 한자씩을 더 전개하여 사용한다. 따라서 aa~zz(26×26)까지 계속 전개하면 2125년까지 사용할 수 있도록 하였다.

46. 다음 중 우리나라의 유일한 연대순 도서기호법인 새 연대순도서기호법을 고안한 사람은?

① 박봉석   ② 이재철

③ 이춘희   ④ 장일세

해설 ② 1986년에 이재철이 발간하였다.

47. 다음은 청구기호의 구성 체계와 위치에 대한 그림이다. 틀린 것은?

R	① 별치기호(location mark)
020.3	② 분류기호(classification number)
한17ㄷ	③ 저자기호(author mark): 도서기호(book number)+저작기호(work mark, title mark)
–2=3	④ 부차적 기호(additional number): 판차기호+역자, 권호, 복본, 연도 등의 기호

정답 41. 1   42. 4   43. 1   44. 1   45. 4   46. 2   47. 3

해설 ③은 도서기호(book number)로 저자기호(author mark) + 저작기호(work mark, or title mark)이다.

48. 분류기호의 기능에 대한 것으로 틀린 것을 고르시오.

① 주제 및 형식의 자료를 동일한 서가에 위치시키는 군집기능

② 유사주제의 자료를 근처에 배가하는 인접기능

③ 군집된 서가 내에서 배열의 순차성을 결정하는 배가기능

④ 저자의 이름 또는 도서의 복본 유무를 파악하는 식별기능

해설 ④는 도서기호와 부차적 기호의 기능에 대한 설명이다.

49. 다음 중 자료의 내용이나 형태의 특수성, 이용목적 등을 고려하여 별도의 장소에 배치하고자 할 경우에 사용되며, 대개 분류기호 상단에 별도의 문자로 표시되는 것을 가리키는 용어는?

① 도서기호   ② 별치기호

③ 분류기호   ④ 저자기호

해설 ② 별치기호는 일반서고상의 장서 배열과는 별도로 자료의 내용별 또는 형태별이나 이용목적을 감안하여 운영관리상 다른 장소나 서가에 분리 배치하기 위한 기호이다.

50. 다음은 수입순도서기호법의 장점에 대한 설명이다. 옳지 않은 것은?

① 고정식배가법이므로 신착도서의 배열을 위하여 이미 배열된 도서의 서가위치를 이동할 필요가 없게 된다.

② 기호의 결정이 간단하다.

③ 도서의 배열이 용이하다.

④ 특히 개가식도서관의 이용자에게 도움이 된다.

해설 ④ 수입순도서기호법은 동일한 주제에 관한 동일한 저자의 저서라도 그 도서관에서의 수입일시 또는 정리일시의 상이에 따라서 무질서하게 분산되기 때문에 특히 개가식 도서관의 이용자에게 불편을 초래하게 된다.

51. 다음 중 청구기호의 구성요소에 해당하지 않는 것은?

① 도서기호 ② 등록번호

③ 별치기호 ④ 복본기호

해설 ② 등록번호는 해당자료가 도서관에 입수된 순서에 따라 부여되는 일련번호로, 해당 자료의 고유번호이기는 하지만 청구기호와는 무관하다.

52. Cutter-Sanbornn 저자기호법에서 두 저자가 동일한 번호를 가지게 될 경우는 숫자하나를 더 붙이는 것이 좋다. 그 숫자로 적합한 것은?

① 1 ② 5 ③ 3 ④ 4

해설 ② 이때 선택하기 좋은 숫자는, 1에서 9까지의 중간 숫자인 5로써 필요에 따라 부가할 수 있는 양측 공간이 있기 때문이다.

53. 다음 중 브라운의 연대순 도서기호법을 바르게 설명한 것은?

① 도서기호용 연대기호표란 제목으로 발표한 것인데 연대에 주어진 문자와 최종의 1자리 숫자를 결합하여 사용한다.

② 문자기호는 전혀 사용하지 않고 숫자기호만으로 연대기호를 구성하는 것이다.

③ 1405년부터 알파벳 소문자 두가 aa로 시작하여 매1년마다 알파벳 한자를 전개하는 데 사용한다. aa~zz(26×26) 2125자까지 사용한다.

④ 브라운 연대순 기호법은 B.C.부터 A.D 1999년까지 사용가능하며 기원전의 연대기호는 B.C. 1000년까지를 연대의 계산법에 의하여 표시한다.

해설 ①은 1933년 랑가나단이 그의 콜론분류법에서 발표한 도서기호법이다. ②는 리재철의 새 연대순 도서기호법에 대한 설명이다. ④는 비스코 연대순 도서기호법으로 1885년 Library Journal에 발표한 최초의 연대순 도서기호법이다.

54. 다음 별치기호의 유형 중 가장 적합한 기호로 연결된 것은?

① 고서 – Q ② 귀중도서 – T

③ 아동도서 – J ④ 향토자료 – O

정답	48. 4	49. 2	50. 4	51. 2	52. 2	53. 3	54. 3

55. 저자기호법을 사용하여 자료를 배가하려고 할 때, 다음 중 각종 기호의 배열순서가 옳은 것은?

① 분류기호 – 도서기호 – 저작기호 – 판차기호 – 역자기호

② 분류기호 – 저자기호 – 복본기호 – 권호기호

③ 분류기호 – 저자기호 – 역자기호 – 저작기호 – 판차기호

④ 분류기호 – 판차기호 – 역자기호 – 도서기호

56. 청구기호 중 별치기호의 사용법에 대한 설명으로 가장 거리가 먼 것은?

① 모든 도서관에서는 동일한 기호를 사용해야 한다.

② 연속간행물은 P(Periodical), S(serials), M (magazines) 또는 '연', '정' 등의 별치기호를 사용한다.

③ 향토자료는 주제에 따라 분류한 후 L(local collection) 또는 '향' 등의 기호를 부여한다.

④ 판형이 다른 대형본과 소형본의 경우 L(large), S(small)로 구분하여 별치하는 것이 좋다.

57. 맹인용의 점자도서는 주로 주제에 따라 분류하여 별치하게 되는데, 이때 사용되는 별치기호로 가장 적합한 것은?

① B   ② C   ③ F   ④ P

58. 다음에서 동일한 분류항목 내에 두 개 이상의 문헌이 모일 때, 이들을 각각 개별화하기 위해 사용하는 기호법을 가리키는 용어는?

① 도서기호   ② 별치기호

③ 분류기호   ④ 저작기호

해설 ① 도서기호는 분류번호에 이은 2차적인 배열기준으로서, 동일한 분류기호 내의 각 문헌에 대한 배열위치를 최종적으로 확정해 주는 기호이다.

59. 다음 자료의 별치기호로 옳은 것을 고르시오.

> KDC 표준구분표의 세목에서 −05에 해당하는 <u>이 자료</u>는 서지사항, 발행빈도, 이용방법, 관리방식이 일반도서와 다르기 때문에 별도의 자료실에 소장하는 것이 바람직하다.

① R(Reference)   ② S(Serials)

③ C(Curiosity)   ④ L(Local Collection)

60. 도서기호에 대한 설명으로 잘못된 것은?

① 동일한 분류기호 내에서 각 도서를 개별화할 목적으로 부여한다.

② 이용자의 서가접근에는 유용하나 도서관의 장서점검 시에는 불필요하다.

③ 연대기호를 사용하면 출판된 연대나 연도순으로 배가할 수 있다.

④ 저자기호표를 적용하면 군집화는 물론 서명의 알파벳순 또는 자모순 배열이 가능하다.

해설 ② 도서기호는 배가위치를 결정하는 2차 기준인 동시에 순차적 배열을 가능하게 하고 또한 신착 정리도서 및 반납도서의 배가를 용이하게 하여 도서관의 장서점검을 위한 식별요소에 해당한다.

61. 다음 중 수입순도서기호법의 장점으로 옳지 않은 것은?

① 기호의 결정이 간단하다.

② 이용자의 직접적인 자료검색이 용이하다.

정답 55. 1   56. 1   57. 1   58. 1   59. 2   60. 2   61. 2

③ 자료의 개별화가 용이하다.

④ 자료의 배열이 용이하다.

해설 ② 수입순도서기호법은 입수된 순서에 따라 일련번호가 부여되므로 체계적인 분류가 이루어지지 않기 때문에 이용자의 직접적인 자료검색에는 불편한 방법이다.

62. 다음 중 문학작품에 부여되는 별치기호로 옳지 않은 것은?

① D   ② E   ③ F   ④ R

해설 ④ 'R'은 Reference의 머리글자로서 참고도서에 주로 부여된다. ① 'D'는 Drama의 머리글자로서 희곡작품에, ② 'E'는 Essay의 머리글자로서 수필에, ③ 'F'는 Fiction의 머리글자로서 소설에 부여되는 별치기호이다.

63. 다음에서 특히 과학이나 기술분야의 자료에 적합한 도서기호법은?

① 문헌기호법   ② 별치기호법

③ 수입순기호법   ④ 연대순기호법

해설 ④ 연대순기호법은 동일한 분류기호 내에서 도서가 출판된 발행연도 순에 따라 도서를 배가하기 위한 방법이다. 즉, 출판년도가 빠른 책의 경우 서가의 맨 왼쪽에 배열되고, 최근 년도일수록 오른쪽 서가에 배가됨으로 최신정보에 쉽게 접근할 수 있기 때문에 과학이나 기술분야의 자료에 적합한 도서기호법이다.

64. 다음에서 설명하는 도서기호법은?

> 각각의 출판연대를 알파벳 소문자 두자를 결합시켜서 기호화 하였으며 필사본에 한하여 대문자 두자(頭字)로 표시하였다.

① 카터 연대순 도서기호법

② 랑가나단 연대순 도서기호법

③ 브라운 연대순 도서기호법

④ 비스코 연대순 도서기호법

65. 다음의 내용과 가장 밀접한 도서기호표는?

> 제1표: 인명, 지명, 서명을 자모순으로 배열한 「저자5기호표」
> 제2표: 정기간행물 표제를 자모순으로 배열한 「정기간행물기호표」
> 제3표: 십진식으로 된 「연대순 도서기호표」

① 리재철 새 연대순 도서기호법　　　② 박봉석 성별기호표

③ Cutter의 Auther Table　　　④ Merrill의 The Merrill Book Numbers

해설 ④ 1912년 메릴은 세 개의 표로 구성된 도서기호표를 만들었다. 제1표는 인명, 지명, 서명(書名)을 자모순으로 배열하기 위하여 두 숫자로 구성된 '저자기호표'이고, 제2표는 정기간행물의 표제를 자모순으로 놓기 위하여 두 숫자로 구성된 '정기간행물기호표'이며, 제3표는 십진식으로 된 '연대순 도서기호표'이다.

66. 자료의 내용이나 형식의 특수성, 이용목적 등을 고려하여 일반장서와는 다르게 별도의 장소에 배치하기 위하여 청구기호 상단에 기재되는 기호는?

① 도서기호　　　　　　　　　　② 문헌기호

③ 별치기호　　　　　　　　　　④ 저자기호

해설 ③ 별치기호는 도서관마다 각기 차이는 있으나, 도서관의 전체적인 운영관리 측면에서 몇 가지 목적에 따라 편성하게 된다. 예를 들면, 1) 장서관리 2) 장서이용 3) 장서형태 4) 기타 업무의 동선을 줄이기 위한 목적 등이다.

67. 다음 중 Cutter-Sanborn의 세 자리 저자기호표에 대한 설명으로 옳지 않은 것은?

① Cutter-Sanborn 번호는 십진배열로 서가배열을 해야 한다.

② Mc, Mac, M'으로 시작되는 저자명은 모두 'Mac'로 철자되는 것으로 취급한다.

③ 경우에 따라서는 저자의 이름에 정확하게 부합되는 표목이 없을 수도 있다. 이런 경우는 바로 뒤 표목의 숫자를 사용한다.

④ 사용빈도가 적은 문자는 1에서 9까지 한 단위숫자로 또는 11에서 99까지 두 단위숫자로 전개하였다.

해설 ③ 경우에 따라서는 저자의 이름에 정확하게 부합되는 표목이 없을 수도 있다. 이런 경우는 바로 앞 표목의 숫자를 사용한다.

정답 62. 4　　63. 4　　64. 3　　65. 4　　66. 3　　67. 3

68. 다음의 기호에 대한 설명으로 옳지 않은 것은?

① 도서기호는 연차적으로 발간되는 자료의 개최연도, 출판연도를 나타내기 위해 부여한다.

② 별치기호는 자료의 내용, 형태특수성, 이용목적을 감안하여 별도 장소에 배치할 경우 사용한다.

③ 저자기호는 동일분류기호 내에서 자료편집을 위해 저자명을 문자, 숫자, 기타 기호로 조합하여 사용한다.

④ 청구기호는 개개기호의 구별을 위해 사용하며, 서가상 위치가 다른 도서와의 관련된 위치정보제공을 한다.

해설 ①은 부차적기호에 대한 설명이다. 도서기호는 동일한 분류기호의 저작이 다수가 발생하게 되는 경우, 그 각각의 저작을 하나씩 차별화시켜 서가상에서 순차적으로 배열하기 위해 사용한다.

69. 저작기호(work mark)를 사용하여 동일한 저자에 의한 다른 책을 구별하기 위한 기호법을 창안한 사람은?

① Brown

② Cutter

③ Cutter-Sanborn

④ Merrill

70. 다음 중 별치기호의 연결이 옳지 않은 것은?

① 고서 – O

② 소설 – F

③ 연속간행물 – C

④ 정부간행물 – G

해설 ③ 연속간행물의 별치기호로는 'S'(Serials), 이나 'P'(Peridicals) 'M'(Magzine), '연'(연속간행물), '정'(정기간행물) 등이 사용된다.

71. 다음은 Cutter-Sanborn Three-Figure Author Table의 사용법에 대한 설명이다. 가장 거리가 먼 것은?

① 해당저자명의 기호가 저자기호표에 나타나지 않을 경우에는, 반드시 바로 다음에 나타나는 성명의 번호를 사용한다.

② 전기서와 비평서 등 전기 자료는 피전자(被傳子)의 이름을 기호화하고, 저자의 성을 저작기호로 대신한다.

③ 채택된 저자기호 다음에 서명의 맨 처음에 나오는 키워드의 첫 자를 소문자로 기재한다.

④ 한 저자의 서로 다른 저작물이 동일한 번호를 가질 경우에는, 저작기호를 조정하여 이를 구분해 준다. 예를 들어, 나중에 입수된 저작에 대해 서명의 첫 번째 및 두 번째 키워드의 첫 글자를 함께 적어주는 것과 같다.

해설 ① 해당저자명의 기호가 저자기호표에 나타나지 않을 경우에는, 반드시 바로 앞에 나타나는 성명의 번호를 사용해야 한다.

72. 도서기호법에 대한 것으로 옳은 것을 고르시오.

① 상관식에서 고정식으로 발전하였다.

② 변환방식에서 수입순으로 발전하였다.

③ 문자기호법에서 혼합기호법으로 발전하였다.

④ 열거식 저자기호법은 표목으로 선정된 저자명(또는 서명)의 자음과 모음에 해당하는 숫자를 기호표에서 찾아 조합하는 방식이다.

해설 ③ 문자기호법에서 혼합기호법으로 발전하였다. ① 고정식에서 상관식으로 발전하였다. ② 수입순에서 변환방식으로 발전하였다. ④ 열거식 저자기호법은 저자의 성명을 미리 숫자로 조합한 일람표에서 해당번호를 선택하는 전조합방식이다.

73. 다음 중 분류기호의 기능에 대한 설명으로 옳지 않은 것은?

① 군집(群集)된 서가 내에서 배열순서를 결정해 준다.

② 동일한 주제나 형식의 자료를 동일한 곳에 모아 주는 기능을 말한다.

③ 유사한 주제의 자료들을 인접서가에 모이게 하는 기능을 말한다.

④ 장서점검 시 동일자료의 판단여부를 식별하는 최종적인 수단이 된다.

해설 ④ 장서점검시 동일자료의 판단여부를 식별하는 최종적인 수단이 되는 것은 청구기호이다. 분류기호가 동일한 경우라도, 서로 다른 많은 자료들이 있으므로, 분류기호만으로 동일자료를 판단하기는 어렵다.

정답	68. 1	69. 3	70. 3	71. 1	72. 3	73. 4

74. 다음에서 도서기호(圖書記號)의 필요성과 가장 거리가 먼 것은?

① 도서를 일정한 순서에 따라 서가에 배열하기 위하여 필요하다.

② 자료의 형태, 이용대상과 이용방법의 특수성, 이용 빈도 및 자료의 특별한 보관을 위해서 필요하다.

③ 반납도서를 서가상에 배열하기 위하여 필요하다.

④ 이용자와 도서를 청구할 때 편리한 부호를 제공하기 위하여 필요하다.

해설 ②는 자료의 별치기호를 설명한 것이다. 도서기호의 필요성은 다음과 같다. 1) 도서를 일정한 순서에 따라 서가에 배열하기 위해서 2) 각 도서에 간단하고 정확한 청구기호를 부여하기 위해서 3) 특수도서를 서가상에 배열하기 위해서 4) 열람자가 도서를 청구할 때 편리한 부호를 제공하기 위해서 5) 반납도서를 서가상에 배열하기 위해서 6) 도서를 판별할 때 그의 구별에 신속, 정확하게하기 위해서이다.

75. 분류번호 중에서 각 저작을 개별화하여 도서의 배가위치를 결정하는 기호는?

① 도서기호   ② 분류기호

③ 별치기호   ④ 저자기호

해설 ① 도서기호는 분류기호 중에서 각 저작을 개별화하여 도서의 배가위치를 결정하는 기호로 분류기호 다음에 부여한다. 즉, 도서기호란 분류자가 분류 대상자료를 분류한 다음 동일하게 분류된 번호 내에서 각 도서의 서가상이나 서가목록 또는 분류목록상의 배열순서 혹은 배가위치를 정하는 것으로 분류기호 다음에 주어지는 기호이다.

76. 박봉석의 「성별기호표(姓別記號表)」가 발표된 자료는?

① 조선총독부 십진분류표   ② 한은분류표

③ KDC   ④ KDCP

해설 ④ 성별기호표는 1947년 「조선십진분류표」(KDCP)의 권말에 발표된 것으로, 한국인의 320여개 성(姓) 중에서 중요한 100개의 성을 선택하여 가나다순으로 배열하고 00~99까지의 2숫자를 부여한 저자기호표이다.

77. 음의 새 연대순도서기호법에 대한 설명에서 옳은 것을 모두 묶은 것은?

㉠ 리재철이 1983년 발표된 연대순도서기호법을 수정하여 1986년 단행본으로 발행한 국내유일의 연대순기호법이다.

ⓒ 아라비아숫자와 알파벳의 필수조합으로 연대 기호를 구성한다.

ⓒ 전기나 문학 등 일부는 이전의 저자기호법에 따라 자모순 도서기호를 부여한 후 연대 기호를 부가하도록 하고 있다.

ⓒ 자료가 입수된 일련번호 순으로 도서기호를 부여하여 개별화한다.

① ㉠

② ㉠, ㉢

③ ㉠, ㉡, ㉢, ㉣

④ ㉢, ㉣

78. 다음 중 열거식 저자기호와 가장 거리가 먼 것은?

① 메릴의 저자기호표

② 이춘희의 동서저자기호표

③ 장일세의 동서저자기호법

④ LC의 저자기호표

해설 ④ LC의 저자기호표는 표목의 대상이 되는 기본 첫 알파벳문자에 아라비아숫자를 합성시켜 부여되는 기호법이다

79. 다음의 도서기호법 중 수입순기호법의 특징으로 옳은 것을 모두 고른 것은?

㉠ 도서기호를 결정하기 위해 별도의 표를 사용할 필요가 없다.

ⓒ 저자명이나 발행년에 따라 기호순서가 결정된다.

ⓒ 동일 분류기호 아래 수입순 일련번호를 부여한 고정식 기호법이다.

ⓒ 한 저자의 주제가 동일한 여러 저작을 인접시키기 어렵다.

① ㉠, ㉢

② ㉠, ㉢, ㉣

③ ㉠, ㉡, ㉢, ㉣

④ ㉡, ㉢, ㉣

해설 ②가 정답이다. ㉡ 저자명에 따라 기호순서가 결정되는 것은 저자기호법이고 발행년에 따라 결정되는 것은 연대순기호법이다.

정답 74. 2   75. 1   76. 4   77. 2   78. 4   79. 2

80. 다음은 입수순 도서기호법을 설명한 것이다. 이 중 가장 큰 단점은?

① 기호의 각 연대를 알파벳 소문자 2자를 사용함으로 식별기능상 식별이 쉽지 않다.

② 기호의 결정이 간단하며 자료의 배열과 점검이 쉽다.

③ 동일한 분류번호 내에서 도서의 배열을 출판연대순으로 하기 위해서 도서의 간행연대를 알파벳이나 아라비아숫자의 기호로 사용하기 때문에 너무 간결한 것이 흠이다.

④ 동일한 주제에 관한 동일한 저자의 저작(著作)을 동일한 위치에 집결시킨다는 원칙에 어긋난다.

해설 ④ 이용 면에서 동일주제 또는 동일저자의 작품이 한 곳에 집중될 수가 없으므로 검색의 효율이 떨어지는 결점이 크다.

81. 다음에서 고정식 배가법(fixed location)을 따르는 도서기호법은?

① 수입순기호법   ② 연대순기호법

③ 저자기호법   ④ 청구기호법

해설 ① 고정식 배가법에 따르는 기호법은 도서 상호 간의 관계를 무시하고 우연성에 따라 일련번호를 부여하는 방법이다. 수입순기호법은 동일한 분류기호 내의 도서가 접수되는 순서에 따라 입수순 일련번호를 부여해 가는 가장 간단한 방법이다. 즉, 수입순이라는 우연적 요소를 일련번호로 사용하는 방법을 택하고 있으므로, 이에 해당한다고 할 수 있다.

82. 소설과 전기 자료를 분류할 경우 별치기호로만 분류할 수도 있다. 다음 중 소설의 별치기호로 사용되는 것은?

① B   ② F   ③ L   ④ M

해설 ② 소설은 그 작품의 양도 많고 이용률도 높아 별치하는 경우가 많은데, 이때는 Fiction의 머리글자 'F'를 사용한다.

83. 다음 중 분류기호의 성격으로 올바른 것은?

① 상호배타성   ② 합목적성

③ 점진성   ④ 신축성

해설 ④ 분류기호가 가져야 할 성격으로는 계층성(Hierarchy), 간결성(Brevity), 단순성(Simplicity), 신축성

(Flexibility), 조기성(Mnemonics) 총 5가지이다. ①과 ②, ③번은 분류의 기본원칙에 해당한다.

84. 다음에서 사전, 서지류, 색인, 목록 등에 부여되는 별치기호는?

① R   ② G   ③ O   ④ P

해설 ① 사전, 서지류, 색인, 목록 등은 참고도서로, 별치기호는 'R'이나 '참'(참고도서)으로 표시한다.

85. 도서기호법 가운데 기호를 부여하기가 가장 편리한 방법은?

① 수입순기호법   ② 연대순기호법
③ 저자기호법   ④ 저작기호법

해설 ① 입수순기호법이라고도 하며, 동일한 분류기호 내의 도서가 접수되는 순서에 따라 일련번호를 부여해 가는 가장 간단한 방법이다.

86. 랑가나단의 연대순 도서기호법은 기원전 몇 년부터 기호화하였는가?

① 1년   ② 199년
③ 2998년   ④ 9999년

해설 ④ 랑가나단 연대순 도서기호법은 CC 제7판에서 기원전 9999년부터 서기 3099년까지 기호화하였다.

87. 리재철의 「새 연대순 도서기호법」의 사용법으로 옳지 않은 것은?

① 동일 저작의 판이 다를 경우 개정판, 번역판, 주해판 등은 다른 판으로 간주한다.
② 동일한 분류항목 내에서 동일한 연대기호를 갖는 도서가 두 개 이상 있을 경우 두 번째가 들어
온 것부터 입수순으로 분류한다.
③ 문자를 사용하지 않기 때문에 양서는 표기하지 않는다.
④ 발행년이 2000년대의 것은 마지막 세 자리 숫자를 사용한다.

해설 ③ 본 도서기호법은 자모순 도서기호법 적용도서를 제외하고는 연대기호를 기본기호로 한다. 연대기호는 발행년을 서기와 아라비아숫자로 통일하여, 1900년대 도서는 마지막 두 자리 숫자를, 2000년대 도서는 마지막 세 자리 숫자를 기호로 사용한다. 단, 양서는 'a'자를 기호 말미에 덧붙여서 동서와 구별한다.

정답	80. 4	81. 1	82. 2	83. 4	84. 1	85. 1	86. 4	87. 3

88. 다음 중 수입순기호법의 장점으로 옳지 않은 것은?

① 고정식배가법이므로 신착도서 배가를 위해 기존도서의 서가배치 이동의 필요성이 적다.

② 도서의 배열, 점검이 용이하다.

③ 동일분류기호 내 동일저자 저작들이 질서정연하게 배가된다.

④ 자료의 개별화가 용이하다.

해설 ③ 수입순 또는 입수순 기호법은 동일한 분류기호 내의 도서가 접수되는 순서에 따라 입수순 일련번호를 부여해 가는 가장 간단한 방법이다. 고로 이용 면에서는 동일주제 또는 동일저자의 작품이 한 곳에 집중될 수가 없으므로 검색의 효율이 떨어지는 결점이 크다.

89. 다음 중 한국에서 창안된 최초의 저자기호법은?

① 동서저자기호표   ② 성별기호표

③ 한국문헌기호표   ④ 한국인저자기호표

해설 ②는 1947년에 박봉석 씨가 창안한 것이다. ①은 1960년 이춘희 교수가 ③은 1973년 정필모 교수가 ④는 1961년 장일세 교수가 발표하였다.

90. 다음의 청구기호 중에서 밑줄 친 것이 의미하는 것은?

327.5193 <u>W985i8</u>

① 권호기호   ② 별치기호

③ 분류기호   ④ 저자기호

91. 다음의 저자기호표 중 성격이 다른 것은?

① 고재창의 한국저자기호표   ② 올린의 저자기호표

③ 리재철의 한글순도서기호법   ④ 이춘희의 동서저자기호표

해설 ③ 리재철의 한글순도서기호법은 모음기호와 자음기호로만 구성되었고, 나머지 모두는 저자명을 기준으로 하여 구성되었다.

92. DDC의 920 가운데 총전(叢傳)에만 사용하려고 알파벳 A와 아라비아숫자 두 자로 구성된 저자기호법을 창안한 사람은?

① Brown   ② Olion

③ Dewey   ④ Merill

〔해설〕 ② Olion 저자기호법은 DDC의 전기(920)는 저자의 전공분야가 뚜렷한 경우에는 주제별 전기에 분류하는데 이용한다. 일반 저작 기호법은 총전과 별전(개인전기)의 구별 없이 함께 분류하게 되어있기 때문에 구별이 어려워 이에 Olion이 각 분류기호 아래에서 총전을 모아 배열하여 총전과 별전을 구별하기 위하여 이 기호법을 만들었다.

93. 다음은 도서기호의 구성에 관한 설명이다. 가장 거리가 먼 것은?

① 도서기호의 길이는 도서관이 동일분류기호 내에 소장하고 있는 자료의 양에 따라야 한다.

② 복본은 동일한 도서기호를 부여한다.

③ 여러 권으로 된 자료는 이를 구별할 수 있는 도서기호를 부여한다.

④ 한 자료의 편차를 도서기호에 부여함으로써 판차별에 의한 구분을 가능하게 한다.

〔해설〕 ③ 여러 권으로 된 자료는 모두 동일한 도서기호를 부여해야 한다. 그리고 책이나 목록에 v.1, v.2 또는 -1, -2 등을 청구기호의 일부로 채기하며 권수에 따라 구분되게 한다.

94. 다음 중 전 세계에 걸쳐 가장 보편적으로 사용되는 도서기호법은 어느 것인가?

① 수입순기호법

② 연대순기호법

③ 저자기호법

④ 저작기호법

〔해설〕 ③ 저자기호법은 동일 분류기호 내의 도서를 저자명의 음순(가나다순, 알파벳순)으로 배열하는 방법이다. 여기서 말하는 저자명은 작품의 책임을 맡고 있는 개인명 또는 단체명, 때로는 서명을 가리키며 기본표목(main headings 또는 기본기입)에 해당하는 것이다. 한국목록규칙(KCR) 제4판은 표목을 다루지 않기 때문에 표목을 선정할 때는 AACR2R의 표목선정의 기본원칙을 적용한다.

정답	88. 3	89. 2	90. 4	91. 3	92. 2	93. 3	94. 3

95. 다음의 도서기호법에 대한 내용 중 옳은 것은?

① 카터-샌본 저자기호표에 따르면 Alvin Toffler의 「A Digital Dilemma」의 도서기호는 A644d로 나타낼 수 있다.

② 수입순 기호법은 듀이가 대학도서관에 처음 적용한 이후부터 널리 보급되었다.

③ 저자기호법은 동일한 저자의 여러 저작이 군집되는 동시에 개별화된다.

④ 「새연대순도서기호법」에서는 개정판, 번역판 등의 경우 동일한 저작이라고 보아 최초의 발행연도를 기호화한다.

해설 ③ 저자기호법은 저자명의 자모순 또는 알파벳순으로 배가되기 때문에 동일한 저자의 여러 저작이 군집되는 동시에 개별화되는 장점이 있다. ① 카터-샌본 저자기호표에 따르면 저자기호 다음에 저작기호를 부기하는데 저자의 성의 첫 음절을 대문자로 표기하고 서명 중에서 맨 처음에 기술된 키워드의 첫 자를 소문자로 기입한다. 서양인의 경우에는 저자의 성을 표기하기 위해 뒤로 도치한다. 따라서 Alvin Toffler의 「A Digital Dilemma」의 도서기호는 T644d로 나타낼 수 있다. ② 수입순 기호법은 듀이가 엠허스트 대학도서관에 처음 적용한 바 있으나, 널리 보급되지는 못하였다. ④ 「새연대순도서기호법」에 따르면 동일한 저작이라도 개정판, 번역판, 주해판 등은 판차가 다른 경우로 간주하여 각각의 발행연도를 기호화한다.

96. 다음은 정보기술과 문헌분류와의 관계를 기술한 것이다. 가장 거리가 먼 것은?

① 인터넷과 웹을 비롯한 다양한 하드웨어와 통신 소프트웨어들은 시공간을 넘나드는 정보망의 출현을 가능하게 하였다.

② MARC에서는 분류기호를 기입하기 위한 표준필드를 제공하기 때문에 도서관이 자체적으로 분류를 할 필요가 없어질 것이다.

③ OPAC의 발달로 인한 도서관 자료조직 업무의 변화는 검색도구로서의 분류의 기능을 부각시켰다.

④ 분류체계에 의해 조직된 정보자원들은 정보검색을 위한 상호참조를 가능하게 함으로써 분류체계가 훌륭한 접근시스템으로서의 역할을 할 것이다.

해설 ② MARC에서 제공된 분류기호를 활용할 수 는 있으나, 개 도서관의 특성상 분류작업의 모든 것을 의존할 수는 없다.

97. 다음의 개가식(open shelf system) 열람방식에 대한 설명에서 옳지 않은 것은?

① 많은 공간을 필요로 하는 것은 아니다.

② 필요로 하는 자료를 구득하기까지의 대기시간이 불필요하다.

③ 자료의 이용률이 높아진다.

④ 자료의 분실 또는 훼손 우려가 높다.

해설 ① 이용하기 쉽게 서가와 서가 간의 간격이 넓어야 하므로 많은 공간을 필요로 한다는 점이 단점이다.

98. 다음의 분류기호를 구성하는 설명으로 가장 거리가 먼 것은?

① 개가식 도서관에서는 자료검색에 분류기호가 중요하게 사용되고 있다.

② 분류기호는 도서의 등(spine)과 열람용, 사무용 목록에 기재되어 검색과 사무에 용이하게 쓰인다.

③ 분류기호는 분류담당자가 부여하므로 이용자의 자료검색에 용이하다.

④ 분류기호는 폐가제 도서관에서 유용하고, 개가제 도서관에서는 이용자가 직접 자료를 찾기 때문에 필요성이 적어진다.

해설 ④ 분류기호는 주제가 같은 자료를 한 곳에 모으기 위한 것으로 개·폐가제 모든 도서관에서 필요하다.

99. 다음은 연대순기호법의 장점에 대한 설명이다. 가장 거리가 먼 것은?

① 기호의 결정이 간단하다.

② 자료의 개별화가 용이하다.

③ 자료의 발행년에 따라 순서가 결정되므로 순서가 분명하다.

④ 자료의 배열과 점검이 용이하다.

해설 ② 연대순기호법은 자료에 표시된 발행연도를 기호화한 것으로 개별화가 용이하지 않다는 문제점이 있다.

100. 다음에서 저자기호의 채용여부를 결정하는 데 있어 고려해야 할 요소로 옳지 않은 것은?

① 각각의 문헌을 개별화하는 다른 방법의 채용여부

② 상세한 분류표의 사용여부

정답 95. 3   96. 2   97. 1   98. 4   99. 2   100. 4

③ 장서의 규모와 성격

④ 주제명표목의 부여여부

해설 ④ 주제명표목의 부여여부는 도서의 서가상 배열과는 무관하며, 저자기호의 채택여부와는 전혀 관계가 없다.

101. 다음 중 도서기호와 가장 거리가 먼 것은?

① 권호번호   ② 분류기호

③ 연대기호   ④ 저자기호

해설 ② 분류기호는 도서관에서 사용하는 분류법에 의거하여 자료의 주제와 또는 형식을 아라비아숫자 또는 문자와 아라비아숫자를 조합하여 기호화한 것이며, 도서기호란 똑같은 분류기호를 지닌 다수의 책들을, 다시 순차적인 배열을 위해 부여해 주는 기호이다. 도서기호에는 대부분 저자기호와 저작(작품)기호 등이 합성되고 있다.

102. 다음 중 학문의 진전속도가 빠른 과학과 기술분야의 자료를 취급하는 전문도서관에 적합한 도서기호법은?

① 연대순 도서기호법   ② 수순 도서기호법

③ 저자기호법   ④ Cutter의 저자기호표

해설 ① 연대순 도서기호법은 동일한 분류기호 내에서 도서가 출판된 발행연대 순에 따라 도서를 배가하기 위한 방법이다. 많은 도서기호법 중에서 자료의 배열 상 가장 쉽게 최신성을 파악할 수 있다는 유리점 때문에, 학문의 진전속도가 빠른 과학과 기술 분야의 자료를 취급하는 전문도서관에 적당한 도서기호법이다. 이에 해당하는 연대순기호표로는 국내의 리재철, 외국의 비스코, 브라운, 랑가나단 등이 창안한 것이 있다.

103. 저자의 성을 가능한 간략하게 하여 A-Z까지 알파벳순으로 배열하고 그에 대응하는 숫자를 01~99까지 배정한 간단한 숫자기호법으로 된 도서기호법은?

① Brown 저자기호법   ② Cutter 저자기호법

③ Olion 저자기호법   ④ Merill 저자기호법

104. 다음의 청구번호에서 밑줄 친 것이 의미하는 것은?

783.6 K37s3

① 권호기호   ② 별치기호

③ 분류기호   ④ 판차

105. 다음은 비스코의 연대순 도서기호법에 대한 설명이다. 옳은 것은?

① 숫자기호만으로 기본기호인 연대기호를 구성하여 연대순 도서기호 삽입이 가능한 한 쉽도록 한 것이 장점이다.

② B.C. 1000년부터 A.D. 1999년까지 전개가능토록 되어 있다.

③ A.D. 1년은 B001이고 A.D. 10년은 B010년이며 A.D. 105년은 B105이다.

④ 비스코 연대순 도서기호법의 장점은 기호 간단하여 경제적이고 합리적이라는 평을 받고 있다.

해설 ① 비스코의 연대순도서기호법은 기원전부터 서기 1999년까지 사용할 수 있도록 만들어진 도서기호법으로, 장점은 기호가 간단하고, 경제적이며 합리적이다. 반면에 단점은 사용연합이 1999년까지 제한되어 있는 점이다.

106. 다음 중 분석합성식(조합식) 저자기호법에 해당하는 것은?

① 리재철 한글순도서기호법   ② 이춘희 동서저자기호표

③ 장일세 동양서저자기호표   ④ 정필모 한국문헌기호표

해설 ① 리재철 한글순도서기호법은 1958년에 발표한 「동서저자기호표」를 1982년 개정 발표하면서 명칭을 바꾼 것으로, 국내자료의 도서기호로 사용되는 분석합성식 저자기호표이다. 제1표부터 제8표까지 8개의 표가 만들어졌다. 제5표(완전형가표)의 구성은 먼저 한글을 자음과 모음으로 구분하여 각각 1~9까지의 숫자를 한 자리 또는 두 자리 숫자로 배정한 후, 모음을 초성을 'ㅊ'으로 시작하는 글자와 초성이 'ㅊ'이 아닌 글자로 시작하는 것으로 나누어 각각 1~9까지의 한 자리 숫자를 부여하였다.

107. 다음 중 청구기호의 역할과 부합하는 내용은?

① 문헌의 입수절차를 제시한다.   ② 문헌의 위치를 제시할 수 없다.

③ 문헌의 크기를 제시한다.   ④ 문헌의 위치를 제시한다.

정답   101. 2   102. 1   103. 4   104. 4   105. 1   106. 1   107. 4

해설 ④ 청구기호는 문자, 숫자, 기타 기호 등을 사용하여 자료의 서가상의 위치를 표시해 주거나 자료의 위치를 제시해 주는 기호이다.

108. 다음의 청구기호의 기능에 대한 설명으로 옳지 않은 것은?

① 도서관에서 자료의 배가위치를 결정해 주는 중요한 수단이 된다.

② 반납된 자료의 재배가위치를 확인해 주는 결정적인 수단이 된다.

③ 장서점검 시 서가목록과 함께 동일자료의 판단여부를 식별하는 수단이 된다.

④ 저록 또는 기입(entry)의 배열위치를 결정하며, 검색어로서 검색의 수단이 된다.

해설 ④ 저록이나 기입의 배열위치를 결정하고 검색어로서 검색의 수단이 되는 것은 표목(Heading)이다.

109. 다음 중 학문의 발전 속도가 빠른 과학기술분야의 자료에 적합한 도서기호법은 ?

① 수입순기호법   ② 연대순기호법

③ 저자기호법   ④ 저작기호법

해설 ② 연대순기호법은 동일한 분류기호를 가진 자료들을 출판연도순으로 배열하는 방법으로, 학문의 발전 속도가 빠른 과학기술분야에 적합한 것으로 평가되고 있다.

110. Cutter-Sanborn Three-Figure Author Table에서는 동일한 저자의 서로 다른 책을 구별하기 위해서 서명의 첫 글자를 취하여 추가하는데, 이것은 무엇인가?

① 도서기호   ② 문헌기호

③ 저작기호   ④ 연대기호

111. 다음 중 상관식배가법(relative location)과 가장 관계가 깊은 도서기호법은?

① 수입순기호법   ② 수입순기호법 – 연대순기호법

③ 연대순기호법 – 저자기호법   ④ 저자기호법

해설 ③ 상관식배가법의 기호법은 도서 상호 간의 관계에 따라 기호를 부여하는 방식으로, 저자기호법과 연대순기호법이 여기에 해당된다. ① 수입순기호법은 고정식배가법에 해당된다.

112. 다음 중 Subject Classification과 관계가 깊은 도서기호법은?

① 고정식도서기호법   ② 문헌기호법

③ 수입순도서기호법   ④ 연대순도서기호법

해설 ④ James Duff Brown은 1906년 Subject Classi- fication을 창안하면서 연대순도서기호법을 발표하였는데, 이는 두 자리의 알파벳 소문자로 각 연대를 기호화하였다. ① 고정식도서기호법(fixed location)은 수입순기호법과 동일한 것이다.

113. 다음 중 도서기호법 가운데 수입순기호법의 장점과 가장 거리가 먼 것은?

① 기호의 결정이 간단하다.

② 자료의 발행년에 따라 순서가 결정되므로 순서가 분명하다.

③ 자료의 배열이 용이하다.

④ 체계화된 표를 사용할 필요가 없다.

해설 ② 수입순기호법은 자료의 발행년과 관계없이 입수순에 따라 기호를 부여하게 되므로, 발행년에 따른 순서가 무질서하다는 문제점이 있다.

114. Cutter-Sanborn Three-Figure Author Table을 사용할 경우 두 명의 저자가 동일한 번호를 갖게 될 때는 숫자 하나를 추가하도록 하고 있다. 이때 가장 적합한 숫자는?

① 1   ② 3   ③ 5   ④ 9

해설 ③ 1에서 9까지의 중간 숫자인 5로써 필요에 따라 부가할 수 있는 양측 공간이 있기 때문이다.

115. 다음 중 한글을 자음과 모음으로 구분한 다음에, 각각의 1-9의 한 자리 또는 두 자리 숫자를 배정하여 이를 합성하여 저자기호로 사용할 수 있도록 고안된 것은?

① 고재창의 한국저자기호표   ② 리재철의 한글순도서기호법

③ 이춘희의 동서저자기호표   ④ 장일세의 동서저자기호표

해설 ② 리재철의 한글도서기호법은 1958년에 발표한 「동서저자기호표」를 1982년 개정 발표하면서 명칭을 바꾼 것으로, 국내자료의 도서기호로 사용되는 분석합성식 저자기호표이며 제1표부터 제8표까지 8개의 표가 만들어졌

정답	108. 4	109. 2	110. 3	111. 3	112. 4	113. 2	114. 3	115. 2

다. 제5표(완전형가표)의 구성은 먼저 한글을 자음과 모음으로 구분하여 각각 1~9까지의 숫자를 한 자리 또는 두 자리 숫자로 배정한 후, 모음을 초성이 'ㅊ'으로 시작하는 글자와 초성이 'ㅊ'이 아닌 글자로 시작하는 것으로 나누어 각각 1~9까지의 한 자리 숫자를 부여하였다.

116. 다음에서 괄호 안에 들어갈 가장 적절한 용어는?

(   )는 도서기호를 보조하기 위한 기호로, 동일분류 중에 동일저자의 저작을 서명별로 그 배열순위를 정해 준다.

① 수입순기호

② 연대순기호

③ 저자기호

④ 저작기호

해설 ④ 저작기호는 도서가 동일한 분류번호를 가질 때 동일저자가 저술한 어느 한 서명과 다른 서명을 구분해 주는 도서기호의 한 부분이다. 즉, 저작의 번역자나, 판차의 구별, 또는 복본표시, 계속되는 발행년의 표시구분 등의 여러 가지 부가적인 정보로서 개개 저작의 차별화를 식별해 주는 기호로 부차적기호라고도 칭한다.

117. 학문의 발전과정을 일목요연하게 브라우징(browsing)할 수 있기 때문에, 학문의 발전 속도가 빠른 과학기술분야 도서관에서 사용하여 이용자의 시간과 노력을 줄여주는 기호법은?

① 수입순기호법

② 연대순기호법

③ 저자기호법

④ 저작기호법

해설 ② 연대순기호법은 동일분류기호 내의 자료들이 연대나 연도순으로 서가상에 배열하기 때문에 과학기술분야의 이용자에게 특히 도움이 될 수 있다.

118. Cutter-Sanborn Three-Figure Author Table은 국내에서 서양서용 저자기호로 가장 널리 사용되는 기호법의 하나이다. 다음 중 그 사용법에 대한 설명과 가장 거리가 먼 것은?

① Mc, Mac, M'으로 시작되는 이름은 모두 Mac으로 철자되는 것으로 취급한다.

② 두 저자가 동일한 번호를 가질 경우에는, 숫자 하나를 더 추가하는 것이 좋다. 이때는 1부터 일련번호순으로 기호를 부여해야 한다.

③ 사전류나 무저자명 자료와 같이, 서명을 표목으로 채택하는 자료는 서명을 기호화한다. 다만 그 첫 단어가 관사로 시작될 때는 그 다음의 키워드를 기호화한다.

④ 전기서와 비평서 등 전기 자료는 피전자의 이름을 기호화하고, 저자의 성을 저작기호로 대신
   한다.

해설 ② 저자기호에 추가되는 기호는 5를 선택하는 것이 좋다. 왜냐하면 5는 추가의 숫자를 삽입할 필요가 있을
때, 그 양측에 여백이 있기 때문이다.

119. 다음 중 도서기호의 필요성과 가장 거리가 먼 것은?

① 자료의 특수한 형태, 이용대상과 이용방법의 특수성, 이용빈도 및 자료의 특별한 보관의 필요
   성을 나타낼 수 있도록 하기 위해 사용한다.

② 도서를 일정한 순서에 따라 서가에 배열하기 위해 사용한다.

③ 반납도서를 서가상에 배열하기 위해 사용한다.

④ 열람자가 도서를 청구할 때 편리한 부호를 제공하기 위해 사용한다.

해설 ① 자료의 특수한 형태, 이용대상과 이용방법의 특수성, 이용빈도 및 자료의 특별한 보관의 필요성을 나타낼
수 있도록 하기 위한 기호는 별치기호이다.

120. 우리나라에서 최초로 저자기호법을 만든 사람은?

① 고재창   ② 리재철
③ 박봉석   ④ 이춘희

해설 ③ 1947년에 발표된 KDCP의 권말에 포함되었다.

121. 다음 중 우리나라 최초의 저자기호법을 고안한 사람은?

① 고재창   ② 박봉석
③ 정필모   ④ 이춘희

해설 ② 1947년 박봉석이 편찬한 조선십진분류표의 권말에 수록된 성별기호표(姓別記號表)이다.

122. 다음 중 입수순 도서기호법의 장점과 가장 거리가 먼 것은?

① 고정식 배가법이기 때문에 신착도서의 배열을 위하여 기배열된 자료를 이동하지 않아도 된다.

② 기호의 결정이 간단하다.

정답 116. 4   117. 2   118. 2   119. 1   120. 3   121. 2   122. 4

③ 도서의 배열과 점검이 쉽다.

④ 입수순 번호가 너무나 우연적이어서 아무런 조직적인 의미가 없다.

해설 ④ 입수순 기호법은 동일한 분류기호 내의 도서가 접수되는 순서에 따라 입수순 일련번호를 부여해 가는 가장 간단한 방법이다. 보통 1부 2책 이상의 도서나 전집, 강좌 등의 계속되는 도서는 수입시기에 관계없이 동일기호로 주고 권수표시 등을 보조기호 란에 부여한다. 이 방법은 기호가 단순하고 더구나 개개 도서마다 개별화가 완전하기 때문에, 열람업무나 장서점검 등의 운영 면에서 효율성이 높다. 그 반면 이용 면에서는 동일주제 또는 동일저자의 작품이 한 곳에 집중될 수가 없으므로 검색의 효율이 떨어지는 결점이 크다.

123. 다음은 별치기호 부여에 관한 설명이다. 가장 거리가 먼 것은?

① 도서 중에서 별치를 필요로 하는 도서는 서고의 서가에 배열되는 입문서, 전공도서 등을 말하는 것으로 별치의 종류가 많으면 복잡해지므로 신중히 고려해야 한다.

② 문학 작품은 원저작에 사용된 국어와 문학형식에 의하여 분류하는 것이 원칙이다.

③ 문학작품을 별치하는 도서관은 번역소설일 경우 F나 소설전체에 F를 부여할 수도 있다.

④ 이용자의 편의와 도서관 경영합리화를 위하여 참고도서실, 법령실, 족보실, 정기간행물실 등을 별치하여 운영하는 경우도 있다.

124. 다음에서 1885년 Library Journal에 발표된 최초의 연대순 도서기호법은?

① 듀이의 연대순 기호법

② 랑가나단의 연대순 기호법

③ 브라운의 연대순 기호법

④ 비스코의 연대순 도서기호법

125. 다음 중 기본기입(저록)방식과 가장 관계가 깊은 도서기호법은?

① 수입순기호법   ② 연대순기호법

③ 저자기호법   ④ 청구기호법

해설 ③ 저자기호법은 원칙적으로 기본기입(저록)의 표목으로 채택된 저자명을 기호로 변환하는 방법이다.

126. 다음의 자료 중 이용목적에 따라 별도의 서가에 배치하고 별치기호를 부여할 자료로 가장 거리가 먼 것은?

① 사회과학서지　　　　　　　　② 향토자료

③ 통계연감　　　　　　　　　　④ 학위논문

해설 ① 사회과학서지는 참고도서로 별치할 수도 있으나 문제에서 제시된 다른 자료들과 비교할 때 일반도서로로도 취급할 수 있기에 가장 거리가 멀다 하겠다.

127. 다음 저자기호법 중 열거식 기호법에 해당하지 않는 것은?

① 리재철의 한글순도서기호법　　　② 이춘희의 동서저자기호표

③ 정필모의 한국문헌기호표　　　　④ Cutter-Sanborn 저자기호표

128. 다음의 수입순기호법에 대한 설명으로 옳지 않은 것은?

① 자료의 발행년에 따른 순서가 확실하다.

② 듀이가 Amberst 대학도서관에서 사용하였다.

③ 수입순기호법은 다른 이름으로 입수순기호법이나 고정식 기호법이라고 한다.

④ 신착도서의 배가를 위한 기존도서의 서가의 배치를 이동시켜야 할 필요성이 적어진다.

해설 ① 이 방법은 기호가 단순하고 더구나 개개 도서마다 개별화가 완전하기 때문에, 열람업무나 장서점검 등의 운영 면에서 효율성이 높다. 그 반면 이용 면에서는 동일주제 또는 동일저자의 작품이 한 곳에 집중될 수가 없으므로 검색의 효율이 떨어지는 결점이 크다.

129. 다음은 리재철의 한글순도서기호법의 사용에 대한 설명이다. 옳지 않은 것은?

① 번역서는 저작기호나 판차기호 다음에 번역자의 성을 부기(附記)한다.

② 전기서와 비평서 등 전기 자료는 피전자의 이름을 기호화하고, 저자의 성을 저작기호로 대신한다.

③ 판차나 권호보다도 연도기입이 바람직한 통계연보 및 연감류 등은 출판연도를 기호화한다.

④ 표목으로 채택된 저자명이나 서명의 첫 자(음절)를 그대로 채기한 다음, 그 첫 자의 자음(초성)과 모음(중성)을 기호화하여 조합한다.

정답 123. 1　　124. 4　　125. 3　　126. 1　　127. 1　　128. 1　　129. 4

해설 ④ 문자기호는 대상어의 첫 자를 그대로 따고, 숫자기호는 그 대상어의 둘째 자(음절)를 분석하여 기호화한 다음 합성한다.

130. 다음 괄호 안에 들어갈 가장 적합한 용어는?

> 도서기호법의 종류는 고정식배가법과 상관식배가법의 기호법으로 구분기도 하는데, 고정식배가법은 ( )처럼 도서 상호 간의 관계를 무시한 채 우연성에 따라 일련번호를 부여하는 방법을 말한다.

① 연대순기호법   ② 입수순기호법

③ 저자기호법   ④ 저작기호법

해설 ② 입수순기호법은 입수순이라는 우연적 요소를 일련번호로 사용하는 고정식배가법이다.

131. 다음은 도서기호의 기능에 대한 설명이다. 옳은 것은?

① 도서를 개별화한다.

② 도서기호를 통해 자료의 주제를 알 수 있다.

③ 동일한 기호에는 도서기호가 필요하지 않다.

④ 도서기호는 배열을 위한 것이므로 대출에는 상관이 없다.

해설 ① 도서기호의 기능은 동일한 분류기호의 저작이 다수가 발생하게 되는 경우, 그 각각의 저작을 하나씩 차별화 시켜 서가상에서 순차적 배열이 될 수 있도록 위치를 결정해 주는 역할을 한다.

132. 다음 중 과학기술분야에 적합한 도서기호는?

① 연대순 기호법   ② 열거식 기호법

③ 수입순 기호법   ④ 저자기호법

해설 ① 연대순 기호법은 동일한 분류기호 내에서 도서가 출판된 발행연대 순에 따라 도서를 배가하기 위한 방법으로, 자료의 배열 상 가장 쉽게 최신성을 파악할 수 있기 때문이다.

133. 학위논문은 논문의 체제나 성격, 두께 등이 일반도서와 성격이 다른 점에서 별치하는 경우가 많다. 다음 중 학위논문의 별치기호로 가장 옳은 것은?

① O   ② P   ③ T   ④ S

해설 ③ 학위논문의 별치기호로는 Thesis의 머리글자 'T'나 Thesis and Dissertation의 약자 'TD', 학위논문의 첫 글자인 '학'을 사용한다. 때로는 석사학위논문은 'T' 또는 '석'을, 박사학위논문은 'D' 또는 '박'으로 구분하는 경우도 있다.

134. 다음은 『Cutter-Sanborn Three-Figure Author Table』의 일부분이다. 이 표를 적용하여 Robert Perry가 지은 Public Library, third edition 의 도서기호로 옳은 것은? (사서직 2016년 출제)

Perry	462	Robert	639
Perry, G.	463	Robert, G.	641
Perry, M.	464	Robert, M.	642
Perry, S.	465	Roberts	643
Pers	466	Roberts, F.	644

① P464-3   ② P464p3

③ R642-3   ④ R642p3

해설 ② 판차는 아라비아 숫자로 부가한다.

135. 리재철의 '한글순도서기호법'과 구조적으로 가장 유사한 것은? (사서직 2017년 출제)

① 박봉석의 성별기호표(性別記號表)

② 이춘희의 동서저자기호법

③ LC 저자기호법(Cutter table)

④ Cutter-Sanborn Three-Figure Author Table

해설 ③ 저자기호의 기본기호는 문자와 숫자로 이루어진다.

정답 130. 2   131. 1   132. 1   133. 3   134. 2   135. 3

136. 도서기호법에 대한 설명으로 옳은 것은? (사서직 2017년 B형 출제)

① 도서기호는 동일한 분류기호 내에서 각 도서를 개별화할 목적으로 부가하는 기호이며, 일반 적으로 저자기호와 저작기호로 구성된다.

② 수입순 기호법은 수입순 또는 등록순으로 일련번호를 부여하는 방식이며, 국내에서는 특히 서양서를 대상으로 많이 활용된다.

③ 연대순 기호법은 기호부여가 간편하고 배가작업이 편리하지만, 동일주제의 최신자료를 군집 하는데 어려움이 있다.

④ 저자기호법은 학문 및 지식의 발전과정을 체계적으로 브라우징 할 수 있고, 도서기호법 중 국 내 도서관에서의 채택률이 가장 높다.

137. 분류표와 분류기호에 대한 설명으로 옳은 것만을 모두 고른 것은? (사서직 2017년 B형 출제)

ㄱ. 분류기호는 지식의 발전에 따라 새로운 주제를 적절한 위치에 삽입할 수 있도록 신축성 (flexibility)을 가져야 한다.
ㄴ. 십진식 분류법은 기호를 통해 주제의 상하관계를 나타내기가 쉽고, 주제의 논리적 배열도 용 이하다.
ㄷ. 열거식 분류표에 비해 분석합성식 분류표는 동일한 개념에 대해 동일한 기호를 부여하는 조 기성 도입이 용이하나, 분류표의 부피는 방대해질 수 있다.

① ㄱ

② ㄱ, ㄴ

③ ㄴ, ㄷ

④ ㄱ, ㄴ, ㄷ

138. 다음은 리재철 저자기호표 제5표이다. 이를 적용하여 작성한 도서기호로 옳은 것은? (사서직 2017년 B형 출제)

자음기호		모음기호			
		초성이 'ㅊ'이 아닌 글자		초성이 'ㅊ'인 글자	
ㄱ ㄲ	1	ㅏ	2	ㅏ(ㅐ ㅑ ㅒ)	2
ㄴ	19	ㅐ(ㅑ ㅒ)	3	ㅓ(ㅔ ㅕ ㅖ)	3
ㄷ ㄸ	2	ㅓ(ㅔ ㅕ ㅖ)	4	ㅗ(ㅘ ㅙ ㅚ ㅛ)	4
ㄹ	29	ㅗ(ㅘ ㅙ ㅚ ㅛ)	5	ㅜ(ㅝ ㅞ ㅟ ㅠ ㅡ ㅢ)	5
ㅁ	3	ㅜ(ㅝ ㅞ ㅟ ㅠ)	6	ㅣ	6
ㅂ ㅃ	4	ㅡ(ㅢ)	7		
ㅅ ㅆ	5	ㅣ	8		
ㅇ	6				
ㅈ ㅉ	7				
ㅊ	8				
ㅋ	87				
ㅌ	88				
ㅍ	89				
ㅎ	9				

① 우리들의 일그러진 초상 / 이청춘 지음 - 이84우

② 이순신의 생애 / 추윤발 지음 - 이56이

③ 나만의 세계 / 성규리 지음 - 성16나

④ 정치학의 이해 / 잭, 헨리 지음 - 잭94저

해설 ③번으로, 성(성씨) + 1(자음기호 ㄱ) + 6(초성이 'ㅊ'이 아닌 글자의 모음기호) + 나(서명의 첫 자)

정답 136. 1   137. 1   138. 3

제7장_ 청구기호의 이해   483

139. 리재철 『한글순도서기호법』(제5표)를 적용할 때, 『구조동역학』 (김춘호 저)의 저자기호로 옳은 것은? (사서직 2018년 출제)

자음기호		모음기호			
		초성이 'ㅊ'이 아닌 글자		초성이 'ㅊ'인 글자	
ㄱ ㄲ	1	ㅏ	2	ㅏ(ㅐ ㅑ ㅒ)	2
ㄴ	19	ㅐ(ㅑ ㅒ)	3	ㅓ(ㅔ ㅕ ㅖ)	3
ㄷ ㄸ	2	ㅓ(ㅔ ㅕ ㅖ)	4	ㅗ(ㅘ ㅙ ㅚ ㅛ)	4
ㄹ	29	ㅗ(ㅘ ㅙ ㅚ ㅛ)	5	ㅜ(ㅝ ㅞ ㅟ ㅠ ㅡ ㅢ)	5
ㅁ	3	ㅜ(ㅝ ㅞ ㅟ ㅠ)	6	ㅣ	6
ㅂ ㅃ	4	ㅡ(ㅢ)	7		
ㅅ ㅆ	5	ㅣ	8		
ㅇ	6				
ㅈ ㅉ	7				
ㅊ	8				
ㅋ	87				
ㅌ	88				
ㅍ	89				
ㅎ	9				

① 기85　　　　　　　　　　② 기86
③ 김85　　　　　　　　　　④ 김86

140. 리재철 『한글순도서기호법』의 사용 설명으로 옳은 것은? (사서직 2021년 출제)

① 저자기호의 기본기호는 문자로 이루어진다.

② 개인의 전기서는 피전자명을 기본기호의 대상어로 삼아 기호화한다.

③ 판차가 있을 경우 기본기호 다음에 판차를 숫자화하여 기재한다.

④ 권차, 권호 및 복본기호는 기본기호 다음에 기호를 부기한다.

해설 ②번이다. ① 저자기호의 기본기호는 문자와 숫자로 이루어진다. ③ 판차가 있을 경우 저작기호 다음에 판차를 숫자화하여 기재한다. ④ 권차, 권호 및 복본기호는 도서기호 다음 행에 기호를 부기한다.

141. 다음 설명에 해당하는 도서기호법과 관련이 없는 사람은? (사서직 2022년 출제)

> ○ 도서기호를 부여할 때 자료가 출판된 연대 또는 연도를 문자나 숫자로 기호화하는 방법이다.
> ○ 동일한 분류기호 내에서 여러 자료가 연대의 오름차순으로 배가되므로 지식 및 학문의 발전과
>   정을 체계적으로 브라우징할 수 있다.
> ○ 서가에서 연대순으로 접근이 가능하여 자료탐색 시간을 절약할 수 있다.

① 박봉석   ② 리재철
③ 브라운(J.D. Brown)   ④ 랑가나단(S.R. Ranganathan)

해설 ①번이다. 박봉석은 한국인의 320여개 성(姓) 중에서 중요한 100개의 성을 선택하여 가나다순으로 배열하고
00~99까지의 2숫자를 부여하는 『성별기호표』를 만들었다.

142. Cutter-Sanborn 저자기호표 일부를 발췌한 것이다. 이를 적용한 "A Digital Dilemma / by Alvin Toffler. Second edition"의 도서기호(저작기호 포함)는? (사서직 2023년 출제)

472	Alv	642	Toep
473	Alvare	643	Toes
474	Alve	644	Tof
475	Alvi	645	Tog
476	Alvo	646	Toi
477	Alvw	647	Tol

① A475a2   ② A475d2
③ T644a2   ④ T644d2

해설 ④번이다. T(姓) + 644(Tof) + d(서명 첫 글자, a는 부정관사로 제외) + 2(판차는 아라비아 숫자로 채기) →
T644d2가 된다.

정답 139. 3   140. 2   141. 1   142. 4

부록

1. KDC 제6판 강목표

000	총 류	500	기술과학
010	도서학, 서지학	510	의학
020	문헌정보학	520	농업, 농학
030	백과사전	530	공학, 공업일반, 토목공학, 환경공학
040	강연집, 수필집, 연설문집	540	건축, 건축학
050	일반 연속간행물	550	기계공학
060	일반 학회, 단체, 협회, 기관, 연구기관	560	전기공학, 통신공학, 전자공학
070	신문, 저널리즘	570	화학공학
080	일반 전집, 총서	580	제조업
090	향토자료	590	생활과학
100	철 학	600	예 술
110	형이상학	610	
120	인식론, 인과론, 인간학	620	조각, 조형미술
130	철학의 체계	630	공예
140	경학	640	서예
150	동양철학, 동양사상	650	회화, 도화, 디자인
160	서양철학	660	사진예술
170	논리학	670	음악
180	심리학	680	공연예술, 매체예술
190	윤리학, 도덕철학	690	오락, 스포츠
200	종 교	700	언 어
210	비교종교	710	한국어
220	불교	720	중국어
230	기독교	730	일본어 및 기타 아시아 제어
240	도교	740	영어
250	천도교	750	독일어
260		760	프랑스어
270	힌두교, 브라만교	770	스페인어 및 포르투갈어
280	이슬람교(회교)	780	이탈리아어
290	기타 제종교	790	기타 제어
300	사회과학	800	문 학
310	통계자료	810	한국문학
320	경제학	820	중국문학
330	사회학, 사회문제	830	일본문학 및 기타 아시아문학
340	정치학	840	영미문학
350	행정학	850	독일문학
360	법률, 법학	860	프랑스문학
370	교육학	870	스페인 및 포르투갈문학
380	풍속, 예절, 민속학	880	이탈리아문학
390	국방, 군사학	890	기타 제문학
400	자연과학	900	역 사
410	수학	910	아시아
420	물리학	920	유럽
430	화학	930	아프리카
440	천문학	940	북아메리카
450	지학	950	남아메리카
460	광물학	960	오세아니아, 양극지방
470	생명과학	970	
480	식물학	980	지리
490	동물학	990	전기

2. KDC 제6판 요목표

총 류

000   총 류
001   지식 및 학문 일반
002
003   이론 체계 및 시스템
004   컴퓨터과학
005   프로그래밍, 프로그램, 데이터
006
007
008
009

010   도서학, 서지학
011   저작
012   필사본, 판본, 제본
013   출판 및 판매
014   개인서지 및 목록
015   국가별서지 및 목록
016   주제별서지 및 목록
017   특수서지 및 목록
018   일반서지 및 목록
019   장서목록

020   문헌정보학
021   도서관 행정 및 재정
022   도서관 건축 및 설비
023   도서관 경영, 관리
024   수서, 정리 및 보존
025   도서관봉사 및 활동
026   일반 도서관
027   학교 및 대학도서관
028   기록관리
029   독서 및 정보매체의 이용

030   백과사전
031   한국어
032   중국어
033   일본어
034   영어
035   독일어
036   프랑스어
037   스페인어
038   이탈리아어
039   기타 제언어

040   강연집, 수필집, 연설문집
041   한국어
042   중국어
043   일본어
044   영어
045   독일어
046   프랑스어

047   스페인어
048   이탈이아어
049   기타 제언어

050   일반 연속간행물
051   한국어
052   중국어
053   일본어
054   영어
055   독일어
056   프랑스어
057   스페인어
058   기타 제언어
059   연감

060   일반 학회, 단체, 협회, 기관, 연구기관
061   아시아
062   유럽
063   아프리카
064   북아메리카
065   남아메리카
066   오세아니아, 양극지방
067   일반지역
068   해양
069   박물관학

070   신문, 저널리즘
071   아시아
072   유럽
073   아프리카
074   북아메리카
075   남아메리카
076   오세아니아, 양극지방
077   일반지역
078   특정주제의 신문
079

080   일반전집, 총서
081   개인의 일반전집
082   2인 이상의 일반전집, 총서
083
084
085
086
087
088
089

090   향토자료

100 　철학
101 　철학 및 이론의 효용
102 　잡저
103 　사전(辭典), 사전(事典), 용어사전
104 　강연집, 수필집
105 　연속간행물
106 　학회, 단체, 협회, 기관, 회의
107 　지도법, 연구법 및 교육, 교육자료
108 　총서, 전집, 선집
109 　철학사

110 　형이상학
111 　방법론
112 　존재론
113 　우주론 및 자연철학
114 　공간
115 　시간
116 　운동과 변화
117 　구조
118 　힘과 에너지
119 　물량과 질량

120 　인식론, 인과론, 인간학
121 　인식론
122 　인과론
123 　자유 및 필연
124 　목적론
125 　가치론
126 　철학적 인간학
127
128
129

130 　철학의 체계
131 　관념론 및 연관철학
132 　비판철학
133 　합리론
134 　인문주의
135 　경험론
136 　자연주의
137 　유물론
138 　과학주의
139 　기타

140 　경학
141 　역류(한역)
142 　서류
143 　시류
144 　예류
145 　악류
146 　춘추류
147 　효경
148 　사서
149

150 　동양철학, 사상
151 　한국철학, 사상
152 　중국철학, 사상
153 　일본철학, 사상
154 　동남아시아 제국철학, 사상
155 　인도철학, 사상
156 　중앙아시아 제국철학, 사상
157 　시베리아 철학, 사상
158 　서남아시아 제국철학, 사상
159 　아랍제국 철학, 사상

160 　서양철학
161
162 　미국철학
163 　북구철학
164 　영국철학
165 　독일, 오스트리아철학
166 　프랑스, 네덜란드철학
167 　스페인철학
168 　이탈리아철학
169 　러시아철학

170 　논리학
171 　연역법
172 　귀납법
173 　변증법적 논리학
174 　기호, 수리논리학
175 　오류
176 　삼단논법
177 　가설, 가정
178 　유추
179 　논증, 설득

180 　심리학
181 　심리학각론
182 　차이심리학
183 　발달심리학
184 　이상심리학
185 　생리심리학
186 　임상심리학
187 　심령연구 및 비학, 초심리학
188 　상법, 운명판단
189 　응용심리학 일반

190 　윤리학, 도덕철학
191 　일반윤리학 각론
192 　가정윤리
193 　국가 및 정치윤리
194 　사회윤리
195 　직업윤리 일반
196 　오락 및 경기윤리
197 　성윤리
198 　소비윤리
199 　도덕훈, 교훈

200 종교	250 천도교
201 종교철학 및 종교사상	251 교리, 교의
202 잡저	252 창시자(교주) 및 제자
203 사전(辭典), 사전(事典)	253 경전, 성전
204 자연종교, 자연신학	254 신앙록, 신앙생활, 수도생활
205 연속간행물	255 선교, 포교, 전도, 교육 활동
206 학회, 단체, 협회, 기관, 회의	256 종단, 교단
207 지도법, 연구법 및 교육, 교육자료	257 예배형식, 의식, 의례
208 총서, 전집, 선집	258 동학교분파
209 종교사	259 단군교, 대종교
210 비교종교	260
211 교리	261
212 종교창시자(교주) 및 제자	262
213 경전, 성전	263
214 종교신앙, 신앙록, 신앙생활, 수도생활	264
215 선교, 포교, 전도, 교육활동	265
216 종단, 교단(교당론)	266
217 예배형식, 의식, 의례	267
218 종파, 교파	268
219 신화, 신화학	269
220 불교	270 힌두교, 브라만교
221 불교교리	271 교리, 교의
222 부처, 보살, 불제자	272 창시자(교주) 및 제자
223 경전(불전, 불경, 대장경)	273 경전, 성전
224 종교신앙, 신앙록, 신앙생활	274 신앙록, 신앙생활, 수도생활
225 포교, 교육, 교화활동	275 선교, 포교, 전도, 교육 활동
226 사원론	276 종단, 교단
227 법회, 의식, 행사(의궤)	277 예배형식, 의식, 의례
228 종파	278 종파, 교파
229 라마교	279 자이나교
230 기독교	280 이슬람교(회교)
231 기독교신학, 교의학(조직신학)	281 교리, 교의
232 예수 그리스도, 사도	282 창시자(교주) 및 제자
233 성서(성경)	283 경전, 성전
234 종교신앙, 신앙록, 신앙생활	284 신앙록, 신앙생활, 수도생활
235 전도, 교육, 교화활동, 목회학	285 선교, 포교, 전도, 교육 활동
236 교회론	286 종단, 교단
237 예배, 의식, 성례	287 예배형식, 의식, 의례
238 교파	288 종파, 교파
239 유대교(유태교)	289 조로아스터교(요교, 배화교)
240 도교	290 기타 제종교
241 교의, 신선사상	291 아시아
242 교조, 개조(장도릉)	292 유럽
243 도장	293 아프리카
244 신앙록, 신앙생활	294 북아메리카
245 포교, 전도, 교육, 교육활동	295 남아메리카
246 사원론(도관)	296 오세아니아, 양극지방
247 행사, 법술	297
248 교파	298
249	299 기타 다른 기원의 종교

300	사회과학		350	행정학
301	사회사상		351	아시아
302	잡저		352	유럽
303	사전(辭典), 사전(事典)		353	아프리카
304	강연집, 수필집, 연설문집		354	북아메리카
305	연속간행물		355	남아메리카
306	학회, 단체, 협회, 기관, 회의		356	오세아니아, 양극지방
307	연구법, 연구방법 및 교육, 교육자료		357	일반지역
308	총서, 전집, 선집		358	
309	사회문화 사정		359	지방자치 및 지방행정
310	통계자료		360	법학
311	아시아		361	국제법
312	유럽		362	헌법
313	아프리카		363	행정법
314	북아메리카		364	형법
315	남아메리카		365	민법
316	오세아니아, 양극지방		366	상법
317	일반지역		367	사법제도 및 소송법
318			368	기타 제법
319	인구통계		369	각국 법 및 예규
320	경제학		370	교육학
321	경제각론		371	교육정책 및 행정
322	경제정책		372	학교행정 및 경영, 보건 및 교육지도
323	산업경제 일반		373	학습지도, 교육방법
324	기업경제		374	교육과정
325	경영		375	유아 및 초등교육
326	상업, 교통, 통신		376	중등교육
327	금융		377	대학, 전문, 고등교육
328	보험		378	사회교육
329	재정		379	특수교육
330	사회학, 사회문제		380	풍속, 예절, 민속학
331	사회학		381	의식주의 풍습
332	사회조직 및 제도		382	연령별, 성별, 신분별 사회계층의 풍습
333			383	사회생활의 풍습
334	사회문제		384	관혼상제
335	생활문제		385	예절
336			386	축제, 세시풍속
337	여성문제		387	
338	사회복지		388	민속학
339	사회단체		389	문화인류학
340	정치학		390	국방, 군사학
341	국가형태		391	군사행정
342	국가와 개인 및 집단		392	전략, 전술
343			393	군사교육 및 훈련
344	선거		394	군사시설 및 장비
345	입법		395	군특수기술근무
346	정당		396	육군
347			397	해군
348			398	공군
349	외교, 국제관계		399	고대병법

400 자연과학
401 철학 및 이론
402 잡저(편람, 제표, 서지, 인명록)
403 사전, 백과사전
404 강연집, 수필집, 연설문집
405 연속간행물
406 학회, 단체, 기관, 회의
407 지도법, 연구법 및 교육, 교육자료
408 전집, 총서
409 과학사

410 수학
411 산수
412 대수학
413 통계학
414 해석학
415 기하학
416 위상수학
417 삼각법
418 해석기하학
419 기타 산법

420 물리학
421 고체역학
422 유체역학
423 기체역학
424 음향학, 진동학
425 광학
426 열학
427 전기학 및 전자학
428 자기
429 현대물리학

430 화학
431 이론화학과 물리화학
432 화학실험실, 기기, 시설
433 분석화학
434 합성화학 일반
435 무기화학
436 금속원소와 그 화합물
437 유기화학
438 환상화합물
439 고분자화합물과 기타 유기물

440 천문학
441 이론천문학
442 실지 천문학
443 기술천문학
444
445 지구
446 측지학
447 항해천문학
448 역법, 측시법
449 각국의 역

450 지학
451 지구물리학
452 지형학
453 기상학, 기후학
454 해양학
455 구조지질학
456 지사학
457 고생물학(화석학)
458 응용지질학 일반 및 광상학
459 암석학

460 광물학
461 원소광물
462 황화광물
463 할로겐화광물
464 산화광물
465 규산 및 규산염광물
466 기타 산화물을 포함한 광물
467 유기광물
468
469 결정학

470 생명과학
471 인류학
472 생물학
473 생명론, 생물철학
474 세포학(세포생물학)
475 미생물학
476 생물진화
477 생물지리학
478 현미경 및 현미경검사법 일반
479 생물채집 및 보존

480 식물학
481 일반 식물학
482 은화식물
483 엽상식물
484 조균류
485 현화식물, 종자식물
486 나자식물
487 피자식물
488 단자엽식물
489 쌍자엽식물

490 동물학
491 일반 동물학
492 무척추동물
493 원생동물, 해면동물, 자포동물, 선형동물
494 연체동물, 의연체동물
495 절지동물, 곤충류
496 척삭(척색)동물
497 어류, 양서류, 파충류
498 조류
499 포유류

500	기술과학	550	기계공학
501	기술철학 및 이론	551	기계역학, 요소 및 설계
502	잡저	552	공구와 가공장비
503	사전, 백과사전, 용어사전	553	열공학과 원동기
504	강연집, 수필집, 연설문집	554	유체역학, 공기역학, 진동학
505	연속간행물	555	정밀기계
506	학회, 단체, 기관, 회의	556	자동차공학
507	연구법 및 교육지도법	557	철도차량, 기관차
508	전집, 총서	558	항공우주공학, 우주항법학
509	기술사	559	기타 공학
510	의학	560	전기공학, 통신공학, 전자공학
511	기초의학	561	전기회로, 계측, 재료
512	임상의학 일반	562	전기기계 및 기구
513	내과학	563	발전
514	외과	564	송전, 배전
515	치과의학, 이비인후과학, 안과학 및 기타 임상의학	565	전등, 조명, 전열
516	산부인과, 소아과학	566	
517	건강증진, 공중보건 및 예방의학	567	통신공학
518	약학	568	무선공학
519	한의학	569	전자공학
520	농업, 농학	570	화학공학
521	농업기초학	571	공업화학약품
522	농업경제	572	폭발물, 연료 공업
523	재배 및 보호	573	음료기술
524	작물학	574	식품공학
525	원예	575	납, 유지, 석유, 가스공업
526	임학, 임업	576	요업 및 관련공업
527	축산학	577	세탁, 염색 및 관련공업
528	수의학	578	고분자화학공업
529	수산업, 생물자원의 보호, 수렵업	579	기타 유기화학공업
530	공학, 공업일반, 토목공학, 환경공학	580	제조업
531	토목공학	581	금속제조 및 가공업
532	토목역학, 토목재료	582	철 및 강철제품
533	측량	583	철기류 및 소규모철공
534	도로공학	584	제재업, 목공업, 목제품
535	철도공학	585	피혁 및 모피공업
536	교량공학	586	펄프, 종이 및 동계공업
537	수리공학	587	직물 및 섬유 공업
538	항만공학	588	의류제조
539	위생, 도시, 환경공학	589	소형상품제조
540	건축, 건축학	590	생활과학
541	건축재료	591	가정관리 및 가정생활
542	건축 시공 및 적산	592	의복
543	구조역학 및 건축일반구조	593	몸치장(몸단장), 화장
544	친환경건축 및 특정목적건축	594	식품과 음료
545	건물 세부구조	595	주택관리 및 가정설비
546	건축 환경, 설비, 배관 및 파이프의 부설	596	공동주거용 주택 시설관리
547	난방, 환기 및 공기조화 공학	597	가정위생
548	건축마감 및 인테리어	598	육아
549	각종 건물	599	

700 언어
701 언어학
702 잡저
703 사전
704 강연집, 수필집
705 연속간행물
706 학회, 단체, 기관, 회의
707 지도법, 연구법 및 교육, 교육자료
708 전집, 총서
709 언어사 및 언어정책, 언어행정

710 한국어
711 음운, 음성, 문자
712 어원, 어의
713 사전
714 어휘
715 문법
716 작문
717 독본, 해석, 회화
718 방언(사투리)
719

720 중국어
721 음운, 음성, 문자
722 어원, 어의
723 사전
724 어휘
725 문법, 어법
726 작문
727 독본, 해석, 회화
728 방언(사투리)
729

730 일본어 및 기타 아시아제어
731 음운, 음성, 문자
732 어원, 어의
733 사전
734 어휘
735 문법, 어법
736 작문
737 독본, 해석, 회화
738 방언(사투리)
739 기타 아시아 제어

740 영어
741 음운, 음성, 문자
742 어원, 어의
743 사전
744 어휘
745 문법
746 작문
747 독본, 해석, 회화
748 방언(사투리)
749 앵글로색슨어

750 독일어
751 음운, 음성, 문자
752 어원, 어의
753 사전
754 어휘
755 문법
756 작문
757 독본, 해석, 회화
758 방언(사투리)
759 기타 게르만어

760 프랑스어
761 음운, 음성, 문자
762 어원, 어의
763 사전
764 어휘
765 문법
766 작문
767 독본, 해석, 회화
768 방언(사투리)
769 프로방스어

770 스페인어 및 포르투갈어
771 음운, 음성, 문자
772 어원, 어의
773 사전
774 어휘
775 문법
776 작문
777 독본, 해석, 회화
778 방언(사투리)
779 포르투갈어

780 이탈리아어
781 음운, 음성, 문자
782 어원, 어의
783 사전
784 어휘
785 문법
786 작문
787 독본, 해석, 회화
788 방언(사투리)
789 루마니아어

790 기타 제어
791
792 인도-유럽계어
793 아프리카 제어
794 북아메리카 인디언어
795 남아메리카 인디언어
796 오스트로네시아어족
797 셈어족(셈어파)
798 함어족(함어파)
799 국제어(인공어) 및 기타 언어

800 문학	850 독일문학
801 문학이론	851 시
802 문장작법, 수사학	852 희곡
803 사전(辭典), 사전(事典)	853 소설
804 수필집, 강연집	854 수필
805 연속간행물	855 연설, 웅변
806 학회, 단체, 기관, 회의	856 일기, 서간, 기행
807 지도법 및 연구법, 교육, 교육자료	857 풍자 및 유머
808 전집, 총서	858 르포르타주 및 기타
809 문학사, 평론	859 기타 게르만 문학
810 한국문학	860 프랑스문학
811 시	861 시
812 희곡	862 희곡
813 소설	863 소설
814 수필	864 수필
815 연설, 웅변	865 연설, 웅변
816 일기, 서간, 기행	866 일기, 서간, 기행
817 풍자 및 유머	867 풍자 및 유머
818 르포르타주 및 기타	868 르포르타주 및 기타
819	869 프로방스문학
820 중국문학	870 스페인 및 포르투갈문학
821 시	871 시
822 희곡	872 희곡
823 소설	873 소설
824 수필	874 수필
825 연설, 웅변	875 연설, 웅변
826 일기, 서간, 기행	876 일기, 서간, 기행
827 풍자 및 유머	877 풍자 및 유머
828 르포르타주 및 기타	878 르포르타주 및 기타
829	879 포르투갈문학
830 일본문학 및 기타 아시아문학	880 이탈리아문학
831 시	881 시
832 희곡	882 희곡
833 소설	883 소설
834 수필	884 수필
835 연설, 웅변	885 연설, 웅변
836 일기, 서간, 기행	886 일기, 서간, 기행
837 풍자 및 유머	887 풍자 및 유머
838 르포르타주 및 기타	888 르포르타주 및 기타
839 기타 아시아 제문학	889 루마니아문학
840 영미문학	890 기타 제문학
841 시	891
842 희곡	892 인도-유럽계문학
843 소설	893 아프리카제문학
844 수필	894 북아메리카 인디언문학
845 연설, 웅변	895 남아메리카 인디언문학
846 일기, 서간, 기행	896 오스토로네시아문학
847 풍자 및 유머	897 셈족문학
848 르포르타주 및 기타	898 함족문학
849 미국문학	899 기타 문학

900 　역사
901 　역사철학 및 이론
902 　역사보조학
903 　사전(辭典), 사전(事典)
904 　강연집, 사평
905 　연속간행물
906 　학회, 단체, 기관, 회의
907 　지도법, 연구법 및 교육, 교육자료
908 　전집, 총서
909 　세계사, 세계문화사

910 　아시아
911 　한국
912 　중국
913 　일본
914 　동남아시아
915 　인디아와 남부아시아
916 　중앙아시아
917 　시베리아
918 　서남아시아, 중동
919 　아라비아반도와 인접지역

920 　유럽
921 　고대 그리스(희랍고대사)
922 　고대 로마
923 　스칸디나비아
924 　영국, 아일랜드
925 　독일과 중앙유럽
926 　프랑스와 인접국가
927 　스페인과 인접국가
928 　이탈리아와 인접국가
929 　러시아와 동부유럽

930 　아프리카
931 　북아프리카
932
933
934 　서아프리카
935
936 　중아프리카
937 　동아프리카
938 　남아프리카
939 　남인도양제도

940 　북아메리카
941 　캐나다
942 　미국(미합중국)
943 　멕시코
944 　중앙아메리카(중미제국)
945 　과테말라, 벨리즈, 엘살바도르
946 　온두라스
947 　니카라과
948 　코스타리카, 파나마
949 　서인도제도

950 　남아메리카
951 　콜롬비아
952 　베네수엘라, 기아나 지역
953 　브라질
954 　에콰도르
955 　페루
956 　볼리비아
957 　파라과이, 우루과이
958 　아르헨티나
959 　칠레

960 　오세아니아
961
962 　오스트레일리아(호주)
963 　뉴질랜드
964 　파푸아뉴기니
965 　멜라네시아
966 　미크로네시아와 인접국가
967 　폴리네시아와 하와이
968 　대서양제도
969 　양극지방

970
971
972
973
974
975
976
977
978
979

980 　지리
981 　아시아지리
982 　유럽지리
983 　아프리카지리
984 　북아메리카지리
985 　남아메리카지리
986 　오세아니아와 양극 지리
987 　지역구분 일반지리
988 　해양
989 　지도 및 지도책

990 　전기
991 　아시아전기
992 　유럽전기
993 　아프리카전기
994 　북아메리카전기
995 　남아메리카전기
996 　오세아니아와 양극 전기
997
998 　주제별전기
999 　계보, 족보

3. KDC 제6판 조기표

1) 표준구분표

-01	철학 및 이론
-02	잡저
-03	사전(辭典), 사전(事典), 인용어사전, 용어집, 약어집
-04	강연집, 수필집, 연설문집
-05	연속간행물
-06	각종 단체, 조직(학회, 단체, 협회, 기관, 회의) 및 경영
-07	지도법, 연구법 및 교육, 교육자료
-08	총서, 전집, 선집
-09	역사 및 지역구분

2) 지역구분표

-1	아시아
-11	대한민국
-12	중국
-13	일본
-14	동남아시아
-15	인디아와 남부아시아
-17	시베리아
-18	서남아시아, 중동(中東)
-19	아라비아반도와 인접지역
-2	유럽
-21	고대 그리스
-22	고대 로마
-23	스칸디나비아
-24	영국, 아일랜드
-25	독일과 중앙유럽
-26	프랑스와 인접국가
-27	스페인과 인접국가
-28	이탈리아와 인접국가
-29	러시아와 동부유럽
-3	아프리카
-4	북아메리카
-41	캐나다
-42	미국(미합중국)
-43	멕시코
-44	중앙아메리카(중미제국)
-45	과테말라, 벨리즈, 엘살바도르
-5	남아메리카(남미)
-6	오세아니아, 양극지방 [전 오세아니아]
-7	지역구분 일반
-8	해양

3) 국어구분표
- -1   한국어
- -2   중국어
- -3   일본어
- -39   기타 아시아 제어
- -4   영어
- -5   독일어
- -59   기타 게르만어
- -6   프랑스어
- -7   스페인어
- -79   포르투갈어
- -8   이탈리아어
- -9   기타 제어
- -928   러시아어

4) 문학형식구분표
- -1   시
- -2   희곡
- -3   소설
- -4   수필, 소품
- -5   연설, 웅변
- -6   일기, 서간, 기행
- -7   풍자 및 유머
- -8   르포르타주 및 기타

5) 언어공통구분표
- -1   음운, 음성, 문자
- -2   어원, 어의
- -3   사전
- -4   어휘
- -5   문법
- -6   작문
- -7   독본, 해석, 회화
- -8   방언(사투리)

6) 종교공통구분표
- -1,   교리, 교의
- -2   종교창시자(교주) 및 제자
- -3   경전, 성전
- -4   종교신앙, 신앙록, 신앙생활, 수도생활
- -5   선교, 포교, 전도, 교화(교육) 활동
- -6   종단, 교단
- -7   예배형식, 의식, 의례
- -8   종파, 교파

4. DDC 제23판 강목표

000 Computer science, knowledge & system	컴퓨터과학, 지식 및 시스템
010 Bibliographies	서지학
020 Library & information sciences	문헌정보학
030 Encyclopedias & books of facts	백과사전 및 사실에 대한 책
040	
050 Magazines, journals & serials	일반연속간행물
060 Associations, organizations & museums	학회, 단체 및 박물관
070 News media, journalism, publishing	뉴스매체, 저널리즘, 출판
080 Quotations	인용구
090 Manuscripts & rare books	필사본 및 희귀본
100 Philosophy	철학 및 심리학
110 Metaphysics	형이상학
120 Epistemology	인식론
130 Parapsychology and occultism	심리학과 심리주의
140 Philosophical schools of thought	사상의 철학적 학교
150 Psychology	심리학
160 Philosophical logic	철학적 논리
170 Ethics	윤리학
180 Ancient, medieval, eastern philosophy	고대, 중세, 동양철학
190 Modern western philosophy	현대 서양철학
200 Religion	종교
210 Philosophy & theory of religion	종교철학 및 이론
220 The Bible	성서
230 Christianity	기독교
240 Christian practice & observance	기독교 관행 및 의식
250 Christian pastoral practice & religious orders	기독교 목회 연습 및 종교적 명령
260 Christian organization, social work & worship	기독교 조직, 사회복지 및 예배
270 History of Christianity	기독교 역사
280 Christian denominations	기독교 교파
290 Other religions	기타 종교
300 Social sciences, sociology & anthropology	사회과학, 사회학 및 인류학
310 Statistics	통계학
320 Political science	정치학
330 Economics	경제학
340 Law	법률학
350 Public administration & military science	행정학 및 군사학
360 Social problems & social services	사회문제 및 복지
370 Education	교육학
380 Commerce, communications & transportation	상업, 통신, 교통
390 Customs, etiquette, folklore	풍속, 예절, 민속학
400 Languages	언어
410 Linguistics	언어학
420 English & Old English languages	영어
430 German & related languages	독일어 및 관련 언어
440 French & related languages	프랑스어 및 관련 언어
450 Italian, Romanian, & related languages	이탈리아어 및 관련 언어
460 Spanish, Portuguese, Galician	스페인어, 포르투갈어, 갈리시아어
470 Latin & Italic languages	라틴어, 이탈리아어
480 Classical & modern Greek languages	고대 및 현대 그리스어
490 Other languages	기타 언어

500 Science	자연과학
510 Mathematics	수학
520 Astronomy	천문학
530 Physics	물리학
540 Chemistry & allied sciences	화학
550 Earth sciences & geology	지구과학
560 Fossils & prehistoric life	화석 및 선사시대 생활
570 Biology	생물학
580 Plants(Botany)	식물학
590 Animals(Zoology)	동물학
600 Technology	기술과학
610 Medicine & health	의학 및 보건
620 Engineering	공학
630 Agriculture	농학
640 Home and family management	가정 및 가족관리
650 Management & public relation	경영 및 홍보
660 Chemical engineering	화학공학
670 Manufacturing	제조업
680 Manufacture for products for specific uses	특수 용품 제조업
690 Construction of Buildings	건축학
700 Arts	예술
710 Area planning & landscape architecture	도시계획 및 조경
720 Architecture	건축술
730 Sculpture, ceramics & metalwork	조각, 도자기
740 Graphic arts & decorative arts	그래픽 예술 및 장식미술
750 Painting	회화
760 Printmaking & prints	판화
770 Photography, computer art, film, video	사진술, 컴퓨터 예술, 필름, 비디오
780 Music	음악
790 Sports, games & entertainment	스포츠, 게임 및 오락
800 Literature, rhetoric & criticism	문학, 수사학 및 비평
810 American literature in English	미국문학
820 English & Old English literatures	영국문학
830 German & related literatures	독일 및 관련 문학
840 French & related literatures	프랑스 및 관련 문학
850 Italian, Romanian & related literatures	이탈리아 및 관련 문학
860 Spanish & Portuguese Galician literatures	스페인, 포르투갈, 갈리시아 문학
870 Latin & Italic literatures	라틴 및 이탈리아문학
880 Classical & modern Greek literatures	고대 및 현대 그리스 문학
890 Other literatures	기타 문학
900 History	역사
910 Geography & travel	지리학, 여행
920 Biography, genealogy	전기, 계보학
930 History of ancient world (to ca. 499)	고대세계사(약 499년까지)
940 History of Europe	유럽 역사
950 History of Asia	아시아 역사
960 History of Africa	아프리카 역사
970 History of North America	북아메리카 역사
980 History of South America	남아메리카 역사
990 history of other areas	기타 지역의 역사

5. DDC 제23판 요목표

000	Computer science, information & general works	컴퓨터과학, 정보, 총류
001	Knowledge	지식
002	The book	도서
003	Systems	시스템
004	Computer science	컴퓨터과학
005	Computer programming, programs, data	컴퓨터 프로그래밍, 프로그램, 데이터
006	Special computer methods	컴퓨터사용의 특수한 방법들
007		
008		
009		
010	Bibliography	서지학
011	Bibliographies & catalogs	서지 및 목록
012	Bibliographies and catalog of individuals	개인서지 및 목록
013		
014	Of anonymous and pseudonymous works	무명 및 익명서지
015	Of works from specific places	특정지역 및 국가서지
016	Of works on specific subjects	주제별 서지
017	General subject catalogs	일반주제목록
018		
019		
020	Library & information sciences	문헌정보학
021	Library relationships	도서관 관계
022	Administration of physical plant	물리적 시설물관리
023	Personnel administration	인사관리
024		
025	Library operations	도서관의 운영관리
026	Libraries for specific subjects	특수주제도서관
027	General libraries	일반도서관
028	Reading & use of other information media	독서 및 정보매체의 이용
029		
030	General encyclopedic works	일반백과사전
031	Encyclopedias American English	미국영어
032	Encyclopedias in English	영어
033	In other Germanic languages	독일어
034	Encyclopedias in French, Occitan, Catalan	프랑스어, 프로방스어, 카탈로니아어
035	In Italian, Romanian & related languages	이탈리아어, 루마니아어
036	Encyclopedias in Spanish, Portuguese & Galician	스페인어, 포르투갈어, 갈리시아어
037	Encyclopedias in Slavic languages	러시아어
038	Encyclopedias in Scandinavian languages	스칸디나비아어
039	Encyclopedias in other languages	기타언어

040

041
042
043
044
045
046
047
048
049

050   General serial publications   일반연속간행물
051   Serial in American English   미국영어
052   Serial in English   영어
053   Serial in other Germanic languages   독일어
054   Serial in French, Provencal, Occitan, Catalan   프랑스어, 프로방스어, 카탈로니아어
055   Serial in Italian, Romanian & related languages   이탈리아어, 루마니아어
056   Serial in Spanish, Portuguese & Galician   스페인어, 포르투갈어, 갈리시아어
057   Serial in Slavic languages   러시아어
058   Serial in Scandinavian languages   스칸디나비아어
059   Serial in other languages   기타언어

060   General organizations & museum science   일반단체 및 박물관학
061   Organizations in North America   북아메리카
062   Organizations in British Isles   영국
063   Organizations in Germany; in central Europe   독일; 중부유럽
064   Organizations in France & Monaco   프랑스, 모나코
065   In Italy, San Marino, Vatican City, Malta   이탈리아, 산마리노, 바티간시, 몰타
066   In Spain, Andorra, Gibraltar, Portugal   스페인, 안도라, 지브랄타, 포르투갈
067   Organizations in Russia; in eastern Europe   러시아; 동유럽
068   Organizations in other geographic areas   기타지역
069   Museum science   박물관학

070   News media, journalism & publishing   뉴스매체, 저널리즘, 출판
071   Newspapers in North America   북아메리카
072   Newspapers in British Isles   영국
073   Newspapers in Germany; in central Europe   독일; 중부유럽
074   Newspapers in France & Monaco   프랑스, 모나코
075   In Italy, San Marino, Vatican City, Malta   이탈리아, 산마리노, 바티간시, 몰타
076   In Spain, Andorra, Gibraltar, Portugal   스페인, 안도라, 지브랄타, 포르투갈
077   Newspapers in Russia; in eastern Europe   러시아; 동유럽
078   Newspapers in Scandinavia   스칸디나비아
079   Newspapers in other geographic areas   기타지역

080   General collections   일반전집
081   Collections in American English-language   미국영어
082   Collections in English   영어
083   Collections in other Germanic languages   독일어
084   Collections in French, Occitan, Catalan   프랑스어, 프로방스어, 카탈로니아어
085   In Italian, Romanian & related languages   이탈리아어, 루마니아어 및 관련 언어
086   Collections in Spanish, Portuguese & Galician   스페인어, 포르투갈어 및 갈리시아어
087   Collections in Slavic languages   러시아어
088   Collections in Scandinavian languages   스칸디나비아어

Philosophy & psychology

134		
135	Dreams & mysteries	꿈과 미스터리, 불가사의
136		
137	Divinatory graphology	예언적 필상학, 필적학
138	Physiognomy	인상학, 관상학
139	Phrenology	골상학
140	Specific philosophical schools	특정 철학파
141	Idealism & related systems	이상주의, 관념론
142	Critical philosophy	비판철학
143	Bergsonism & intuitionism	베르그송철학, 직관주의
144	Humanism & related systems	인본주의 휴머니즘
145	Sensationalism	감각론
146	Naturalism & related systems	자연주의
147	Pantheism & related systems	범신론
148	Eclecticism, liberalism & traditionalism	절충주의, 자유주의, 전통주의
149	Other philosophical systems	기타 철학 논제
150	Psychology	심리학
151		
152	Perception, movement, emotions & drives	감각, 운동, 감정 및 구현
153	Mental processes & intelligence	정신작용과 지능
154	Subconscious & altered states	잠재의식과 그 변화과정
155	Differential & developmental psychology	차이심리학, 발달심리학
156	Comparative psychology	비교심리학
157		
158	Applied psychology	응용심리학
159		
160	Philosophical logic	철학적 논리
161	Induction	귀납법
162	Deduction	연역법
163		
164		
165	Fallacies & sources of error	오류와 허위
166	Syllogisms	삼단논법
167	Hypotheses	가설, 가정
168	Argument & persuasion	논증과 설득
169	Analogy	유추
170	Ethics	윤리학
171	Ethical systems	윤리체계
172	Political ethics	정치윤리
173	Ethics of family relationships	가정윤리
174	Occupational ethics	직업윤리, 경제윤리
175	Ethics of recreation & leisure	오락 및 여가 윤리
176	Ethics of sex & reproduction	성과 생명복제윤리
177	Ethics of social relations	사회윤리
178	Ethics of consumption	소비윤리
179	Other ethical norms	기타윤리
180	Ancient, medieval, eastern philosophy	고대, 중세, 동양철학

181	Eastern philosophy	동양철학
182	Pre-Socratic Greek philosophies	소크라테스 이전 그리스철학
183	Socratic & related philosophies	소크라테스 및 관련 철학
184	Platonic philosophy	플라톤 철학
185	Aristotelian philosophy	아리스토텔레스 철학
186	Skeptic & Neoplatonic philosophies	회의론 및 신플라톤 철학
187	Epicurean philosophy	에피쿠로스 철학
188	Stoic philosophy	스토아 철학
189	Medieval western philosophy	중세 서양 철학

190	Modern western philosophy	현대 서양철학
191	Philosophy of United States & Canada	미국 및 캐나다 철학
192	Philosophy of British Isles	영국철학
193	Philosophy of Germany & Austria	독일 및 오스트리아 철학
194	Philosophy of France	프랑스 철학
195	Philosophy of Italy	이탈리아철학
196	Philosophy of Spain & Portugal	스페인 및 포르투갈 처락
197	Philosophy of Russia	러시아 철학
198	Philosophy of Scandinavia	스칸디나비아 철학
199	Philosophy in other geographic areas	기타지역의 철학

Religion

200	Religion	종교
201	Religious mythology &social theology	종교적 신화 및 사회신학
202	Doctrines	교리
203	Public worship &other practices	예배 및 기타 종교의식
204	Religious experience, life & practice	종교체험, 생활 및 실천
205	Religious ethics	종교윤리
206	Leaders & organization	창교자 및 종단
207	Missions & religious education	선교 및 교육활동
208	Sources	경전
209	Sects &reform movements	종파 및 혁신운동

210	Philosophy & theory of religion	종교철학 및 이론
211	Concepts of God	신의 개념
212	Existence, knowability, attributes of God	신의 존재, 인식, 속성
213	Creation	창조
214	Theodicy	신정론, 호신론
215	Science & religion	과학과 종교
216		
217		
218	Humankind	인류
219		

220	Bible	성서
221	Old Testament(Tanakh)	구약성서
222	Historical books of Old Testament	구약성서: 역사서
223	Poetic books of Old Testament	구약성서: 시가서
224	Prophetic books of Old Testament	구약성서: 예언서
225	New Testament	신약성서
226	Gospels & Acts	복음서와 사도행전
227	Epistles	사도서간

228	Revelation(Apocalypse)	요한계시록
229	Apocrypha & pseudepigrapha	외경 및 위경
230	Christianity	기독교
231	God	하나님
232	Jesus Christ & his family	예수와 그의 가족
233	Humankind	인간론
234	Salvation & grace	구원론과 은총
235	Spiritual beings	영적 존재
236	Eschatology	종말론, 내세론
237		
238	Creeds & catechisms	사도신경과 교리문답
239	Apologetics & polemics	신학적 변증법과 논증법
240	Christian moral & devotional theology	기독교도덕 및 헌신신학
241	Christian ethics	기독교윤리
242	Devotional literature	헌신서
243	Evangelistic writings for individuals	개인용 전도물
244		
245		
246	Use of art in Christianity	기독교 예술
247	Church furnishings & articles	성구 및 관련물
248	Christian experience, practice & life	신앙체험, 실천
249	Christian observances in family life	가정신앙생활
250	Christian orders & local church	기독교의식 및 지역교회
251	Preaching	설교법
252	Texts of sermons	설교집
253	Pastoral office & work	목회학
254	Parish administration	교회관리
255	Religious congregations & orders	집회 및 의식
256		
257		
258		
259	Pastoral care of families & persons	가족과 개인에 대한 조언, 심방
260	Social & ecclesiastical theology	사회 및 조직신학
261	Social theology	사회신학 및 타종교간의 관계
262	Ecclesiology	교회학, 교회조직
263	Days, times, places of religious observance	종교의식의 준수
264	Public worship	예배
265	Sacraments, other rites & acts	성례, 기타예식 및 행위
266	Missions	전도, 설교
267	Associations for religious work	종교단체
268	Religious education	종교교육
269	Spiritual renewal	심령부흥
270	History, geography, biography of Christianity	기독교 역사, 지리, 전기
271	Religious orders in church history	종교적 집회 및 수도회 역사
272	Persecutions in church history	기독교 박해역사
273	Doctrinal controversies & heresies	이단, 이교 역사
274	History of Christianity in Europe	유럽의 교회사

275	History of Christianity in Asia	아시아의 교회사
276	History of Christianity in Africa	아프리카의 교회사
277	History of Christianity in North America	북아메리카의 교회사
278	History of Christianity in South America	남아메리카의 교회사
279	History of Christianity in other areas	기타지역의 교회사
280	Christian denominations & sects	기독교 교파
281	Early church & Eastern churches	초기 및 동방교회, 그리스 정교회
282	Roman Catholic Church	로마 카톨릭 교회
283	Anglican churches	영국교회, 성공회
284	Protestants of Continental origin	대륙기원의 프로테스탄트
285	Presbyterian, Reformed, Congregational	장로교회, 미국중심의 개혁파 교회
286	Baptist, Disciples of Christ, Adventist	침례교회, 예수재림 교회
287	Methodist & related churches	감리교회
288		
289	Other denominations & sects	기타 기독교교파
290	Other religions	기타종교
291		
292	Greek & Roman religion	희랍 및 로마종교
293	Germanic religion	독일종교
294	Religions of Indic origin	인도기원의 종교
295	Zoroastrianism	조로아스트교
296	Judaism	유태교,
297	Islam, Babism & Bahai Faith	이슬람교, 회교
298		
299	Religeous not provided for elsewhere	기타종교

Social sciences

300	Social sciences	사회과학
301	Sociology & anthropology	사회학, 인류학
302	Social interaction	사회적 상호작용
303	Social processes	사회적 과정
304	Factors affecting social behavior	사회적 행동에 영향을 주는 요인
305	Social groups	사회적 그룹
306	Culture & institutions	문화와 관습, 제도
307	Communities	지역사회
308		
309		
310	Collections of general statistics	일반통계
311		
312		
313		
314	General statistics of Europe	유럽
315	General statistics of Asia	아시아
316	General statistics of Africa	아프리카
317	General statistics of North America	북아메리카
318	General statistics of South America	남아메리카
319	General statistics of other areas	기타지역
320	Political science	정치학

321	Systems of governments & states	국가정치체제
322	Relation of state to organized groups	조직집단과 국가와의 관계
323	Civil & political rights	시민과 정치적 권리
324	The political process	정치적 과정
325	International migration & colonization	이민과 식민지화
326	Slavery & emancipation	노예화와 해방
327	International relations	국제관계
328	The legislative process	입법과정
329		

330	Economics	경제학
331	Labor economics	노동경제학
332	Financial economics	금융경제학
333	Economics of land & energy	토지경제학
334	Cooperatives	협동조합
335	Socialism & related systems	사회주의
336	Public finance	재정학
337	International economics	국제경제학
338	Production	생산, 산업경제
339	Macroeconomics & related topics	거시경제학

340	Law	법률학
341	Law of nations	여러국가의 법
342	Constitutional & administrative law	헌법, 행정법
343	Military, tax, trade, industrial law	군사, 조세, 무역법
344	Labor, social service, education, cultural law	노동, 사회보장, 교육법
345	Criminal law	형법
346	Private law	사법
347	Procedure & courts	소송과 법정
348	Laws, regulations, cases	법령집, 법규집, 판례집
349	Law of specific jurisdictions & areas	관할지역별 법령집

350	Public administration & military science	행정학 및 군사학
351	Public administration	행정학: 지역별, 국가별
352	General considerations of public administration	행정각론
353	Specific fields of public administration	행정의 특정분야
354	Administration of economy & environment	경제와 환경행정
355	Military science	군사학
356	Infantry forces & warfare	보병 및 전투
357	Mounted forces & warfare	기갑부대 및 전투
358	Air & other specialized forces	공군 및 기타 특수병력
359	Sea forces & warfare	해군 및 전투

360	Social problems & services; associations	사회문제 및 복지
361	General social problems & welfare	일반 사회문제 및 복지
362	Social welfare problems of groups of people	사람 그룹들의 사회복지문제
363	Other social problems & services	기타 사회문제 및 서비스
364	Criminology	범죄학, 형사학
365	Penal & related institutions	행형 및 관련기관
366	Secret associations & societies	비밀 단체 및 학회
367	General clubs	일반단체

414	Phonology & phonetics	음성학 및 음운론
415	Grammar	문법
416		
417	Dialectology & historical linguistics	방언학
418	Standard usage	표준용법
419	Sign language	기호언어

420	English & Old English	영어
421	English writing system & phonology	문자체계 및 음운론
422	English etymology	어원
423	English dictionaries	사전
424		
425	English grammar	문법
426		
427	English language variations	방언, 속어
428	Standard English usage	표준용법
429	Old English(Anglo-Saxon)	고대영어, 앵글로색슨어

430	German & related languages	독일어
431	German writing system & phonology	문자체계 및 음운론
432	German etymology	어원
433	German dictionaries	사전
434		
435	German grammar	문법
436		
437	German language variations	방언, 속어
438	Standard German usage	표준용법
439	Other Germanic languages	기타 게르만어

440	French & related languages	프랑스어
441	French writing system & phonology	문자체계 및 음운론
442	French etymology	어원
443	French dictionaries	사전
444		
445	French grammar	문법
446		
447	French language variations	방언, 속어
448	Standard French usage	표준용법
449	Occitan & Catalan	오크어 및 카탈로니아어

450	Italian, Romanian & related languages	이탈리아어
451	Italian writing system & phonology	문자체계 및 음운론
452	Italian etymology	어원
453	Italian dictionaries	사전
454		
455	Italian grammar	문법
456		
457	Italian language variations	방언, 속어
458	Standard Italian usage	표준용법
459	Romanian & related languages	루마니아 및 레토로만어

460	Spanish, Portuguese, Galician	스페인어, 포르투갈어, 갈리시아어

Natural sciences & mathematics

508	Natural history	자연사
509	Historical, geographic treatment, biography	역사, 지리적 취급, 전기

510	**Mathematics**	수학
511	General principles of mathematics	수학의 일반원리
512	Algebra	대수학
513	Arithmetic	산술
514	Topology	위상수학
515	Analysis	해석수학
516	Geometry	기하학
517		
518	Numerical analysis	수치해석
519	Probabilities & applied mathematics	확률론, 응용수학

520	**Astronomy & allied sciences**	천문학
521	Celestial mechanics	천체역학
522	Techniques, equipment & material	기법, 기자재
523	Specific celestial bodies & phenomena	특정 천체와 그 현상
524		
525	Earth(Astronomical geography)	지구, 천문지리학
526	Mathematical geography	수리지리학
527	Celestial navigation	천문항법
528	Ephemerides	천체력
529	Chronology	연대학

530	**Physics**	물리학
531	Classical mechanics	고전역학
532	Fluid mechanics	유체역학
533	Gas mechanics	가스역학
534	Sound & related vibrations	음향학
535	Light & related radiation	광학
536	Heat	열역학
537	Electricity & electronics	전기, 전자학
538	Magnetism	자기
539	Modern physics	현대물리학

540	**Chemistry & allied sciences**	화학
541	Physical chemistry	물리화학
542	Techniques, equipment & material	기법, 기자재
543	Analytical chemistry	분석화학
544		
545		
546	Inorganic chemistry	무기화학
547	Organic chemistry	유기화학
548	Crystallography	결정학
549	Mineralogy	광물학

550	**Earth sciences**	지구과학
551	Geology, hydrology, meteorology	지질학, 수문학, 기상학
552	Petrology	암석학
553	Economic geology	경제지질학
554	Earth sciences of Europe	유럽지질학

555	Earth sciences of Asia	아시아지질학
556	Earth sciences of Africa	아프리카지질학
557	Earth sciences of North America	북아메리카지질학
558	Earth sciences of South America	남아메리카지질학
559	Earth sciences of other areas	기타지역의 지질학

560	Paleontology	고생물학
561	Paleobotany; fossil microorganisms	고식물학; 화석미생물
562	Fossil invertebrates	무척추동물 화석
563	Fossil marine & seashore invertebrates	해양 무척추동물 화석
564	Fossil mollusks & mollusk–like animals	연체동물 및 의연체동물 화석
565	Fossil arthropods	절지동물 화석
566	Fossil Chordata	척색동물 화석
567	Fossil cold–blooded vertebrates	냉혈척추동물 화석
568	Fossil birds	조류 화석
569	Fossil mammals	포유류 화석

570	Biology	생물학
571	Physiology & related subjects	생리학 및 관련주제
572	Biochemistry	생화학
573	Specific physiological systems in animals	동물의 특정 생리체계
574		
575	Specific parts of & systems in plants	식물의 특정 부분과 생리체계
576	Genetics & evolution	유전 및 진화
577	Ecology	생태학
578	Natural history of organisms	생물체의 자연사 및 관련주제
579	Microorganisms, fungi & algae	미생물, 균류 및 조류

580	Plants(Botany)	식물학
581	Specific topics in natural history	식물사의 특정주제
582	Plants noted for characteristics & flowers	생장력이 있는 특정 식물과 꽃
583	Dicotyledons	쌍자엽식물
584	Monocotyledons	단자엽식물
585	Gymnosperms	나자식물
586	Seedless plants	씨 없는 식물
587	Vascular seedless plants	씨 없는 식물 관다발
588	Bryophytes	선태식물
589		

590	Animals(Zoology)	동물학
591	Specific topics in natural history of animals	동물사의 특정주제
592	Invertebrates	무척추동물
593	Marine & seashore invertebrates	해양 무척추동물
594	Mollusks & molluscoids	연체동물, 의연체 동물
595	Arthropods	정지동물
596	Chordata	척색동물
597	Cold–blooded vertebrates Fishes	냉혈동물, 어류
598	Birds	조류
599	Mammals	포유류

Technology

600	Technology	기술과학
601	Philosophy & theory	철학 및 이론
602	Miscellany	잡저
603	Dictionaries & encyclopedias	사전 및 백과사전
604	Special topics	특수주제
605	Serial publications	연속간행물
606	Organizations	단체
607	Education, research & related topics	교육, 연구 및 관련주제
608	Patents	특허
609	Historical, geographic treatment, biology	역사, 지리적 취급 및 전기

610	Medicine & health	의학 및 보건
611	Human anatomy, cytology, histology	인체해부학, 세포학, 조직학
612	Human physiology	인체생리학
613	Person health and safety	개인의 건강증진 및 안전
614	Incidence & prevention of disease	질병의 발병 및 예방
615	Pharmacology & therapeutics	약리학과 치료
616	Diseases	질병
617	Surgery & related medical specialties	진료 및 관련된 의학 분야
618	Gynecology, obstetrics, pediatrics & geriatrics	산과, 부인과 소아 및 노인 병학
619		

620	Engineering & allied operations	공학
621	Applied physics	응용물리학
622	Mining & related operations	채광공학
623	Military & nautical engineering	군사 및 항해공학
624	Civil engineering	토목공학
625	Engineering of railroads & roads	도로 및 철도공학
626		
627	Hydraulic engineering	수리공학
628	Sanitary engineering	위생공학
629	Other branches of engineering	기타 공학분야

630	Agriculture & related technologies	농학
631	Techniques, equipment & material	기법, 기자재
632	Plant injuries, diseases, pests	상해 및 병충해
633	Field & plantation crops	작물학
634	Orchards, fruits, forestry	과수재배, 삼림
635	Garden crops(Horticulture)	원예
636	Animal husbandry	축산학
637	Processing dairy & related products	낙농 및 관련제품
638	Insect culture	양봉 및 양잠
639	Hunting, fishing, conservation	수렵, 어업, 보존

640	Home and family management	가정 및 가족관리
641	Food & drink	식품과 음료
642	Meals & table service	식사와 접대
643	Housing & household equipment	주택관리 및 가정설비
644	Household utilities	가정용 상비도구 및 가구
645	Household furnishings	가구설비
646	Sewing, clothing, personal living	의복, 재봉
647	Management of public households	공동 주거용 관리, 주택시설관리

| 648 | Housekeeping | 가정관리 |
| 649 | Child rearing & home care of people | 육아 및 가내 보호 |

650	Management & auxiliary services	경영 및 보조서비스
651	Office services	사무관리
652	Processes of written communication	쓰기
653	Shorthand	속기
654		
655		
656		
657	Accounting	회계학
658	General management	경영관리
659	Advertising & public relations	광고및 홍보활동

660	Chemical engineering	화학공학
661	Industrial chemicals	공업화학
662	Explosives, fuels, related products	폭발물, 연료 및 관련제품
663	Beverage technology	음료기술
664	Food technology	식품공학
665	Industrial oils, fats, waxes & gases	유지, 석유, 초 및 가스공업
666	Ceramic & allied technologies	요업 및 관련기술
667	Cleaning, color & coating technologies	세탁, 채색 및 도장 기술
668	Technology of other organic products	기타 유기화학제품 기술
669	Metallurgy	야금술

670	Manufacturing	제조업
671	Metalworking & primary metal products	금속제조 및 1차 금속 제품
672	Iron, steel, other iron alloys	철 및 강철제품
673	Nonferrous metals	비철금속
674	Lumber processing, wood products & cork	제재업, 목공업 및 코르크
675	Leather & fur processing	피혁 및 모피공업
676	Pulp & paper technology	펄프 및 제지공업
677	Textiles	직물 및 섬유공업
678	Elastomers & elastomer products	고무제조 및 고무
679	Other products of specific materials	기타 제조업

680	Manufacture for specific uses	제조업
681	Precision instruments & other devices	정밀기계 및 기타장치
682	Small forge work(Blacksmithing)	소규모 철공업, 대장간
683	Hardware & household appliances	철물 및 가정기구
684	Furnishings & home workshops	가구
685	Leather, fur goods, related products	피혁과 모피상품, 관련제품
686	Printing & related activities	인쇄 및 관련활동
687	Clothing & accessories	의복제조 및 액세서리
688	Other final products & packing	기타 상품 및 포장기술
689		

690	Construction of buildings	건축학
691	Building materials	건축재료
692	Auxiliary construction practices	건축실무
693	Construction in specific materials & purposes	특정 재료별 및 목적별 건축
694	Wood construction	목구조

695	Roof covering	지붕 씌우기
696	Utilities	설비, 시설
697	Heating, ventilating & air-conditioning	난방, 환기, 공기조절
698	Detail finishing	건축의 세부 마무리
699		

Arts & recreation

700	The arts; fine and decorative arts	예술 및 장식미술
701	Philosophy of fine & decorative arts	이론
702	Miscellany of fine & decorative arts	잡저
703	Dictionaries of fine & decorative arts	사전
704	Special topics of fine & decorative arts	특수주제
705	Serial publications of fine & decorative arts	연속간행물
706	Organizations & management	단체 및 경영관리
707	Education, research & related topics	교육, 연구 및 관련주제
708	Galleries, museums, private collections	갤러리, 박물관, 개인 소장품
709	Historical, geographic treatment, biology	역사, 지리적 취급 및 전기
710	Area planning & landscape architecture	도시계획 및 조경
711	Area planning	도시계획
712	Landscape architecture, landscape design	조경술
713	Landscape architecture of trafficways	도로조경
714	Water features	물
715	Woody plants	수목
716	Herbaceous plants	화초
717	Structures in landscape architecture	조경술에 있어 구조물
718	Landscape design of cemeteries	묘지조경 설계
719	Natural landscapes	자연경관
720	Architecture	건축술
721	Architectural materials & structure elements	건축자재 및 구조요소
722	Architecture to ca. 300	고대건축
723	Architecture from ca. 300 to 1399	중세건축
724	Architecture from 1400	근세건축
725	Public structures	공공건물
726	Buildings for religious purposes	종교관련 건물
727	Buildings for education & research	교육 및 연구관련 건물
728	Residential & related buildings	주택관련 건물
729	Design & decoration	구조설계 및 장식
730	Sculpture & related arts	조각
731	Processes, forms & subjects of sculpture	조각의 공정, 형식 및 주제
732	Sculpture to ca. 500	고대조각
733	Greek, Etruscan, Roman sculpture	그리스, 에트루리아, 로마시대 조각
734	Sculpture from ca. 500 to 1399	중세조각
735	Sculpture from 1400	근세조각
736	Carving & carvings	특수재료 조각
737	Numismatics & sigillography	화폐고전학 및 인장학
738	Ceramic arts	세라믹, 도자기예술
739	Art metalwork	금속조각
740	Graphic arts & decorative arts	그래픽 예술 및 장식미술

741	Drawing & drawings	도화, 소묘, 데생
742	Perspective	원근
743	Drawing & drawings by subject	주제별 회화
744		
745	Decorative arts	장식미술
746	Textile arts	직물예술, 직물공예
747	Interior decoration	실내장식
748	Glass	유리
749	Furniture & accessories	가구 및 액세서리
750	Painting & paintings	회화
751	Techniques, equipment, materials & forms	기법, 장비, 재료 및 양식
752	Color	색체
753	Symbolism, allegory, mythology, legend	상징화, 풍유화, 신화 및 전설속의 회화
754	Genre paintings	풍속화
755	Religion	종교화
756		
757	Human figures	초상화
758	Other subjects	기타 주제화
759	Historical, geographic treatment, biology	역사, 지리적 취급 및 전기
760	Printmaking & prints	판화
761	Relief processes(Block printing)	부조, 양각
762		
763	Lithographic processes	석판화
764	Chromolithography & serigraphy	착색석판화
765	Metal engraving	금속판화
766	Mezzotinting, aquatinting & related processes	메조틴트, 동판부식 판화
767	Etching & drypoint	에칭, 드라이포인트
768		
769	Prints	인쇄판화
770	Photography, computer art, film, video	사진술, 컴퓨터 아트, 영화, 비디오
771	Techniques, equipment & materials	기법, 기자재
772	Metallic salt processes	사진의 금속염처리
773	Pigment processes of printing	사진의 착색처리
774	Holography	입체영상, 레이저 사진술
775		
776	Computer art(Digital art)	컴퓨터아트(디지털 아트)
777	Cinematography and videography	영화예술과 비디오 촬영
778	Fields & kinds of photography	사진술 분야 및 종류
779	Photographic images	사진 이미지
780	Music	음악
781	General principles & musical forms	일반원리와 음악형식
782	Vocal music	성악
783	Music for single voices	단성 음악
784	Instruments & instrumental ensembles	기악합주
785	Ensembles with one instrument per part	합주곡, 앙상블
786	Keyboard & other instruments	건반악기
787	Stringed instruments	현악기
788	Wind instruments	취주악기, 관악기

789	(Optional number)	(선택적 기호)
790	Recreational & performing arts	레크리에이션 및 공연예술
791	Public performances	대중공연
792	Stage presentations	무대상연
793	Indoor games & amusements	실내경기 및 오락
794	Indoor games of skill	실내기능게임
795	Games of chance	찬스게임
796	Athletic & outdoor sports & games	체육학, 실외스포츠 및 게임
797	Aquatic & air sports	수상 및 공중경기
798	Equestrian sports & animal racing	승마, 동물경주
799	Fishing, hunting & shooting	낚시, 사냥 및 사격

Literature

800	Literature & rhetoric	문학 및 수사학
801	Philosophy & theory	철학 및 이론
802	Miscellany	잡저
803	Dictionaries & encyclopedias	사전 및 백과사전
804		
805	Serial publications	연속간행물
806	Organizations & management	단체 및 경영관리
807	Education, research & related topics	교육, 연구 및 관련주제
808	Rhetoric & collections of literature	수사학 및 문학전집
809	History, description & criticism	문학역사, 해설, 비평
810	American literature in English	미국문학
811	American poetry in English	시
812	American drama in English	희곡
813	American fiction in English	소설
814	American essays in English	수필
815	American speeches in English	연설
816	American letters in English	편지
817	American humor & satire in English	풍자 및 유머
818	American miscellaneous writings	잡문
819	(Optional number)	선택적 기호
820	English & Old English literatures	영국문학
821	English poetry	시
822	English drama	희곡
823	English fiction	소설
824	English essays	수필
825	English speeches	연설
826	English letters	편지
827	English humor & satire	풍자 및 유머
828	English miscellaneous writings	잡문
829	Old English(Anglo-Saxon)	앵글로색슨문학
830	German & related literatures	독일문학
831	German poetry	시
832	German drama	희곡
833	German fiction	소설

834	German essays	수필
835	German speeches	연설
836	German letters	편지
837	German humor & satire	풍자 및 유머
838	German miscellaneous writings	잡문
839	Other Germanic literatures	기타 게르만문학

840	French & related literatures	프랑스문학
841	French poetry	시
842	French drama	희곡
843	French fiction	소설
844	French essays	수필
845	French speeches	연설
846	French letters	편지
847	French humor & satire	풍자 및 유머
848	French miscellaneous writings	잡문
849	Occitan, Catalan literatures	오시탄, 카탈로니아문학

850	Italian, Romanian & related literatures	이탈리아 및 루마니아문학
851	Italian poetry	시
852	Italian drama	희곡
853	Italian fiction	소설
854	Italian essays	수필
855	Italian speeches	연설
856	Italian letters	편지
857	Italian humor & satire	풍자 및 유머
858	Italian miscellaneous writings	잡문
859	Romanian & Rhæto-Romanic	루마니아 및 레토로만문학

860	Spanish, Portuguese, Galician literatures	스페인, 포르투갈, 갈라시아문학
861	Spanish poetry	시
862	Spanish drama	희곡
863	Spanish fiction	소설
864	Spanish essays	수필
865	Spanish speeches	연설
866	Spanish letters	편지
867	Spanish humor & satire	풍자 및 유머
868	Spanish miscellaneous writings	잡문
869	Portuguese & Galician literature	포르투갈 및 갈라시아문학

870	Latin & Italic literatures	라틴 및 이탈리아문학
871	Latin poetry	시
872	Latin dramatic poetry & drama	극시 및 희곡
873	Latin epic poetry & fiction	서사시 및 소설
874	Latin lyric poetry	서정시, 수필
875	Latin speeches	연설
876	Latin letters	편지
877	Latin humor & satire	풍자 및 유머
878	Latin miscellaneous writings	잡문
879	Literatures of other Italic languages	기타 이탈리아문학

880	Classical Greek & related literatures	고대 그리스문학

881	Classical Greek poetry	시
882	Classical Greek dramatic poetry & fiction	극시 및 희곡
883	Classical Greek epic poetry & fiction	서사시 및 소설
884	Classical Greek lyric poetry	서정시, 수필
885	Classical Greek speeches	연설
886	Classical Greek letters	편지
887	Classical Greek humor & satire	풍자 및 유머
888	Classical Greek miscellaneous writings	잡문
889	Modern Greek literature	현대 그리스문학
890	Literatures of other languages	기타언어의 문학
891	East Indo-European & Celtic	인도-유럽 및 켈트문학
892	Afro-Asiatic literatures Semitic	아시아 아프리카문학, 셈족문학
893	Non-Semitic Afro-Asiatic literatures	非셈족문학
894	Altaic, Uralic, Hyperborean, Dravidian	알타이, 우랄, 북극, 드라비다문학
895	Literatures of East & Southeast Asia	동아시아 및 동남아시아문학
896	African literatures	아프리카문학
897	North American native literatures	북아메리카 원주민 문학
898	South American native literatures	남아메리카 원주민 문학
899	Austronesian & other literatures	오스트로네시아 및 기타문학

History & geography

900	History & Geography	역사학, 지리학
901	Philosophy & theory	철학 및 이론
902	Miscellany	잡저
903	Dictionaries & encyclopedias	사전 및 백과사전
904	Collected accounts of events	역사적 사건의 집합적 기록
905	Serial publications	연속간행물
906	Organizations & management	단체 및 경영관리
907	Education, research & related topics	교육, 연구 및 관련주제
908	Groups of people	사람 그룹
909	World history	세계역사
910	Geography & travel	지리 및 여행
911	Historical geography	역사지리
912	Atlas, maps, charts & plans	지도, 지도책, 설계도
913	Geography of & travel in ancient world	고대세계의 지리
914	Geography of & travel in Europe	유럽지리
915	Geography of & travel in Asia	아시아지리
916	Geography of & travel in Africa	아프리카지리
917	Geography of & travel in North America	북아메리카지리
918	Geography of & travel in South America	남아메리카지리
919	Geography of & travel in other areas	기타지역의 지리
920	Biography, genealogy & insignia	전기, 계보학 및 휘장
921	(optional number)	(선택적 기호)
922	(optional number)	(선택적 기호)
923	(optional number)	(선택적 기호)
924	(optional number)	(선택적 기호)
925	(optional number)	(선택적 기호)
926	(optional number)	(선택적 기호)
927	(optional number)	(선택적 기호)

928	(optional number)	(선택적 기호)
929	Genealogy, names, insignia	계보학, 가계, 휘장

930	History of ancient world to ca. 499	고대세계사
931	China to 420	고대 중국
932	Egypt to 640	고대 이집트
933	Palestine to 70	고대 팔레스타인
934	India to 647	고대 인도
935	Mesopotamia & Iranian Plateau to 637	고대 메소포타미아 및 이란고원
936	Europe north & west of Italy to ca. 499	고대 북부유럽 및 이베리아 반도
937	Italy & adjacent territories to 476	고대 이탈리아 반도
938	Greece to 323	고대 그리스
939	Other parts of ancient world to ca. 640	기타 고대 세계사

940	History of Europe, Western Europe	유럽역사, 서양사
941	British Isles	영국제도
942	England & Wales	영국 및 웨일즈
943	Germany & Central Europe	독일 및 중앙 유럽
944	France & Monaco	프랑스 및 모나코
945	Italy, San Marino, Vatican City, Malta	이탈리아, 산마리노, 바티칸시, 몰타
946	Spain, Andorra, Gibraltar, Portugal	스페인, 안도라, 지브랄타, 포르투갈
947	Russia & eastern Europe	러시아 및 동부유럽
948	Scandinavia	스칸디나비아
949	Other parts of Europe	기타유럽

950	History of Asia Far East	아시아 및 극동역사
951	China & adjacent areas	중국 및 인근지역
952	Japan	일본
953	Arabian Peninsula & adjacent areas	아라비아 및 인근지역
954	India & south Asia	인도 및 남부아시아
955	Iran	이란
956	Middle East(Near East)	중동, 근동
957	Siberia(Asiatic Russia)	시베리아
958	Central Asia	중남아시아
959	Southeast Asia	동남아시아

960	History of Africa	아프리카 역사
961	Tunisia & Libya	튀니지, 리비아
962	Egypt & Sudan	이집트, 수단
963	Ethiopia & Eritrea	에티오피아, 에리트레아
964	Morocco & adjacent areas	모로코 및 인근지역
965	Algeria	알제리
966	West Africa & offshore islands	서부 아프리카 및 근해
967	Central Africa & offshore islands	중부 아프리카 및 근해
968	Republic of South Africa & southern Africa	남아프리카공화국 및 남부 아프리카
969	South Indian Ocean islands	남인도양제도

970	History of North America	북아메리카 역사
971	Canada	캐나다
972	Mexico, Central America, West Indies, Bermuda	멕시코, 중미, 서인도, 버뮤다
973	United States	미국
974	Northeastern United States	미국 북동부

975	Southeastern United States	미국 남동부
976	South central United States	미국 남부중앙
977	North central United States	미국 북부중앙
978	Western United States	미국 서부
979	Great Basin & Pacific Slope region	미국 태평양 연안

980	History of South America	남아메리카 역사
981	Brazil	브라질
982	Argentina	아르헨티나
983	Chile	칠레
984	Bolivia	볼리비아
985	Peru	페루
986	Colombia & Ecuador	콜롬비아, 에콰도르
987	Venezuela	베네수엘라
988	Guiana	기아나
989	Paraguay & Uruguay	파라과이, 우루과이

990	history of other areas	기타 지역의 역사
991		
992		
993	New Zealand	뉴질랜드
994	Australia	오스트레일리아
995	New Guinea & Melanesia	뉴기니, 멜라네시아
996	Polynesia & other Pacific Ocean islands	폴리네시아 및 기타 태평양제도
997	Atlantic Ocean islands	대서양제도
998	Arctic islands & Antarctica	양극지방
999	Extraterrestrial worlds	외계지역

6. DDC 제23판 보조표

1) Table 1. Standard Subdivisions

-01	Philosophy and theory
-02	Miscellany
-03	Dictionaries, encyclopedias, concordances
-04	Special topics
-05	Serial publications
-06	Organization and management
-07	Education, research, related topics
-08	Groups of peoples
-09	History, geographic treatment, biography

2) Table 2. Geographic Areas, Historical Periods, Biography

-1	Areas, regions, places in general; Oceans and seas
-2	Biography
-3	Ancient world
-4	Europe
-5	Asia
-6	Africa
-7	North America
-8	South America
-9	Australasia, Pacific Ocean islands, Atlantic Ocean islands, Arctic islands, Antarctica, extraterrestrial worlds

3-1) Table 3A. Subdivisions for Works by or about Individual Authors

-1	Poetry
-2	Drama
-3	Fiction
-4	Essays
-5	Speeches
-6	Letters
-8	Miscellaneous writings

3-2) Table 3B. Subdivisions for Works by or about More than One Authors

-01-07	Standard subdivisions
-08	Collections of literary texts in more than one form
-09	History, description, critical appraisal of works in more than one form
-1-8	Specific forms.
-1	Poetry
-2	Drama
-3	Fiction
-4	Essay
-5	Speeches
-6	Letters
-7	Humor and satire
-8	Miscellaneous writings

3-3) Table 3C. Notation to Be Added Where Instructed in Table 3B, 700.4, 791.4, 808-809

-001-007	Standard subdivision.
-009	History and geographical treatment
-01-09	Specific periods
-1	Arts and Literature displaying specific qualities of style, mood, viewpoint
-2	Literature displaying specific elements
-3	Arts and Literature dealing with specific themes and subjects
-4	Literature emphasizing subjects
-8	Literature for and by ethnic and national groups
-9	Literature for and by groups of people with specific attributes, residents of specific areas

4) Table 4. Subdivisions of Individual Languages and Language Families

-01-09	Standard subdivisions and special topics of subdivisions of individual languages and language families
-1	Writing systems, phonology, phonetics of the standard form of the language
-2	Etymology of the standard form of the language
-3	Dictionaries of the standard form of the language
-5	Grammar of the standard form of the language
-7	Historical and geographic variations, modern nongeographic variations
-8	Standard usage of the language(Prescriptive linguistics)

5) Table 5. Ethnic and National Groups

-05	People of mixed ancestry with ethnic origins from more than one continent
-09	Europeans and people of European descent
-1	North Americans

-2	British, English. Anglo-Saxons.
-3	Germanic peoples
-4	Modern Latin peoples
-5	Italians, Romanians, related groups
-6	Peoples who speak, or whose ancestors spoke Spanish and Portuguese, Galician
-7	Other Italic peoples
-8	Greeks and related groups
-9	Other ethnic, national groups

6) Table 6. Languages

-1	Indo-European languages
-2	English and Old English(Anglo-Saxon)
-3	Germanic languages
-4	Romance languages
-5	Italian, Dalmatian, Romanian, Rhaetian, Sardinian, Corsican
-6	Spanish, Portuguese, Galician
-7	Italic languages
-8	Hellenic languages
-9	Other languages